话说形意拳门之真谛

轩辕凌霄　著

人民体育出版社

自　序

且将形意说从头

轩辕凌霄

明清之交，有河南姬公际可访终南山得《武穆拳谱》，十年大成，村人以夫子视之。我父亲说过，祖师家有一副对联“创业本艰难，要留好样与子孙。守成非容易，不可负愧于祖宗”。祖师爷家住河南尊村（谐音），黄河曾在其处改道，知此甚详者当为形意门人也！

形意拳门也拜达摩祖师，“达摩西来一字无，全凭心意下功夫”。在传河北深州之前，此拳名“心意六合拳”或称“心意”，达摩祖师也是凭“心意”下功夫——有借达摩以示“拳贵”之意也。

此拳历300余年于晚清及民国发扬光大，为华夏几大门派之一，非幸致也！尤其清末民初形意拳门高手如云，历次真刀实枪之赛事上名列前茅绝非幸致。

内家拳派皆有不可“妄传之密”，形意尤甚之。

本人也不例外，非不外传也，形意内家之操练，非人人可学、人皆可承受且能成功也。无师父在旁指点，终

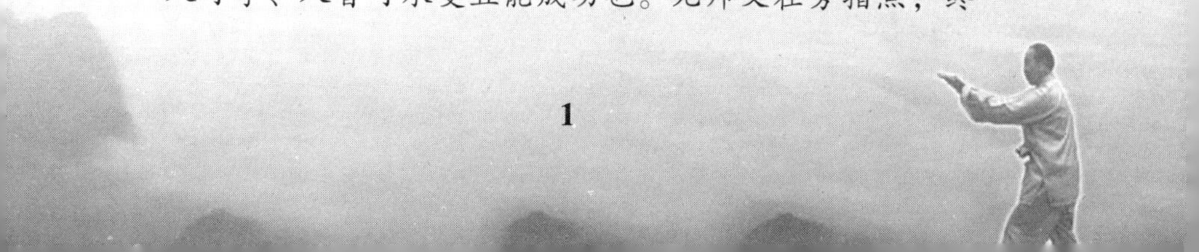

难有大成。本人幼年幸遇明师后继承家学，从师多人，尚探形意奥秘于万一，何况无师父之人，盲人摸象矣，练之万难！

今将形意拳门结合本人家族之内练之法一一公开，慢慢道来。因“武道可通天道”，中华文字虽博大，亦难及拳中感觉之万一。形成文字难免有失偏颇，望读者谅解。

且武道一途实难全部叙述，此中练法，万里挑一，成功者寥寥，不能普及。比如太极拳普及动作也，心法实难，望明家见谅，能公开的绝不保守，该“自密”者，万金不予。谅之！谅之！

中华国术实乃“武中之道”也。

一人练，一人强。

一家练，一家强。

一国练，一国强。

如我同胞皆能操拳习武，那举国之精神面貌将大为改观。

多少人能强身健体？

多少人能益寿延年？

唯我国术真国色！

千古不绝精武魂！

这本《话说形意拳门之真谛》是为我所有的华语同胞所推出，让我们去认知国术，感受国术千载的永恒魅力。加入体育锻炼的行列，壮我同胞的精神。

酒愈酿愈醇！国术如酒，需要诸位去细细地品味那千年的味道。

有人能因《话说形意拳门之真谛》这本书的“抛砖引玉”，去喜欢国术，参加到武术或者健身的行列之中。

野蛮其体魄；

文明其精神。

那真是功德无量的事情！

作为一个武者，我盼望所有同胞身体康健，幸福安康！

2013年6月1日

目录

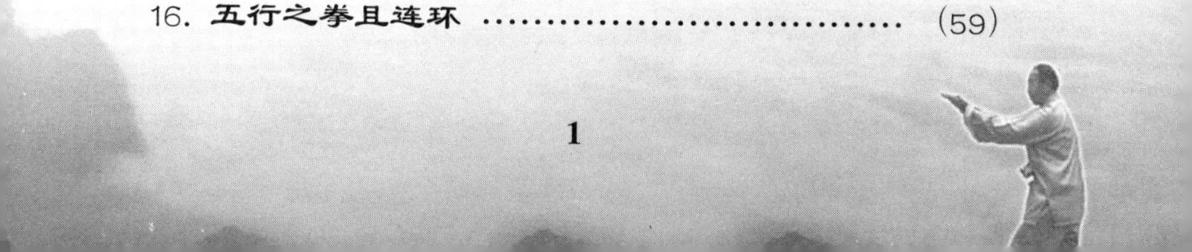

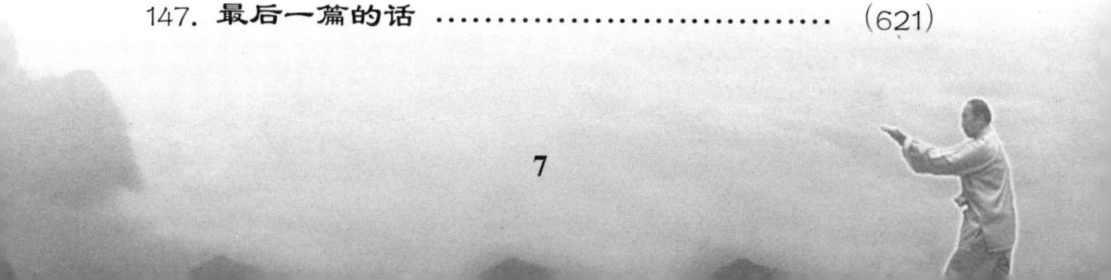

1. 鸿蒙开篇话形意

《话说形意拳门之真谛》是我写给跟我学拳的弟子的，现代社会人生活的半径加大，活动范围趋广，许多跟我学拳的孩子不能长时间留在我身边，因此萌生了写点文章的念头，不为别的，只想把形意拳中一些拳理和拳意讲清楚，使其少犯一些错误，少走一些弯路，余愿已足。

因为都是自家人，于是我就起了《话说形意拳门之真谛》这个醒目的标题，一章一章地写下去。至于有一些章节被盗发到网络上，则是后来的事情了，这件事出乎我的意料。

通过热心朋友的告知，我在百度也搜了一下《话说形意拳门之真谛》这个标题，确实也找到了一些内容。网络盗版很猖獗，估计里边个别的章节经过了“拍照”“扫描再辨认”的过程，我的文章被搞得面目全非错字连篇，成了不堪一读的文章。

形意拳在我国流传很广，太极、形意、八卦，被称为“内家三拳”，内家拳理“差之毫厘、谬以千里”，《话说形意拳门之真谛》的几个章节流传网上，被改得面目全非。我心痛之余不免感慨，“网络盗客”手段高强、防不胜防。

我也考虑过换个名字，不提什么“真传”“真谛”之类的刺眼文字，省得武林朋友挑眼。形意拳拳理艰深，习武之人谁敢说自己了然全部真谛？

然盗版在先，如果不用《话说形意拳门之真谛》这个名字，又怎能以正视听？在此作者抱拳拱手，还请各位武林前辈、各位高人海涵。如果您是一代武学宗师，或者一代武林奇人，请您不要读我的文章，我的文章对您没有帮助。我的一些粗浅的理解，也许您早已悟到，就不用在此浪费时间了。

也请您不要在这个“真谛”的字眼上推敲，前文我已经叙述得很清楚，这本来是给弟子写的，有一点不慎流出被盗发在网上，为了不至于在网络上越传越乱，毁了形意拳门赫赫威名，本人才出此策。

“国术之难，难于上青天！”不只是国术本身，我如今明白了为什么许多老拳师都是“教外别传”或者“口传心授、不留文字”，因为在浩瀚无边的国术面前，文字显得苍白无力，古往今来形意拳留下的都是各种《拳谱》，而从未留下解释《拳谱》的文字，《话说形意拳门之真谛》弥补了这个空白。用平面的纸张文字解释立体的武功，本来就是世间最大的挑战。我试图用文字完成这个高难度的挑战，把我心中的一点东西留下来。

养灵根而静心者，修道也；

养灵根而动心者，武艺也。

“拳里乾坤大，武中日月长。”即便您不会武功，只要喜欢国术，只要您知道形意拳，您都可以跟着作者一路看下去，去体味内家拳独有的意境，去品味国术千百年的沧桑。这本《话说形意拳门之真谛》有“五行”及“十二形象”串接，既能从头看到尾，又能各章独立阅读，如常山之蛇，首尾呼应，节节贯串；又如麻将牌，一章有一章的“和牌”之法。

闲言少叙，下面言归正传。

形意拳以五行拳为母（劈、崩、钻、炮、横），相生相克连环八势（斩、截、裹、跨、挑、顶、云、领），十二形拳为进阶（龙、虎、猴、马、鼍、鸡、蛇、鲐、燕、鹞、鹰、熊），五行炮、安身炮、九套环为升华，以刀、枪、剑、棍、钢鞭、软鞭、凤翅鎏金镋为外用。

《形意拳谱》说：虽分十二种形象，总该万物之理，为形意拳之总纲，夺天地之造化。

《心意拳术学》云飞子曰：（在十二形象之外）猫有扑鼠之能、蜻蜓有点水之灵、鲸鱼抖鳞、乌牛摆头、兔儿踢天、犬之躲闪及其种种形象均有可取之势。

我父曾言道：万物均秉承天地灵气所生，苟能存于世上必有其可取之势、独到之功，试看疾风劲草、滴水石穿、浪涌波生、云开雾散、长河落日、大漠孤烟、飞蛾扑火之势、蚯蚓掘土之功、泥鳅闪滑之道、象鼻翻卷之巧……

师万物造化之功，

顺天地乾坤之理，

得形意拳术之妙，

做人间正义之人。

此乃形意拳门之“真谛”也。

我资质驽钝、材非上乘，虽竭尽所能然才学所限，《话说形意拳门之真谛》不如人意处尚多，望各位仁爱包容。谨以此书纪念形意拳门各位祖师、各位尊长以及本人家族的各位长辈，是你们留下了形意拳门的精髓。

看今日世界，洋术正威，国术日衰。坐而论道，不如起而行之。国术为国人之精神脊梁，“侠之大者”，为国为民。我本布衣，亦知天下沧桑匹夫而有其责，望国术兴旺，国人奋起，中华幸甚！百姓幸甚！愿我“武道乾坤”，所传弥远，经久不衰。

2. 世尊法久后　要当说真实

“世尊法久后，要当说真实。”这是佛经中的句子，我借用了一下，顺便也给佛法扬名。内家拳修身养性，能改变人的体质和精神，世人有目共睹。形意拳乃“修身、齐家、治国、平天下”之武道也，即便我们不做大事，能促进修身、养生、家庭和睦也是好的。

养“生”在前，养“性”在后。先保住生命，再提性格。

形意拳门练拳是从劈拳开始，然我的拳却不是这么开始的。我年幼之时也不是首从家学，而是父亲给我找了一位老师学习形意拳。当年记得是五年级十二三岁的样子。

今日方才领悟，这个岁数是学习内家拳最小的岁数了。武功不是杂耍、不是杂技，除少林拳外，不需要幼年三四岁开始，必须 12 ~ 13 岁以后有了初步的筋骨形状，才能开始练习内家拳。初步去体会什么是力、什么是劲、什么是松、什么是沉，年龄太小了无法体会初步的内家拳境界也。

在此之前，我父亲还做了一项今日想来非常重要的工作，也就是我门独有的功夫“走百穴”。用自己的手指充分触捏按揉自己浑身的穴道、百骨之骨缝，这是一个艰苦的训练过程。现今回忆起来，用今日的话说就是“痛并快乐着”！

按照一定的次序刺激按摩自己周身“酸痒难耐”之处。用父亲的话说：“武人的身体不该这么脆弱！”父亲的武学教育话不是很多，但幼年的我理解起来还是肤浅得很。

经过半年的锻炼，身体发生了很大的变化，当时十几岁的孩子是无法理解的。那时候简单的理解就是自己的脚心原来很怕痒，经过这段时间的锻炼，抗痒能力大大增加，至今还能保持。遥想当年最难受的就是肋骨缝的摩擦，用手指握拳以指节在自己肋骨间滑动那种酸、痒、痛、麻、涨交织在一起的感觉至今记忆犹新……

和父亲学了那种很慢的广播体操。也是那种慢慢的，我最不喜欢练的东西。少年人喜欢玩耍，当年喜欢少林拳，曾和父亲说过要学那种蹦蹦跳跳的拳法。当时父亲脸色阴沉，我也就没敢再提。今日回忆起来，真是大大的幸事也。

练那种慢慢的广播体操是从肩部的运动开始，我宁可去玩哑铃、捣花砖，也不乐意去练那种慢慢的玩意。两臂伸开，很慢地做各种动作，抻得两臂下侧又疼又麻，手掌的感觉也很不好，总觉得自己的筋不够长似的，做几下就不乐意做了。

做那种体操出汗是从后背开始，大椎穴附近，然后记得是额头。这些事情都是晚上睡觉之前，挂上窗帘之后的练习项目。有时候是在父亲单位的值班室，也是睡觉前这段时间。我的记忆中绝对是挂窗帘以后做的事情。

很久以后才知道，形意拳门“言不传六耳”，甚至有时候要求“四面见墙”，有窗户要遮挡，这是古传的规矩。很多年以后我问父亲，这个规矩有什么说道？我父亲看了我一眼反问道：“《西游记》中菩提祖师三更半夜教孙悟空一个人，为什么？”

“菩提祖师只喜欢孙悟空。”我答了一句。

“错！孙悟空和其他同学的接受能力不在一个水平上，菩提祖师不能同时教，因材施教才是形意拳，这也是形意拳门言不传六耳的来历。”

“原来如此”，我恍然大悟……

做完体操睡觉的时候略略有些失眠，但睡觉很香甜。以后才知道武林中有“易筋经”。父亲说易筋经武林中已经传得很滥，多种版本众说纷纭。我们练的是形意拳门自己的易筋经，我们自己另有自己的名字。

这些东西我从未看到父亲在人前显示过，也从未拿出来表演一段。今年我在体育馆试着拿出几个式子让学员做做。20岁的大学生们做起来也像我当年做的时候那么难受。我没有告诉他们做的是什么，就像父亲当年没有告诉我一样。

我至今认为武术需要的最重要的东西是“悟性”，好东西就在你的面前，你的身体的感觉是那么的明显。如果你悟不到，那么我们就是没有师徒的缘分而已。

内家一直是师父找徒弟的，读者也不用担心内家功夫的失传。今天我说出来，那是绝对不会的。有些人生下来就是为了继承什么的。内家拳门本身也并不想搞得天下皆知，上清宫3000弟子，其中有几个是得到真传授的呢?

武功一途其实真理只在极少数人心里。武学的真理是不能够普及的，只有你练到了才能体悟得到。不能给小学一年级的孩子讲“微积分”也是这个道理。太深的东西告诉初学者，那是不负责任的师父，能把人带到沟里，甚至毁了一个人的武功前途。

在此对自学内家的人做个友情提示，如果你找不到好的老师，那么就老老实实地练习基础拳，练习最简单的东西。别学什么呼吸、吐纳、坐功之类的。武功就是武功，它既不是纯佛法，也不是纯道法。武功、武学有它自己的东西。

你也不用管什么“心法”，老老实实地练最基础的东西。

比如练形意拳的劈拳，武功没有近路可走，你只要老老实实地去劈你的拳。放下你的“拳经剑谱”，就记住四个字“别使蛮力”，无限地去重复你的劈拳。武功就是无限重复升华的产物。哪个大师也是这么练出来的。武功最重要的是什么？是“基础”！除此一切都是天方夜谭。

练武还要坚定你的信念，到外面去，到公园去。去劈你的拳。天寒地冻、酷日高照也不放弃。姿势多么“拙劣”都不要紧。日久定能精进。你练拳的时候不定哪个大师就在你身边，在日复一日地看着你，在默默地考验着你。不定哪天“缘分”到了，这个师徒的缘分就结下了……

我小时候在天津马场道附近有个公园（具体就不写了），看到一位练劈拳的大哥。我是家学，看不上他的拳架，每天下午 2～4 点多吧，他都在公园一角练劈拳，也没看有师父指导他。他的身架也不是很好，挺瘦弱的，拳架毛病很多。

以后我又去了几次，那个大哥从不与人交谈，从来到走都是一味地练劈拳。几个月后他的拳进步很大，许多毛病都改掉了。

冬天我去的时候天气很冷，公园里人不多，那个大哥还在一丝不苟地走劈拳。到了转年夏天，天气热了，人都穿背心了，我又看到了他，天！他的身架出来了，胸、背、胳膊的肌肉是那么的顺畅完美。功夫不负苦心人啊！

上帝对人是公平的，春种一粒粟，秋收万颗籽。今天回忆起来还是那么感动。如果 20 年后的今天我还能见到他，一定和他交个朋友。不为别的，“人不亲艺亲”！

当年和今天都为他那种精神所感动。我自幼秉承家学及师传，别人学不到的东西都堆在我面前，“信手拈来”失去的是一种弥足珍贵的心情和一种奋发向上的精神。人都是有惰性的，我也不例外。这件事情对我的影响很大，使我坚定了习武的信念和决心。

多说一句，形意拳门的身架好是形意拳门人的看法。在此能大概看出人功力的高低和今天的健美练就的身材有很大的差别。

武人的眼光有多犀利？这个不好说，但是我说一句，“你的眼光和你的功力成正比”！功夫多高，眼光就有多高，这是谁也做不了假的。

功夫眼光都不是吹出来的。是不是大师，不是印个名片就算的。我见过有的教徒弟的师父，其实他连个直拳都打不好的，可有人就甘愿上当，现在的武林不是从前的武林了。还是那一句老话“师徒是缘分”！

3. 初学劈拳

学拳的日子开始了。和父亲在家经过半年左右的练习，父亲又给我找了一个练长拳的教练，姓赵，简单地和他学了几个式子踢腿弯腰，用父亲的话说是“再抻抻胳膊腿”。在 1985 年的春天吧，我学拳的日子开始了。

父亲当年不是很爱说话，今天回忆起来却滋味颇多。父亲在骨子里很好胜也很傲气。他遵循武林古老的传统，将儿子送到别的老师那去练习形意拳，可是心里又割舍不下，提前让我练习了形意拳门古老的易筋之法，又抻了腰腿才送出去。嘱咐我这些东西不能在老师跟前练习。今天回忆起来，父爱无言，身心温暖。

劈拳很快就学会了，和我同学的还有个孩子，他姓马，算我的师弟，其他都是大人了。两个孩子在人群中很不起眼，老师的传授很严格，我们学得也很认真。渐渐地打出些味道来了。

劈拳开式动作是很重要的，初学及没有老师教的人只是关心拳架子，其实开式的无极桩更是重要。

练形意拳身态太重要了，其实那一站就是功夫。站有站相，明眼的老师看你一站，就能大概知道你的功夫。不用开式就知道了。

人生太空、无竞无争、意境浑然、不着影踪。

无极还要静心，站在那里用父亲的话说：“不要轻易出手，想好了你在干什么！”

出手之前先调整呼吸，进入练拳的高妙境界。劈拳是需要体悟的。这些道理不是当年就能全部理解的。然后是两掌在身侧起上头顶，缓缓落下于小腹前，两腿微屈下蹲。

无极生太极这个动作和无极是一样重要的。形意拳的这个“蹲身”其实就是形意拳的全部功力的体现。

没有个一年半载的苦练——我说的可是有人指导的时间，这个“蹲身”，其实就是“猴蹲身”，是做不好的。

劈拳的东西实在是太多了，一点点地说吧。

形意拳的劈拳我练的是掌，也就是劈出的是手掌而不是拳。现在还有劈出是拳的练法。从我今天的练拳体悟来看，掌比拳好，多了变化，多了禅机。

我也看过现在的一些写劈拳的书，感觉是比较外行的东西。当然武功当中有许多是文字表达的盲点，用图画、字义不容易表达清楚，有些地方可以谅解。

比如形意的劈拳的掌形，有些形意拳的教材写得相当详细——哪个手指距离哪个手指多少，如此读者怎么照着学啊？

作者、编辑的心是好的，这是珍惜形意拳的表示，愿意把自己出的书写得很精确。可是在这个方面没得传授，写得太繁琐没有可操作性，不利于初学。

我的书既然叫《话说形意拳门之真谛》，就该名副其实地说点东西出来。

什么是形意掌？老辈父辈就一句话：“冬天天冷时候，你烤火的双掌的样子就是形意掌！”

就这么简单。找块通红的煤炭，把双掌凑上去烤火，手掌微微使点力气，然后静止，形意掌就是那个样子。

这就是武林中常说的“真传一句话，假传万卷书”！

形意拳门的东西其实没有这么难，当然不好练是肯定的，不然也不会成为三大“内家拳”之一。我说的是让那些作者给写难了，形意掌是什么什么样子的，要注意什么什么啊……写个论文也不过如此。

只有那些有真功夫的明师，说出话来才一针见血，切中你的要害。得明师传授，足抵三年功夫。我一点也没有夸大其辞的意思，这只是我个人的感悟而已。

那些明师用今天的话讲“混得不怎么地”，也许一生默默无闻，但那种坦然的心境，对拳理不懈地追求，永远是我辈的典范。

解决了掌，我们再说那一钻，当年我老师只强调四个字“小指翻天”，也就是拧。

这是“纲”，其他要点是“目”。

有了小指的翻，胳膊是绝对伸不直的。形意拳门没有直的东西。不信你到公园看看老虎，它从不做横平竖直的动作。我用两个字来说——“圆润”。

“拳从口出”是千古不变的诀窍。当年为了解释这个“拳从口出”，父亲还做过亲身示范。拳从口出，从身体的中线出拳，一个是实战占便宜，“钻拳如水一闪即进”。

“闪电不及合眸，迅雷不及掩耳。”从中线出拳，线路最短也最快。

当被敌贴身正面抱着你的时候也能钻出拳来，战场贴身近战才能体悟钻拳的真正的“拳从口出”的含义。形意的老祖宗们的东西是如此之高妙，非亲历不能尝也。

4. 劈拳之技（上篇）

形意拳门的前辈们对人体及人体结构有极为清晰的认识。《扁鹊见蔡桓公》写的是扁鹊能看到蔡桓公脑袋里的瘤子，蔡桓公不相信，结果死去的故事。形意拳门的老祖宗对人体的认识不低于扁鹊。

我家前辈以为，天下武功有三大出处——和尚、道士、军队。我深以为然。在遥远的古代，这三个地方可以说就是今天的“功夫学院”，人家是专业的。

古传形意拳谱也记载形意拳是道家终南山丹士传下的岳飞拳（军体拳），从我所学来看，其术乃道家所传的说法是比较贴近事实的。

从人体生理角度来看，占人身体比例比较大的部位是什么？除了头部以外，是器官——心、肝、脾、肺、肾。

这些器官在人体所干的事情也是很重要的，甚至强过了经脉。残疾人能活下去，但缺了重要器官就不行。其实内家拳是从人体器官开始的，形意拳门从劈拳练肺开始是深合人体科学的。

人体就是一辆汽车，如何提高汽车的性能？

无外乎两种办法，增加汽油排量并且增加供氧量。

这样我们汽车的性能就提高了。然后再慢慢改进别的。把这个道理放到人身上就不是完全适用了。

为什么呢？如果人这辆汽车一生的耗油量是一定的，增加排量会加大油耗，减少汽车寿命及公里数。这个汽车的方法放到人身上不可取。

那么只剩下另一个办法，那就是增加供氧量。使汽油和氧气更加充分燃烧和混合增加汽车的性能。

形意拳门的前辈早就认识到人身体的这些科学，换句话说，他们都是修“人体汽车”的高手。

劈拳就是练肺的，肺就是管空气吸收排放的部门，换句话说，劈拳练的就是人体这辆汽车的进气和出气门。

让我们身体换上个大气泵，为我所用也！现在医学及各个学科表明，氧气对人有大作用。形意拳门还有句练功的话叫：“呼吸合道。”简单的呼吸，配合心法，就是“道”了。以后慢慢再讲呼吸的问题。

劈拳的定势就是三体式了，这个在形意拳门是了不得的东西。在形意拳门内将这个式子都称作“入道之门”。

有的前辈公然宣称：“练会了这个三体式，会了劈拳，那么形意拳你已经会了一半了。”

我本人练功的感触：真是太对了，形意拳会了这个，再学别的真是很简单的。

三体式下半身的姿势就是“龙折身”。

我家练的都是三七式，就是前脚三分，后脚七分。注意千万不能双重，这样练不出功夫。

形意二十四法是练形意多年的人较量式子的用法，初学是做不到这些的。初学的时候，也就是初站“三体式”的时候，你根本顾不上什么呼吸，顾不上什么式子是否标准。你满脑子都想着怎么和地心引力作对了。

因为腿难受啊！那不是一般的难受，练过的人都知道有时候从内心深处生出一种血脉中的“难耐”，其实腿还是能够坚持的，可是心里却怎么也不想再站了。

当你放弃的时候，站起来几乎几秒钟这种感觉就过去了，可是前面的功夫就白费了。

形意拳门的老师看着都很有素养很有精神，说实在话，这些都是从桩里耗出来的。人最难战胜的是——自己。

形意拳门的高师之所以能成为高师，他们都过了站桩这一关。这是初学形意第一个死关口。没人能帮你，能不能练下去就看你自己了。

许多人都是栽在这一关上面。我认识的一位拳师（不提人名了，免得得罪）就是没过了站桩这一关而改练其他门派了。

5. 劈拳之技（下篇）

形意拳初练三体式，也就是劈拳的定势，注意两个地方，一是后腿，二是“提肛圆臀”整理脊椎，其他在拳里慢慢找。

三体式的“龙折身”也有特殊的办法能快速成就。我就是用这个方法被训练出来的。我当初练劈拳的时候老不入父亲的法眼，后腿的姿势总不对，不是最佳发力的姿势。父亲用一杆大枪教的我，几天就过关了。

今天和大家说个秘密，形意既然号称“枪拳”，大枪是必“磨”的东西。“行拳走式”的好多错误都可以用枪架来纠正。练形意拳一定要遵循这个大的原则。

练习劈拳要将出势的动作，站立和下蹲两个动作拿出来单练单站。

人生太空，
无竞无争。
意境浑然，
不着影踪。
心猿已动，
拳势斯做。
动静虚实，
刚柔起落。

初学者收敛思绪难，不妨默念上述拳诀，以一念起而百念消，慢慢体会内家之拳境。

意正才能身直，身体直立，舌头上卷，同时头向上一顶，肩膀自然下沉，两肩膀一扣，气力到手两手一出，劈拳架就出来了。站个“龙折身”，后脚里扣，前后发力要顺。

这时候纠正脊椎下部，也就是尾闾中正。“提肛敛臀”，后腰上脊椎造成的内塌肉缝被填平。这时候再调整三七步伐。注意眼睛的角度，随着眼睛纠正两掌的位置。这时候意念微微在两掌，不要离开。

劈拳里钻拳进步的时候和收手的时候，什么最重要？

眼神！

这些动作都要由眼睛领着走。

眼合道，形才能合道。

眼神要进步高、退步低。

劈拳各门拳诀窍很多，都是暗指眼睛。

劈拳拳诀有一句“肺气凛然身行进”。这几个字简单地讲是有两层意思，一是肺气，二是眼。“肺气”我们看不见，眼神“凛然”才能让别人注意到。再往深里说，有个词叫“大义凛然”，这里边还有对打拳心理活动的要求。一边练拳，一边想着杂事，算什么内家？

意正、身直，才能松肩气下。

我现在记得的拳诀，都是小时候阴天下雨不能练功的时候，在老师家背的。和现在的小学英语差不多，虽然不能够理解，但少年心性记什么东西还是很快的。这些年如老牛之反刍，越来越觉得滋味无穷。回忆祖父辈及老师的讲解历历在目。

昔人已乘黄鹤去，
此地空余黄鹤楼。

顿笔至此不免感慨万分，当年是他们造就了我，使我今日习武不辍且能侃侃而谈，感念父祖两辈及师门的恩德。

6. 劈拳之夜练

鹰熊竞志，
取法为拳。
阴阳暗合，
形意之源。

形意拳门的劈拳万分之重要，其中一个原因就是劈拳中能练出鹰熊式也。自五行拳后，形意拳门有十二形象，龙虎为开，鹰熊为合，鹰熊其实暗指英雄也。

我性格使然，自小喜欢夜练。

夜间，尤其是春秋两季节，万物滋生、饱满，夜间旷野百味杂陈，微风徐来，信步至此，心情为之一爽。夜间练拳一般都是和父亲，最多的时候 4 个人。

父亲性格敦厚，在老师教我的时候不置一词，以示对老师的尊重。夜间无老师在身边，父亲对老师的拳架一般也不做调整，只是指出拳架中存在的问题督促改正，然后我和父亲各练各的。

这个劈拳我在 1985 年及 1986 年所下的功夫为最大。初学的时候，劈拳的转身总是做不好，不能劲力整齐。在父亲的指导下，练劈拳的时候每做 2 ~ 3 个劈拳就转身。加强对转身练习的次数，进步果然加快。

从我老师学艺的年龄最大的师兄39岁，那是1986年吧。大师兄的劈拳虎虎生风，深受我这样的小孩的倾慕，然老师对大师兄的评价并不高。

大师兄也和老师学些八卦掌的动作，少年天真也想围着树转转，然惧怕老师之威严终于没敢开口。顺便提一句，我的老师教我的时候是退休的年龄，如若单论岁数，足以做我的师爷了。

然其和我父亲师门之渊源，又不能和我父亲乱了辈分，就做了我的老师。我的老师姓宋，鹤发童颜，是个受人尊敬的长者。和宋老师学拳的人很多，当年年少，不善言辞，除了和我同龄的小师弟外，均无甚交情。

现在宋老师一脉在天津也有传承。自宋老师去世后，我已多年与宋的传人没有联系及瓜葛，他们现今也未必会认我这个小师弟了。

我今日写到此，为了不引起形意拳门内部的瓜葛，特此不注老师的名字与练拳的地点。我今日本卧龙岗上散淡的人，也不想借宋老师之威名唬人。唯有对形意拳之喜好也。吾是注定要承接家学的，实话实说，父祖辈的师门在天津更加显赫，这些就不谈了。在此我只想谈“拳”矣。

人有五脏六识，夜晚练拳心能纯净，五脏六识相对比白天敏感。夜练最好从“扑面不寒杨柳风”的晚春时节开始，练至深秋必有收益也。

我少年时亦是如此练习。选定一处地方，最好有树林掩映，初学最好避开坟地、竹林、很高的乱草丛，选些有大树的地方，山清水秀为妙。土地初学要平整，黄沙土地最妙。行拳舒服，下雨泥不沾鞋。

选定地方，看准方向，辨好南北，一路步行到场地去，轻舒猿臂，走路的时候腿不要很直，迈步如行犁，慢慢前行，用肚子领着走。呼吸记住5个字“轻、细、绵、长、深”。体悟自己身体的感觉。到了场地劲也抻出来了，气也匀实了。

环顾一周看好地形。慢慢开始练劈拳。我在初学的时候是念拳诀的，默念即可。至今还记得，现复述一遍：“心定神凝、神凝心安、心安清净、清净无物、无物气行、气行觉象、觉象觉明，觉明则神意相通，万物归根。养灵根而动心者，武道也。”

练拳要静心，这些都不是绝对的，只是我喜欢的一种方式，渐渐形成了习惯。父亲讲：“你一伸手就要进入那种境界，那种气氛。在那种氛围下，武功事半功倍也。形意、形意，先有拳形，后讲拳意！”这是我少时听到最多的话语。

当年出去闲逛看人练拳的时候，有练形意拳的是很容易找的，黄土地上趟出一趟沟，练形意的穿不了好鞋。当年被我母亲训斥，其中之一就是“穿鞋太费了”。

现在在市内要想找个练拳的好地真是越来越难了。我性格使然，人多绝不伸手。初练劈拳最好穿布鞋，千层底最好。现在的鞋子底子都是软的，不太适合。我今闲逛看拳，走过多人多处，也未见那练拳时间长趟出的沟槽。不禁感叹现在练拳的人脚下的鞋太贵了，舍不得“趟步”了。

形意拳的功夫其实就在“趟劲”上。一辆坦克不用炮弹，用坦克的炮管可以捣穿墙壁，可以推倒围墙。是坦克炮管有这么大的威力吗？

不是！坦克在行进中，炮管可以捣穿墙壁，其实凭借的是坦克的履带和地面摩擦产生的向前冲击力，这个冲击力通过履带传送到炮管上，这时候坦克的炮管，就如郭祖师的“崩拳”一般无坚不摧了。捣穿墙壁，推倒墙头，说到底，是坦克“履带”的功劳。

迷茫世人，苦修武功，却只看到坦克威武的炮管，而不去研究坦克的履带和行进之间的关系。形意拳门的老祖宗早就了解了这些人体发力的奥妙，形意拳的趟劲就是这么来的。

我父亲说过形意拳的趟步，今天我把它拿出来：

功夫本从趟步来，
两手变化随步开。
高挑低搂横掩蔽，
劈崩钻炮不离怀。

这是说的形意“趟劲”的奥妙，“前趟后蹬”才是形意。你的上半身就像坦克的炮塔和炮管一样，玩得再美观，姿势再花哨，下面的钢铁履带不中用，一切都是白费，别说打不过人家，跑都跑不了。

这也是国术和洋术最大的区别。国术的功夫，内家的一切技巧功力，都蕴藏在下半身，能指挥自己的“脚”，才是内家形意。其实许多洋术称自己为什么什么“道”，那只不过是他们自己的向往。那些洋术只是技术，熟练工的技术耳，犹如一个专业电工一样，和工程师比还差得远，远远谈不到一个“道”字。

只有国术武技才能称之为“武道”，它蕴涵的内容博大精深，如麦当劳和满汉全席根本就不在一个档次上。麦当劳也许三天就能培养一个炸薯条的，满汉全席的厨师却需要十年的苦心钻研。他们对人类舌尖的领悟根本就不在一个层次上。

炸薯条充其量是个“做饭的”，能做满汉全席的才叫“厨师”。论手艺度能“管饱”，但论内涵就差远了。

只有“武道”才可通“天道”！只要你喜欢武术的话，你会受益终生。其实你选择练什么，拜谁为师，也体现了你个人的品位和眼光。

师父找徒弟，徒弟找师父。碰到一起，能成就了自己那是天大的缘分！

武林中的人最难得是什么?

是活个明白。

在古代能活得明白、练得明白的师父才叫“明师”！

在有些时候，形意拳不是出去打狼，邀集一大帮人打群架一样，闹哄哄地挤在一起，师兄弟们嘻嘻哈哈地笑着、打逗着，你招我一把，我逗你一下，这是玩，这是玩闹，不是练拳，不是练内家拳，不是练内家形意拳。

内家形意拳没有这么练的，这样很难有长进，因为你的心不在道。

练习内家形意拳，有时候就得像一个人静静地沏上一杯香茗，一个人静静地看一场感人的电影一样，一个人默默地品味与咀嚼。一个人随着电影情节的发展，身心投入进去，自己仿佛就是主人公。打拳的时候，自己就是天地的主人，天地无垠，心随我动。

在夜晚行拳，心能较快地沉静。心进去了，打一拳有一拳的收获，出一掌就有一掌的效果，因为此时你内心的沉静，带动了周身的气息，全身气息鼓荡，随着你的拳势带动并且调整了呼吸。呼吸渐渐地合道，带动了气机，最后周身的所有细胞，仿佛都在帮着你使劲，它们和你同呼吸、共命运！你说这拳怎么会练不好?

如此，才叫练拳，才叫练形意拳。

夜练形意是入门的方便之法，等你找到了自己独有的东西，等你有所成就的时候，往那一站就是满身的拳意，那时候你就是在闹市中打拳，别人也干扰不了你了。

在古代，别说一代宗师的水平，马路上一个卖艺的都有这个境界，不管谁看，我打我的拳。别人干扰不了他，他却能干扰一条街的人。他能影响一条街的人都去看他。

在武功中，这些都是能练出来的。

老虎是百兽之王，可老虎未必和其他 99 种动物都打过架，老虎眼神一扫，许多动物就心悦诚服，不用打架了，这才叫“不怒自威”。

“艺高人胆大”，假设岳飞岳元帅领导 20 万军队，他是不是和每个人都交手过？

肯定没有，眼神一扫，20 万人就臣服在帅旗之下，就这么简单，这是武功造就出来的。这些东西我今天只说个开头，留到以后慢慢地讲。

形意拳是需要“品味”的东西，夜练是方便的入门之法。

夜练劈拳，
贵在养眼。
六识清净，
心容万物。
月出惊山鸟，
我自岿然不动。
体天地之正气，
远红尘之俗事。
万籁俱寂，
只有月下之拳影。
体悟拳而修其心，
久之必有所得也！

7. 五行之拳

形意拳门五行拳的练习顺序各有不同，各门派支系林立，讲解也大有出入，各位高师从不同拳理入道，传习各有所长。我的习练顺序是这样的：劈、钻、崩、炮、横——至今认为这是最佳的练拳顺序。

1986 年的夏天，父亲夜晚给我纠正劈拳的拳架的时候，发现我腿力及腰的竖力不足，晚上教了龙形、狸猫倒上树，以使腿部灵动活泼，并传习了虎形。

“龙虎为开”，父亲认为这样的习练过程有助于劈拳的练习。劈拳中本身就含有一钻，“钻劈”一体。

龙形的练法与别人不同，父亲是先教定势，也就是站龙形的桩，一脚悬空站立，对增加腿部力量及增加平衡感很有帮助。

形意拳门有个极为重要的说法：“鸡腿、龙身、熊膀、鹰爪、虎抱头、雷声。”在这个方面，形意拳实与心意拳别无二致。要想成为高手，这几个要求必然要做到。

“形意拳门步步不离老鸡腿！”这是形意拳老前辈经验之谈，一字千金莫等闲！

学练形意者要深知、甚知也！

龙身自不必说，无身形，形意拳第一个字“形”就做不到，还谈什么形意拳？

再说熊膀，当年父亲说过一句很趣的话：“你看狗熊是个溜肩膀，没膀子。可是狗熊的膀力最大，这是为什么呢?”

今日回忆，这实在是经典言语。中国功夫凡高手者——不限形意一门，肩膀都是如此。这才是中国功夫塑造出来的身材。

我今日不详细叙述其形，望读者去细细玩味。

当年父亲也直斥健美运动的身材，称其为“中看不中用”。

父亲原话说：“这个健美就是螃蟹功，外硬而内虚，且内外不能合而为一，禁不住内家的掌力也!”

“功夫要出在腿上才算是功夫!”

再说“虎抱头”，家学中有虎抱头的单式，是家族长辈从心意拳中提炼加在虎形中单练的式子，这个式子是我家所独有的。

两目炯炯如电光，
虎啸山岗威难藏。
俯身离穴强扑食，
虎抱头颅震八方。

在这个歌诀中也提到虎抱头的式子，我的虎形能合上这个拳诀。

这“虎啸山岗”，说的就是形意拳门不传之秘“雷声”了。

“虎豹雷音”很神秘，能把这个问题说清楚，才算得到了形意拳门的真东西。虎豹雷音不是毕业的时候才学的，在练习五行拳中就开始了——当然我说的是正派的传承才能学到的东西。今天说明白了这个，虎豹雷音只在五行拳中找就可以了。

我初步得到虎豹雷音是1986年的夏秋季，“劈钻”练了14个月，记忆异常深刻，用形意门的玩笑话就是“切糕抓了一年”！

1986年下半年，在家里初步听到了“雷音”，这个东西自此贯穿五行拳练习的始终。后续将专门拟文说这个“雷声”，在此不加赘述。

鹰爪就简单多了，从鹰捉找去就行了，鹰捉拳收手的时候，我父亲有个特殊的要求，就是一抓之下，要把手背上的五根筋都暴露出来才算数。

持之以恒，筋力就体会到了。

人体什么地方的肉最少？

手！

动物什么地方肉最少？

爪子！

少了肥瘦肉的牵扯，自然能很快体会筋之力，况且“十指连心为心之所系，四梢齐内劲出”。

我不赞成站马步单练指力。

因为费劲操出的指劲，要想在格斗中使用，还要放到拳里练习。比如砸核桃、劈砖头，定步的时候能做到不稀奇，跑动时是否还有效就很难说了，这个功劲是死的。

“活练”的劲在哪都用得上，还是练劈拳为好。

我始终认为内、外家是有区别的，简单来说，练身体整劲的我认为都算内家；练身体局部功夫的，都算外家。初学者我提供一个简单的适用于初学的判定方法：凡是打拳比赛之前，把腰带扎得很紧的，我们就暂时叫它外家；凡是在打拳、比赛或是表演之前松腰带的，宽衣解带的，我们暂时把这样的叫做内家。

我们暂时先这样划分，以后我再讲为什么要如此划分，这里边有什么道理可讲。暂时定一个内外家的界限，制定一个大法则，我们好顺着这个脉络去讲拳，等你看完了这部书，你自己就能分辨了。所有的法理都在里边，最起码的不会再受一些人的骗。

鸡腿、龙身、熊膀、鹰爪、虎抱头、雷声，这些东西心意和形意绝无二致。这些东西不是你到大学才开始学的，而是从你拜师那天，从你练习形意拳的第一天，这些东西就存在其中，伴随着你的拳一路成长。

越练下去，你的体悟会越深。因此在讲劈拳的时候，我就把它说出来。这些东西都是形意拳的“纲”，不管哪位大师都是在这些东西上练出来的，都是玩味这些东西有了感悟，从量变到质变，一点点地成就了自己。

初学形意，也要沿着形意拳老祖宗的足迹，一点点地走下去，能走多远，就看师父的栽培和个人的悟性了。

如果人的一生拍成了电影，在你20岁的时候，把你今后的一生先给你放一遍，那你活下去还有什么意思呢？

“经不可轻传”，我要留点思虑给你自己。我要给你留下一点体悟的空间。

这一章我主要阐述了形意拳五行拳的学习顺序，相信对你会有所帮助，这个顺序完全是按照五行相生的循序进行：劈拳为金可生水，接下去就是钻拳。钻拳属水，水能生木，那么后边接着练崩拳。

这是“合道”的顺序，这一点很重要。诸君自去体悟玩味。

8. 劈能生钻

钻拳是个宝贝。形意拳门的一代大师刘奇兰（奇兰公）最擅长此拳也。劈拳本身含着钻拳，再行钻拳的时候事半而功倍。

我回忆下五行相生的拳诀吧。

劈能生钻钻生崩。
崩能生炮炮生横。
横能生劈循环衍。
万物于土五行生。

我从老师学练的钻拳，中规中矩，四平八稳，动作朴实无华。

钻拳如闪，
一闪即进。
进即闪，
闪即进。
闪电之快，
不及合眸。

父亲传的钻拳不是这样，多了一个化手、扣手的动作在里边。父亲的传授是，钻拳的力要放在肘部，也就是肘根。

拳谱都说钻拳是肘打，在练的时候就要注意到。只有把心思放在肘部，前手才能灵动活泼，真正做到钻拳如水，无孔不入也。

夏天的一个傍晚，和父亲出去练拳。父亲选的地方相当好，地很平整。我练钻拳，父亲也练钻拳，慢慢地我与父亲的拳合上了节奏。自觉一吞一吐身形前进，慢慢地带动了周围的气机。仿佛练功的地方有了生命，随着我的呼吸配合拳的节奏，两耳感觉异常灵敏，身体舒适，想一直这样练下去。突然耳中轰鸣一声，一刹那间，时间轴好像在那一刻停顿，转眼就过去了。

我说的是自己当时拳中的感觉，如不能理解请就此揭过，当个笑话听也好。请勿抓住不放陷入其中。

拳中的感觉人人不同，没人能够模仿别人，也很难有人理解，写出来就当对当年旧事的一个回忆吧。

记得当晚父亲也练到很晚，练着练着，父亲的拳式变了，钻拳回身处，父亲做了个仆步下式的动作，灵动极了，“啪啪啪”，一步三钻，一气呵成。

我惊诧莫名，“鹞子钻天”，“燕子抄水”……原来也能加到钻拳里。那一晚至今记忆犹新，我那一晚学到的东西比哪天都多。

少年时代功夫的增长总是和寒暑假相连。因此回忆起来不是冬天就是夏天。“钻劈”同理，既然钻拳可以有众多之练法，劈拳也是一样。

现在的形意拳门还是保守得很。我在外从未看到有人打其他种劈拳，劈拳不单是一钻一劈，也能“双钻双劈”的。练法是练法，打法是打法，不能混淆也。

现在有的支派，将这些东西当作绝世武功来珍藏，不是自己的好徒弟绝对不往外吐露，其实不利于形意拳门的传播。

我以为这些不是很秘密的东西，也练不坏人的，说了就说了吧。

形意真正的奥秘是自己的“易筋经”！

各个支系都有自己独到的练法与名称。

还有些特殊的桩法，传承不同名称不同，差异很大。再有就是前文提到的“虎豹雷音”“形意周天诀”，我觉得这些要算秘传还是应该的，因为没有师父教看了也是白看，还容易练出毛病，坏了身体。因此随随便便地写出来，都是不负责任的。

从古至今，形意拳门从来也没有将不能普及的东西写在纸上，这些没人指导不容易成功的练法还是口传心授的好。

劈拳的多种练法，在这就不一一细说了。学练形意拳不能纸上谈兵，必须要动起来。

不管你是初学也好，还是一代宗师也罢，现在你不妨按照我的方法试验下，看看劈、崩、钻、炮、横，到底能有多少种练法。

在此，我只是起个启迪的作用，真悟出了东西是自己的，练出了功夫也是自己的。

真传就两个字——“操枪”！

手持大枪试验一下，劈枪到底能劈出几种？步伐可以走出几种呢？

没有大枪，有拖把亦可，用起来是一样的。

形意拳门“大道至简”！往往旁人认为很复杂、很神秘的东西，在门内真的不算什么的。

往往你认为很简单的一拳，却往往要付出一生的努力！

练是练，

练会是练会，

练懂是练懂，

练精是练精，

练灵是练灵……

最后还有“练化”呢！

郭云深祖师“半步崩拳”打遍天下，郭祖学究天人，他决不是就会崩拳。尚师承祖师之衣钵，复以“半步崩拳”而名动天下。尚师也不是只会崩拳。

但郭祖一拳谁能说不含钻劲，不含炮拳中“惊乍”之力？

一拳非一拳。

但一拳又确实只是一拳。

这一拳，是形意拳门的“浓缩精华”之所在！

9. 钻拳之法理

道生一，
一生二，
二生三，
三生万物。

万物合天地而归一统！

钻拳属水，灵通于肾活泼于腰，积蓄先天之能量。练好这个钻，今后有大用。

古谱曰：若要长生不老，就要还精补脑。

肾属水，主骨而藏精，对人和丹田并重（这是我个人看法），是汽车之加油站。

人体这辆车，在这十丈红尘中能跑多少年，还在于你今生储存的油量！

想想母腹中之胎儿，成型时先长的什么？可见其重要。

许多人提问说这个穴道治疗什么那个治疗什么，我真的不知道。我不是中医，也背不下来那些穴道经络的图表。我也不是西医，也回答不了那些肌肉或肌肉群和骨骼之间的关系。你们太高看我了。我只精通自己家的一点东西而已，只是想让初学者少走些弯路而已。

武学、武道有它自己的东西。

你如果学武，了解些人体的常识是必要的，比如小周天、任督二脉等，这就足够了。

看书也是如此，你找本形意拳的书看看也就是了。

我今日提个建议，形意书要看就看民国或民国之前的东西。

那时候人的体质和今人不同，想法也不同。

出书抗日、保家卫国、光大内家拳门的思想占主流，那时候的人是有真功夫的。

现今的许多人名利心、功利心太重，写的东西能超出前人吗？

武功不是生孩子。龙生龙，凤生凤。

武功要靠明师的指点，自己的勤奋，一点点地积累慢慢地磨出来。

宝剑锋从磨砺出。

功夫是慢慢磨出来的。不是练出来的。

武林中“龙”的儿子不一定练成“龙”，我知道实话不中听，但事实就是事实。

初学形意拳的人，不要妄图一日成为打遍天下的高手，慢慢练基础的东西，大师们没事也练劈拳。

也不用天天背穴道图、看《神经学》，西医大学要学五年到七年呢，中医没几年也下不来。

你再背诵形意各个支系所有的拳谱书籍，就说全会比划吧，别提练出功夫了，几十年也就这么过去了。

佛教有个“知学障”的说法，我不是和尚，就简单说个意思吧，就是说一个修行的人知道得太多，也影响他的修行，影响他最后修成正果。

词是佛教的，我只是借助这个词，在这个武学里边说这个道理。

不学形意拳，学其他的门派也好，条条大路通内家!

只要你按照武术独有的功夫去练，把住一路拳去学，举一反三，没有不成功的。

我不是以形意拳为尊，我愿意和天下武人交友，喜欢的就是大家对武学的执着。因为这个原因，大家才看到了《话说形意拳门之真谛》这本书。

武功和下棋一样，围棋九段和臭棋篓子在下棋中体会到的乐趣是一样的。

这点上帝是公平的，最后说句心爱的话结束本章：“天下武林间，没有无敌的门派，只有无敌的功夫!”

10. 钻拳秘中之密

习练一段时间钻拳，步伐出奇的舒服，此时腰也活了，行拳的时候很快能找到那种感觉。慢慢地以为自己练得很不错了，谁知还差得远。

此事源于与父亲的一次试手，具体时间记不清了，只记得是冬天的一个夜晚。万籁俱寂的晚上，只有我和父亲在。

父亲突然问："钻拳怎么用?"

"直接用呗。"我答道。

"那我们来试试。"父亲摆出了拳架。

我突然来了兴致，就出了一个钻拳打向父亲的下颌。父亲也打出了钻拳，不知怎地两只手碰在了一起，打得我的拳钻心地疼，吃了点小亏。

这就是"钻拳之拳"。

今日看来，当时练拳练得太死了。

拳攥得过紧，致使发力僵硬，少了灵动的变化，不合拳中之理。

师门及父亲都强调，形意拳讲的是"握拳如卷饼"!

买一张新烙好的大饼，放点大葱，多卷点酱肉，两手卷好大饼，一定要用双手抓握着吃。

咬一口就别咬第二口了，这时候你看看自己的手型，抓着卷饼的手型，就是内家拳的拳形，这个拳形打人是相当靠谱的。

为什么要多卷点酱肉？

饼卷粗了，拳形就好看了。

咬着吃的时候怕肉掉了怎么办？

把这饼卷得上粗下细些才不掉东西啊！

手握着上粗下细的饼，那个手型就是正确的“握拳”。

再往深里说，这张大饼要是泡在水里就不那么灵了。

因为钻拳属水，“大饼拳”遇到了水就产生了变化。

前文说到，我与父亲试手吃了点小亏，就是吃在这个上面。

我的钻拳出得是“中规中矩”，父亲出的钻拳却不是这样。

父亲的钻拳虽然也是“拳”，但拳形变了。

中指凸了出来，后边被大拇指压着。格斗的时候这个拳形是很占便宜的，等于在自己的拳头上安装了把“小锥子”。这个拳如果打到下颌、脸部，能造成极大的伤害。

父亲为了教我这个拳形，故意打在了我的拳头上，我的拳头形成的平面对上了父亲的“锥子拳”，我吃亏也就是必然的了。

这是钻拳最为凶狠的攥拳之法。这是钻拳之拳最大的隐秘！这是从来没人肯吐露的秘辛！

当然，你在外边练的时候不用这样，攥一般的拳形就可以了。形意拳门在外头大庭广众之间练拳，大部分就是“走势”，调整身心而已，我没见过在外打很隐秘套路的形意拳人。

现在在外你能看到完整的八式拳和几个十二形的单式就已经很不简单了。

其实形意拳门在今天还是比较保守的，形意拳的师父们还是很珍惜拳艺的。

形意拳的老师多数教得很慢，要学生练很长时间——其实老师用心良苦而学生不知。

“功夫慢练入道”，千古不变的诀窍！

形意拳的动作，对稍微有点武术基础的人来说不是很难，可能用一个下午就学会了。

一个下午能学会一个门派的拳法，只是说说而已，内涵的东西他是拿不去的。

用门内的老师傅的话来说，“也就是画个魂而已”！

这个“画魂”还是老师傅留口德的说法，其实是连个形也画不去的。

中国功夫是南北大菜、是满汉全席，那是一流的功夫，非那些速成的洋快餐可比拟。

快餐是定型的东西，全世界人民只要你吃就是这个味。

国粹武功那是量体裁衣、因人施教的。到底哪个好，相信大家心里有数。

不是国术的没落，实是国人的没落。

越来越多的人喜欢快餐，为什么？

懒惰、省事、得过且过的心态蔓延所致。

人的心变得越来越浅薄、越来越肤浅、越来越急功近利，越来越不能塌下心来执着地追求自己想要的东西。

曾有学拳者问：“老师俺一个月能练成啥呀？老师俺三个月能练成啥啊？老师俺多长时间能打得过某某啊？”

我笑答道：“你买把手枪，一分钟后即能干掉麦克、泰森！”

感谢那些洋人的洋快餐式的武术进入中国，中国功夫需要境界、需要一生的时间去玩味与体悟。

急功近利的人是学不到国术之精华的，站桩的死关他过不去，就练不了真正的武术，更别提内家拳了。

内家拳更是“师父找徒弟”。好比老板招聘一名员工，员工来了对老板说“我今天职员、明天科长、后天处长，大后天顶替你”，他什么还不会就口出狂言，这样的员工老板会要吗？

更别说做徒弟了！

师徒如父子，天地君亲师。

要了这样的徒弟，师父早晚被气死了。

想那一钻一劈，我费尽心机也不过说出九牛之一毛。盲人摸象，离正拳道还有很大的距离。

钻拳的握拳就不是一种。

到了崩拳呢？

别看崩拳也是“拳”，也是五根手指握在一起，崩拳有崩拳的道。

在外练钻拳，还是正规握拳较好，手指舒服容易体会劲力。没有必要在练的时候握那个“小锥子拳”。那样再用的时候就没有秘密可言了。

保守从心意就开始了。

心意拳有个有名的拳式“熊抱顽石”就是这样。

不信可以找这个式子的视频看一看，没人讲解，你可能永远也想不出这个式子在打法里是怎么用的。

这就是内家的“自密”了，它的式子好多都是藏手，旁人看是看不明白的。

形意拳老拳师傅们也保留了这个传统，老辈的武师练拳，弟子都轻易看不到。

只有“自密”，才会吸引人好好学下去。做成快餐就少了味道、失了禅机！

在内家拳门，我今天做个不恰当的比喻，作为弟子，就是老师手中的一盘菜。

弟子的任务，是努力提高菜的本身质量。

弟子的成就，也就是菜做熟了以后的味道，完全看厨师——也就是师父的火候的掌握和烹调技术了。

内家拳门师徒的关系是很密切的，作为弟子别高估自己的能力。

老师少说一句，弟子可能多练半年。

老师少说十句，弟子就瞎猜去吧。

少说 100 句呢？

在此我要强调的是老师的重要。

作为学生：

程门立雪，

精益求精，

日月穿梭，

寒暑不计。

师倾囊而出，

你如获至宝。

勤学苦练，

不耻下问。

佛祖拈花，

迦叶微笑。

久而必成正果矣！

11. 昔日武林二三事

20世纪80年代，现今生活不可或缺的电脑、手机普通人当时闻所未闻，社会的开放程度大不如今。

人们娱乐的项目尚不多，电影《少林寺》的热映在中国大地掀起了一股武术热潮。

正是我开始习武的年代，各地培训班如雨后春笋般涌现，办得如火如荼。但三五年过去之后，就纷纷解散了。

不可否认中国之少年、男人，每个人心中都做过武侠梦。哪个少年男子不想如当年梁羽生之名著《七剑下天山》《塞外奇侠传》当中的人物，如“杨云骢”，金庸先生笔下之“令狐冲”一般行侠仗义笑傲江湖……

哪个男人不想当英雄也！

雄心可圈可点。

和“令狐公子”一样，当大侠是需要代价的。

但是，你想得到这个，就必须同时放下那个。鱼与熊掌不可兼得！

说句实在话，功夫就是功夫，功夫就是时间！

“欲练神功”，在内家拳门“挥刀自宫”倒是不必了。这东西对练武没什么帮助，倒是“坚忍与毅力”一个也不能少。

武术功夫其实没几个人能坚持下来，大浪淘沙能留下的没几个的，这是事实。

当年如此，现今也是如此，而且有过之而无不及。

国术对人身体的锻炼之全面非洋术可比，我衷心希望有缘得到传授的人能坚持练下去。因此我把我知道的一些内家拳理和经历的一些事情讲出来，就是想抛砖引玉，让更多的人喜欢国术，得到一个好的身体。

在古代的故事就不提了，就说民国吧，想学拳，想学形意拳，那可是了不得的事情。

一个人说我想拜老师，磕一百个响头都行啊！

你的保人呢？

哪位武林名宿介绍你的？

是你到武馆吃住还是请老师回家教？

穷文富武啊！你家能吃饱饭吗？

但还有许多好老师都贴钱养弟子呢，这是旧武林多知道的事情。

但人家做弟子有那个命，师徒看对眼了。

别人呢？有那个命吗？费尽心机进了门楣，是不是那块材料还难说呢。

举个例子，假设中国足球请世界球王贝利做教练，学了 8 年还是那水平怎么办？

人家是驯虎的，对放羊没有经验啊，这能怪罪球王吗？

这帮踢球的本身是老虎还是羊啊？

他们不是老虎那个品种，如果是群羊的话，怎么训练不也没用吗？

每当我们学拳的时候遇到坎过不去，先不要埋怨老师对自己的传授、对其他师兄弟的偏爱，在自己身上找找原因，是老师没说到还是自己没领悟到。

有时候突然吃顿饱饭的刹那，通走脊椎一股气流向上，突然间我想通了，站起来试验下马到成功。

内家拳有时候出手没力气，毛病也许不在手上。

往脚下找找，也许这一关就过了。要知道有些事情越是死脑筋越过不去。

内家拳每一位高师都是关云长，在自己练拳的过程中，“过五关、斩六将”，终于越来越接近武学的真理。

我不敢说就是真理，武学只能说“越来越接近真理”，相信老拳师傅们会赞成这个说法。

闲言少叙，20 世纪 80 年代我在天津北宁公园看到过一个卖艺的师傅，算个武林高手。

当年我有亲戚住在那里，所以经常去玩。正赶上公园活动，我又爱看武术表演，就占到了前排的好位置。

表演者眉清目秀，二十七八岁的年纪，这个年轻人不像个练家子，可功夫惊人。

劈了 2 块砖头，我看得索然无味，这个当年见得多了。前排有几个人起哄说，来点真的，来点真的。

你一言我一语，许多人跟着起哄，小伙子年纪小，禁不住大伙的忽悠，慢慢地就动了点气。

这个年轻人离开了练武场，在人群里扒拉块鹅卵石回来，放到石凳上。对大家说：“今天给大伙看点真东西，大伙看过开这石头的，大伙见过用手背开的吗？”

说完亮了亮手掌。我看到手掌并不粗糙，皮肤比较白净。可能小伙子有点生气，说了没几句——关键是也没运气和做一些准备活动，就用左手扶着放在石凳上的鹅卵石，右手高举过头，轻“嗨”一声，只一下鹅卵石应手而开。

观众半天没有掌声。

少年时的见闻对我有很大的影响，此即是一例。

人的手部，尤其是手背，除了骨头就是筋，我上文讲过钻拳的故事，被父亲碰一下还很痛呢。

手背是最难练到的地方，这个年轻人岁数不大，那可是真功夫。以我当年的水准定非其敌手。

如果他用手掌，那凶悍的打击力量不是一般武人能承受的。相信练武的高师会赞同我的说法。

我就是单说这一下，不是藐视别人。在那个年代，在公园砸石头的人都有这么好的功夫，武林藏龙卧虎我是深信不疑的。

青年时代的父亲，曾会过一个退伍军人，亲眼看到当年29军所传习的大刀刀法。

据父亲讲，那是一个晚上，在天津河西区马场道附近，这个人用竹片做刀演示了刀法。但见身法迅速，刀法凌厉，是不可多得的好武人、好刀法。父亲到了晚年还有所提及，赞不绝口。

当年的军人都是打过硬仗的，本身即有“虎威”。

西北军的刀法有形意刀的影子，绝对是真传的东西。

父亲也曾提到当年冯玉祥创办中央国术馆，形意拳门好手如云。当年老的电影制片厂，好像是老上海电影制片厂吧，当时给国术馆录制了不少武术的资料、胶片电影，不知此物如今是否尚在。

如有武家能妥善整理后公之于众，让我等后辈也能一睹前辈之风范，实在是天下武林之一大幸事。

多年过去，这几件武林旧事还留在我的心里。时时想起，不禁思绪悠悠、神驰万里……

怀念那个能一心一意练点什么的年代。

12. “崩拳”拳意述真

云深祖师崩拳当世无敌，尚师承其衣钵，复以崩拳冠绝当世。外行至今莫名也，两拳往前一捅一伸，即成绝世武功，外人难明形意拳门之妙境也。

我们先看看崩拳之诀：

崩拳起落如波生，虚实动静卷地风。
身如弩弓手似箭，成功全凭后足蹬。
崩拳起意在大敦，拧目竖项肝气伸。
左右连珠轮番进，消息一动定乾坤。

这歌诀不是一支所传，我家的谱上还有别的存货。

这首“拳诀”我比较喜欢，也觉得两诀比较全面，有概括之意义，特此拿出做个说明。

世传门内崩拳劲力为九种，其实如按老谱，那是“有形有像”之用法，距云深祖师“无相”之崩拳尚差很多境界。

崩拳的初习异常重要。身架要正，发力要整。

还有很重要的一点，练形意，要知道形意的珍贵之处。

我小时候学的歌诀：“拳贵‘贵’在形连意啊！”

用四个字概括就是：“拳意要正！”

这是最最重要之处。

形意拳门练好了，滋养身心益寿延年。

练坏了呢？

毛病就多了。

说个故事吧。我中学时代喜爱操手上的功夫。当年住平房，我自居一室，曾在屋门口挂一个用工作服改制的蓝帆布沙袋，在击打了3个月后被父亲紧急叫停。

我至今感念父亲的教育方式，只要不犯大错随便折腾，我自小生活在很随意的氛围当中，可说是想干什么就干什么，父亲一概不干涉。

这次也是有父亲的理由的。父亲叫停的原因很简单，他对我说，你看看你最近打沙袋后，你的眼神都变了，目光狠毒啊！这样对你练拳及身心发展是不利的。暂时停止下来，重新回到形意拳上来。

这是父亲对我的教诲。我停止沙袋的练习，恢复了很久才回到拳的正道上来……

为什么少林寺被尊为武学的泰山北斗？

我说的是大清朝火烧少林寺之前的少林。那时候天下英雄仰慕少林，那是为什么？

不是因为少林寺武功天下第一——天下武人没人敢自居第一的，有也是梦话而已。

而是因为少林和尚在武功中加入了佛法。

少林和尚自己认为武功是护持佛法的末节，修佛才是人间之正道，你手能劈开一座山也不值得炫耀，佛祖的境界在那摆着呢。这是人间正道也。

修炼武功在人身上产生的“杀伐暴虐”之气，对人体是有害的，少林和尚通过佛家的心法将其化解于无形，行拳练武始终是“正念”——这才是少林千年不倒的根本原因。

练拳的时候，心里想着：我这招捅瞎你的眼、我这招式一下弄死你。

练刀的时候，心里想着：我一下劈死你、我下下劈死你们。

这还得了？

别说形意拳门了，就说武学的大道理，这个“武”字怎么写？

武是“止、戈”两个字连在一起。

一旦起了杀心，作为和尚你的慈悲心哪去了呢？

这样练拳的“拳意”不对！

时间长了，没打死人先把自己祸害死了。

前文所说的拳诀里面就有：心定神凝，神凝心安！

武当也是同样的道理，它用道教的心法化解了习武的“暴虐之气”，使练武的人心态平和、道德高尚。

形意拳门老一辈的拳师面相敦厚，许多都是忠厚的长者风范。大家可以去网上搜搜那些名家之照片，自己看看体悟一下就全明白了。

感谢形意拳门的各位祖师，你们的深意我能体会。

在此拳创立的时候，老祖宗们就想到了这些。

不信的人看看形意拳各式的名称，都是动物的形象，拳名起得太有“深意”了。

形意拳门没有“踢裆锁喉”“上步抠眼”“起手撩阴”这些招式的名称。

你绝对在拳名里找不到狠毒的招式名称。

老祖宗就是怕你练出“暴虐之气”，毁了“内家拳境”，也毁了自己。

“自然才是王道！”

在练武的时候，想着杀人放火，“与道甚远”。练出的东

西能好到哪去呢?

再说一个内家拳的“秘中之密”吧!

“意正身直，松肩气下”，是所有武学的基本要求。

可是这个“拳意正”根本就没有人肯讲!

这是武学最最重要的地方。

我要说的“秘中之密”就是一句话：“内家那些开碑裂石的重手法其实都是‘轻’着练出来的，那些武林中的‘软、轻’功呢? 比如‘缩’骨、弯腰之类的，都是使劲‘硬掰’出来的。”

“硬功软练”，这是诀窍。

武艺虽精窍不真，
枉费心机枉劳神。
祖师传下神妙艺，
得此不可妄传人。

这个“窍”如果不点破，可能是你一生也体悟不到的。

本章主讲崩拳，可我却先讲了拳意，望看文章的诸君要理解。这个拳意相当重要，崩拳也相当重要：你光想着打死人就会练坏了自己。

就算形意拳能打死人，也不能每练一下都想着把人打死。这样一来只怕对手没被打死，你就先练去世了。

此非武学内家之本意。

记住老前辈的说法吧：“拳无拳、意无意、无意当中是真意!”

练内家拳不能上体“天心”、下悟“红尘”——如此还不如去吃洋快餐。

望读者：
识拳理，
明拳意，
修形意无上拳道，
做人间有用之人！

13. 打遍天下之无敌崩拳

初学崩拳，当以意正身直、动作柔顺、起落整齐为要，拳意要正，居心要正，此乃拳之“重中之重”。

勿贪多，勿玩命。

内家拳练习过后，以身体微微出汗，面色微红，身心舒适，呼吸不急、不躁为上。

脸白气喘，周身乏力，呼吸不匀，努气发力，未滋养身心，先毁身薄命，不如不学。

初学者谨慎之！

“崩拳起意在大敦”。

崩拳的力在脚下的“大敦穴”，上篇说，出拳无力别找手，在腿上找找，也含有这个意思。

“拧目竖项肝气伸”。

崩拳属木，内通于肝，外显于眼。

练拳关键在眼神，打拳要有眼神带着，配合呼吸，才能至快地提高拳艺。

舒展肝气有利身心。心急如火起，肝动如飞箭。

到了用法就神奇了，心一战而内举动，气自丹田而生，如虎之恨、如龙之惊……

形意拳门也有些单独练眼睛的东西，一些小技巧，对崩拳也是有好处的，待日后慢慢道来。

“左右连珠轮番进”。

这个简单，左一拳右一拳，拳拳相连、无懈可击也。

形意拳门最大的特点，左势练完了就练右势。

人的左右手做事情，每个人都有偏重，造成左右手不一样灵活。十指连心，头脑和心也是左右不平均的。

我不相信有左右肢体能练得完全一样的人。

形意拳门的老祖宗在创拳的时候，就是考虑了上述这些人体科学，将拳路有意识地编成这个样子。据我所知，将拳路编成这个样子的，唯形意一门。

左右式子衔接互练，不但能快速提高拳艺，对心之灵巧的锻炼也是功不可没。

学拳要理拳意，从根上学，别贪多求快，一理能通，百理即溶。心如沸水，拳如速溶咖啡，一冲即明，滴滴香浓意犹未尽，再慢慢品咂拳理，一杯咖啡喝完，绝世高手即出。

“消息一动定乾坤”。

这个消息不是股票、也不是基金的小道消息，更不是没编号的小报。这个消息在腰，在腰上“命门穴”附近隐蔽着。说在丹田也行，说在肚脐也行，我都承认。因为都在腰的一圈，人人感觉不同，有人感觉是肚子领着身子走，有人感觉是命门催着身子走，都是正确的。

人的任督二脉敏感度不同，只要你找到了腰，就算你找对了。敌人上来了，打法就出来了，消息一动拳就出了，合眸间乾坤已定，就这么简单。

崩拳回身是个龙形，滋养身心，五行合道，“真龙火中出”，非它不可。

龙形东西太多了，蜇龙升天、霹雳击地，包括狸猫上树都和龙形有关，这个在十二大形象里再说。

话说白了就没意思了，愿读者慢慢领悟。形意一门博大精深，欲承其心，先明其意也。

14. 无敌“崩拳”详解

崩拳简单实用，身似弓弩手似箭，直出直入最难防守。

化作大枪，即为枪中之王——中平枪。

出枪去如箭、回如线，中平枪、枪中王，有阴阳不测之机，神鬼莫测之妙。

“化枪为拳”也不能失了这个“枪拳”之意。

崩拳也是“绷拳”。

这个“绷”字何解？

形意拳门各支系都有自己的理解与体悟，我不掺和这些，我不说老师所传之练法，免得招惹武林是非，我只说自己家的练法。

这个“绷”字，我家的说法是——作用在前臂的“绷”。

人的掌骨 8 块，前臂是两块骨头连着肘，前臂这两块骨头要“绷”上点劲，出手的时候才有力气。

都说“肩催肘”“肘催手”，差这两块骨头，肘和手要怎么连接？

我初学崩拳其实不叫“学”，就是比划着“划拉划拉”的意思。

父亲单独教我的时候，先不让我打崩拳，他说你的小胳膊太细嫩、太柔弱，先练练“锉崩”吧。

我就简单地站个三体式，打“左右手崩拳”，也不动步，两拳在手臂的前臂上“交锉”，拳头当然不能直着出入，还要加点螺旋劲。现在回忆起来胳膊还觉得痛苦呢。“锉”得前臂直痛，手腕附近难受异常，我当年情愿练点别的。

父亲还是老传统，他教东西不按“个数”的，也不按“趟数”。要你每天做多少多少个，不是这样的。是按时间的，半个小时是最常用到的“计数法”。

形意拳这个东西，就不能偷懒，明知道半个小时，你想少做几个、放慢点速度，可是有时候那个姿势“慢练”更累，比如那个“龙形大势”，你慢慢做个试试?

我还练过“香”的呢，点一炷香掐时间。当然这是练习很长时间以后的事情了。

锉来锉去的，前臂就比较结实了，螺旋也有那么点意思了，这时候才开始学迈腿。

这个步也是学问啊，我是这个时候学到的“槐虫步”。这个东西不是跟老师学的，纯是我自家的东西。

我家的“槐虫步”是结合前辈的创意自行修改过的，算得上是“独家武功”。只有我家才这么练。老师的现传弟子若不相信，可以和我来核对，我保证你没见过这个练法。

父亲认为不学这个步，崩拳在连拳里的“追风赶日”，也就是快步崩拳是很不容易练出来的，早晚也得学，所以就提前教了。

本来依据我当年的水平，在哪个老师手下也是不够资格学习的。有的支系拿了当“宝”的，有的支系不知道是不会还是不重视，或者根本就没有这个，就不得而知了。

胳膊腿都练到了，我才开始正式迈步打崩。

要练崩拳这个步伐，也要动动脑子，以后在连环拳里崩拳叫“青龙出水”，得找找这个步伐。

是时候操操大枪了。

我多次强调，想要练好形意拳，大枪是必不可少的。

打拳打出的毛病、错误从枪上去找、去纠正，是形意拳的不二法门。

崩拳为什么要用龙形回身？这个答案就去大枪里找。在此便不加言明，留给诸位读者自己体悟。

你们也要体悟我的苦心：“祖师传下神妙艺，得此不可妄传人！”

孙悟空得七十二般变化，闯地狱、抢东海、大闹天宫靠的是“悟性”。

什么叫“灵台方寸山，斜月三星洞”？

上边三个点，底下一个“勾”，是个“心”字啊！

“艺不可轻传！”

佛在灵山莫远求，
灵山只在汝心头。
人人都有灵山塔，
好向灵山塔下修。

15. 初学武林规矩

旧时之社会，各行各业规矩多多，武学一道更是规矩繁复也。

想那少年时代，我最喜爱之事就是“闲逛”，到处看看他门他人之拳脚，未尝不乐乎。

“贵人不多言，丈夫不生事。”我自小谨记。多看少说少惹麻烦，留着时间练拳多好。

武林规矩繁多，在此不能一一细数，只说说与“武”有关的话题吧。

旧武林有“四杆”的讲究——坐杆、行杆、撂杆、戳杆。

我没生在大清国的时代，脑袋没留过辫子。我的东西都是听来的，说说而已。

“坐杆”是固定的护卫，比如清王府的教头、武师等。这是习武之人学艺成功后的职业之一。

“行杆”是走镖的镖师的称呼，走南闯北之人，见多识广。

“撂杆”即是撂地卖艺的意思。

“戳杆”就是武人开的武馆、把式场等称为“戳杆”，有立起来旗杆的意思。

形意拳门“三杆”都是有的，唯独没有“撂杆”的。

我自小至今，从未看到形意拳门之人用形意拳法卖艺换钱。也许别人看到过，我是没见过的。

细细想来，这个和形意拳门的拳法风格是有很大关系的。

形意拳是内家功夫，那是武林的真传加绝学，怎么说都不过分。而且形意拳门的拳法没有花招，一下花活也没有。只有真懂功夫的人才能看得懂。

形意拳是打人的拳法，按古谱讲是岳飞编纂以教士卒的军体拳，本身就不是表演用的，在普通看客眼中基本没什么观赏价值。练形意拳的人是吃不了“撂地”这碗饭的。

能“坐杆”者多为功夫高绝之辈，在当地、在当时绝对是一代宗师级的人物。否则在清王府混个四品带刀护卫，连个小兵也打不过，几天就要收拾东西走人了。

能做镖师走镖也是一样，绝对是有功夫啊。当年盗匪这么多，不说人缘面子的问题，就说功夫，那抢劫可是真刀真枪，没点真实的功夫，敢吃这个饭吗?

形意拳人在旧时候不少从事镖行之业。慢慢地镖局这个行业有了自己的特色，兴旺发展起来，形意门的镖师也总结了若干的顺口溜，我把它称作《镖诀》。名字是我起的，意思就是说镖行保镖的职业和诀窍。小时候听家中长辈叨念过这些，慢慢地记忆了一点，在此说几句：

带着女人莫梳妆，
不在客店洗衣裳，
睡觉用物倚门窗，
随身钱财两人装，
给付银钱莫着慌。
衣不解带，
剑不离身，
身如卧佛，

鞋尖冲外，

……

出门在外万事难，保镖更是如此。

洗衣服就要脱衣服，钱往哪放？

睡觉时放个门窗花瓶，进来小偷不就有响动了？

鸡蛋不能放在一个篮子里，保镖的人早知道了，否则真被偷了，路费怎么办？

睡觉的时候鞋尖冲外放，下地穿鞋方便。这个保镖和消防队差不多，有事情就得利索。

在如今我觉得，这些对出差在外的还有点指导意义呢。

武术是“国粹”，这东西再不保护就没了。

绝了种、断了根，再想孕育就难了。

“武”与“侠”乃民族振兴之魂灵也。侠之大者，为国为民。

想那形意拳门之韩慕侠，力败大力士所为何来？个人恩怨吗？非也。

出去看别人打拳，尽量站在边上，不要胡说八道——人家练的东西你未必真懂。

不要下场子，不要站在场地中间挡着人家，尤其不要挡着人家练拳的路。

不要随随便便地摸人家的刀枪，老辈的师父都讨厌这个。

武林之中“三人行必有吾师”，别自傲别自满。哪怕是练得很差的人，那也是对武道热爱之人，人不亲艺亲。

对小字辈更要关爱，也许有了你的关爱与鼓励，他就能坚持练下去，也许中华武林从今又多一朵奇葩，亦未可知。

我家长辈总念叨《大学》中的一句话：“净口、修身、齐家、治国、平天下！”

长个乌鸦嘴，喝多了除了墙谁也不扶，恶语伤人，在武林中是绝对学不到真功夫的。

闭上嘴，多练拳。

大海为什么最大？它把自己放得最低，才能“海纳百川、有容乃大”。

遇到是非，人要远离，近一点自己就可能有是非。想在武道上行走，就要“正意”。拳练得好坏不要紧，先闭上你的嘴。

有时间多看拳谱，多记忆多理解，真进入了那种境界、那种内家的拳境，你也就远离了是非，远离了那些龌龊。

初学者要慎之又慎，我家拳谱开篇就写了这个问题。我今天公布几句，看看是那些是非吸引你，还是我的谱书吸引你。

拳谱抄录（节选一段）：

形意交手战法

吾与敌同，
脊椎是龙。
交手先蹭身，
蹭身拳才真。
天地交合，云遮日月。
日月不明，形神必松。
遮龙眼，云遮日月。
扳龙头，猴形之功。
鼍形打穴，此时奏功。
破龙身，连环崩，就势水钻不放松。
上打鸡形下撩阴，鲐攻两肋带中心。
望眉斩截翻肩背。
猛虎搜山炮截手。
……

16. 五行之拳且连环

崩拳还没讲完，炮拳横拳都没说呢，突然提起五行连环拳，是不是过早呢？其实不是的。

对形意之五行连环、进退连环，先有个大概的理解，这样便于五行拳的练习。

拳是死的，人是活的。武功要因人施教，国粹武功不是快餐，怎么方便怎么学。我就曾有跳着学的经历。

现在世间传的连环拳，按我自己的观点说，应该说叫“进退连环拳”。这个说法还是比较准确的，因为其与“五行连环拳”还是有区别的。

我家自己叫“五行大连环拳”，就是为了加以区别。

五行拳的练习过程中，老师应该慢慢地加东西。劈拳就有很多练法，这些都要慢慢掌握。在五行拳的习练过程中也该加一点十二形象的单式，比如练龙形、练“槐虫步”，为今后的学习打点基础。要不这个“连环拳”是不好学的。

在学习连环拳之前，该练习两趟拳法。五行相生和相克各是一路完整的拳法，可以独立练习的。五行相生和五行相克两个人练习就是对练套路。

有了这个基础，再练习连环拳就水到渠成了。当然这是我的一家之言，说的是自己的历练过程。有的支系说法不同，有的支系不练这个，都是无所谓的。

只要五行、十二形大东西在，这些珍珠怎么串起来都是项链。明白的老师傅会根据弟子的身材、爱好、打出的拳劲，有意识地调整学习的进度。

比如走走龙形、鼍形等，使你更快地提高拳艺，然明师可遇不可求也。师徒真是“缘分”。

现在世传的连环拳，我叫他“进退连环”，拳路比较短，五行连环拳长一些。

怎么区分呢？我是靠口诀区分：

五行连环形意根，
一马三箭左右分。
鹰熊合演鼍形意，
狸猫上树倒翻身。

在拳里有鹰熊竞志、一马三箭、游鼍戏水、狸猫上树这几个动作的我就叫它“五行连环”。缺东西的我就叫它“进退连环”。

这个连环拳，在形意拳里扮演很重要的角色，一定要学。

不管你练的是“五行连环”还是“进退连环”，要无限次地去重复它，不厌其烦地去操这个拳。

我慢慢地讲述这个道理，也许你的五行拳练得不够精致，还有你没领悟的地方，这个连环拳可以弥补这种无意的“疏漏”。

在你练拳的这个过程中，这种“疏漏”你当时是看不出来，也觉不出来的。

请问你会拗步劈拳吗？

你会进退步双劈拳吗？

你练过退步崩吗？

练过疾步崩（也叫追风赶日）吗？

连环拳正好弥补这些缺憾。

如果说三体式、劈拳是形意拳的第一个死关，那么连环拳就是第二个死关。

这个关口过好了，今后就顺利多了。

真正说形意拳已登堂入室，我不是说你的拜师仪式，那都是虚的，现在有钱你可以让美国总统做你师父，那都没用。

武林中认师兄弟看的是什么？

是功夫。

我说的是自己身上的功夫，到了登堂入室的地步，最起码也是练通了五行的人。

五行真如五道关，

无人把守自遮拦！

老谱上写着那可不是容易的事情。练通了五行，形意拳门真正的功夫就带在了身上，可以说一般练武功的就不是对手了，再培养些交手的经验，在旧武林就可以有碗饭吃了。这就是谱云“五行顺一气，放胆即成功”啊！

有了连环拳的基础，连环剑、连环枪、连环棍、连环剑，都等着你呢，包你一学就会。

通过不同兵器和拳的相互印证与相互补充，长有长的用法，短有短的用法。你又会发现自己拳中的很多不足，这时候主要看你的脑力了，把这些东西炼化，你的功夫又上升了一大截。

我说这个时候是形意拳长进最快的时候，一日千里也是有的。

如果说第一关的“三体式”是“体力关”的话，那么连环拳就是“脑力关”了。

这时候是不是那个材料就看出来了。通过对比，你自己也就能看出来自己是不是这个材料了。

大部分练拳人五行并没有练过关，学到这儿也就打住了。

他也能学习十二形象，甚至能练习形意门所有的拳法，我说的是他的功力就到这儿了。

人的体力和脑力就到这儿了，再学下去会非常非常的困难。

不是不能练习啊。也有那些开窍慢的奇才，学到这儿还没开窍，再练突然贯通，家里长辈提过有这种人，我到今天只在周星驰电影《功夫》里见过，生活中还没见到过。

本章突然说五行连环拳，不是我性子太急，是有深意的。

崩拳还没说完，再讲下去就是劲道了，就是手型了，就是崩拳步了。

不能不提这个退步崩，这在形意拳中太有名了，练的时候就要有意识地找这些，这些又都在连环拳里体现。

干脆先说点连环拳的事情。连环拳比较短，练的时候一次至少打它个十遍八遍的。练得越多，体悟越多，哪个大师也是这么过来的。

劈拳也是一样，出来练拳，天不冷先站个三体式，然后打劈拳，打完劈拳再练别的。天地五行就是这么规定的，顺应为上也。这些都是形意拳门，甚至是练拳的人不可不遵从的道理。

少惹是非，勤练武功。形意拳门对比武是严格限制的，别说跟外门了，本门师兄弟操手，师父都不放心呢。练个三天两早晨，到处找人比武，不是“智障”就是“找死”。你不知道真正的内家高手，那恐怖的打击力度有多大；也不知道人家练

什么，就找人比武，兵家都是大忌。

别说别的了，现在网上能开四五块砖头的有得是，不信你上网查查，别提内家高手了，你可能连个砸石头的都打不过，出去比什么比？

形意拳门的明劲出来的时候，有人是这样的状态，但不是人人如此，老师一看就明白了，告诫下就过去了。

实话有时候就是不好听。你功没练成，在比武的时候很容易受伤，人的身体很宝贵，也许受了伤，这辈子一使劲就疼，这辈子功夫就练到这儿了，再也难以提高。

受了内伤、暗劲，更是不得了的事情，一生痛苦！

等你练好了出了师，你也可以去打俄国大力士啊！但在你练拳的过程中，你最好放下这些想法。

记住两个字——“戒斗”！

说个笑话吧，爱打架的人为什么爱打架？

因为他没挨过——死打。

问问那些枪林弹雨过来的幸存士兵，谁想再回到战场？

高手切磋技击可以提高拳艺，流氓打架也就练个手熟，提高点技术，提高不了拳艺和功力。

流氓都在监狱里呢，他天天打架也成不了绝世高手。

塌下心来练拳，等你能和一代大师比肩的时候，你爱找谁比划都成。

本章的连环拳是给初学提前说点东西，好在五行拳里慢慢自己去找。也就是说了点练拳的道道而已。

我总以为“拳意”比“拳式”重要，做“人”比练“拳”重要。

做个练拳人，“德”字更重要！

青梅煮酒，
谈武论功，
诙谐幽默，
不伤大雅。

武者，修口德、明是非、勤武功、勿招摇！

体悟红尘百态，
不枉俗世百年。
弹指一挥，
白驹过隙。
红粉骷髅，
过眼云烟。
……
心态即拳态，
心明拳自明。
精气神安，
功力自能精进矣！

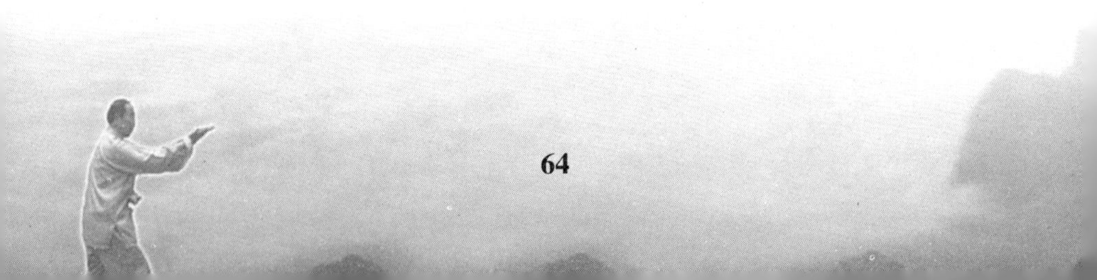

17. 五行拳之密练

练拳也要找到“自己”。

我看到许多拳师他们练了一辈子，还说“你看我这下练得最像师爷”，而沾沾自喜。

我问一句：“你在哪呢？”

你像师爷，你就是师爷，你在哪呢？

武功是“模仿秀”，在形上你要模仿得像才能提高。

可是意呢？

武功到了高层次就不是“模仿秀”了。

你要体悟，用身体的感觉，去体悟创拳人的思想。

要真练明白，这样到底是为什么，到底为什么这个拳这样编啊？

再到高处，我找到我自己了，我找到我自己天人相应的感觉了。

这个感觉不是你师爷的，不是你师父的，是你自己的！到了这个境界，那是了不得的。

这个拳的编写，你要是搞明白了，那就一切大吉了。开势是无极，无极生太极，三才是三体，然后是四象。然后生万事万物，最后收势合太极。

当你知道了领悟了公式，那么就像金庸先生书中所说：“无招胜有招。”

那时候你每天早晨练的拳就会不一样，每天都是新的，因为你心里有公式，你的弟子在旁边，看都看不明白。

这就是练拳的“脑力”体现！

武学和文章一样，小时候背《唐诗三百首》，为什么？

为了今后你能写出你自己的“诗篇”啊。

武道也是如此，等你到了那个境界，编个拳路数分钟而已，你要拿出来挣钱，能吃一辈子。这时候你才可以和老师说：老师这些东西我悟到了。我找到我自己了。

再说说“崩拳”吧，我小时候经受的练法很多，说出来请大家不要模仿，有了问题我不负责，体会那个意思就可以了。

我在中学时代初习崩拳，为了尽快提高拳艺，腰里绑过绳。

初步练的时候是在后腰打结，然后双手崩拳同出，先练的是定步，父亲的意思是体会腰，尤其是后腰给的那个力。

然后练的是单崩，单崩的时候绳子有点偏，力道感觉不舒服。

我练行步崩拳的时候，脑袋上也拉着一根晾衣绳在下边练，为了使身体不上下起伏。父亲当年不是什么大干部，但是有独立的值班室，晚上夜静学了不少东西。现在回忆起来，当年功夫还是下少了，不知拳艺的可贵啊！

劈拳也是如此，多种劈法都是那时候练的，放到五行拳里还有鹰捉，其实也是变相的劈拳。提前的学练使老师很是满意，因为教得快，但他不知道是家长下的功夫。

慢慢地，我现在说不好到底是练哪种拳的成绩，我的腿部有了较大的变化，就是腿的感觉那是非常的灵敏。

走路的时候，突然有个坎、有个地不平，都能立即反应过来，身体不摔倒，甚至倾斜幅度都很小。脚一踢上自然腿力就

泻了，汗毛都非常的敏感，与人对练的时候，对方脚一进步，我自然退步，这些感觉都不经过大脑反应似的。

胳膊上的汗毛很容易站起来，只要手指一划皮肤，一架拳架，很自然地反应。当年对长辈描述过这种情况，他们说这是形意拳自然的反应，武人的身体就该越来越敏感。

“一叶落而知秋”，武人就该这样，说是体质的关系，感觉得比别人明显些罢了，不值一提。自此我才心思大定，认为这些都是练拳的必然。

好的老师不仅教你拳，也能教你生活。其实武人真进了练拳的境界，要跟老师沟通的问题多了去了。

武人眼中的世界是另有乾坤的，对任何问题都会有武人自己的见解。此时说明为时尚早，就此打住。

我在习练五行拳中，不止一次地操练大枪。

本章明说了吧，我五行拳学完后，直接练习五行剑，用兵刃反过来再找的拳，弥补了不少疏漏。

炮拳不是现在世传的那一下，炮拳有后手，而且打人相当的“阴准”。摸些日子大枪你就能找到。

横拳也是如此，出手横拳式难招。

先天一横，出手带“横劲”。

这个字我家读“四声”，与其他支系的传承是不一样的。

“筋长力大”，这个“长”字怎么念？

我家的谱是念“长”（成长的长）的。

筋只“长”，有什么用？你再“长”，还能“长”过练杂技的？

那真是“成长”的意思啊，筋不仅能抻“长”了，还能练粗了，这是“生长”啊！

筋“长”（涨音）才力大。

这个力其实不是力量，而是内家的功劲。

这就是“武艺虽精窍不真”！没人指点你，你一辈子也领悟不到的。

在内家拳中，这些误传的口诀和说法还有很多，随着本书的进展我们一点点地纠正，拨开云雾见青天。

我在父亲的指导下练过劈空掌、易筋经（自己的）、大枪、大绳、剑、棍，练过独立的二龙戏珠（鸡形）、龙形、鹰熊合演、退步劈拳、游鼍戏水、疾步、退步崩拳、鹞形钻拳、横崩连击等，来成就我的五行拳，这些都是当年辅助的东西。

期间试手无数、对练无数、练眼神、溜百穴、开百穴（以前说过）等。有许多都是父亲为我自己设计使用的，老师亦是言传身教。

我的资质不高，没这些人的培养（我有多位老师），实难练个明白。

这些都属于我的“密练法则”，因当时只是教我一个人。我在不断整理完善中，看能否有适合普及大众之法则，使初学者能快点找到劲力，加快些速度领悟拳理。

说出这些有两个目的。第一，练拳不容易，练好拳更不容易。要多学，还要多多地体悟，就是用你的身体的感觉去领悟。

奉劝诸位，找个明师吧，有了明师，勤学苦练进境才快啊！

“闭门造车”有了问题，连个商量的人都没有。好多人练了多年，打不过流氓，那是没得传授啊！

小孩子从吃奶到吃饭，中间有个过程，就是“喂”。

家长把东西嚼碎了喂你，你慢慢地学会了咀嚼、吞咽，学会了吃饭。

练拳也是一样啊，想打人，想把这个东西用出来，内家要“喂手”啊！

师父、师兄弟这时候要陪着你，一下一下地，把你的打手“喂”出来，形成大脑正确的条件反射，还要自己领悟啊，这是有一套训练方法的。

功夫不到练这个伤身。

第二，开拓你的思路、丰富你的思想。你的意念要集中在练拳上，拳是死的，人是活的，能提高拳艺，只要不伤身体，按照内家的大法则去练，什么练法都能试试。

练拳的道路是曲折的。

跟老辈师傅们沟通、多取经，三人行必有吾师，就能少走许多弯路，让功力慢慢地磨合加深，终有一日，你会为自己的成果而感到自豪。

去体悟内家拳中独有的乐趣吧！

18. 无敌崩拳再续

练习一段“槐虫步”后，突然会觉得脚下行步如“行犁”一般，整个身体的重心都调低了，走路再也不会昂首阔步、气宇轩昂，而是另一种内家的沉稳气象。

腰，这时候尾椎以上，尤其是下端的脊椎，渐渐地变得灵活，脊椎渐渐地有了些改变。人的性格沉稳且谦和，走路再踢到石头或者突然变故时，脚下就会迅速做出反应，不至于摔倒且身体倾斜幅度很小。这时候再行崩拳，感觉一新也。

在老师严格的教导下，我是练拳一年半左右的时间，开始加练“槐虫步”，两三个月即有进境，再行崩拳似乎如鱼得水也。

奉劝初学诸君，出去练拳的时候，可以定时，不必定量。

开始时练劈拳我自认为最佳，在路上可缓缓前行，伸展四肢百骸，调整呼吸，然后静气凝神。在劈拳之后，想练什么练什么。

佛经有云：“心安乐处，即是身安乐处！”

今天我就喜欢练这个式子，那么好，我们就练这个；今天行拳不想停顿，练得身心安乐，那么我们就继续练下去，不必停顿。

同理，今天我就想打这个拳，那么好，我们今天就把它练精熟。

“随遇而安”，我自小喜欢“跟着感觉走”！

“拳无拳、意无意，无意当中是真意！”

说个笑话，我不精熟的东西，喜欢日思夜想慢慢吃透。而我精熟的套路，我喜欢藏拙，再也不会拿出来了。

用家里的话说，练得好也有是非，还是藏拙为妙也。

在行崩拳的时候，两臂不要一直只是“直杵”。练过一段时间了，再出拳的时候两臂也要翻转，崩拳似箭，可不是真箭。古人说的是枪，形意拳是枪拳，出枪如放箭，是这个意思，只想着“飞箭”就会失去脚下的根底。

我又纠正了一个行拳中的错误思想。

“拧、滚、钻、翻”是形意拳的大法则，这是“纲”，记住形意拳发力没有直的。

崩拳练深了，照样有“拧、滚、钻、翻”。

你见过十二大形象中的动物哪个动作是直的？你见过这样的老虎吗？

行拳的时候，前手崩出完了，向外小翻一下再扣手，再出后手崩。两只手要在一条中线上交错，后手出拳前也要翻转，二力合一，身体拧转。

记住了，“生命和螺旋的意义是密不可分的”。

这样很容易练出整劲。脚下似从一条缝隙当中一挤而过。

我当年可是穿过门帘子的。这个用整布的帘子不好，必须是条条的那种。父亲当时是教的眼神，门帘子在晃动，你想从哪两根布条当中穿过，提前要找好目标，迈步要大，一击而就。

我今天回忆，那些父亲为了儿子所自创的小训练，今天看来是个“宝”。

也只有自己的父亲为了儿子的提高才不惜千方百计。

师父——我这里既是“师”，又是“父”，独得不少隐秘。

“只是当时已惘然！”

年少不知“拳贵”！

我将在今后的文章中，步步提及这个家中自创的练法，给初学诸君增加些习拳之乐。这些东西当年只为我一人设计，未必适合全员之普及，练得不好请勿找我。

为了点题，再说几句崩拳吧。崩拳如在外练习，地域宽广不受“拳打卧牛之地”的限制，那么尽量练得长些，在缓崩之后，突然加两个快崩。

身体突然“一紧、一松”，精神也为之亢奋，可调动全身之细胞为行拳所用。

在行拳中就可体悟“心一战而内举动”的感觉。

说个形意拳门的秘密，这些高深理法，不是出师前老师给本秘籍上写的东西，那是电影，骗人的。

那些高深的道理，就在你每天的“行拳、做势”当中。找不出，原因就是一句话：“你没练到！”

电影，尤其是“功夫电影”，对中华武学的传承是有大害的。好多东西在我的眼里都是错得离谱的东西，经过电影的多年渲染，在人民心中根深蒂固，使我中华“国术”被人误解尤甚。

武打电影中最后决战，好汉先是挨打，见血受伤后大喝一声，“如有神助”，将反面角色打得落花流水。大大的笑话！“功力不敌”，你再发怒也不管用的。

那种“怒”内家绝对禁止，死得更快。

我练拳之得，关于崩拳先说这么多，剩下的在五行对练里补充。

因为形意拳门是系统之拳艺，说得再多也要联系上下式子

才叫东西。

崩拳的多种劲力先不讲了，后文一定明说。先练这个“拧滚钻翻”的“纲”吧，有了这个基础，窗户纸一点就透。

初学诸君不宜知道得太多，否则对习拳有大害。奉劝诸君，行拳就是行拳。少看那些五行八卦，什么内气运行、心肾相交的东西，那是成为大师后教徒弟用的。你现在知道了没好处。初学阶段小肚子尚不能禁壮汉一击呢！哪有什么内力？哪有什么相交？

那些高深书上写的玩意，我有时候都看不懂。留着时间，练你的拳，精深你的功力。

你想做个“财主”，那么你现在做的事情就是“存钱”，存钱就是存功力、存功夫。

这个“积攒”是最难的，别干那些乱七八糟的无聊事，等你腰缠万贯想“骑鹤下扬州”，去学“花钱”，那不是太简单了吗？

现在知道了扬州的繁华，会影响你练拳成为“财主”啊。

下一两篇呢？我想说说形意拳之“意练”！

这个东西很神秘，你现在翻遍内家所有的典籍，都没有讲这个的。和“虎豹雷音”一样，那是内家拳门“密不外传”的东西。

为视形意拳如至宝之诸君，也为回忆慈父及恩师之情谊，我将鞠躬尽瘁、一往无前，说点内意、做点贡献。

19. 本门师大爷神龙一现

大约是中学时代吧，那时候只知道傻傻地练习，对武术以及武林只有一些简简单单的认识。

今天回忆起来，与本门的形意高手近身会晤，那是莫大的荣幸。形意门高深的功夫，有些人一生也无缘亲眼一见。

这些点点滴滴的小事，慢慢在我心中汇聚成奔流的大海，徜徉着这些高手的神韵，促使我在学拳的道路上走到今天。

此事说来简单得很，在某年的冬季，父亲请来一位本门的师大爷在家吃饭喝酒。

记得那是一年的冬天，街上瓜子花生卖得正旺。

那时候的物质生活相对贫乏，孩童的记忆第一的就是吃和吃的东西了。

下午，父亲回家给了我些钱，要买点“酱货”肘花之类的，说要在家里摆个酒席吃个饭。我很惊奇，父亲从来不喝酒。天快黑的时候，父亲带人回来了。

父亲带来的这位50岁左右的外地人，大约一米七吧，走路很沉稳，说话的时候外乡的口音很浓重。

父亲介绍说，这是你师大爷，河北定兴人，在天津做点生意就回去了。父亲提到过他在当年也从过老师学过形意拳，老师很有名望，艺出河北定兴，不用问这是父亲当年师门的师兄了。

我当年年幼，不懂得礼数，对这个突然从天上掉下来的师大爷很感兴趣，不由地多看了几眼。

如今回忆起来，师大爷的双眼烁烁放光，走路异常的沉稳，这都是练拳出来的相貌。

用句古诗的话说“只是当时已惘然”。

师大爷待人很规矩沉稳，到屋里看望了我的奶奶，留下些特产，才到酒桌前就座。问了问父亲有关我练拳的情况，又看我打了劈拳，教了我个小打法。

从谈论中得知，他和父亲不是一师之徒，是父亲在工作中偶尔碰到并提起父亲的一位德顺老师（定兴人）由此认下的师兄弟。

师大爷的酒量还是不错的。父亲只是倒了一小杯酒相陪，师大爷一个人就喝了半瓶多。师大爷说拳爱用“做饭”的词，比如崩拳的劲力，师大爷爱用老、嫩来形容。

并且亲自示范了本门的脆崩劲和拙崩劲，并对父亲接手使用的挫崩拳劲赞不绝口。

当年似懂非懂，只记得师大爷传的拳诀了，因为占了乡音，多年不忘，今日拿出来与诸君共享，也算是我对当年往事的一点回忆与怀念。

崩拳劲，
出大敦。
挤门进，
两肋抻。
脚铲树，
拳及身。
沾即抖，

头领身。

连珠炮，

追敌身。

……

此诀好记，实为乡音之功也。

且此诀与我前面所说的拳诀前后辉映，“随感而通”。凡练过形意拳的人，均不难领悟。因此对此诀就不浪费笔墨大大地渲染了，留些念头让诸君自己去体悟吧。

一顿饭吃了几个小时，当时将近九点，师大爷和父亲还在侃侃而谈，我听得睡意全无。

师大爷知道我也练拳，很是高兴，说他家里的孩子都不是很喜欢，练的长进也不是很大。说着说着，忽然对我说：“你去院子里找块砖头吧！”

我用眼神征询父亲，父亲也很高兴，说：“去吧，师大爷要给你练个功夫呢！”

当时我家住的是平房，院子全是红砖铺地，那年头在平房里砖头是最常用的东西，有人还在院子里盘灶台呢。

我取了块砖头回到屋子里，心里琢磨，这个师大爷难道要劈砖头吗，那个我可见过。家里的砖头都放了几年了，不是一般的结实啊。

师大爷接下来显现的功夫我今天依然敬佩。师大爷没有废话，接过我的砖头看了一眼，说，看好！然后就把砖头放在了左腋下夹紧，右手五指抓在了砖头上。

也没见用很大的力气，只听一声轻响，一块红砖被师大爷的五指生生地掰成了两段。

我的眼睛当年是瞪得很大很大的，师大爷说：“看吧孩子，这就是手上的功夫，你这小岁数难得啊，好好地练，长大了好有出息。师大爷、你父亲这辈人都老了，也做不出啥名堂了，今后就看你们的了……”

在当年的春节前，那位师大爷又曾来过两次，后来我在家就再没见到过，估计是回定兴老家去了。

多少年过去了，言犹在耳，回忆起这段往事历历在目。正是这些高手不经意的教诲与精湛的武功，使少年时代的我有了精神的动力，能在武功之路上一点点地走来。

怀念这段往事，也怀念父亲当年师门的这段缘分及父亲总提及的一位形意老师（德顺老师，这位老师的姓很古怪，为了避免纠纷就不提及了）。

德顺师也是河北定兴人，因工作原因落户在天津，与父亲结下了多年的形意缘分。现在德顺师已经去世，他的子女现在落户在城市中，如果他的子女还有人练形意拳，还有幸能看到这篇文章，那么我愿意和德顺老师的子女见上一面，我愿意续上这段师门的缘分，接续这段父子两辈人的情分。

我也愿意将今日我的领悟与诸君共享。

也包括我那位在定兴的师大爷，当年您的风范在一个孩童的心里扎下了根。

如果这位师大爷今犹健在的话，该是很长寿的老人了。

时光飞逝，
往事如烟。
天上一日，
世上千年。

仰天长啸，
泪洒衣襟。
……

如您老人家还健在的话，我要对您说一句：“您还记得当年在天津，听您讲拳的小童否？”

20. 形意拳门“意练”之法

师大爷走后的第二年春天，又是一个春意盎然的季节，从那时起我开始接触形意拳的核心训练（只是一部分），我觉得学练起来还是蛮有难度的。

在开篇之前先声明下这个法则吧，我下文叙述的方法，许多是家门只为我个人设计生成，无代表性也无法普及。

但我相信看了下述这些练法，对诸君当有帮助，最起码能开阔你的思路，拳原来是可以这么练的。

我的学习首先是从周天开始，有了自己家传的，也就是初学拳时候学的那些慢慢的广播体操的基础（我家的易筋经），开始学习“意练”的时候也是从那个体操开始。

慢慢地意想自己周天诸穴，这是一个很讨厌的过程，很枯燥很无味，父亲说这样可以调整人的思绪。慢慢地能做到心平气和了，这不过才刚刚开始而已。

然后就是周天诸穴道的直接刺激，这是一个比较简单的过程了。以前家里教的“溜百穴”，就是按摩自己周身的穴道，都练过了，那就没什么痛苦可言了。最后将几个办法合在一起，用声音、手直接配合刺激各个穴道，然后再自己用意念跟随。感谢我的父亲，这些都是在他老人家的帮助下完成的。

这个过程时间不算很短，大约持续 2～3 个月的时间，然后就是丹田的刺激。我家对丹田有自己的说法，是肚脐下一寸、内一寸为丹田。

这个“一寸”怎么量?

人与人是不同的，内家拳门自有自己的办法，就是以自己手的中指最上面的一节为“一寸”，这样用手来比划下，这是对自己最精确的测量。

这就是“真传一句话”了。

哪个练武的腰里带着个皮尺啊，又不是卖布头的。

练拳的时候弄出个姿势，抻出皮尺去量一下，再拿出书对照，那就太搞笑了!

练拳练成了裁缝，不是你有才，那是你没得传授。

大枪也是如此，现在一般练的枪多长合适?

人站立的时候伸开手臂冲天，到你手指中指的第一指节的缝隙处，就是最适合你个人练枪的长度了。武术就是这样，人人高矮不同，武器要适合自己为最好。

其次就是手感了。这个手感还是自己的感觉最让人相信，随着你功夫的深入，真进去了那个境界，世界在你眼里是另一个样子的。

比如说家里的物品，你看着就不舒服，那么它的制作尺寸、材质或者摆放位置肯定有不对的地方，练武的人到了这个境界，那周身的感觉是相当的灵敏。

说个笑话吧，我现在就很讨厌茶壶的嘴对着我，看到了就不舒服。动手把茶壶的嘴扭过去，马上就觉得舒服了。

问问别人并不感觉到什么不对的。

民间的那些说法，比如壶嘴不能对人啊，练武的时候刀剑不能指着别人啊，夹菜的时候要从自己这边夹啊，不能越界啊，不能满盘子找菜吃啊等这些说法，都是修道的人、修佛的人或者是练武的人才有的特殊的感觉。

就说这个夹菜吧，别人的筷子伸到我面前来，筷子是有尖的，练武的人对带尖的物体伸到自己的面前是有感觉的，他会觉得不舒服。

也许你没到那个境界，也许你认为只有打拳的时候才是练功。

也许你没有细细地去体会自己身体的感觉，其实作为一个练武的人，周身是很敏感的。

现代人被酒色财气、夜夜笙歌耗损了人体的元气，身体素质变得差了，自己的身体和大脑就会越来越麻木，最后的结果就是失去了身体的那种敏感。

和汽车的电池一样，我们一天到晚地用它，从来不知道保养它一下，那么我们开车的时候，打开车灯，这个车灯就会变得昏暗、越照越近，使我们慢慢地看不清眼前的路。

不健康的生活方式，使自己越来越不健康。

奉劝诸君，如果你的身体还允许，打打拳吧！它会给你一个别样的人生。

苍鹰捉兔子，兔子在地上跑。兔子在跑的时候是看不见天上的，但它跑着跑着，就觉得不对劲了，其实鹰在九天盘旋那个声音兔子是听不见的。

可是兔子就能知道这个不对劲，就是因为它有动物特有的敏感——也就是人们常提起的第六感官。

哪里都没变化，可是就觉着不对劲。这是练武的人梦寐以求的境界。有了这个感觉，有了这个灵敏的程度，动手不吃亏，带兵打仗才能取得胜利。

比如传说中形意拳门的开山祖师之一岳王爷，“带兵如神”，那个“神”从哪来？我们刨去迷信的那些东西，岳王爷练拳练得好啊。带兵走在山里，前面有埋伏，战马一动、一咆哮，久经战阵的马也感觉灵敏，马为龙性之物啊！那岳飞就知道了，不对劲啊，弟兄们绕过山口走。那金兀术不就白忙活了嘛。这样的武人才能“用兵如神”！什么“如有神助”都是不可靠的，神仙也有睡觉的时候。练武的人练出的功夫，才是自己最大的倚仗！

21. 丹田筑基窍要

现在都是航天飞机的时代了，但各个国家的军队都没把格斗短兵抛弃，为什么？

武，对人的思想有不可估量的安身、安神之效，稳定人的精神，训练人的气质和精神，其次才是训练身体。

民国时代冯玉祥将军、李景林等都把武人的“精气神”称为“军之神”也。

练内家拳不能不提丹田这个词，家里对丹田也有自己的说法，什么丹田24法、36招的，但那些都太繁琐，不适合初学的。其实核心就是一个字——“打”。

道家说什么“真种子”，说什么“海底”，还说什么这里边有其他什么的，其实说得倒是对的。丹田是有这些好东西，可是这些好东西它睡着了，冬眠了它不理你了怎么办？需要一个办法刺激啊，说沟通也行，但总不能割开肚子进去手刺激它吧，那只剩下“打”了。“打”就是刺激，自己在想练丹田的时候先要健壮它。一点点地来，先不要玩命使劲。慢慢打，别着急。由轻到重先击打个三月俩月的。这时候你会发现你的身体慢慢地强壮了许多。至于打击的次数，家里也没有限制。家里说过，凡是你不知道练多少次的东西，看你自己的身体素质和感觉，你就练9或者9的任何倍数都没问题。

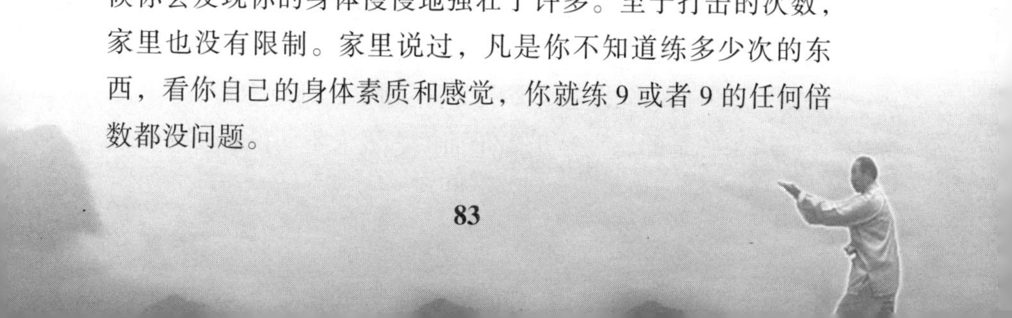

我自小就是这么做的。什么非几下不可啊，其实也都是蒙人的为多。人人体力不同、身体素质不同且男女有别，一个功夫非规定十下八下的只是蒙人罢了。

武人有了灵敏的身体，再练下去我告诉你，这时候你已经入门了。这时候你才能师父引进门、修行靠个人了。以后练功都是靠你自己身体的敏感的感觉和你本身的意志去练了。那些离不开师父的，很多是因为你还没找到你自己造成的。这话我就不展开讲了，展开话就太多了。幸福的人都是相似的，不幸的人各有各的不幸。

有了这些基础，你才能慢慢地体会形意拳门的意练，没有这个身体感觉，没有这个带“拳意”的大脑，一切都是枉然。许多人就是练到这个关（我把它称为形意拳的第三个“死关”），脑力不够了，练形意拳百分之七十的人都是栽在这个第三关上面。拳还可以练下去，也能进步养身的，但对拳的理解就慢慢地停滞了，非遇到大的刺激突然一通百通，否则就不会有很大的进展了。

在形意拳门里，除非生下来就是接班人，那是一个门派对一个人的一生的栽培。其他的弟子就没有这么幸运了。天大的缘分才能列入门墙。天大的缘分才能独得秘传。还要天大的智慧和体力去体悟！

“体悟”这个词语非常的好，好像是专为练武的人设计的。我个人认为，凡是中文不能明确表达的东西，外国话更是休想。

上述这些东西都是我一家之言，不要学练，不要摘抄、转载，因为你的思维没有跟着我走，要看我的东西就得从头看，一点一点地去理解，别摘个小段子去理解，那更理解不了。

本来练拳的感觉是千人千面的，人人不同没必要非得统一，思想这个东西更是统一不了的玩意，再高科技也统一不了人的梦境和对梦境的感觉。

武功到了意练的那个境界，我不是说我初学的那个低低手的水平，是指最真实的体悟达到了境界，那可是了不得的事情，世间万事万物如在我心，没有理解不了的东西。

外国人的武术多注重身体的素质，内家是身体、精神并重的产物，根本不是一个境界的事情。看过了上述的文章再体会下拳诀，看看自己有没有新的领悟吧。

拳、无拳、意、无意、无意当中，是真意。

拳打三节、不见形，如见形、影，不为——能。

行、住、坐、卧，随时而发。

饮、食、茶、水、之间、皆是用，无处、不是用。

以致寂然、不动、随感，而通。

无、像、无、声、无、形、无、嗅觉，之用，

所用之虚、实、奇、正，并非有意。

“拳去、不空回，空回、总不奇！”

奇、正、之变，循环、往复、所用，而无穷也！

这段文字，我加了标点，为了帮助诸君理解。这标点不是唯一的，你把它抄下来，凭自己的感觉，去加你认为正确的标点。这是我小时候玩的文字游戏。有助于理解拳意的文字游戏。今天坦诚地说出，希望诸君喜欢。

这两章写得有点艰深，不能理解的诸君，就当一个《红楼梦》的开头“满纸荒唐言”或者我的“成人童话”看吧。

没有感悟！不是形意！

22. 以意行拳之法

形意拳门博大精深，常人难得其万一。各个支系都有自己独到之密，我是全然不懂，只精通自己家的练法。然而条条大路通罗马，万法归宗，一切都在形意拳门之内伸展延续。我没有天大之本领独创一门武学，我说的都是形意拳门之内的东西。

武功最重要的是什么？境界。

想我佛如来站在山峰之顶端，俯视天下苍生众神及菩萨等，天下大众，包括众神，无人能站在山峰的顶端，无一人能看到佛祖眼中的世界。因此，佛祖说的每一句话都能启迪众生，那是境界，高度不同啊。在武术当中，师父也是一样的，你没练到师父那个境界，那么师父对你说的话对你是绝对的经典。有时候是你悟不到练不到而已。只有你也站在山峰的顶端看到佛祖眼中的世界，才能真正地理解，佛祖说的是对的，师父说的是对的。在此之前也许不需要你明白，你练武的时候其实不是真的明白，只能渐渐地接近武学的真理，你只要照着做就行了，其实内家拳就是这么练的。我相信我的话有些人会懂。

再说说形意拳门的意练吧。人的一生除了吃饭睡觉之外，还要应付很多红尘俗事，还要在十丈红尘之内尽自己的义务。不能一天练 20 个小时啊，还有很多事情等着你去干呢。

这个时候意练的价值就体现出来了。有时候练武的地方不好找啊，人很多，迈不开步子啊，这些都是问题。意练可以解决一点问题。

首先声明一点，意练可以提高拳艺、可以锻炼大脑，但是这个东西不能完全取代行拳练拳的。它只是一个补充，和读书一样，默念和朗读还有背诵、默写都是学习的方法，功效各有不同，谁也不要代替谁。看环境适应哪个就用哪个了。

有了身体敏感的基础，就像上篇文章所讲的一样，只是身体达到了继续练拳的标准而已，你的脑力还没达到的。我们可以用点小方法锻炼锻炼自己的脑袋。

劈拳你会练了，你躺在床上在脑子里练劈拳会吗？在脑袋里想一个小人在练劈拳，一招一式，有板有眼，和自己平时行拳的速度保持一致。慢慢地来，你自己平时怎么练的，这个小人也怎么练，越一模一样越好。刚玩这个的时候，我父亲不让多玩，我是在学习游戏的气氛中慢慢“玩”的这个东西。诸君知道一下也就是了，这都是形意拳门的东西，都是宝贵的玩意。

我今天说的时候很简单，会的不难，难的不会啊！这个非老师亲传不可，我也不是一天学会的，诸君就不要枉费这个力气了。其实这些东西老老实实地练拳也照样能练出来。留着这个体力和脑力去规规矩矩地练拳吧，这个东西是不能普及的。

这个初学难在哪呢？

就难在脑袋要轻轻松松地想，还要在脑中清晰地显现。一天玩个几分钟，日积月累，慢慢地磨出来。以后呢，小人可以换鲜艳的衣服啊。再以后呢，小人就不存在了，代换成自己。小人不过是初学的过场，也就是开胃菜而已。

这个还都是比较简单的，如果我们想象有一个敌人用一个招式向自己打来，要怎样破解呢？一堆敌人上来怎么办啊？脑袋就乱了吧，你想想，你想一想脑袋就乱，这要是真的战场你怎么办呢？那还不是手忙脚乱地举手投降啊？

这是在练大脑的运筹帷幄、决胜千里啊。

练武不是这么简单的，形意拳门那是内家的精粹之学，更不会这么简单。说形意拳门“没啥子”的人都是门外汉，一个是他根本不懂，还有就是没得传授的人说的，还有就是得到传授了可是自己不是那块料，用句老话说那就是：“祖师爷不赏这碗饭吃，不是这个材料啊！”

可往往这样的人说话才骗人呢，你说他不懂吧，他有个无敌的师父，甚至有个绝对高手的爹，那可是真的啊！有血缘、有谱系、有《户口本》为证啊！可是他真不是这个材料，这样的练武人或者说是“混”武林道的人，说话才骗人呢！你不信他也信他师父吧，也信他爹吧，但他说的那个功夫，根本就是不靠谱的。

意练我就想先说这点吧，其实有些人能看懂的。我说得很不细致、很不完善，最大的目的是不想让诸君去学。

留下这个时间踏踏实实地练拳去吧，这些方法至今我还没找到能传授的人，包括和我练拳多年的也没得这个传授，暂时无法普及这些东西的。能适合我自己的东西未必能适应天下人，武术有时候和中医是一样的，一副药方不能给所有人吃。以后说到五行对练的东西的时候，我再接着这个话题，说一点意练的东西。

形意拳作为一个古老的拳派，那是包罗万象的武学，练拳有多种练法。但是诸君要记住，你要学哪个就是哪个，别今天杨家枪，明天罗家枪，后天孙家枪，说实话你脑袋装不进这么多东西，你练哪个支系的形意拳都不错，就怕你的拳谁也不像。把一门的东西学精了，学透了，你最后能解释这个拳为什么这么编了，还能有什么改动，这时候才算是学透了点东西。

我前文讲过，形意拳门连个“拳名”和“拳式”都是悉心去取的名字，都是老祖宗们心血的结晶，那都是有说法的，不是瞎叫的，你没练到那个境界，是悟不出来那些东西的。学透了这个再去学别的，你会发现那真叫一个快啊，绝对的“给力”，拳理都是通的啊，你心里有了公式再有了脑力，再学那些招式很快能抓住内涵的东西，一学还就能进去。

形意拳门太过博大，如果用一个固定的文风，很难把形意拳的真谛讲出来。身体的语言换成文字，本身就有缺陷，比如我提到一个武术中的名词顺着讲下去，外行认为那是跑题啊，其实内行能看出门道的。

境界啊！

我顺着这个名词其实讲的也是形意拳的东西。我尽量用我学拳的先后顺序进行串接，尽量不破碎虚空。其实你打人的时候，比如使用的钻拳，能一点横劲不带吗？你出横拳能没点钻劲吗？五行拳到了高处可以互通的啊！

我又说了一个不传之秘！

云深祖师崩拳一击里边什么都带，五行的劲力都在里边。拳无拳，意无意啊，用有限的文字形容无限且相互贯穿的，拳无拳、意无意的形意拳，本身就是世间最大的挑战。如果你给我一个框架规定我必须要如何如何写，那么我恐怕真的可能一个字都写不出了。只有什么也不算的文风，才适合拳无拳、意无意的形意拳。

23. 五行之炮拳天地

练习炮拳得从崩拳来说，“木生火”啊，崩拳练得有点意思了，再整这个炮拳就比较轻松了。炮拳上手一架，底下就是一个崩拳，一个直崩还没练出感觉呢，这个炮拳就不好消化了。

现在各个支系传的炮拳有挺大的区别，什么小架炮、大架炮，姿势步型也有所区别，都无所谓，只要不出形意拳门的大框我都承认，时间长了都能练出点东西。

开篇我用了“炮拳天地”，这词不是逗着玩，炮拳之内真有洞天。炮拳是个斜步，这个斜步其实是大有讲究的，以后十二形象中有个鼍形，其实鼍形的步伐就是评书中经常提到的“七星步”。

评书中所说的大侠“倒踩七星”，就是倒着的斜行步。这个步伐和先前练的拳架的直行是大有区别的，有玄妙在里头，诸君要多多采撷。

两手一磕，身体一缩，这个身形就出来了，简单地说，也得含着个“猴蹲身”吧。炮拳可以健壮丹田啊，这拳里也都含着呢，找不到先从那一磕里边去领悟。

为什么我在炮拳的前面讲丹田？为什么我在炮拳的前面讲意练？看我的东西需要你自己动脑子啊！我都告诉你了，那东西都是我的，你自己体悟啊！你悟到东西出来才是你自己的。

评书讲："听书听扣。"我就喜欢在文章里留"扣子"。诸君就当形意拳门的"脑筋急转弯"得了。

心阳润养火纯青，
插步出拳正当胸。
气就身法入丹田，
挑顶炮发似雷霆。

拳诀是很宝贵的，作为那些"银行行长"的形意拳前辈们，因为徒弟的资质太差，给我们后学留下的"存折密码"都在拳诀里呢。仔细地看，细细地去领悟这些老祖宗们留下的精华吧！

上手一架，似正非正、似斜非斜的一架才真正地管用，力不能僵硬、要巧妙，在接手的时候要顺着敌人的力量大小出手，既能隔开敌人的前手，也能带动敌人的重心，说白了要能影响到敌人的脊椎二次发力，那才是炮拳真正的上手一架。这个一架的"老嫩"是很难掌握的。个人以为，那"一架"已包罗万象。

下边的崩拳当胸一击，我倒觉得不如上手之重要。那一架不是就完了，还藏着炮拳最为猛烈的后手，那才是炮拳最致命的杀手锏。我对炮拳的介绍虽然不多，但字字都有点意思，在此我又做了本篇文章的第二个扣子。炮拳是有后手的，绝对的杀手锏。

我先不说。说了会影响你练炮拳的拳架，这个扣子留到以后诸君练好了慢慢去解吧。我先说明，这个东西是我自己家的玩意，不是师传而来，我不会拿自己老师的东西出去乱说，这点意识我还是有的。学到了炮拳，如能学到家，武功该有大大

的长进才对，我是让你自己与自己比较。

因为什么？

就因为多了这个“步”，多了这个炮拳的步伐。我小时候这个炮拳是绝对的单练，就是只练炮拳，先放下别的拳架。每天术有专攻地打这个炮拳，以求从量变到质变。

今天我也做善意的提示，这个“炮”就要单练，无限重复它，每天一小时，玩三个月，看看有没有成绩，有没有体悟？

炮拳这个转身也是一样，炮拳的转身和以前学的劈、钻、崩不同，那个转身暗藏着巧妙，这是本文的第三个扣子了。

在练习的时候为了明白这个转身，我当年去过动物园看虎豹，你看虎豹的转身是哪在使劲拧转呢？诸君可以看《动物世界》，看猛兽扑食的步伐。

在战场上你正用快步崩拳追击敌人呢，突然上来一个敌人和你狭路相逢，你当时刹不住车的步伐怎么变化？这时候炮拳的步就体现出来了，一下就错开了。敌人从你身后出现也是一样啊。用炮拳的转身啊！然后你再多做类似的实验，看看是炮拳的步伐妙，还是其他步伐妙？

武术啊，你就要进去到里边，去体悟那个别有洞天。别像个水虫似的，在水面上找食吃，你要沉到池塘底下去体悟那个境界，形意拳的东西更需要你塌下心来去体悟。形意拳门的五行拳，你三十分钟就能全学会。那个会只是个面而已，离核心差得还老远呢。就这五个动作，形意拳门练出了多少高人啊？那里边能没东西吗？

形意拳门一直保守到今天，我说的东西，不客气地讲，那就是开天辟地的，许多老师连自己的徒弟都不告诉的，他让你自己去领悟去练出来的。

真练会这个五行拳得到什么时候啊？我个人以为得练到

“八字功”，体味那些真正的用法的时候，才能和行家说，这个炮拳我会了，会练了也会用了。

我到今天也没有完全领悟五行呢。只能有这些点点的小认识。形意拳门你拿个星星点点的东西走，就够你开宗立派的。云深祖师武功冠绝天下，云深祖师怎么不自成一派呢？云深祖师当年也不敢说我理解形意拳门的全部啊。我辈后人更如萤火之比皓月也。学拳诸君要明这个理。真正的武功门派，那是多少前辈的结晶多少代人留下来的。那里面有东西，深不可测！

现在有的人三天两早晨编出来的玩意能超过古人？古人的眼里是国粹、是拳艺，今人脑袋里是钱，根本不是一个境界。男怕入错行，女怕嫁错郎，这可是真的，那是一辈子的事情，学武术也是一样的道理。你选练的拳法，你从的老师，也是你自己眼界和智慧的体现，关乎着你今后的成就和发展，也是你自己对“武”的悟性的体现。朽木是不可雕，但你要真是块“和氏璧”，找错了工匠也就是找错了老师，还不如块朽木呢。木头朽了还能生火呢，你要被雕琢残废了，盖房都用不上啊，可惜了一块美玉。

这个炮拳自己练得不错了，别再继续。再回过头来练劈拳、练钻崩，你会有崭新的体会。这些我都经历过了，我就是这么练过来的。

自己去体味那个直步和炮拳步的区别。注意行拳的速度和自己的脑力持平为好。

这才是传授。

这是个大纲。

每天交叉去练习、去体会吧。练转身的时候为了单练，也可以采取打三个炮拳就转身，拳打卧牛之地的练法，多练转身才能快点提高。

这些都过关了，也别练横拳。练练顺步炮拳，走走直线的炮拳，这是很重要的。以后鹞形什么的都要用，连环拳也要用啊。

形意拳门的大成就者，都是不贪多、不求快，从根上练功夫，找明师去指点。这是明白的明，不是有名的名。武林中的名望现在不是靠德行、靠拳意，是靠混年头、拜好师父或者好血缘而来，名不副实的不少。当然又明白又有名的好老师还是有的。将门虎子也是有很多的。需要练武诸君自己去甄别了。

其实武林千百年来就是鱼龙混杂的。

哪个武馆的馆主也没把卖艺的都赶跑，在以前卖艺的都说自己震河北、镇河南，都无所谓，武馆的人也不去干涉。真正高功夫的人是不会去计较这些的，人不亲艺亲，都是好武术的人，他不过是混碗饭吃而已，何必较真呢?

武者要有德行。侠之大者，为国为民，不是为了敛保护费、欺压良善用的。

正因为有了这些假功夫，才显出真功夫的可贵。

记住我的一句善言：练武的诸君不到万不得已，不要和不会武功的人伸手。少惹是非，多练功夫，祝愿诸君武功精进，一日千里！

天下英雄出我辈，
一入江湖岁月催。
拳经剑诀谈笑间，
不负人生一场醉。
……

24. 五行之夜战八方

话说五行之拳不知不觉已经 23 章了，天地五行不过才说出冰山一角而已，近期伴随着我的点点回忆，往事却上心头。

想当年金戈铁马气吞万里如虎的岳王爷，当年学拳走的是怎样的道路呢?

拳好练意难修啊，学拳中身体的疲累、刺激尚能忍受，可是如想出这个拳意，没有悟性真的是难于上青天。

五行之拳包括十二形象，有许多独特的练法，今天我说一点秘方出来，刺激一下诸君，开发一下拳理中的智力。

如果这些方法你的支系都有了，你可以去学练下这些东西，如果没有也不要紧，练你的五行拳就好。形意拳门的东西都在那各个单式的单操里，都可以练出来的。

练五行拳诸君“夜练”过吗?

诸君会笑，谁没“夜练”过呢！我这次说的夜练有了新内容哦，这次是在家练。

晚上挂上窗帘，越厚的越好，不要让一丝光线透进来。家里也不要多做布置，就那样最好。家是你最熟悉的地方了，我们关上灯，点上炷香，来一支味道好闻的，拿这个香火当灯使唤，你来一段五行拳吧。

初练的时候要慢、要慢啊！

把你家的文物收拾起来，别打破了后悔，存折也藏起来吧，还有暖壶，别烫了脚，这就足够了。你平时用眼睛太多了，眼睛是心灵的窗户啊，这个“窗户”好用啊！你每天只知道使用眼睛，可是又没好好保护它，最重要的是你忽略了你其他感官的功能，这个在上战场的时候有时候比眼睛还重要的。你身体的触觉，你的嗅觉，你的小腿汗毛、前臂上的汗毛，都能做你的眼睛。盲人没有眼睛是怎么生活下去的？在不远的过去还有瞎子算命的，你别看他眼睛不好使啊，可是他的心那可是七窍玲珑的，你想想他眼睛看不见，他给人算命，咱就认为他是骗人的吧，他“察言观色”靠的是什么啊？

是耳朵，还有心！他能“看见”你的心跳、你的表情，猜出你的心事，最后把你的钱骗到手，这是本事啊。

对武人来说，我们不学他骗人，我们就学他这个“感应”、这个“敏感”、这个“七窍玲珑”的心。对武人来讲这就足够了。

黑暗之中我们能练出好多东西。以后我会慢慢地揭开这些内家拳门的面纱，能说的我绝不保留。我们在妈妈的肚子里就是这样没有光，那时候我们照样活得很自在。人生下来慢慢地适应了这个世界的一切，就忘记了先天的在妈妈肚子里生存的方式和手段。

练武的人，尤其是形意拳门的练习者要“返璞归真”啊，你模仿动物的形象，你学得再像，那只是外形而已。神似啊，这个神似也是有练法的，现在咱们不就在说这个吗？

黑暗可不能浪费，在这个黑暗中能练出功夫。

慢慢地我们的打拳要很慢很慢，这时候不是身体在练拳，是你的“心和全部的感官”在练功夫。

在岳王爷的年代也没说不准晚上打仗，《三国演义》中夜袭有多少次啊？

你练拳练了二十多年，你只会用眼睛练，那么天黑了，黑灯瞎火的遇到敌人怎么办？我们不打了、投降啊？

这些东西都得在你的拳里自己慢慢地领悟出来。你行拳的时候，踢到家里的凳子了，腿都青紫了。我说，好！在战场上你胸脯碰到刺刀，还接着往前走，那你不死谁死？

形意拳练的是所有感官的反应，一遇到凳子，小腿有感觉啊，力就泻了，长时间地练习，慢慢地形成自然，那不就长功夫了吗？

你这次练功夫把电视机砸了，保证你下次就记住了，在行拳到那个位置自然就不发那个傻劲了。一台电视一万多块啊，我可得记住了，下次别那么傻使劲了。

为什么要你一上来，要你很慢很慢地来啊，这次明白了吗？

等你在家练这个时间长了，就很好玩了，你媳妇找不到的东西，只要在表面的，你都知道在哪了，过去就拿出来，太熟悉了。晚上去厕所，都不用开灯了，迷迷糊糊的都走不错的。这就算有点小小的成功了，别高兴，离大道还远着呢。

今天我就想说这一个练法，诸君去举一反三吧。本章也算留一个扣子，希望诸君自己去揭开这个谜底，这些东西我自小就玩过的。

感谢家中的长辈，将这么无趣的拳法整理得这么有趣味，也是这么的科学。练的东西很明了，练什么啊？

就是那个感应。

“随感而通”不是只写在拳谱上，那是有实实在在的练法的，这就是诸君此刻看到的文字。

要学好形意拳门的东西，就要开阔你的思路，武道可通天

道。拳真学进去了，许多事情自然了如指掌。

这个练法是有很多的，慢慢地去领悟内家拳门那独有的神韵吧。

多看《动物世界》，试看鸡斗虚实意，方知羽化有神通，鸡形也蕴藏着宝藏呢，别的形象也一样。

我今天先不说形意拳门的十二大形象，我说说武术的大道理，武术也有十二形象啊。

这个武术的形象可不只局限于动物了。想当初，武术的十二形象是这么说的：

动如涛，静如岳，起如猿，落如鹊，
立如鹤，站如松，转如轮，折如弓，
轻如叶，重如铁，缓如鹰，疾如风。

这是我家的手抄本上写的，我要说出来抖抖形意拳门的威风。练拳，不管哪个门派或者哪个支系，都要按照这个老祖宗的大纲去学练，你如何去练、怎么去练，那都是“目”，这个“纲”是永远不变的真理。

只有你做不到的体悟不到的，没有谱书中找不到的。这是天下武功的心法，这是大纲，也是你练成的结果。

这个十二形象，我就不多做解释了，相信诸君的学历、水平，既然能跟着我看到这，我们还是有缘分的。看懂这个就没问题，别枉费了我的一片心意。

达摩西来一字无，
全凭心意下功夫！

那可不是瞎说的，练拳啊，练脑袋比练身子重要。到了一定的程度，量变就不一定产生质变了。你脑袋通了身体才能

通，练拳的路上才能一顺百顺。

内家要想有大成就，就要了然内家的心法，“练拳练心”，“心灵拳巧”。

这是心法中的心法，秘诀中的秘诀！

“心”之所至，金石为开！

25. 二龙飞戏珠

我在十四五岁的时候，曾接触了些密练的法则，并亲身尝试了部分。我家人觉得练得并不是很好。他们说是岁数的原因，还是岁数小些，在单操手的时候总是太过投入，不能放松心情，在习练的过程中陡现杀机。

家里人对这些是控制很严的，练不好毋宁不练。正式习练这些该是十七八岁的时候了。父亲练这个是不许别人看的。当年我家里是住平房，两家人住在一个院落当中，我家靠里面。在屋子旁边搭了一个装菜的小屋，就是我的练功密室了。在那里习练了不少东西呢！

至今还是怀念老宅的平房，能有个不受干扰的密练之地。当年我的同学有不少到过我家，见到过我的蓝布沙袋，但从未见我打过，保密工作还是做得不错的。

形意拳门有个口诀“眼要毒、手要奸”，这个“奸”是“奸诈”的意思。口诀是个口号，要实现这个口号那在我家是有专门的练习方法的。这是我自己的习练方法，今天把它拿出来吧。

在形意拳门的十二大形象里边，有个鸡形。这个鸡形那可是大有乾坤在的。

鸡行独立功，

蹿步飞脚蹬。

二龙飞戏珠，

膝打人不明。

这是鸡形的打法，今天的主题不讲这个，这个留到以后的十二形象再慢慢地道来。今天就说这句“二龙飞戏珠”。

这是鸡形暗藏的杀手。

武林中各个门派都有这个“二龙戏珠”，就是打击对方眼睛的方法。

在 20 世纪 80 年代末期吧，那时候过年是很流行挂历的。把挂历的大美人头像剪裁下来，贴到家里的练功密室之中，练习二龙取珠。

今天要是玩这个，就不要只贴头像了，在头像的后边贴点纸张什么的保护自己的手。内家拳门的手练成了，指节要有力、要细嫩、要越绵软越好，这是内家的标准。不能手伸出来像个赶大车的，那是你练得不对。

初学这个的时候是为了求“准确”，不是让你提高打击力度。专为提高力度，还要有别的更有效的训练方式。记住：求准确、速度就可以了。

这个最少要练习一个月才能出手准确。

要点是什么呢？

就是腕子要灵活，不能使傻劲，发力的时候如毒蛇咬手一击即退，要有壮士断腕的胆气。

“决力”啊！拳谱中的“决力”在里边慢慢地体会吧。收手更要迅猛有力，出手一击，回手利索，才见功夫。务求准确。在练习之前用热水烫烫手，可以活动血脉。练完了最好擦点红花油保护自己的手。

父亲要求，手只要有一点不舒服就停止练习，自己要把握好这个度。练功不能伤身、伤身不如不练。练完了多按摩自己的手部，腕部才不留后患。你练习多长时间，就该放松多长时间，这是“一比一”平的玩意。功夫不是一日可以成功的，要慢慢地来，内家拳门就是慢练入道。本功不是到此结束，是刚刚开始。

继续练习的时候我们把图像加工一下，父亲认为图像的表情能影响练功的心情。我们把图像涂成黑色，再涂成两只白色的眼睛。继续练习下去，直到把眼睛涂成黑色，出手也能百发百中为止。这个练习我们把它算第二步功夫吧。

以后的练习就深奥了，要带上身法了。这个“二龙戏珠”不是打沙袋用的，你的对手是活人。你转过身去，背对着图像，回身出手还能百发百中不?

还要继续练习下去啊。这个我们算它第三步功夫。练到了这一步就有点意思了，你的长进也不小了。

第四步功夫你要动你的腿了，把你练的形意拳带进去。

“没病走几步!”你行步去点图像的时候，会发现你出手又不准了，就是偶尔准确，发力也不舒服了。再继续练吧，这个练成功了，你再倒着走几步试试。功夫不是练出来的，是慢慢地磨出来的啊！练到这个功夫，就算你成就一半了吧。别惊讶，开篇我们说了“眼要毒，手要奸”。练了这么长时间，练的是啥?

就是手而已，眼睛你练了吗?

还没呢吧，这只是一半功夫而已，成就了一半，欺负个老实人还行，遇到高手还是不顶用啊。你还得再练习第五步功夫。这个第五步可不简单啊，那是带着“眼功”的。你把灯关了，点上一炷香试试，我保证你就戳不上了。从这步功夫开始，你还得关着灯重复上述的练习过程。在黑暗中百发百中、指哪打哪才算有那么点意思了，注意我说的是指哪打哪啊，可不是打哪指哪。功夫最不能欺骗的就是自己。好好地练习吧。这个功夫练到这一步，就暂时够用的了。把练出来的准确和眼力合到拳里，你会发现你提高了不少，出手准确，迅疾似电。这个手快也是要慢慢练习出来的。这步功夫还有以后的几步功，在此就不讲了，有合适的机会再说，其实你自己也可以慢慢地摸索出来的。算本章留的扣子吧。

这个功夫不要轻易随便地使用，我在上学的时候，有个同学是个大胖子，坐在我的后边，一次下课的时候，突然他拍了我的肩膀一下，我下意识地回身一指，正碰到他眼睛，弄得他下节课都没上好。

这件事我记得很清楚，当时的出手就是个下意识的动作，今天想起来还后怕呢。武人啊，要控制自己的内心和行为。

你看街上的流氓天天打架，头破血流的，从来没出过啥大事。可练武的人不同，尤其是轻易不和人动手的练武的人。

说白了吧，他不知道自己武艺的高低，也不知道没练过的人是多么的不禁打。“含怒出手”，很容易打坏了别人。

为什么老师傅们强调武德第一啊？

这是个最主要的原因。练武要有涵养，要有德行。我把这个利害今天讲出来，与诸君共勉吧。

这个功夫手练粗了不对，胳膊练得紧了也不对，呼吸不能松静自然更不对。

练的时候你就找形意拳的二十四法，意正身直、松肩气下等要诀都要有，心情要放松自然，不能目露狠毒之意。那

不是高功夫的人练的东西，那是走偏了。高手一看你的眼神就露馅了。

静如处子，动如脱兔。这个“脱兔”，那是迅疾的兔子，你就理解成刚从鹰爪下逃离的兔子就好了。

练功要先正意，见之如明儒、夺之二虎餐。真功夫从不在形象上被人看穿才是真也。

“二龙飞戏珠”就暂时说到这吧。这个五步功夫，已经足够练也足够用的了，以后有机会我再把全套的东西讲出来。

本章言尽于此，望诸君从练习中去慢慢领悟“二龙飞戏珠”在习练和使用中的各种奥妙。

26. 内家拳外之“功”

这个题目很有意思，不练拳的时候也能长功夫。

内家拳门来自道家，也有说来自佛家的，也有说来自军队的，都是对的。在遥远的古代，只有这些人算是专业选手了。有饭吃，有时间，那时候地球上还没诞生电子游戏，不练拳干什么去呢？

开篇我就讲一个真理吧！现在大家都在学内家的功夫，却忘记了这个东西是道家的或者是佛家的功夫。你不知道这个，就不算练武的人。为什么这么说呢？

这里边有很重要的道理在，武术的真理在闪烁。诸君忽略了什么？

你们忽略了道家那独特的生活方式啊，其实那也是功夫啊。那些功夫融入了生活，举手投足都是练功夫啊。这样的生活对功夫的增长是大有好处的。

首先，佛、道两家在那遥远的古代，清规戒律都是很严格的，和尚、道士那生活是极有规律的。这个规律就是“在固定的时间，干固定的事情”。

时间长了就成了条件反射，能使人心灵得到高度的平静和“淡定”。这对内家拳的练习是极有好处的事情。脑袋“沉、静”下来才能学进去东西。

不管是和尚或道士，都是要跪拜的，这个跪拜动作很规范，以很平静的心情去做，那也是对大脑、身心、腰腿极好的锻炼啊。

诵经，虔诚地念诵经文和口诀，声音对人也是有好处的，声音对练功也是起“作用”的估计。现在诸君会在大脑中马上冒出形意拳中一个大大的名词——“虎豹雷音”。

没错，声音对武功的用处，你就往虎豹雷音上想就对了。这个在以后我会开专篇去讲。

吃很清淡的食物，这些我们现代人都做不到了。

当年我父亲无意当中的话，那是说得极其的经典：“武功啊，管好你的上下两个门，拳练一口气，形意相合，无欲则刚！”

“管上下两个门”就是管住“吃和排泄”。现代医学证实这个说法是很科学的。这样的人不练功夫，身体都能很好。再加上中医的东西在里边，那效果就更好了。说几个例子吧，便于诸君去体味。

发要常梳，经常刺激脑袋的表层能养生。

目要常转，就是要有意识地经常去转动眼睛，锻炼它。极目远眺啦，看看春绿的自然啊，都是很舒服的。

齿要常叩，牙齿要上下叩动、经常锻炼。

我小时候，家里教过男士在小便的时候，要咬紧牙关，说这样做的人，活到 80 岁牙齿都不会掉。

我今天还没活到 80 岁，无法证实这件事，说出来给大伙听听就完了，别较真。

身体要长“溜”！

我说的这个“溜”，诸君在前篇见过就是“溜百穴”“走百穴”的意思。

没事的时候，按照一定的顺序，按揉下自己周身的穴道，那是对身体健康大有好处的事情，这个我就不说自己的练法了。百度吧！这个按摩保健的东西，网络电台上都有得是。照着做做，对练功夫和身体健康都是大有帮助的。

形意拳门有个说法叫“呼吸合道”。你先不用去“合道”这么高深，你先练深呼吸，就是慢慢地“轻、细、绵、长、深”地呼吸。躺在被窝里也可以玩玩啊。有意识地练习这个学乌龟的呼吸，那是保准没错的。慢慢地小肚子就会随着呼吸动了。这个加在拳里边，功夫不就是长了吗？这个在办公室也可以玩啊。

纠正一个极端错误的想法，那就是我穿好了运动服，到了场地撂胳膊、挽袖子打拳才是练功夫。功夫可以下在“平常”，日常生活就是“练功”。在家里我不坐着看报纸，我到窗台一边耗耗腿筋，一边看报，不是挺好吗？

许多人认为内家拳长进慢，那是你的心没到那里！“留心处处是功夫！”

师徒是讲缘分的，那么推广下，十丈红尘中的万事万物都是讲缘分的，许多事情想开了，也就过去了。

“海纳百川，有容乃大！”

武人的心胸要广要宽，不宽给它练宽了！

大海把自己放得最低，习武也是一样。

你看看不管多大的大和尚，多么有名望，在佛祖面前跪拜都是那么虔诚！

只有装满了粮食粒的谷穗才懂得弯腰。这是我父亲说的。对功夫拳艺要从心底喜欢、去热爱它，心境平和，脑子都在练拳上，功夫才能长进。

肛要常提，这个在形意拳门中是很重要的。

平时不打拳的时候我们也可以练练它，这个劲一有了，下半身的力就活了，好处我就不讲了，网络上有得是。我还是说点网络上没有的玩意的好。

这样你虽然没有练拳，可是照样也在练功夫。

我不把它说得很神秘，多锻炼锻炼，对身体自然有好处。

说白了吧，打拳对身体的锻炼是部分的，为什么这么说呢？

张三丰他老人家也不能说，我打拳的时候身上每一个细胞经络都锻炼到了，都达到百分百的锻炼效果了。那我们的拳就更别提了。

206块骨头，无数的经络血脉，我们的拳架不可能百分百地标准对吗？

总有练不到的，这些揉揉捏捏的小方法，能弥补我们打拳的疏漏之处，练不到的地方也能刺激得到，不是很好吗？

当你真正地入了门，感受到自己身体的变化，你会慢慢地喜欢上练拳的。

那时候叫你放下你都放不下了，这是内家拳门独有之乐趣。

没事的时候看看形意拳门的书，理解理解这些拳的口诀和一些基本要求。

武术中勤学苦练是有方法的，慢慢地去体悟这些东西。有“心”，那么形意拳门就不存在秘密。

佛祖拈花，
迦叶微笑，
一切尽在不言中……

这些方法我没有说全，我觉得没有这个必要。只要有“心”练，没有困难我们制造困难，练下去，也能走向成功！

行、住、坐、卧，随时而发，饮食茶水之间皆是武功！那是不练功之功。内家拳外之功也！

27. 先天一横拳

形意拳门的横拳是大有讲究的，我们先来一段横拳歌诀，体味一下横拳的拳味。

脾主中焦中土枢，
六合一气运自如。
五行旋律成一气，
拳中真意满盘珠。

这个拳诀我就不多做解释了，诸君看了这么多章了，许多东西可以自己去领悟了。

我今天先说这个“横”字，这个在我家自有自己的念法，这个字我家读四声发“哼”音。这个和外边传的形意拳是不一样的。

一个读音一改动，马上能惊起人的四梢——其实是大脑。

四声啊！你在练拳的时候，不止要体会那个横劲，还要体悟那个四声，也就是横劲，这是有区别的。这样练习是有好处的。

为什么呢？

形意拳门的由来不是说了嘛，“鹰熊竞志，取法为拳。阴阳暗合，形意之源”。

这个熊啊，那是膀力无敌啊，因为什么呢？

因为狗熊是没有肩膀的，它是溜肩膀，只有这种膀子才能膀力无穷。

这是武术，不是哲学，可是却是有它深刻的道理在里边。熊发出的劲我家是不叫横（héng），而叫横（hèng）。

现在我们先不向下说，诸君做一件事情。那就是在网上搜原北京四民武术社，有个社长姓邓，诸君找找他有张赤裸着上身的图片，仔细看5分钟，去体悟形意拳那独有的身架的魅力。

注意看看他的肩部的形状等。

你不了解这些东西，是没有办法体悟那个横拳的。

我们闭上眼，体悟一颗古树上雄鹰展翅欲击树下一只老熊，老熊站在地上取守势（熊蹲虎坐）。

一动一静，一张一合，一阴一阳，一巧一拙，实是参天地之造化也。慢慢地图像活了，鹰熊各有所动，雄鹰展翅合天地之呼吸，老熊立地得自然之奥妙……

语言实在乏力，难述形意拳门之奥妙于万一。我试图用拙劣之语，将诸君带入形意拳门那先天之境也。有了这个境界和体悟，结合熊势，参悟先天一横拳，事半功倍矣！

横拳将出横不见横，那是高手之所为也。

高手还能出劈不见劈，还能劈中含着崩劲呢。

初学是做不到这些的，你就老老实实地出横见横就行了。

横拳属土为脾，土能生万物也，可说是变化无穷。

拗身出手，活动全身，那动似老熊出手，心有所属也。

横拳练到高深，那一样有后手的，横拳后边连着熊形，练着练着慢慢地身形就通了。

可是横拳不是熊形，横拳也有自己的巧妙，有笨拙的横拳、灵巧的横拳等。

“鹰熊竞志”啊！一个熊就占了形意的一半！

这个横拳要想精熟，苦练之外还要悟啊。

这个横拳步伐和炮拳有点点一样，我在有些练功场见过，那些练习的人炮拳和横拳的步简直看不出区别，那是错误的。

横拳有自己的东西，和炮拳步比较着练才好。

> 崩能生炮炮生横，
> 横能生劈循环衍，
> 万物于土五行生。

这是异常重要的拳诀。炮拳生出横拳，横拳能衍生劈拳，土能生金。这就把横拳的练法点得太明白了。

我们练习了很长一段横拳，自己觉得有那么点意思了。别去贪练五行连环拳啊、五行剑啊那些东西，回过头我们去重找钻拳，重复去练习劈拳，横能生劈啊。这样我们五行拳就练了一个循环。

有心的诸君在习练的过程中就可以体悟到，这时候你练过了横拳，再回头打钻劈那真是不一样的。

不管你以前的劈拳练得多好，你都会实实在在地体会到，行拳时那种“陈、实”的感觉。那拳里边多了东西啊。

五行一气啊！我们五行练了一个循环，五脏转了一个圈，那是不一样的。如果有机会把你初练劈拳录制成影像，那么我告诉你，到今天你可以拿出来看了，把今天练的横拳和你练的劈钻再拿出来对比下，你就能实实在在地看到自己的进步了。

剩下的就是往高深上去理解了。

现在数码时代了、电脑普及了，这对于武功，是一件大大的幸事啊。给诸君一个友情提示，我们把自己初学的那些拳照和影像慢慢地按照时间顺序收集起来，刻录成盘细心地保存收藏起来，和今天所学相互印证，能很快地提高自己的水平。

我们今天有了现代的高科技，为什么不用在练拳上呢？

那些自己的东西对自己来说是很珍贵的，因为你是看不到自己练的拳的，你到外头只能看见别人练啊，现在有了这些高科技的东西，对练拳来说实在是太好了。

形意形意，没有“形”哪来的“意”啊？

人最难纠正的不是师兄弟和弟子的毛病，人最难纠正的毛病是自己的拳中之病。

记住这句话吧。

练拳的人不能懒惰，要擅于使用这些来达到提高自己的目的。你的影像不管当年多么的稚嫩，多么的笨拙，对你都是不可多得的财富！

心急勇力生。

脾动大力攻。

肝急火焰蒸。

肺动成雷声。

肾动快如风。

推、托、带、领、缠、扣、叼、钻、走、转、拧、翻、穿、搬、截、拦……

练到这一步，这些五行之理该知道了、该去领悟了，这些个字眼也该上上心了。

“拳无拳、意无意”，当你达到这个境界之前，你还是要有意啊。你先要有为法，最后才能到无为法。

假如你当了道士，师父一个字不告诉你，一个经书上的字也不讲，他根本就不理你，你能无为无意修成正果吗？那是笑话罢了。

练武也是一样啊，先学、先有为，然后才能大彻大悟。

“哦！我悟到了，武功不过如此而已”，那时候你才在武道中练出了你自己的东西，挥洒之间写出、说出一段文字，就是《九阴真经》。那是你的武道达到的境界！

28. 五行之拳“贵”连环

前文所述，横拳要和“鹰熊”二势去一并体味其真，也要和五行相生、相克之势结合体悟才悟其真。

学到五行先天之横，其实形意拳的一半已了然于胸。在行拳的时候，渐渐有阴柔连贯之意，此为拳中之真意流露，只可意随不可强求。

找一个空旷无人的练拳地方，身旁勿有旁人惊扰。放松心意，按照五行之顺序，习练五行之所学，先为先天之无极也，后生化三才以左劈拳出势，尽量练得长远。

不必拘泥于五行之顺序、五行之颠倒，也不必追求行拳的快慢。眼观鼻、鼻对脐，处处行气不可移也。守住自己一丝心意，知道自己在行拳，其余的交给感觉！

慢慢地行拳之速度忽而提升、忽而放慢，不必拘泥。渐渐地行拳之架势越来越低，心情越来越舒畅，内心之喜悦在面部渐渐外露。摄住心神，体味行拳之感觉，气息越来越绵长，思维越来越活泼，五行在心中自然演化。

这时候听觉灵敏。劈拳带动了气息，钻拳钻出了肾水之功。脚下灵动活泼。崩拳如老僧撞钟。炮拳之出，力如火药、拳似弹，灵机一动鸟飞难。

这时候突出一横，意在先天，乃先天之横。

回身舒适可用炮拳之转身，或起龙形，起手加崩。

五行颠倒而形神俱备。五行无不可学练串接。

随拳、随意，意出练之、意停收之，随心所欲，浑然天成。

劈能克崩崩克横。

横能克钻钻克炮。

炮能克劈归易理。

不出五行奥妙求。

……

劈能生钻钻生崩。

崩能生炮炮生横。

横能生劈循环衍。

万物于土五行生。

……

如此习练多日，练拳练心也，慢慢习而化之，五行相生相克之术则可得。形意拳门各支系之传授，大部分都是五行相生一套拳、五行相克一套拳，合练为五行生克之对练。今日把这个说透，其实生克本无穷尽。练拳就是练拳，生克既可单练，也能串接，夹杂若干十二形象之单式，可混练串接而无穷尽！其生克之单趟，只是在外单练的东西，且五行之拳练有练法，用有用法，打有打法。外练调身的一套。

关门身心俱练的又是一套。如参合打法，非师指点难悟其真。

在习练之间，随拳随意，浑然天成为高妙，舍此终难成就打法。

想诸君自练尚且脚下拌蒜，如入千军万马之疆场，将置自

己于何地也?

打法并不高深莫测，千里之行始于诸君之足下。

练拳间打法自在拳中，非自悟难明。

六字真言诸君必知谨记——工、顺、勇、疾、狠、真!

“工”者巧妙;

“顺”乃自然之道;

“勇”者无惧;

无惧者出手“疾”快，如滴水之不漏;

“狠”者即动不容情;

“真”者如钉入木，发而必中也。

此非形意拳门一家之理，实乃天下武功之守则，万世武者必筑之基。舍此六字真言，虽为和氏璧之材，终欠雕琢，永难成大器。

五行之拳已学周全，且师已尽数其意，诸君可以形意拳人自居。师父领进门，修行在此时可始。

个人之拙见，五行拳及五行连环拳前后，为武功增长最真实之阶段。诸君体味之。

行拳之路，感觉无数，人人各异，当怪不怪也，如遇陡坡难行，如在此山而偶误其中，不必满山搜寻，回到五行拳处重新练习，从根上找，勿从枝叶学。

偶有一日，山重水复处，转而柳暗花明，功力又深一层。

此处尚有一意，今与诸君意会，凡此类推，均可从“鹰熊”二势处寻此形意拳“根”也。

天下武学非形意一门，随各尊其门，然天下武学之理甚同也。学到此五行之拳处，亦当明武术之本理。

天下武学概括之八绝曰：“猫窜、狗闪、兔滚、鹰翻、蟒翻身、龙探爪、猴上树、虎登山。”

形意拳门亦非只有十二大形象。

前文所述，人乃世间万物之灵！

> 师万物造化之功，
> 顺天地乾坤之理，
> 得形意拳术之妙，
> 做人间正义之人。

此处大有乾坤，非形意拳门一家之理也，一通而百通。

高手最后无师父，师承天地；

高手最后无师兄，兄乃“造化”！

本人搜尽枯肠，百转千回，难书形意拳门之奥妙于万一。起意乃抛砖而引良玉，望诸君珍视此呕血之作，得五行之境界与心态，形意拳门之奇葩指日可待也！

望诸君学其拳、理其意、得乾坤奥妙，筑自身强健之基，登其顶而小天下……

29. 形意内家之颠倒五行说

我们操练五行之拳法，历时一年也好数年也罢，有无成就自身最为清楚，自身的感觉是骗不了人的。

越来越好才对，身体越来越敏感，思维越来越缜密，呼吸均匀而无滞，眼神清而有神，走路精神，这是最起码的标准。

如非如此请停止练拳，那是练得有毛病了，先不要继续，纠正拳中错误后再练习为好。

五行拳练习数年，最起码也是半个大夫了——我说的是中医的东西。

五行拳的拳理心、肝、脾、肺、肾，内通五脏，外发于形，五行生克这是最起码的道理。练拳既是知人的功夫，也是知己的功夫。

练功及生活中，保证五行身体内的平衡，这是最起码的道理，我们做不到佛道两家专业修行的水准，但基本的养生之道还是能做到的。

比如我们在夏天吃火锅、宵夜烧烤的时候，少喝那种冻得带冰渣的啤酒，夏天从内到外包括内脏都是很热的，带冰渣的啤酒对身体是有损害的。我们练拳想打架的没几个的，有养生益寿目的的练拳者占绝大部分，既然我们每天流汗练拳，就不要在练拳之外损害自己的身体。

总是抵消岂不是白费功夫！

这个冰啤酒、冰渣饮料啊，除了中药性质的东西，它违背自然之道，个人认为弊大于利。

现代人因为环境的优越，比古人少吃了很多苦。

比如空调，它使人在炎炎夏日少出了很多汗，现在医学我不想说得太多，出汗对人也是大有好处的。

武人尤其要注意这些小事。古人讲“避风如避箭”，不信的到百度去查。空调的阴风更不应该睡觉的时候直吹，这也同样违背自然之道。

遥想古代，就说我们的汉唐之风吧，无论男女在夏天都穿得不少啊。那时候估计穿短裤、背心要游街的，有伤风化啊。

即便在20世纪六七十年代，我们的着装也不是今天这个样子。那时候的人比我们要抗冻抗热。

古人的衣服和现在的太空棉比起来，估计还是我们现代人胜利。

今天的生活，依我个人看，人们就像在温室中的花朵、笼中的野兽。抹香粉的老虎，虽然毛色顺滑、光彩照人，其实是护发水洗出来的，绝对不是长出来的，远远不能跟非洲丛林中的雄狮相比。非洲丛林中的群狮的毛色才是真正的滋润漂亮，那是天然的。

一句话，今天的人太柔弱。别的不说，就说和功夫有关的吧。

到了年关要杀猪宰羊，那时候杀鸡谁杀啊？都是家里的女人媳妇，杀猪宰羊才用到男人。现在的孩子，就说大学生这个岁数的吧，那许多真的是手无缚鸡之力啊，他长这么大，连个鸡都没宰过，在马路上打架还威胁别人说：“我杀了你信吗？”

真是好笑，要不我送把刀过去，看你有胆吗？会用吗？

你以为在战场杀人这么简单？

尤其是冷兵器时代，那都是勇士啊。

这样的孩子打什么拳也没那气势，其实就是没有“神”，什么也不是。

想练好拳，那么生活中的许多事情都要为练拳让路。

这个我就不展开了，其实诸君知道该怎么做的。

我要说的是五行拳的颠倒五行之说，练拳得人每个人的身体都不一样，有些人体质特殊，练拳之中的感受也和别人不同，这些用自家的话讲就是颠倒五行了。

其实练拳的感觉都是无所谓的，人人不同，师父一句话，没事接着练去吧，就没事了。

或者师父给调个拳架，比如五脏的哪块练得火大了，师父用五行生克的原理给调整下，练练横拳啊，滋养滋养肾水啊，肾水足水就克火了。

这个理我一句话就表述清楚了，诸君再结合中医的基本理论去参悟下，天下事情只要上心就没什么难的。有老师教的也无所谓，当师父给你调拳架的时候，你知道原理啊！

到了今天我也该再说点五行的特殊玩意了，诸君到今天为止练过退步劈拳了吗？

拳真到了用的时候，在战场上什么情况都可能发生，在练习当中要考虑啊！

在某一年的冬天，鹅毛大雪，父亲陪着我到空旷无人之地去练拳，不为别的，就为了特殊天气里找特殊的感觉。

诸君在冰上练过吗？体味过那种踟滑的感觉吗？

别的拳也是一样。如果你练习炮拳一年以上，自己还没有偷偷练几下直步的炮拳，那不怨老师，就埋怨你自己，敌人直着来怎么弄啊？

这也是颠倒五行，倒着练、正着学，都是为真理服务，都是体味拳意的手段。

五行生克拳里也是一样，也有颠倒的五行，那只是明面的功夫，内涵可不是那一点，那一点一个下午就学会了。

劈拳能克崩拳。

那两个崩拳能克一个劈吗？劈拳能克劈拳吗？退步劈能克进步劈吗？“杠崩”和“锉崩”谁厉害？还是留个扣子吧。

艺不可轻传！诸君要能举一反三才对。我都说了，那还是我的，何时才能变成你自己的呢？

意能使力，
静能制动，
柔能克刚，
神能益气，
气能促力，
力随气到，
气随神行，
神到克敌，
……

我练习多年以后，才看到这些文字，才有资格去学些此类的东西。诸君中有些人悟性很好，也许超过我的水平。从五行拳学全的时候起，就要慢慢地按照古谱的东西，参悟这些内里的玄机。

拳诀是宝贝，形意拳门的东西，比那些“八卦花边新闻”强得可是太多了！多读多看吧，练拳重在体悟和领悟。

练拳不注意身体，胡吃海喝、生活没规律，致使五行颠倒而伤身是其一。

练拳不明医理、拳理，五行失调颠倒是其二。

五行之体用不知，颠倒生克之理是其三。

再加上现代人体质柔弱似女流，先天不足、四体不勤、冷热均怕、步行难及三里，尚不如妇女能操刀杀鸡之勇！

综上种种所述，如不猛醒而奋发图强，武学一道终难成大器也。

诸君欲体悟形意拳门之奥秘，当勤之奋之，勇猛精进也！

30. 形意拳之“龙形大势”

本章所说的这个可是形意拳门了不得的东西，那是形意拳门的十二大形象之首“龙形大势”。

当年郭云深祖师和师兄弟们演习十二大形象，此后形意拳门均以“龙虎为开，鹰熊为合”。

这个说法家门师门的传承都是惊人的一致，没有丝毫的错误。

我自回忆龙形大势之间，又想起当年练拳的情景。那真是“痛并快乐着”！

这个龙形就是个“外撇腿”的下式劈拳，别看动作简单，你一会儿就学会了，真要说体悟，那还是早着呢！

这个龙形今天的样子和心意门承传的龙形，也就是那个“龙调膀”，是不一样的。传承到了今天，形意门内也有了很大的区别。我家也传下了心意的一些式子和桩步，本章就不说这些了，就说这个龙形。

单从力上来说，龙形主要是两块。一个是腰部的竖力。人的腰部没有这个竖劲，不能上升下降得顺溜，龙形的起伏主要靠这个腰的“竖力”。另一个是膝盖的力量。我们练习劈拳的力量，主要是腿根和腿的上半部，而龙形主要练的是“膝力”。腰和膝盖有了劲力，才能体味出龙形的味道。

回忆起当年练功回家的样子，当年我练这个龙形一般不是按照个数去练习的，一般是二十分钟或半小时的。这样还不算其他的练习呢。当年练完回家，我家的床比较高，那身体真的是很累，腿实在是不乐意再抬这么高去上床了，可是绝不能不睡啊，怎么办呢？

我发明了形意拳门新的功法——“搬腿功”！就是用手去帮助腿上床。我一说，练过的人就能想象我当年的惨状。

父亲讲龙形那是很晚的时候了，父亲说：在练五行拳的时候，我们的双脚是不离地的，在五行拳中注重的是趟劲，可以说拳中没有单脚离地的踢法，在五行有了成就之后，怎么起腿呢？

怎么起腿最科学？

这时候五行再往下练就遇到了瓶颈。这个瓶颈就是身形，身形的整体提高，就能快速提高五行的拳艺。

这个单脚的龙形就是这个时候练习的法宝了。

龙形的起势就是个上手的钻拳，加上底下的一腿，这个脚丫是外撇着出去的，为了全身的这股拧劲而生，这可不是单纯地为了打法。要整体提高身形为练拳杀敌而服务，不能不说一个问题，那就是周天。

龙形是练周天的东西，这在道家周天都是秘诀啊！为什么呢？

关于周天，现在网络上有得是，可是那东西是死的，只是个死的拳谱，没用的。哪个人是买本书查查网络练会的周天？他说练会就是练会了吗？

五行拳练完有了拳感，到了今天龙形突然加了一腿，那可是开天辟地的进步啊，从今开始上下相合，与人动手胳膊腿都能用了。

古老相传这个十二形象可是通人体十二经络的东西。五行

拳练五脏，再加上十二经络，老祖宗的练法巧夺天工，慢慢想去吧。就我所知，天下间没有一门武学如此之无漏。

剩下的式子也不能大意，起了龙形下一步是往下一落。初练的时候式子就要低，越低越好。

那个高步的龙形也就是狸猫上树先不要练，初学龙形还体悟不了狸猫上树的“精巧”。先练这个基础龙形才是正理。这个最少也要两三个月的练习。

龙形之难，内藏的东西之多，那得写好多篇文章叙述。龙有搜骨之法，这个“搜骨之法”要是细解释起来，五千字打不住啊！我们还是利用百度吧，能查到的“共理”就不赘述了。

在练习大约三个月后，我开始练习窜步龙形。这个师门和家门要求不同，家门要求一个龙形窜出一丈才为合格，当然更远就更好，落地无声为高妙。

师门的龙形要求没这么严格。在练习之初，我是找目标练习的，两棵树之间为最好。做个劈拳开式，然后在两颗树之间窜步做龙形，两脚离地，凌空飞渡也。当然其实没这么高妙。

形意拳门的式子撂地都挣不来钱，实用的姿势都不好看。这也是形意拳门多年也见不到个卖艺的原因。拳本身对外行讲就没有观赏性，外行是看不出东西，而内行缺了师传也是白看的，这也是形意拳门的“自密”。

比如心意拳的“十大形”，你站在边上看个够，也未必能琢磨出来，它在实战中是怎么使用的。且各个支系都有自己的独到之功。这也是内家的“自密”，演武场混进奸细都不怕的。

窜步龙形最少也得练习百日，才能窜步高远，落地无声。这时候该说说龙形之歌诀了。

龙游水中如同鲸，
翻江倒海波浪行。
忽而冲高腾云起，
搜骨之法最为精。

这个歌诀是家里抄的。龙形的歌诀有很多，就不一一赘述了。你从哪句悟出来点啥都不错，就看你在哪能悟出东西来。

这个龙形在练习的时候，你脑袋不能死，要灵活些。现在百度那些视频都是不全面的——人家都有存货呢。

龙形可以做左右式子的，一样做一个，那是为了调身形的。为了练功你可以专做左脚的，人的左右手脚的灵活程度是不一样的，细细地体味这些，慢慢地去弥补这些左右的差异。

也可以专做右脚的式子，做它一百个看看。左右手脚灵活程度的弥补，不单练身形，还可以练脑。脑力越增加，练拳越是趣味无穷也。

身体练得很累了，可是上床却睡不着，脑子思索问题很快很清晰，这就是身体的行拳刺激了大脑。我不是大夫，讲不了医学，我就说这个意思。那是练拳进步的体现，都是好事情。睡不着就不睡，这时候学习点知识，思考点拳法拳理，正是大脑开阔的时候，学什么都不会慢。也可以进行简单的“意练”，都能提高自己的拳艺。

窜步龙形精熟以后，我们可以在树上体悟一下身手，我说的是体验，不是让你去狠命地踢树，就是腿飞起来后轻轻落在上边即可。找那个感觉，真玩命地踢那不成了外家了？内家的人的胳膊腿那可是很宝贵的，舍不得拿来硬碰的。

其实内家的重手法都是轻轻地练出来的。在不伤身体或者

伤害极小的情况下，练出凶狠的打击力度。这个力度是全身力度凝结、绞结而成，非一点、一处所发也。能把全身的力度凝成一点，打击作用在对手身上，产生巨大的打击后果，这才是内家之“拳”。

这个体验也为了今后体悟这个“狸猫上树”创造条件。那是有用处有深意的。还能体悟身体的缩、长、抻、拔之力，何乐而不为呢？

龙形是个大形，还有许多东西没讲，看来要写续了。

31. 龙形大势之周天之理

怀念那时候练拳的日子，阴天下雨也不放过。坏天气正是学习拳理、拳诀的大好时间，那时候年少轻狂，天气不好就往老师家跑。在家还要复习功课呢，到了老师家也不用练拳，反而可以看老师讲解练习，背点东西对我来说是小菜一碟，何乐而不为也。

没想到小时候偷懒的举动倒是使我独得不少拳中之密。今日回忆起来不觉汗颜，老师是被我求学之精神所动，在天气不好的时候往往学得更多，他老人家要是知道我是偷懒来的，非大脚一伸踢出师门不可。

一次老师家吃虾米，也就是天津人常吃的炸河虾，我帮助老师家收拾虾米。很漂亮的河虾很大很新鲜，个个活蹦乱跳的。我玩心大起。老师见了笑曰："你抓住虾米啊，试试虾米的腰力。"我闻言继续把玩了一会，不觉惊讶，小小的河虾"两"都算不上，只能按"克"算的东西，那腰椎之力真是大得惊人。这个力道如形意拳门之"就如蛋、去如箭"也。身一缩就是虾的弯曲了。那躬身一探之力，打得我的手指"啪啪"直响且隐隐作痛。"转如轮、折如弓"，天下再没有能比虾米更合适讲这个腰力的玩意了。

这个力道如果带到龙形的起降当中，当可杀敌如草芥也。说得一点都不玄奥，腰胯为中节，形意拳门讲中节要空，那节节都空也。

腰胯实为形意拳门内家拳劲的一个核心，形意拳门之久练者当能领会。

这个龙形会了加垫步的“窜步龙形”还不算完，这时候我们该百尺竿头更进一步。下边我们玩什么呢？

我们该玩定步的换式了。就是从左龙形的下式直接跳跃中换腿，直接跳到右龙形下式。

手型也有所变化，这次钻拳冲天为了带起身形，空中换腿直落原地。要求柔顺自然，疾起慢落，身体不左歪右斜，表情稳重，劲力舒展而不拘束。

此式调身调心有大用。

再玩下去家门加了点东西，就是连跳几下，美其名曰“云龙三现”。当年龙形之苦可见一斑。

其实武侠小说中还有“云龙九现”，还有“云龙百变”呢。认为自己体力好的不妨一试。多大的英雄只怕两件事——

第一是形意拳的桩、拳之苦；

第二就是形意枪之苦。

不服的可以试试，多大的英雄别摸枪。有多少体力你就来吧，一会就累了。

形意拳门练什么都离不开眼神，龙形亦是如此。我记得一次练形中，被父亲责之：“你那手是啥形状？啥玩意？那是龙爪吗？鸡爪子吧？还是煮熟的。你那龙形落地叫霹雳击地吗？像捡钱包的！”

这个“捡钱包”是父亲和我之间的语言，意思是说我的上身向前倾斜过大，不合拳理。

其实师徒之间有很多是这种语言，你只有真是他的弟子才能听得懂。每个老师都有自己的方言，有自己的口语，这个除

了本门弟子，别人是很难听得懂的，写书也不好翻译的东西，这些东西只有师徒间才能懂的。

古语讲“要想学得会就得陪着睡”，那是大有道理的。

跟师父学，跟师傅学，要学就得跟啊，其实这才是传授。功夫是师徒间的默契磨出来的。

有些学武之人拿个合影照片给我看，说这个某某名人是我的老师，我拜过师父。

我问他你师父属什么的？爱吃什么？每天练多长时间？他一概不知。

我说：“你呀，其实不算他的弟子的。真正能学到的徒弟都是粘贴在老师身边的弟子。武功就是时间，那是磨出来的功夫！”

真正的弟子连师娘长了白发，娘家的亲戚都认识的，为什么呢？

踏破门槛啊！那是真的在学的弟子。

为了沽名钓誉的什么坟头弟子，八年不见师父一面的，根本就不算。

我在这个方面只认功夫不认传承。

你说是谁谁的弟子，你得拿出东西来。武术功夫那是来不得半点虚假的。穿了袈裟不修行的和尚也上不了西天。真话往往伤人，但我不说是不说，要说就得说真的。

龙有搜骨之法、抖擞之威，有蛰龙升天之势，霹雳击地之形，凌空探爪缩骨之精。

此形以练神为主，神发于目，威生于爪，起势时，神运泥丸宫，窍在印堂、贯双目，落式时，过鹊桥，下十二重楼，下丹田，至会阴。

气贯任督二脉，周天巡回，节节贯串，外刚内柔。

龙形属阳，在卦数震，为木。

身为离，属心，心属火，此为“真龙火中出”，切记！

再次强调一句吧，古谱是个宝啊。

32. 拳论内外

这个题目不奇怪，这是补之前许下的诺言。

在开篇几章中说到现在内家、外家的划分问题，这个题目太大了不好写。但话已说了出去，再困难也要试试。

这个内家拳与外家拳的说法由来已久，现在公认的是太极拳、形意拳、八卦掌为三大内家拳。当然据我所知，还有别的拳门达到内家的境界。

这个我一般不看门派看东西。本章我想说说这个东西是什么？

这个题目很大很不好说，可以说是论天下武功了。首先声明这些说法都是我个人的见解，和家门、师门无关，不要歪曲理解，不要断章取义。

先说内家三拳吧，太极、形意与八卦武林中称内家三拳，且三大门派互有传人。有些八卦拳谱和形意拳谱的传人都基本一致，因为这三大门派的东西很容易互通。

先说形意拳人习练形意拳有段时间、有些进步了，搞来一段太极拳的视频练练试试，很快就能有模有样了。不用找老师学，和那些专学太极拳的比较（时间长短接近的）可能有差距，但是和初学比起来那是胜过太多了，内家三拳虽然各自强调的不同，但都能统一在内家一个大框内。

都是把全身的力量集中在一点上作用在敌人身上，都是调动全身的力道做一件事情。这是内家三拳的真谛。

一把榔头两斤沉，就是这把榔头能敲死人。你体重一百多斤，为什么打不死人？是你没把自己练成榔头。把自己全身的重量放在拳头上，释放出去这才是内家的打法。这不是简单的重力乘以速度，练过拳的都知道公式是公式，做到的方法就是真传。

外家呢，我首先给它下个定义，练身体局部打击力量的功夫，我就把它视为外家拳。

因为这个东西太大不好写，我先下个定义，然后再慢慢地分析。

铁砂掌、铁胳膊、金刚腿、鹰爪力都算外家拳的东西。

古人发现身体的局部，比如手掌，练出了“开碑裂石”的手劲，在格斗过程中也能发挥极大的杀伤力。

初练的时候这些东西对人的损害是很大的。需要付出极大的代价，有的甚至还要药物的辅助等。

在拳术当中也是如此，外家也说把全身的重量都放到拳头上，可是说归说，你得有真正的练习方法才行，武术光喊口号是没用的。

内家是有这些传授的专门的练习方法的。内外家都一样，它之所以成为一个门派，那是有一套东西的。越全面，越能有效地教导本门的弟子，东西多，弟子适合哪个练哪个，说不定在哪个方面就找出了感觉，就能入道。除此之外还有一个必须要提，就是内外兼修的拳。

有些功夫，比如铁砂掌，在初学的时候那是绝对的外家功夫，到了以后还有些密练的功法，已经和内家拳派极为接近了，也是调动全身的精、气、神、力、劲来练功夫。

那功夫出来不是一般的外家拳可比，带有毁灭性的杀伤

力。比如我前文提到的师大爷，一块砖头我们打断它不难，部队新兵连训练三个月就能做到。难就难在生生地掰断，那份手劲、那份举重若轻绝对是真功夫。这些打击作用在人身上都是致命的。

在外家拳门的师傅，经过自己的锻炼与领悟，渐渐地进入了内家的境界。这些老师傅也丰富提高了自己门派的东西。这在武林中也是大有人在的。

这就引申出一个话题，在武术中很大的话题，其实好多门派它自己是有内外的，这个不看门派了，就看你自己练到了什么程度。这些门派的弟子有时候也分不清这些东西。

这个门派自己就有内外家的东西在里边，不光有，还很丰富，这些门派的弟子如果得到适合自己的传授那是幸运的，很容易提高自己的水平，很快就能达到自己练武功的目的。

这些门派在传承上也是极为谨慎的，非真正的弟子是不传的。其实这是好事情，他们的弟子都是能很好地把握自己的学生，武林中真正的功夫那都是很管用的东西，随便施展到他人身上要出人命的。

你想那些老师在教的时候能不细细地考察弟子吗？拳无论内外，只要是武林的真功，那是绝对的保守。用我家的话来讲，武林高手是天下最穷的富翁。比如说钱就是武功，那些武林高手很富有啦，可是又不能随便花钱，武功可不能随时随地地使用，那是有规定和限制的。

不能表演挣钱，不能杀人放火，不能欺负不会武功的人。其实哪个传承几百年的门派都有这些要求的。做不到这些，那还是不得真传的好，自己管不住自己，还是不练武功的好——惹事啊。

这个题目太大了，我也不想说得太多，简单地说了几个重点。

内外之称别那么在意，天下武林中无无敌的门派，只有无敌的功夫。

以有限的生命研习无边的拳道，其乐无穷！

作为形意拳人，当以老祖宗留下的拳经剑诀为经典，以各位祖师的拳艺为楷模，悉心“以武为道”，以图内家拳学有所寸进耳。

十丈红尘过眼云烟，能一生相随的只有拳意也。诸君当身悟祖师之意，勇猛精进，以求大成之境界也！

33. 神龙见首不见“尾”

不知不觉已经到了三十三章，我觉得龙形大势还是做个补充为好。

十二形象的东西一点也不比五行拳少，蕴含的东西都在那个简单的式子里。在习练的过程中不要让自己轻易地过关，轻易地满足自己的现状。内家拳是永无止境的，初学的劈拳和十年后的劈拳那真是有天壤之别。

我们知道，形意拳门是模仿动物的形象进而悟道。

在这十二大形象当中我们忽略了一个最为重要的地方，这也是形意拳门的不传之秘。我也是练习了多年以后，经家里的点拨，才悟到其中的一点点道理的。最重要的一点在哪呢？就是所有动物，包括我们从未见过的龙，都是有尾巴的。

龙我们没见过，但长虫（小龙）我们总见过吧。在今后要说的这个形意拳的十二形象中有个著名的猴形，猴有纵山之灵，翻山跳涧之功，“不是飞仙体自轻”。猴形的进步，也就是“猴纵身”，是最有特点的。猴子纵身极为清奇，跳得远，出手迅捷，百发百中。

其实这个猴子的一纵，它的尾巴是起了作用的。起了平衡的作用。还有尾巴一动，对练武的人来说，其实就是尾椎在动。这是内家拳门的不传之秘。

家人当年说“人”与“仙”的区别，就是这个尾椎。

“歪”是人，“正”是仙，指的就是尾椎，其实就是脊椎正确的位置。

不管你练习武功的哪个门派，也没有人给你讲这些道理的。

我们人的尾巴按照现代科学来说，已经退化了，没有了。人是没有尾巴，但是你得把那个尾巴练出来，得把长尾巴的地方练出来，这样才能出高深的功夫，不管你是打拳还是站桩，或是修炼仙道，这个理是一样的。

我们认为“神龙见首不见尾”是句很简单的话，武学里是另有理解的，神龙的尾巴是不能给你看的。天下武学的奥秘都在于此。

形意拳门，尤其是我家的这支，对这句话是另有练拳人的理解的，所以“神龙见首不见尾”！

天下的动物能生存演化到今天，尾巴的功能绝对不可埋没。从武学的角度来看也是如此，动物长了尾巴的好处是什么？就是能最充分地锻炼身体上最不好锻炼的地方——脊椎的末节。用尾巴的甩动与各种运动方式，可以有效地调动全身脊椎、脊柱的有效形态，更好地为捕猎奔跑服务，使动物经常能在一种练武功的状态下成长生活。

作为一个高深的练拳者，我们今天虽然没有尾巴，但我们还保留着脊椎不会退化。

把功夫练到后背上，是内家拳的老话了。今天我告诉你，把功夫练到脊椎上。我更加明确地指明了方向！

这是祖辈的功劳，是多少代人练拳悟出来的真理。我没有这么大的本领，我只是在重复家人的语言而已。练龙形也要像学习数学一样，代入这些公式，慢慢地去理解这些东西。只要人的脊椎还没有退化，那这就是万年不易的法则。

不管承认与否，天下武人其实都是在“脊椎”上求功夫的，除此天下武功别无他途。

等你的龙形毕业了，不要着急练习下面的东西，摸摸大枪吧，体验一下什么叫“龙形枪”，这个龙形枪为什么这么练？为什么这么用？在格斗当中它是怎么使用的？

慢慢地领悟这些地方。我个人觉得，练个百八十天还是应该的，一遍有一遍的理解。

最后我们再拿着大枪，去玩玩回身的龙形，回身的龙形枪，龙形的回身枪。看看能否悟到点什么，在这个地方我还是按惯例去留个扣子和悬念。

话已经讲得不能再讲了。你搜遍天下的武学典籍，也找不到我说的这些东西的。

实战格斗中也存在着这些不变的真理，武功其实就是在保证自己脊椎最顺畅地发力的同时，用自己的力道去破坏敌人脊椎的平衡和发力，舍此别无他途。

其实你拿着兵刃动手也是一样的。武器是手脚的延长。兵器格斗也离不开脊椎的道理和真理。

这个是内家拳门从没人捅破的窗户纸，被我用大无畏的勇气撕开了面纱。许多人练武功勤奋如蚁，为什么不能成就自己的武道？就是没人点破你！就是没人给你点破这些道理，你不知道该朝哪个方向去努力，也不知道门后边到底有什么的。

这就是内家拳门常说的“武艺虽精窍不真，枉费心机枉劳神”。

这个“关窍”，这个死关，没人点破你，你就在鸡蛋壳里慢慢地去运动吧，也许一万年你都出不来。

再强调一下老师的作用吧，等你真到了“关窍”，也就是练到“节骨眼”上，有个师父点化你，那真是太大的缘分了。

不练武的人或者不是真把武学当“宝”的人，是理解不到这些拳中的乐趣的。相反，真领悟到了这些拳中乐趣，拳就再也放不下了，不管你是千万富翁，还是哪个国家的“法人”，只要真入了武功的大门，你是放不下的。

这也是武者独有的乐趣。点破了这些，十二大形象前方一望——尽是坦途也！

34. 四梢齐内劲出

形意拳的五行拳可以说是调整五内惊起四梢，调整五内这个好理解，心、肝、脾、肺、肾是也，这个惊起“四梢”就需要专门地来说说。

形意拳门的“四梢说”那是很重要的东西。

九河下梢天津卫，在大清民国年间，是北方的第二大都，也可以说是北方的金融中心。比邻河北省，燕赵之地多慷慨悲歌之士，也留下了不朽的武林传奇。

形意拳门的发展离不开天津，众多高手辈出之地，那真是藏龙卧虎。天津人至今号称海河儿女，海河边上当年蕴藏高手之多数不胜数也。在此讲述一段武林传奇吧。

二祖父一生未娶，当年自乡土闯过关东，在东北铁路混迹一生，是新中国成立后第一批退休的铁路职工。少年之时在天津学艺，后在东北独身过了几十年。以祖父的话说，是学艺在天津，成艺在东北。

新中国成立前二祖父在东北车站服务的时候，遇到一个铁路警察，那时候的警察真是警察。

为什么这么说呢?

那时候的警察吃回扣的。当年的铁路，有时候堪比今日的春运。许多赶路的人是上不去车的，这时候人们就给警察一毛钱，警察接过钱后，就使劲地往车上推你，还帮你拿东西。二祖父见到的这个警察也是这样。

但家祖有武功在身，那眼光是不一样的。

这个警察比较瘦，可是帮别人拿东西的时候举重若轻，推人更是一绝，手在腰部一使劲，那一毛钱就挣到手了。祖父这样就交到了一个武林高手。

此高手也是内家拳门的传人，因为警察这个职业并不为其所喜，终日郁郁寡欢，自与家祖交友谈拳论道，两人技艺大进。这个警察打法刁钻、四梢齐备，我家今日仍保留其人部分所学。不知此人在东北有传人否？如能与我相互印证，相信得益匪浅也。

20 世纪 80 年代，我在海河之畔见一老者习练形意拳。地点就不提了，免得惹纠纷，与练拳壮汉试手，钻拳一出，壮汉后退多步而失足摔倒。

这个钻拳出的学问，其实是横拳，出横不见横。接手劲就变了，引动了对方的中心，将人直接放出。这是形意拳神妙的打法，这些东西没有“五内四梢”的基础是绝对做不到的。

这个四梢很有意思。

舌为肉梢、牙为骨梢、发为血梢、爪为筋梢。这是形意拳门的“四梢”。

这是很有讲究的东西。劈拳练肺，我们用劈拳的动作去养肺。古人知道这个动作从外可以带动身体的内脏，因为内脏是不能直接练的。

四梢也是如此，形意拳门的老祖宗找到了这个牵一发动全身的地方。也就是找到了打开身体功力大门的钥匙，这是别的门派无法比拟的优势。

形意拳门对天下武功也有很大的贡献。自明清以来，形意拳流传天下，其理法被多个门派吸收采用，形意连环枪更是流传很广。

这对武学是不可磨灭的贡献。

古人找到了四梢，也找到了四梢齐备的法则，那就是舌催齿、齿断筋、爪透骨、发冲冠，四梢齐备内劲出也。

一个不练武功的人，如果按照上述要求打出一拳，练武的人挨上也是不好受的。

在四梢齐备的过程中，有一点是最最重要的，这些字都是为了这点东西服务的。

“舌催齿”！

这是“四梢”的“灵魂”。

“舌催齿”就是舌顶着上牙膛。

道家叫搭“天地之桥”。

因为人的嘴是个窟窿，使天地阻断，舌顶上腭就搭上了这个桥。

这个需要长期练习，舌头在打拳的时候才能很自然地到位，这口口水是不能吐的，这在道家叫“津液还丹”，也是大有讲究的。

行拳的时候还要注意什么呢？就是提肛！

这都是绝对的守则，人的孔窍里边其实都含着功夫呢。这也是内家不传之秘啊。

比如我们的鼻孔，你练过一个鼻子眼吸气吗？

这都是高深的内家传授，没亲传练不了的，在此我就不讲了。

四梢齐备，提肛下式，形意拳要求的是这样的练法。

许多人练拳是张嘴的，特别是练累了的时候，那都是不对的。许多人练了多年也无寸进，就要找找方法了。找个明师啊，看你一眼，说你一句，有人就如醍醐灌顶，一下就明白进去了。

这个“舌顶”可不是虚的，那是实在的功夫。

如果看到这你就走了，那你就后悔去吧。

要实在地“顶”才对。

在实战或者练拳的时候，你发现呼吸加了这个舌顶，突然不顺畅了、不舒服了，气也不能沉了，这个毛病啊，是你顶得不对。

舌头不单要“顶”，还要“卷”。

要“卷顶”。

卷舌气降！

这个“四梢”不但在拳中可以练，平时也可以练，方法你可以自己想，自己去创造，只要不憋气、努气，怎么练都行，只要在形意拳的大框架之内即可。

道、可道、非常道。

形意拳门之难，难于上青天；形意拳门之简，那是真正的大道至简也。

如观音菩萨在唐僧面前贩卖袈裟是也。

有缘分者，有道者，可得之也。

天下哪有唾手可得的东西？

真正练武的人练进去了，天下万物，除了武功，要慢慢看淡了才是，脑袋腾空了才能装进去东西。

功夫练成，体力到达巅峰。

那个精气神啊！

那个内敛的气质啊！

那是真正万金不换的东西！

此章画龙点睛，可说是万分的重要，希望有缘诸君能多看几遍加深理解，对诸君定有大益处！

内家一代高手既出，真如登五岳之巅而小天下，形神俱备，内心充实平和，不怒自威，天下之大、江湖之广，皆可去得，任君遨游也！

35. 虎抱头颅震八方

形意拳门十二大形象的顺序：龙、虎、猴、马、鼍、鸡、蛇、鲐、燕、鹞、鹰、熊。说完了龙，该说这个“山中之君”了。

百姓中流传一个词语叫“龙行虎步”，这些百姓都是形意拳门的高手。龙为神物，百姓不可见，虎为“山君”，百姓可见也。

谁也没见过“龙行步”，我们常见的是“虎行步”。在形意拳门中，这个虎形是很值得说道的形象。

两目炯炯如电光，
虎啸山岗威难藏。
俯身离穴强扑食，
虎抱头颅震八方。

虎为百兽之君，虎的威猛与熊不同，熊虎各有所长，在形意拳门学拳之诸君应细细领悟。

练会了劈拳，再学习虎形就简单得多了，虎形就是进步双劈式。这个虎形和劈拳侧重各有不同，脚下走的也是七星步。劈拳出势后侧前行一步，两手向下一抓，这个一抓那是大有讲究的，练的时候不能轻易错过。

手的下行和身的进步要配合，习惯一段时间后要配合呼吸。我家练的虎形在此时要扭头的，提前把目光聚拢在向前一扑的方向，要身合体顺气定神闲。

这个一扑手要有弧度，要扑出“猛虎窜山”的“窜”劲。

这个时候就是考验你前面练的“槐虫步”是不是过关了。

如果我们练习槐虫步的时候没有偷懒，此处就该一气呵成毫无阻滞了。虎形也是直趟子，转弯的地方大有讲究，“猛虎回头”啊！这个猛虎是怎么转身的？

那是腰胯合力出的扭劲。

前脚一扣、尾闾一转、一坐身形，就调过来了，这个东西要从脚底下找。个人建议这个虎形要练三个月，慢慢地体味虎形之“猛”。

这个“猛”字也是形意拳门的“猛”字。和百姓用的“猛”是有区别的。

老虎扑食那是何等的威风，可是那个威风是唬人的，这个威风不是从身体的局部发出，而是全身的合力。其实老虎在扑食的时候，那个前手臂也是软的，也是粘到猎物才发的力。老虎的爪子和臂膀永远是不僵硬的，这个发力圆润而灵活。两爪立身一扑，其实不是扑你身上的哪个位置，而是整个虎身一扑中，两爪的威力覆盖了猎物的全身。这才是虎扑的“精益”之处。

在与猎物接触的一瞬间，碰到猎物哪个部位，算哪个部位倒霉而已。

这就是许多练武人练到这个虎形，觉得自己练得很好了，然而试招的时候却用不出来的原因。这是没有人在这个时候站出来点醒你罢了。

这个一扑还没出手，你就想我要扑他的胸，扑他的肩膀，都是错误的。

从佛法上讲你犯了小乘，境界不高啊。

你现在练练这个虎扑，我出手就覆盖你的全身，从头到脚碰到哪干哪，碰到哪打哪，你的陪练马上就反应过来，这下不好接了。不信你可以当场试验，如果没有效果，那么我今后写的东西你也不必看了。

那就说明我是骗人的。东西不真啊，不值得你再看下去了。

不只是虎形如此，虎扑、虎托、虎撞都一样。这也是形意拳门的内传之法，其实形意拳出手与虎豹同也。

出手崩拳一击，看着是打你的肚子，其实拳是打你的脊椎，破坏你全身的平衡，出手的刹那，这一拳是对你的全身而发。绝非打敌人一点也。

拳是落在敌人身上的一点，但你的心不是。

这叫境界，现在名词叫“战略眼光”。

你出手只是“术”而已。如下象棋，我每一步都是为了吃掉你的老将，而不是吃你的一兵一卒。

身势亦是如此，我们每一下出手，都是一动全动、大兵压境，绝对不能存在“单兵过河”之态。你想连个呼吸我们都带动胸腹，就是为了出合力也。

再说说虎的敬业精神。猛虎扑食从不低看对手。

搏狮用全力。

搏兔亦是用全力。

从不给猎物留第二次机会。

这是常年战场搏杀磨炼出的，渗入血液的搏杀精神，诸君当引为楷模。

猛虎在战场或在狩猎中，精神一丝一毫的放松，都是致命

的因素。从小处说逮不到猎物今晚要挨饿，遇到狮子等大型猛兽，给它第二次出手的机会，那下场就是死。

老虎在千万年繁衍、斗争中，搏杀精神已经渗入其血液深处。

今人的生活都太安逸，买点煤球、扛袋面上楼，就叫大劳动了。与虎之“神”相差十万八千里。

慢慢地人的精神与肉体都在逐步地退化，血性渐渐消失，老祖宗“渴饮匈奴血”的壮志豪情已渐渐迷失。

要想成为技击之高手，此武道之“神”万不可失去矣。

无“神似”哪来的“形似”？

无“神”无“形”练什么拳？学什么艺？

不过一现代舞之新方式也。

最后再说说老虎的爪子，这个太重要了。

我们练的虎形，两手的劈拳是一致的。诸君看看《动物世界》里老虎的爪子扑猎物的时候是什么样的？

老虎的两爪永远不会有同样的动作和同样的力道。

老虎扑猎物的时候那爪子是一前一后，在接近猎物的一瞬间那是绝对的巧妙……

在这里算留个扣子，这个“扣”说到这呼之欲出了，有心的诸君当能领悟了。不动脑子学不了形意拳。说出了这些东西，虎托就好说了，虎撞也是这个意思。

其实形意拳不难，难的是谁教谁学。

最后留一个思考题吧，老虎扑食的时候是把猎物扑倒在地。那么是把猎物扑得趴在地上好，还是把猎物扑得仰面而倒的好？这个力怎么发？

老虎从不做广播体操那种横平竖直的动作，虎的动作圆润而无滞无涩。从这几个方面去体会吧。

今日少年男女，
均白面敷粉、
举止柔柔、
兰花指现。
花朵处于温室且眉目含情，
居庙堂之高，
难见江湖之远，
静坐难离电脑、
张嘴即是悲欢，
七情皆放纵、
五内亦损伤。
哪见大江东去，
三国周郎赤壁？
哪见左牵黄、右擎苍、千骑卷平岗之壮志豪情？
无苦其心志，
难饿其体肤。
圈笼难养苍鹰，
丝绦怎系虎豹？
……
心至诚者，
金石为开，
果有少年弟子得意，哪怕倾囊予之。
然高足可遇不可求耳。
望天佑吾门，
得传神髓终无憾事矣！

36. 猛虎之术可“耀”世人

当年一莽撞少年，在海河之畔挥汗如雨，无师长之监督，无同学之调侃，只为对武功的那一丝爱恋。而今忆起往事，百味附上心头。

那个时候羊肉串是一毛钱一串，大型电子游戏机已摆到街头巷尾，痴迷之人多几许？那少年望着这些，咽下口水只为积攒那些零钱买那一本武功杂志。

而今日月如梭、钱囊日丰，却不再期许那些刊登盖世武功之文字。

“武”字非大笔一挥这么简单，数十年后的今天，那莽撞少年已有了自己的武道乾坤。“一阳指”今生也练不到九段，不再迷惘其中，亦不再贪恋别派之武功。能把形意拳弄个明白已无愧此生。

再说虎形之术当从“虎撞”开始，“猛虎撞山”那是何等的威势！等闲难挡猛虎一击，这其中藏着奥秘也。

这猛虎撞山图的是“开碑裂石”，不是本·拉登那种自杀式攻击。说白了老虎是为了进攻，不是为了撞“不周山”自杀。

诸君当明白老虎的心理状态，这个虎撞其实也是从虎形化出的式子，只不过出手的弧形略微小了一点，并且把掌改成了拳头。

步型与虎形是一样的，都是“马奔虎践”之意。猛虎一撞“缩掌而为拳”是为了“束力”。且这两拳出手不是直力，而是

"蓄力、拧裹、旋转、捶捣"而出。

脚下进步趟出一个"践踏"之力。先练着这个虎撞，今后学了马形，要与虎形对照着练习，也就是马马虎虎地练习。

马虎、马虎，两物各有其巧妙。

当年弟子对我说："老师，虎撞与双马形一样。"

我答曰："那干嘛不叫马撞？马马虎虎的算了。"

弟子无言以对。

虎形的奥妙不止于此。

见上篇拳诀：

俯身离穴强扑食，
虎抱头颅震八方。

这不是老祖宗没事编出来玩的。那是有绝对的"隐秘"在里边。

俯身扑食暗藏虎形"头打"一式，非亲传难得要领。在此不再赘述，写出来也没法自主练习。

"虎抱头颅震八方"这里边又藏着"虎抱头"的式子。

喜欢的诸君可参照老心意拳去体味这个虎形之术。

这里边分"单虎抱头"与"双虎抱头"两个式子。那是形意拳门合身直进之法，说形意拳门"硬打硬进无遮拦"，那是有动作在里边。

先出单虎抱头之式，然后上步变虎形，这个单虎抱头是右手抱头右脚在前，再做虎形式子的时候，这个双脚是跳步的，在双掌推出的时候，突然跳步变成左脚在前，双掌向前推出。

这个要求密练，不准在大庭广众之下练习。此式威猛且通过换步全身重量都经过身体的转换放到了双掌之间，脚下欺进

且有勾锁之意，此双劈出手“如虎搜山”，对方在劫难逃。

久加习练当能提升诸君实战之能力。

最后再说这个“虎托”。“虎托”之妙，妙在“包、裹”之意。

我们练习这个虎托，总是在“明”与“未明”之间。我曾在困扰期间，思索良久终不得其解。

后慢慢修习到形意拳之八字——斩、截、裹、跨、挑、顶、云、领，那是另一番天地。

个人以为，这个虎托要合“八字功”里的“裹”字功去参照练习。“八字功”是形意拳门较为高深的体用之法，练着好练、用着好用。

这是指有基础的一步步来的，不是跳跃练习的东西。在此不作赘述，后文终能明解也。只是说明这个道理，诸君习练之时，“未明”是拳之必经，说明有感悟才有未明之处，不必懊恼。

参学“裹”字功后，对这个虎托的体用理解就大不一样了，勤加练习终必有所得。

“裹字通太极”就是划了个圆，整个世界都在里边，裹字是半个圆，甚至多半圆，你就这么去理解吧，虎托也是含着这个半圆（也叫半月）。

虎托练习的时候是双手合全身血脉的整劲，使用的时侯单双手不拘，进退步亦不必拘束。腰身一动手一沉就化了敌人的来势。手一翻就是打进之法，语言至此已无能为力了。

与敌一接手，就破其来势，一接手就带动了敌人的重心，破化了敌脊柱之平衡与发力，至此万般打法皆可出也，信手一击已可胜之。

虎形与他形亦有“暗同”之处，就是那个胯力。

再说猛虎一生都在奔波劳碌扑食不已。虎的下肢力量更是非比寻常，尤其是“虎跨之力”，窜山跳涧如履平地。

当年我父亲讲过一个武林的传说：一个练习虎拳八年的武夫在山中行走终遇猛虎，其人仿效武松打虎之勇与虎搏斗，惨败幸而留得性命。

其下山曰：吾习练虎拳八年，在猛虎身前出手，竟无一是处耳！

故事虽为虚妄，但“其理弥真”！

今人所练之拳脚与古人大不相同，因古人生存条件恶劣、盗匪横行，武功当能一试耳。古战场之严酷，非拳王争霸之赛。这也不行、那也不行，还要把老虎的爪子用拳套套上。

在中华古代十八般武艺中，“白打”空手搏击排在最末。古战场兵刃搏杀之术才是最重要的。

学拳学真终有悟，

练拳练假功难成。

虎形之妙亦妙在“纵胯一击”，我历尽三十六篇诸君可看出，竟是我“自创之词汇”。文字表达如高山定势，表达流水悦动之妙，实难叙其“苍龙百变”耳。

有了胯打之力，即可体会“胯打阴阳左右便，两手交互演自然”之妙句矣。

本文算虎形之完结篇吧，许多东西我“画其龙而点其睛”地都说到了。

诸君各个门派各个支系之人都有，说得太多徒乱人意，且干扰诸君初学之境界也。

诸君还是按照虎形之势练习为正宗。

有明师指教，再学习那其中之奥秘，且条条大道通罗马，诸君可在其他形象参悟虎形。最最重要的是，“龙虎二形”可以参合练习体悟之。

最后说说虎形之拳意——

龙虎相合为心肾相交。

心属火，

肾属水，

也称水火相交也。

金（肺）木（肝）交并，四象和合。

得之身心即为性命双修。

虎形在卦数兑、为金。

身为坎、属肾、属水，坎生风、风从虎，

《道藏》云：虎向水中生。

此中之说为我家长辈拜师叩头多年而习得知之。

今诸君身不动、膀不摇，亦得此文字，只能说是缘法也。

万望诸君得之、惜之！

文人武相之，

武人文相之。

热望诸君：

文韬武略均在吾身，

身意双修武者乾坤。

一气混元，

两仪初分，

三尖相照，

四梢齐备，

五行凝聚，

六合弥真，

七疾存身，

八绝奇巧，

九九归真。

十丈红尘做“真丈夫”也！

37. 偷练别派武功

我在19岁那年，家庭学习等各方面发生了很大的变化，曾有一段独立生活的时间。在这段时间之内，我也结识了些志同道合的武友。与这些朋友间朝夕相处难免互相影响。有一段时间，对他门武功很感兴趣。于是题目就有了武侠小说之言“偷练别派武功”。

这个首先父亲是不支持的，父亲认为一生能把围棋下成九段就可以了，人一生能精通形意拳的一些东西足矣。

然而莽撞少年那时年少轻狂，一意孤行。

今日回忆起来，学习其他门派对形意拳的理解还是有帮助的。这些东西因为已经长在我的身上，因此今日教授徒弟也好，说说手也好，难免会用到些东西来与形意拳相互佐证。因此这些东西和形意拳门之真谛还是沾边的，最起码说的是武功的内涵。

首先接触的是一些散打队的朋友，戴拳套和空手那区别可是非常之大。刚玩的时候曾吃过小亏，就是对拳套的不熟悉造成的。

在武林中不存在不倒金刚，天下没出过没挨过打的高手。这是家门所言，我认为这是真理。

拳套太大了，两只手可以很好地护住自己的中线。拳套对手型有直接的枪毙作用，初玩使不出东西。抓不住、钻不进，手型的便宜一点也占不上。

有一次我打着打着有点火大，叫停。我们摘了拳套空手玩了一会，我马上感到轻松了许多。当时感觉最明显的一点，是我打很长时间也能很好地调整呼吸，比专练散打的朋友这方面要强许多。这些就是个引子，我就不赘述了。

因为戴了拳套，感觉笨了许多，拳套又是海绵，打击的凶狠程度大大不如空手，我就开始谋求更加凶狠直接的打击力度与方法。

形意拳的下盘功夫是个宝啊，实战的时候，你手上的招式其实全凭脚下。这也从实战的角度说明了拳谱中的说法：

脚打七分手打三，
五行四梢要齐全。
气连心意随时用，
硬打硬进无遮拦。

脚下锁不住敌人的步伐，纵有“仙招”不足恃。这是实战得来的口诀，诸君要珍之宝之。没动过手的老祖宗是写不出来这个口诀的。

在那个年代，“八极拳”的东西走到了我的面前。八极拳的历史不是很长，出了些能打的前辈。我那时开始下功夫偷练别派武功。

我有一个好父亲。父亲有许多好朋友，能学好多好东西。我父亲的一位朋友姓李，曾经多次问我：“你是学梨花枪，还是学梅花枪？”这可都是八极门不同支派的好东西啊。我练形意枪的时候，知道那玩意不是一般的耗体力就没学。我现在学的东西，好多都是挑挑拣拣确实喜欢的东西。现在我在孩子们刚开始练的时候，喜欢先教个小架啥的试试看。能学个一年半载的再往深里教。

我个人觉得只要是个有心人，八极拳的“上步撑拳”和形意拳的“半步崩拳”你要都会，反而对力劲的体会能更深、更容易明白些。

有些弟子长进是很快的，有些就不行了。和个人的理解与悟性还是大有关系的。功夫这玩意其实不存在不会武功的学者，这样的人我根本不承认。

功夫是“练”加“体悟”，到了一定的高度，量变不一定产生质变。许多东西你脑袋开了窍，学习自然上去了，是这个道理。

看武术文章一定要看作者是不是练家。

今天的诸君不用为了形意拳去学八极拳，我今天说的东西和我 18 岁时的理解不同。你只要有那个悟性和勤奋，能练出点东西这是肯定的。但是你要付出很大的辛苦。

有了老师指点就缩短了时间，提高了效率。哪个门派都出高人，太极拳、形意拳、八卦掌如能精一门，再学其他两门进境是比别人快的。这三门有许多互通互补的东西。这是形意拳门内许多人亲身证实的事情。这三门的传承谱系中，许多传人是互相重叠的，这是不争的事实。有些大师干脆就被称为形意八卦名家。相反我从八极拳参悟形意拳或者从形意拳而学八极拳是个小另类。

这些事情后来也得到了父亲的允许，如此算来我的老师不少。当年对我的唯一要求就是练八极拳不要太玩命、太暴力，多站桩，我至今谨记。

今天这个章节我虽然没讲形意拳的密练啥的，但我从自身占到了一个道理，八极拳和形意拳可以学到一个人身上，这也

是我个人体会过的了。

此后我为了增加凶狠的打击力度，还曾操过威震武林的掌功（与药功等配合）。此功速成且霸道，我至今已放下多年，这门功夫已扔得差不多了，还是不说了吧。

诸君无本人当年那许多老师的缘分，当从基础练起，不贪多不求快，练完不脸红、不气喘、不超负荷，睡觉香甜。

武功当如煎药，文武之火慢慢熬炼，终成有用之才。炼不好药也不要紧。在武功中熬药最终的目的，是保护你身体那口鼎。别玩命！炼药不成再烧炸了锅得不偿失。谨记此言，当有百利而无一害也。

本篇文章主要叙述我个人的经历和爱好，实乃回忆个人之学拳的轨迹。

本来今天想讲《西游记》的。为什么呢？

形意拳门十二大形象已经讲到了“猴形”，《西游记》中的那个顽劣的猴子，在中国大地可是大大的有名。“猴形”蕴藏的东西也是异常的多，看来只能下文再讲了。

38. 内家拳劲破铁布衫

本章名字起得比较吸引人，其实就是一件普普通通的小事，用这个小事讲讲武功的大道理。

说说内家拳劲的灵活使用，也是变相地加深下对崩拳的理解。形意拳远远不是我说出来的那点东西。其实形意拳我真的不是很懂，就是多听了点东西而已。说说这个故事吧。

我在 20 岁左右的时候，结识了一位王姓朋友。这弟兄好健美爱摔跤喜欢拳击，我当年曾和其流窜于天津数所大学找寻爱好者。

天津的某大学曾经组建了业余拳击队，有场地有人玩，那时候最喜欢的就是找这样的地方“蹭玩”了。有一段时间我俩是那里的常客。这次说的就是我俩之间的一个小故事。

大约是夏天的周二，我俩一起到大学去玩。我去得稍微晚些，这哥们已经玩得汗流浃背了。我这哥们身高 180 厘米以上，体重 160 斤。单手俯卧撑我做不过他，一身的蛮力。喜欢自学《易筋经》，经常用擀面杖全身滚动，并拿自己小腿的迎面骨当大饼，用擀面杖锉之，踢树都没啥感觉，等闲之辈两三人不是他的对手。这天说来也巧，正有几个新学员在练拳击，教练留的作业，一个人抱着一床军被，另一个人用双拳击打，正玩得起劲，我这哥们不知道触动了哪根神经，跑去当免费陪练，对那两个人说，你们别玩了，来打我吧。

我这哥们用一只手捂住膻中穴那个位置，对那两个学员说你们打几拳试试。那两个大学生有些不好意思，轻轻地打了几拳，这哥们一点事都没有。这下那两个同学胆子大了，又狠狠地打了几拳，这哥们愣是纹丝没动。两个同学面面相视，好像不相信自己的拳头似的，场面很尴尬的样子。

当时教练是不在场的，混玩也没人管。我在旁边看了个满眼。其实我这哥们是占了点便宜的，当对方出拳击打他的肚子的时候，他的身子是向前迎的。

说白了，我这哥们散手打得很有经验。在实战格斗中，这个“一寸”的距离是不得了的。

为什么呢？我这哥们身子向前一迎，就改变了敌人出手最佳的击打距离。也就是说敌人的力没有完全地放出来，就被身体迎住了。说是不动其实也是动了，不过动得很巧妙，动作幅度不大。那两个初学时间不长的同学是看不出门道的。身体后退一寸其实也能达到这个效果，退比进还要难练，不好掌握的。

这个时候我的脑袋也短路了，心里痒痒啊，因为我已经想到了破解的方法。不知不觉地走到了他们身边，推开了那两个同学，对我哥们说，我来试试吧。

我哥们不解地看着我，做好了准备，身子放低了些，他对我还是有顾忌的。我当年体重不超过 120 斤，可以说是瘦，但那时候的体力非今日可比，那时候练得勤啊！现在就差很多了。我们两个的体重相差大约 50 斤，他比我要沉一袋大米呢。我摆了个拳架子。他神情比较庄重，下意识地用手护住膻中穴。

这个我要解释一下。在胃的上部那个地方是有一根神经的，这个神经是管呕吐的，当受到重击以后，人倒地呕吐这些都不用经过大脑的反应，这个神经是怕重击的。这是我俩翻书找出来的。医学我不是很懂，但是知道那个意思，在平时的训练中也尽量避开打击这些地方，这是尊重陪练的意思。

干嘛非往那地方下手呢？

打坏了就麻烦了，练武的人身体很宝贵啊。练出毛病，医院都不好治疗。父亲说过受了伤一动就痛的时候，武功就停滞了。我在练习的时候是很注意这些的。

下面再讲就有意思了。我平时动手不拉架子，说打就打，今天我摆个拳架子，是为了隐藏内家的手法。

内家的崩拳，我家传授的是“凤凰点头”的拳劲。攥拳如卷饼，握好拳后手是个锥子，我没敢用这个手法。在八极拳里有个“上步撑拳”，就是上步打一拳。有一种握拳之法，就是攥好拳头后把食指凸出来，用大拇指顶在后边，这样食指就形成了个小锥。

我出拳的时候已经找好了位置，就是他膻中穴的边上靠上一点。我没想打击他的肚子。我想拳头落在他的乳侧的骨头上比较好玩。

天地良心，我也是试验啊，真的没尽全力。出手的时候还是拳头，在上步的刹那突然改变了手型，用大拇指顶出食指形成了小锥子，一拳落在他身上。

他没注意到这刹那间的变化，还是身体一迎。这个拳可就落上了。结果是我这个哥们捂着胸脯难受了半天，说我这一拳打得他好痛。

这次小小的试验得出了一个小小的真理，就是物理学中压力和压强的公式是对的。

什么金钟罩、什么铁布衫，都怕纳鞋底的锥子！

这话是父亲讲的。

手型用对了，出手的时候这个便宜可是占得大了。

形意拳讲拧、滚、钻、翻，其实练的时间长了，这个全身就拧成一体了，就不是身体局部的力量了。

这次事件后，我对铁布衫突然产生了兴趣，请教了家人。父亲说，现在武林中许多走江湖卖艺的人，其实是没有这么高的功夫的。

比如开石头，有的是真功夫，有的是用药水把石头煮过一遍，再表演的时候就好开多了，这些药方在武林是有传授的。

除此之外，还有身体可以使击打的棍子断掉，我对这个很感兴趣。父亲对这个问题比较不屑一顾，他曾经说过，那个表演其实是两个人配合的结果，那个持棍打人的人也要配合。要是棍子在我手里，那一下下去，折的就不是棍子而是胳膊了。

我当时似懂非懂，好长时间才领悟出了这个道理。

经过和朋友的这次试手，在体重相差极大的情况下，将其一拳击退，使我对内家拳劲的体会又深了一层，慢慢地领悟出一点道理。

也许这些道理诸君早就明白了，我当时确实领悟得不是很快。

知道了在交手中占便宜的方法，以此类推，又得到家里的一些类似的传授，我觉得那一年长进还是不小的。因为自己的努力，也因为传授的到位，还因为那年有个很棒的陪练。

这些因素加在一起，使当年有了进步、有了领悟。

我们的身体素质各方面其实是远远不如父辈的。

我家的爷爷辈祖籍天津静海，当年从静海到天津卫办事是用脚走的，完事如果顺利，当天就可能再赶回去。

现在别说常人啊，练武的人有几个能走的。

形意好多人叫“行意”，行步带着意就是功夫，说得再浅白不过了。

练拳就是要这样持之以恒，苦心人，天不负，卧薪尝胆，三千越甲可吞吴。今日习拳之诸君该加倍努力，以补先天素质之不足也。

39. 西游记后传——刁打猴形

我不是想给吴承恩写续集，我只是利用这个顽劣的猴子——悟空，来继续我的形意文章。

形意拳十二大形象中的这个“猴形”太过巧妙，太有东西可说。这个孙悟空也是大大的有名，干脆编在一起得了。

我们练形意拳练到今天，不是从今天才明白这个猴形，在“开练”的那天就有了。形意拳的出势，身形往下一蹲其实就是个“猴相”。束身而起、长身而落，其实这里边都有“猴形”之意也。只不过没人说破，自己很难体悟。

天下万物都有自然之理，在十二大形象中包括五行，都有自然之理孕育其中，体会拳中的这些“通义”才叫明白形意，明白内家。

猴形一出手就是个转身，这个就不浪费笔墨绕弯子了。

猴子转身实在是太灵巧了，“不是飞仙体自轻柔”，身形一动暗藏杀机。头自领身，而身形略呈波浪式，转身“足蹬式”里藏着巧妙。转动不停，起手就是一个“刁打”。这个式子要注意身形略微侧一些，手臂出得长，身形略微一斜就有了巧妙。这个刁打其实也是一个力道巧妙的劈拳。两手相合一上一下，身形下蹲“膝灵胯活”耳。

多看看《动物世界》，这个真实的自然世界奥妙无穷，带着内家的拳和意去看，你会有很多的收获。

我们的通背拳发展到今天，什么六合、白猿，分成许多的门派和支系，据有些老拳师傅讲，其实通背这门拳法就是学习“五大恶猴”的动作而来。现在我们的语文课上也有许多和猴子有关的语言，什么“猿臂蜂腰”“白猿献果”“金猴奋起千钧棒”等，这些语言和他门的武功，都可以帮助你理解形意，理解“猴形之巧”。

形意拳门的猴形和现在的猴拳不同，形意拳门是学一个“猴相”和“欺离刁打”之功。现在传的猴拳太仿生了，连抓耳挠腮的动作都学，上下翻筋斗滚一身土，我不知这些动作在战场上起什么作用?

除了锻炼身体外，对技击及心意的修习没什么大帮助，世间传的猴拳，也是个表演多于技击的东西。“学其形”“会其意”才叫拳意。

形意拳门的猴形，出手似电，“心果意决”，练的是功夫，不是为了赏心悦目。因此形意拳的“猴形”并不是很漂亮很好看。当然如果你是拳法的“大会家”，也照样能在猴形中看出那种“六合之美”。

后边的式子就是“猿猴蹬枝”，就是单腿跃进的动作，要求“神意相合”。猴子之巧在于四肢的配合，尤以其“膝盖与肘”之配合为绝妙，身能下束且力能达于指端。

这个动作的成功，跟你龙形一跃的苦功是有关系的。龙形下过苦功，此式当不难习练。

猴子出手必击敌人的面目。晃手打人人易慌，这个“晃手”当以猴子用得最为巧妙。“云遮日月”眼前一晃，敌心神一动，即有可乘之机，下一个式子“猴子摘盔”就出来了。

这个摘盔，各支派传授不同各有巧妙，个人以为最重要的是个“欺劲”。身形粘贴住对方，“打破身势无遮拦”，出手刁

打必奏奇功。

膝盖下暗藏一腿，身势一动稍有空隙，起腿一击鬼神难防。猴子摘盔走的是鼍形的七星步，也就是个三角进攻之术也。面部的脑门、眼睛、下颌、咽喉、前胸、下阴都在这一招的笼罩之内。伸手一晃“意罩”敌身，碰到哪朝哪发力，“眼不审视一处，身不拘泥一地”。

脚下轻灵，百万天兵尚自困它不住，三头六臂难近其身。

猴形当可言勇，这个猴形一击“眼毒手奸”全占，前文我说到的那个练“二龙戏珠”的画像之法，到今天揭开这个谜底，这个手型和功夫就是给猴形练的。

没有这个“二龙戏珠”绝命手对敌要害的精准打击，力量再大、动作再快的猴子也是“傻猴”，临敌赢不了人的。

现在各个支派的猴形差异很大，这个没关系。“出手刁打四角奔”，这个猴形要“打四面”，身形一转、群打群殴的群战功夫当属灵猴也。

猴形练的是个脾，这个脾属“土”，叫“心源”。

如果诸君习练的猴形中没有“打四角”也不要紧，我们转身朝四个方向都练练就行。

猴形练完是不用收势的，这个各家基本都一致。

猴子是猴性，性之使然也，猴子练功不收势，可以想象下孙悟空的样子。

有的支系还有“猿猴坠枝”的动作，也是不错的，放在里边挺好。没有的也不必强求，形意拳门传到今天已经各有所长了。

式子都是无所谓的，关键是能不能“顺应拳理”，你个人知道这个东西，精准到一个动作是练什么的就行了。在你做到“意无意”之前还是要“有意”的。

“有意”到了境界，才能到“无意”之态，这是练拳的必然必经之过程。

在成就自己武功之前，达摩祖师爷也是需要面壁修行的。

腾挪闪展是根本，
闪躲身法属猴能。
进退趋避捷如风，
转身刁打是奇功。
灵猴有——
纵山跳涧飞身之灵，
腾挪变化不测之巧，
缩力之法，
蹬枝之技，
俯枝之功，
分枝摘果之术，
顺水推舟之长，
偷桃献果之奇，
神机莫测之妙，
封“猴”挂印之精。

练之轻灵、稳重、用意、用气、不用力，旋转快如风，跳跃落无声。

猴形性属土，取身属脾，为心源。

练之出势不收势。切记！切记！

诸君当多看武人自己写的书，虽然有的武人语言不够精妙，言辞不够优美，但是他本人练武啊！那是真学识，也是武功的真体会。

还是不要看那些假装戴眼镜的假文人编出的武术资料，除了带人到沟里，没别的。

武术根本就不承认不会武功的评论家、“砖家”“研究家”等。

“研究家”们根本就没练过这个，就是一张白纸，唱戏的管外行就叫“棒槌”，脑子里空空如也的白纸棒槌，胡乱研究什么？

武者自有自己的武道乾坤与精神世界。除非你练到那个境界爬上山顶，山下人是永远不会懂的……

这是我认同的真理！

40. 猴与猿通

形意拳门讲“龙虎为开”，龙虎两形象之后就是这个猴形。

我个人以为，非此不足以显示猴形之重要。

形意拳门有练法、用法、打法之说，外人难明其究竟。

这个就从猴形上找。

猴性近乎人性。

猴身轻灵，猴手刁钻。

攻敌之所必救，猴眼“眼硬”，一瞥就是敌要害之处，“猴蹲身”有不测之巧妙，膝打神鬼不防。

形意拳门在猴形上受惠良多。

古人讲食露为猿，猿在古代为灵兽。

在形意拳中“猴与猿为通”是也。

解决了这个问题，“猿猴”的东西就直接拿来用了。

猴形的所有精华，“蹲身”、“猴子摘桃”、“转身刁打”、“猴叨绳”，这些东西都处在一个核心，那就是“纵山之灵”。

猿猴的一切神威，都是纵山之功中练出来的。

“形意”也是“行意”，老拳师到今天还有这么叫的。为什么呢?

“行中带意”就是功夫。

现在的长短跑冠军跑步的时候，地面是划线且平整的，按照武功的路子，这样练不出功夫。

将比赛场地放到山里，练的就是个窜山跳涧、高低起伏，有速度还能不受伤害才是功夫。

与洋术不同，国术的功夫和功力出自下盘。下盘的稳定及速度还有“胯力”，直接决定功力的高低。习武，尤其是内家的功夫，此为“大处练功”，当从“大处着眼”。

猴形有个蹲身，这个蹲身大有讲究，疾起疾落，如飞似电。

形意拳门的老祖宗写下了不朽的诗篇《拳诀》。其中有一句“金沙迷眼最难防”。猴子蹲身的时候，抓把土扬出，收“奇袭”之功也。

看到此许多高手不屑一顾，什么玩意啊，打架还撒土。

放到今日之搏击擂台，尤其是放到今天，这个方法确实不适用，有损诸君大侠之风范。

但此举放到生死搏杀的古战场，冷兵器时代的惨烈搏杀中，却无什么不可。

死了就没什么“大侠”了，就是死尸一具，天底下最一样的东西就是死人。这是我的父亲讲拳时说的。

古战场的惨烈非今日喝着咖啡、看着我写的文章般悠闲，那是“以命搏命”的生死游戏。

在战场上没有什么招式是不能使用的。

猴身的协调顺畅无比且耐力持久。现在人类短跑的速度为每秒 10 米，这是百米跑的极限速度了，但这个速度不能持久。在战场上不能持久的功夫不是能长命的功夫。

我国是农耕社会，农民使用锄头是有诀窍的，不是我们今天使用的蛮力，蛮力都不能持久。

老农使用锄头能把土地都翻一遍，能翻 30 亩地不休息，如老牛犁田长力十足。

这个挥舞锄头把子的功夫，隐隐有内家的趋向也。

猴形也是如此，灵猴对自身力量的使用“近乎神妙”。

学猴形就要学此“巧力”。

猿猴坠枝，摇摇欲坠但能长舞而不落。

力多一分重了，力少一分掉下来了，“用力用形”之巧，存乎一心也。既能攻击敌人，也会保存自己的实力和体力。

龙虎形后边就是猴，形意拳门的老祖宗对灵猴是多么的重视。我辈学拳就该学习这些形象的“最最精髓”之处。

要学其形，先明其意。

形意拳门的谱书有不少，包括如今出的东西，很多都是重复老祖宗的话语，不敢增加一字，不敢减去一字。

独独缺少对这些拳理的解释和体悟，这才是习拳人目前最需要的东西。

拳如烈炮龙折身，

遇敌好似火烧身。

这个拳诀人人会背，练形意的都知道，但能说明白的没几个的，火烧身到底是什么样子的？

什么叫火烧身？

烧的是谁？

很久都搞不明白。现在练形意的，在拳诀上下工夫练的不多了。那是老祖宗留给我们的“银行密码”啊。

这句话说的不是“练法”，而是“打法”。

这把火不是烧在自己身上的。

说来惭愧，我也是很久很久以后，经人指点才明白个中之意的。

在与人交手的时候，你的对手身上着火了，你的身上又缠满了炸药（火药）。

你对敌人的打击，就好像给他灭火一样。

用拳掌打灭他身上的火焰，要求出手迅捷准确且刁毒，还不能引火烧身，因为你身上绑着炸药啊。

形意拳门的打法，这句拳诀里是这个意思。联系猴形呢？

这个“火烧身”怎么理解呢？

就是“猴子放炮仗”！

练的是惊乍之功。

这才是猴形的真传妙诀，也就是窍要！

猴子摘盔也是这个道理。

猴子身上绑满了炸药。敌人的双手都拿着“火香”呢，杵上就爆炸。

猴子近身，扒脑袋、挖眼睛，要躲开敌人的火香，还要重创敌人。

近身的时候就想好了退路，一击得手，纵山远遁，毫发不伤，这才是“灵猴刁打”一击。

猴形市面上的式子都是蒙人的，练着玩玩而已。我从小到大从没见过在大街公园练猴形打法的，外面都是演法而已，活动活动身体罢了。

真正的猴形，都是关门闭户千锤百炼出来的，那个打法的练习都是不许人看的。据我所知，我家自己的练法都是有人喂手，空练的我没见过，也不知道效果如何。

今天把猴形的“打练之法”基本上都抖露出来了，临敌之时敌人不动如山，根本没有漏洞，那么好，就用猴形上手，让敌人动起来再看，有时候漏洞就出来了。

“乱拳打死老师傅”，这句话在形意拳门门内指的就是猴形的刁打。出手迅疾乱中取胜之道也。

我们不按常理出牌打个“奇”字，也许就能打乱敌人的阵

脚，扰乱敌人的部署，收到良好的技击效果。

“学拳”其实就是“学兵法”。

多年以来我一直认为是先有的武功，再有的兵法。

先有的个人修为和认识，才有的兵法。拳即是兵（练拳的就是士兵），拳法就是兵法。

个人的武功修为到了一定的“层度”，兵法（战法）“不通自通”，这样的人组织起来，就是拥有兵法的军队。

说个笑话吧，当今的世界美国的标志是“鹰”，前苏联、今日的俄罗斯的标志是“熊”。当今的世界就是个“鹰熊竞志”的局面。

取法为拳，阴阳暗合，形意之源泉也，因此我形意拳门在今日该发扬光大。

武人自有自己的武道乾坤。

打熬筋骨、壮其体肤、磨砺其志、鼓舞其神，化虐气为祥和，功夫即进入一片更广阔的天地，你的心会随着武功进步而变化，变得细微而敏捷。

41. 垂缰之义　疾蹄之功

烈马疾蹄功，
奔驰似风行。
紧追步伐妙，
拳拳不放松。

这是说的马形。马从古至今与人的生活密切相关。

左牵黄、右擎苍，千骑卷平岗。

《三国演义》书中说，人中吕布，马中赤兔。

形意拳门的前辈认为马有抖毛之威、垂缰之义、跳涧之勇、疾蹄之功。马为龙性，所谓“车如水，马如龙”是也。

先整单马形吧，马形走的也是七星步伐，这是练法，可以很快地体味马形拳的劲力。

马形拳模仿的是烈马腿击后化在拳上。出拳拧转加抖劲，落步走的是个“踏劲”，正所谓“马奔虎践”。

初次习练马形拳要注意姿势的正确，不要发力爆猛，越看着刚猛的拳头越没有功夫，功夫是劲力、形态走顺了出来的玩意，不可强求。

练拳之前先看看《动物世界》吧。

烈马在奔跑的时候，后腿能超越前腿，这放到武术里边就是功夫。奔马在跑动过程中，肌肉线条凸显，那是真正的力量和速度之美。

练拳的从古至今都有一句话，“像不像、三分样”，练拳的人身架骨架那是很重要的一环。内家拳叫“磨砖对缝、筋骨合槽”，这个合槽包括的范围很广，骨相、经络，甚至呼吸都在内。

单马形拳在练习一段时间以后，该慢慢地延长距离，步子越来越大，慢慢地体悟步伐中隐含的冲撞之力。马形拳可不能越练越抽、越练越缩，捆住自身的身形和劲力。

这个形一接手就觉得难了。

猴形胜在巧妙，马形胜在劲力，其实就是功力。

马形从一开始，就在检验五行拳的功底练得如何。槐虫步是不是过关，崩拳打得怎样啊？

如果槐虫步、崩拳都练得不错，马形拳很快就能练出点心得。要注意马这个动物是有头打的，头为一身之主，“六阳之首”，头领、头领，这个“头领”之力不能小视，马的脖颈是很发达的，老祖宗选马形为十二形象之四那是有深意的。

双马形也是如此，模仿烈马前身起立的“崩踹”之势。先练这个的时候，进退起落整齐就好，也是不要瞎使蛮力。慢慢地身体体味出此形的味道，劲力自己就出来了。

马拳上手“拧转就发”真的很好使。在形意拳门中，擅长此形的大师很多，就不一一列举了。

说个故事吧。在一九七几年的一个冬天，有一个天津人骑着一辆二八的自行车到天津宝坻县看望家人。在那个时候人们的生活还很贫困，自行车骑个百十里地很正常的。

那时候街上很少有汽车，自行车也是稀罕物，要几个月的工资才能买到。当年结婚的时候，自行车、手表、缝纫机被称为三大件。

这个人那天因为着急赶路，天已经很晚了，在宝坻县境内遇到了抢劫。当时劫匪是三个人，这个男人以一敌三，钻拳一击解决一个，马形一击再放一个，蛇形挑跨解决最后一个，就这么简单，保住了自行车和自己的安全。

武功有时候就是这样，也许一生也不会出手一次，但是有这一次救命的出手，就值得用一生去追求武道的真谛。这个男人是我的家人，是谁我就不说了。

有了功夫才有了胆量，这是一比一的玩意，我小时候调皮捣蛋自以为胆量超越同龄，到今天看来不值一提。

孤身敢入战阵，
单骑能过五关。
形意傍身不惧邪法。
起无形，
落无踪。
手是毒箭身是弓，
消息全凭后足蹬。
进退旋转灵活妙，
五行一动吼雷声。
风吹浮云散，
雨打纤尘清。
五行顺一气，
放胆即成功。
三尖照，
四梢齐，
胆随身。
鸡腿龙身鹰爪力，
熊肩虎背吼雷声。

虽百万军中，

取敌将之首如探囊取物耳。

如此才为“真勇武”！

马形拳不止练习拳法，还要体味沙场之味道，拳与意合才是形意也。古拳谱云：

要学烈马疾蹄功，
沙场百战抖威风。
英雄四海扬威名，
全仗此势立奇功。

细细揣摩这些拳中之诀。拳到意到才为形意。有形有意才为形意。

奔马形在双马的基础上练习才好成功。

奔马形双拳拧捣之力是不一致的。双手的劲力不同，打击在敌人身上更妙。

比如我们推人两手齐出，但胳膊是一长一短，劲力是“一快一慢”且“一刚一柔”，推在敌人身上，不只是让敌人退步，还能让他“失重”。诸君可以尝试。

把这个方法用在奔马形上，就是致命的。马立身踢踹，双腿力量也是不一致的，且循环往复，放到拳里也是。

这个马形拳在实战之前也是需要操手的，要有师父的指点喂手或者师兄弟的配合练习才好。

有人说我学了武术三年，打不过拳击练三个月的，他用自己的实例把国术说得一无是处，好像很有道理。

我要问问你习武三年，每天练习多长时间？

师父给喂过手吗？

和师兄弟对练过否？试过招吗？

其实这些你都没经历的，打不过拳击不奇怪。

形意打死人，那说的是真传的形意，买本杂志自学三五天，是达不到这个打死人的高度的。祖师得《武穆拳谱》，自己领悟还十年大成呢，买本杂志三天五天的，你不会练得比祖师爷快吧。

马形的东西说得差不多了，里边还有些暗暗的变化，这些就不说了。各个支系传承差距很大的，说了也没有对比性，练自己的东西就好。

关键是拳意要把握住了。

马形拳练的是拳的“抖劲”，脚的“踏劲”合到“马行”的冲撞上，有了问题回头找找，崩拳、槐虫步练得不扎实，也会影响马形拳的长进。最后再说说马形拳的拳意。

马有抖毛之威，

跳涧之勇，

垂缰之义，

疾蹄之功。

马形破虎形，马有行程之功、功成脚下。

落足走踏劲，出拳出抖劲。

练之有“单、双、侧”三种。

练此形应外刚内柔、心内虚空、丹田气足，

拳顺则心平，

意定则脾肺畅舒、道自心生，

阴火自灭。

马形取身为意，名曰意马。

意属脾，

脾为土，

土生万物，变化万千，以性情称为心源。

马形拳有万般密奥，不练也是枉然，诸君得此如能妥为练习，当能强身健体益寿延年耳。

国术瑰宝即在眼前。

珍之！惜之吧！

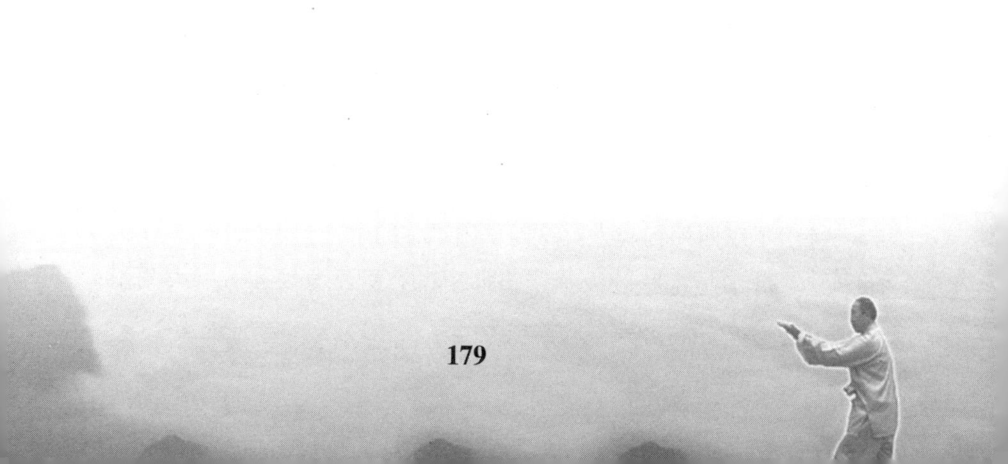

42. 内家拳之误区

武道乃国人之国粹，非洋术可比。

比如中医对得病之人下药，考虑人全身经络血脉之淤塞，西医是哪有病朝哪下手，不考虑承受之人。

内家武学乃从内到外无不考虑在内，非洋术一拳一腿可比。

若干年前，在天津马路上卖艺的人都能掌劈鹅卵石，掌断红砖几块。这些东西在武学中不属于高深的功夫，只要身体正常，有老师指点，持之以恒，很快能有所获。但就是这些功夫，再加上些身法技巧等，保命修身确实足够了。

国术不是非练全了不可的，把一个门派的功夫学全，人一生可能未必能做到。有些内家支系众多、派别林立、各有所长，多年的传承已经使功夫和套路浩若烟海了。

当年在海河之畔曾亲眼目睹一次试手，一老者将一壮汉掀翻在地。壮汉以右直拳出手一击，老者右手钻拳上迎，接手时候身已经到了，钻拳向上一挑，左掌劈拳已经到了壮汉的腋窝，轻轻一击，壮汉已支持不住退步连连，此乃钻劈之妙用也。

学习内家不见得要精通一派所有的拳法，一路简单的钻劈练出了东西照样赢人。这是学内家拳的第一个误区。

劈拳是练肺的没错，正如中医，劈钻其实不仅仅是练肺啊，其实身体全锻炼到了这才是功夫。

你往那一蹲不是个猴相吗？

劈拳不练腿功吗？

劈钻练通了，有了横不就是熊形吗？

劈掌的时候力透甲骨啊，有了功夫不就出了鹰形！劈拳的转身难道不通龙形吗？

腿没抬不代表拳意没有啊。

有了这些，东西自然就通了。鹰熊合演功夫练到这，才叫“与道合真”。练到这个时候，五行及十二大形象可以互通有无。

形可以化势，

势可以破形。

功夫练到这一步就不再学拳了，也不爱听人家讲“拆招破手”了。

因为在他面前已经没有固定的东西了，敌势凶猛，小退半步，全化解了，凭他折腾去，等他一口气的间歇，一个虎跳涧就上去了。

下一个呢！就是内家功夫是阴阳学说，有练有养啊！

现在功夫三大来源——和尚、道士、军队，好多东西都是这么传承下来的。

比如你学了佛家的功夫，我的功夫怎么就赶不上那些高僧大德呢？怎么练也赶不上，为什么呢？

首先啊，人家和尚没老婆，“色戒”，你行吗？

和尚吃素，你行吗？

和尚打坐，你行吗？

你在社会上啊，晚上宵夜到半夜，半瓶白酒、八瓶啤酒外带夜里唱歌折腾到天明。你虽然练功夫而且很刻苦，但是不知

道保养自己的身体，白天练完了，晚上去折腾，功夫不能有长进啊。三餐节制、生活规律，出家人的生活是这样的。练功要知道保养自己。

第三个误区就是傻练。

练有百种门道，这些我就不说了。练完功要恢复身体，比如说你花了一个小时去练功，最少要花前十分钟做抻筋开肩等准备运动，身体活动开了，身体微微发热的时候再开始打拳。最后留十分钟放松，慢慢走动、慢慢恢复身体的状态，活动筋骨肌肉，使它慢慢进入放松状态。

练拳是个艰苦的过程，一日不练十日空。我们尽量不要练到你的“潜意识”都不想再练下去的时候。就是你的潜意识对你说：累死我了，明天要睡个懒觉或者明天可不练了。这样偶尔一次没关系，长了对身体也不好。

练拳练到什么程度为好呢？练到“意犹未尽”的时候为最妙！这样给练拳留下了一个美好的感觉，我们留下这最后的一招半式不练，意犹未尽的时候停下来，保证你明天早早地起来练拳。

有的弟子问我这拳怎么用啊？我一般不回答这些问题。

有些人反映：有的招式不管用啊！我和人动手输了。我从厨房操了把菜刀给他说：拿着这把菜刀，你再和那个对手打一架，你会输吗？他回答说，不会啊！

我问他为什么？他说我手里有刀啊。

我再问他，有刀为什么就不会输？他回答说，刀好用啊，手里有兵刃心里有底啊！

我问他，如果你的双手练成“手刀”，两把“手刀”你还会输吗？他说不会、保证不会。

我说他，你没把自己的手练成“刀”啊，如果你的手能轻

易在移动中劈开3块红砖，手练得比这把菜刀的杀伤力还大，凭你现在的功夫你还会输吗？他脸红了……

和人动手，你只练过几路拳法而已，你的手根本没“操练过”，手上没有功夫，纵有仙招也不足仗恃。

当年八极有个名人，练掌的时候，五步之外的窗户纸“沙沙”作响，那手劈在人身上就是“斧劈”，甚至比斧子的打击力度还大。有了这个功夫，什么招到他手里都好使。

练拳不练功，

到老梦是空。

练拳不练腿，

到老瞎胡鬼。

这些都是武学的至理名言。

你会拳，不代表你懂功夫。

你会拳，也不能说明你是个武者，拳功兼备才当得个“武”字。

这还只是个“武”字，还谈不到“术”！

武术太高深了，我到今天也不懂，不是谦虚，是说真话。

各位有兴趣查查古代的《武备志》什么的，看看明朝、大清那些政府当年对武举人的要求是什么？

考武举人要具备什么条件？那些我们十个人有九个是做不到的。

不要妄谈“武”字，要谦虚。

既然我们连武举人的基本条件都做不到，还是老老实实地练功吧。别学个三招两式动不动就出去访友，动则找人家比试，打赢了还好说，真遇到不世出的高手，给你身上添点暗伤，这辈子武功就停滞了，也许还坏了身体。

说句不客气的话，我前文提到过，当年在街上卖艺的人用手背砸开个鹅卵石都跟玩一样，天下英雄多的是啊！江湖的水很深，不要轻易地涉险。

内家拳是不好练的，没师父教可以先练点好学的东西。真练进去了，天下武功到了高深处都有相通，也就不神秘了。

我今日说了些练拳的误区，很多都是“惊醒之言”！

武林深不可测。

国术也是深不可测。

我自小怀着敬畏之心。

望读此文章，正面理解我之话语，说到今天，我能写出的文字，无一字不真，无一字不实在也。言尽于此，诸君自悟，改日再续吧！

43. 马上封“猴”

这是当年练拳的一件往事。

这件事情与马形和猴形有关，今天对这件事情做个回忆，也算对马形拳和猴形拳做个补充。马形拳并不好练，我那时练了一段时间，总也找不到马那种“沙场百战抖威风”的感觉，父亲也总说，这马形里边差个“抖”字。

首先马形的拧裹出拳和崩拳的区别很大，按照马形的理论，这是把马腿上的“崩踹”劲力化在了习武者的手上。用手去模仿马腿的发力方式，当然不会这么简单。

为了体悟这个劲力，我开始把双马形的定势当成桩法，去慢慢地体味这个马形的“崩踹”劲。在这个时候，父亲教了一个方法。

把两块砖头平贴在墙壁上，用双拳抵住这两块砖头，使它固定在墙壁上，然后用双马形的姿势去体味后腰向前送的劲力，这个方法相当的好，很快就能找到自己的腰劲。

你只凭着胳膊的力量是坚持不了多久的，为了做得更久，在这个定势中，你会慢慢地把自己的劲力退到根节，最后退到腰上。

如果初学你是手掌发力的话，你会慢慢地把力量转移到肘部，再转移到肩膀。接下来你会慢慢地把全身的力量沉到后腰上，借助后腰的“挺力”维持这个桩法的稳固。经过一段时间的练习，马形大有长进。这个长进是当年的自己与自己相比的结果。这时候重新开始练马形的时候，觉得脚底下轻灵稳固，有“土中行犁”的感觉。

在一天晚上，我和父亲练拳的时候，父亲给了我一块小手绢，并告知了用法。我把小手绢攥成一团，握在手心打拳。突然觉得出拳时，两只手的力量变得大不一样。

握着手绢的拳头打出的劲力陈实凶猛，与另一只空手握拳的手有了较大的差别。我感到很奇怪，为什么手心握着东西，打出的劲力就会有变化呢？为了解开上述的问题，我做了很多试验，最后证明，只要手心握着东西，打出来拳的劲力就会变大。我用核桃、纸张，甚至小孩玩的弹球都做过实验，证实了这个说法是正确的。只要手中握着的东西不是太大影响握拳的话，手心握着东西确实能提高打击力度。

这就是“空”与“不空”的区别，这件小小的事情里边含着武学的大道理。

一个不练武术的人握拳，其实很难握得很实。拳的中间是空的，就是这一点的缝隙，也会影响到身体的整体发力。一个握拳很好的练武的人，如果在手心握着一团餐巾纸，也能帮助他增加出拳打击的力度。

从马形拳开始，我重新认识了形意拳门握拳和手型的重要，这一点点的缝隙就造成了打击力量大幅度的下降，这是我从来没有想到的事情。

“如人在荆棘林，不动即刺不伤。”这是佛经中的句子，我先借用一下。如果在荆棘林中我们动起来呢？

那就会刺伤。

一次偶然的机会，我和父亲练拳的时候，在一种针叶松树的旁边，父亲让我冲着松树的松针练了几下。我打了几下马

形，尖锐的松针刺激了拳头，这种微微的疼痛使我全身猛地“警醒”兴奋起来，一种与平时练拳截然不同的感觉油然而生。一种兴奋的感觉，仿佛一股微冷的气息从命门附近升起，自后背沿脊柱上升。“沙场百战抖威风”这句话，终于让我悟到了一丝感觉。

感谢那时候年轻，能一心一意地学点什么。也感谢那棵松树，没有那些松针的刺激，我也许至今还不能领悟到“警醒”和“精神抖擞”真切的含义。

精神抖擞、无中生有、龙虎交泰、怒发冲冠、警醒……许多类似的词语，我觉得最早都是练武的人创造并说出来的，不练武功的人，身体没有这么敏感，是创造不出这些词汇的，也永远不会真正理解这些词语的内涵。在古代，也许只有和尚、道士、军队等那些专业人士才能“真明白”。

马形练功力，猴形练奇巧。

这两个形象结合起来，我家用了一个词“马上封猴”。

在《西游记》中，唐僧的白马最后是“八部天龙”，孙悟空是“斗战胜佛”，这点大家都知道，我说点大家都不知道的。

《西游记》也不是那么简单的书。

鸿蒙初开原无性，打破顽空须悟空！

唐僧取经第一关就是出了大唐国遇到老虎，在内家武术第一关就是心肾相交、龙交虎汇。

古人认为天与地距离八万四千里，人的“心”与“肾”对应天地，距离八寸四分，心肾相交而四象和合。

唐僧第一关就遇到猛虎，那是含有“深”意的。

那是用外在的“假虎”，暗示内气运行的“真虎”！

此之谓“借假修真”是也！

什么叫“斜月三星洞”？

哪里是“灵台方寸山”?

没有“道心”看不得西游，也悟不得形意！别看轻了西游，也别看轻了形意！回到这篇文章，也别看轻了“马上封猴”这几个字。

这两个形象，我们交叉体悟、慢慢地练习，经过一段时间的磨合，诸君定会有所得。

马形的“实拳”和猴形的“空掌”之间的变化，“功力”和“奇巧”的不断转换，能使人在练拳的时候很快地提高。

大拙与大巧！

如果说马形的功力为“拙”，那么猴形就是“巧”。

勤能补拙、巧能胜拙，但大巧能否胜大拙?

诸君当在此处加意习练，以期大成也！

在古代，人与自然有万般之巧，天底下珍禽异兽如此之多，老祖宗编排这许多形象的时候，就挑出了这 12 个，心意拳是十大真形，形意拳是十二形象，如果里边没有万般之“巧”，绝难被老祖宗纳入其中。

《西游记》流传了千百年，拍成了无数版本的电影、电视、动画，说实在话我到今天没有看懂，那里边有很深很深的道理。形意拳我很小的时候就练，到了今天还是觉得“形意如海”。每一个式子拿出来咀嚼，都有无穷的滋味。

国术不是快餐。国术是满汉全席。既然如此，我们就要锻炼我们的大脑、身体，锻炼我们的舌尖，因为国术需要“品味”。

洋术是养着金鱼的鱼缸，风景我们一眼就可以看透。国术是深邃且广阔无边的大海。今人都在“洋术鱼缸”面前观赏徘徊。他们忘记了波澜壮阔的国术之海，那才是天地间最真实、最壮观、最美丽的世间风景……

44. 游鼍戏水　与道合真

翻江倒海胜蛟龙，
两臂拨转在腰功。
浮水轻游曲折进，
两手连环胯须冲。

本章节的开篇与众不同，和说相声的一样先来几句《定场诗》。这诗不是白作的，有前辈高人的血汗。

这个鼍相传为龙生九子之一，有翻江倒海之力、追波逐浪之能。又有说其外形近似扬子鳄。鼍形拳不可小视，内藏真精神。鼍龙看似笨拙，实乃轻灵无比。

脚下七星步为武者必练之步伐。

老一辈的拳师父讲“王八拳、打死人”，意思是说越是不起眼的、笨拙的东西，实战的时候越能发挥意想不到的威力。

有的弟子问，看鼍形的手法和太极拳的抱球相似啊？其实其形略似，巧妙大有不同。

今日说话轻狂，“其实天下武学，没有不练这个式子的”！只不过各村有各村的高招罢了。少林、武当，内家、外家，天下门派只要提到“武”字，没有不练“手”和“前臂”的。拨、转、划、拿，欺身而进，脚踏七星。这个七星步其实说起来很简单，并不如侠客小说中神奇。

不踏中门而从左右两侧进步的打法，我们都叫七星步，就这么简单。

这个进法的奥妙之处，在于避开了敌人的正面攻击，从侧门抢进，容易形成“单臂克双动”的打斗局面。制造有利的战机，把握格斗的胜利。

人的身体就是这么长的，没什么神奇之处，你站在敌人的一侧，敌人想两只手打你是不容易的，这是肩膀的宽度造成的。

而且人是一个有机的整体，在近距离格斗中“牵一发而动全身”。人身体的各个部位会互相影响，你可以抓着敌人的左手，去影响他的右手。这些都是“游鼍戏水”的奥妙。

形意拳门的鼍形有个奥妙，那就是“八字鼍形掌”。

这个掌法在形意拳中比较特殊。就是手大拇指和食指伸直些，其余的手指紧握做成个“八”字。

这样练习可以很快地挑起你手臂的大筋，使筋肉得到特殊的锻炼。

鼍形掌兼有点穴、打穴之妙，分筋错骨之能，刁、扣、锁、拿之式，这个需要长时间的锻炼。

在初学的时候，先做定步的姿势，两手做鼍形掌式划半圆，身形可以微微上下调整。在调整的过程中，最需要注意的是：高不能站直，站直不是武术，最低不能影响尾闾的“竖直”及“提肛之力”。

许多电影中的武功，为了追求视觉效果，把桩扎得很低，按照内家拳而论，那都是不对的，“两股肉交”“提肛”之力就没有了。上下不能有机地结合，桩再低也没用，那是虚耗体力，不是长功夫。

初学不可贪多，不可图快，内家形意尤其如此。其实练拳初学最最重要的是什么？

就是姿势标准。

你看当年电视机、收音机的天线，它的道理和练拳是一样的，天线位置差一点，接收效果就不好，也可能接收的就不是那个频道了。我们习武的姿势和天线的道理一样，略有偏差也许适得其反呢，初学者切记、切记！

这个划圆要划多久呢？

我从练拳到今天一直在划。

也就是说，鼍形的东西一直在练。

你划第一个圆和第一万个圆那是不一样的。这个境界和十万个圆比起来那还是差得远远的。练到什么时候为止呢？

练到你前臂的汗毛有感觉的时候，有技击的感觉、自然的技击反应的时候，就算有那么点意思了。

老一辈的拳师都说：“桩站出来了，小腿的汗毛都是有感觉的，汗毛都是站着的。”那是武学的精华之谈。

手臂的汗毛要练出来，在形意拳里我们主要依靠鼍形去练习。这是形意拳门的不传之秘。如果你看了这篇文章，说我不练，那也没关系，请你不要到处散布文章的内容。

诗向会人吟！

不想学的人还是让他蒙在鼓里吧。

功夫练到汗毛上，其他的筋骨皮肉就不用考虑了，肯定全部到位，肯定全部在最佳的技击状态。这就是老谱上说的“毛发随微、催敌不难”。

“筋骨要松、皮毛要攻。”形意拳门的歌诀写的东西，都是实实在在能做到的。你练不到，不代表我们的老祖宗做不到。

再说说这个划圆吧，我认为这个太重要了，包含着阴阳螺旋等的变化。划圆我们可以从小到大去划，可以从大到小去划，身形可以大动可以微动，不是从左划到右，是从左边变化到右边。

其实左右手的变化，就是太极图旋转变化之形象，就是阴阳鱼的变化。且这个图像不是平面，而是立体的空间。

慢慢地去做，按照自己练拳的心情去做，无所谓快慢，无所谓高低，一百个敌人，一百个高矮，一百个出手的习惯。没有高低，也没有快慢，只要敌人的拳脚进了你的“阴阳鱼”的空间，那么就该用那句广告词来破解——“心随我动、大洋摩托”。

“天下没有化不开的手，只有练不到的功夫!”这是我的老师最常用的语言。“圆”划到了一定的极限，那么“直”就产生了。

弓背走完了，必然是弓弦。这个东西其实也同太极拳的至理。为什么敢这么说?

“搬、拦、捶”啊!

“搬”是“圆”啊，“拦”其实也是“圆”啊，“捶”是“直”啊!搬拦过后必然是一捶。天地化生而出的一拳。

鼍形里也藏着肘、拳之变。其实武功到了高处是可以互通的，对初学来说，分歧是很大的。初学不宜兼练多门，你自己没练就先乱了。

太极拳推手，本身就是师兄弟“摸手找劲”玩玩的伎俩，现在被当成最高武学。推手解决不了的问题，还得靠“捶”，靠搬拦捶、撇身捶，说白了还得靠“打”……在战场上敌人都是打死的，没有推手推死的。

总练这些，就会练成中国足球，缺少临门一脚的必杀技了。

鼍形有万般之巧，不练也是枉然。鼍龙如海中之灵兽，等有缘之人驾驭。鼍龙入水，天下何人可挡其锋!

45．形意拳门开肋之法

近期不少友人要我讲讲形意拳门的内功，其实形意拳本身就是内功。

五行十二大形象莫不如是，要不怎么叫内家拳呢？

形意拳在数百年的传承当中，形成了不少本身独特的练法，可以加快武功的功力修为。形意拳门在百年前，有一个光辉的行业就是保镖业。这个行业可以说是武者当年不错的选择。

首先走镖就是对武学的检验，江湖经验的积累也是必须的。最主要的是因为“镖业”的高风险，能造就武人的气魄和胆量，使武人时时刻刻处在警醒当中，不敢贪酒、不敢好色、不敢放下自己的功夫，时间长了武功自然精进。

在冷兵器时代，武者走进镖局是很好的选择。习武然后考上武状元的，必然是极少数，领兵打仗干本行的更是少中之少。武者走进镖局，是武术的重要传承方式。

内家拳门留下不少极为精妙的刀伤药的配方、跌打酒的验方，及内功外功训练的一些极为特殊有效的方法。这是这一门派最重要的传承，也可以说是不传之秘也。

因为它高效、简洁，这是被镖局行业的血腥逼出来的，不这样不能生存。我这就保留着这些传承，有机会我会慢慢地把这些东西整理出来。

练武要实事求是地练，天底下谁也不能保证，你自己的姿势就是百分百正确的。我们练拳只能越来越接近拳术的真理。达摩祖师当年也不敢说，我就是真理。

既然我们练拳的姿势不能百分百正确，就说明我们的身体有练不到的地方，还存在打不开的经络穴道等。在我的传承中，有许多东西是弥补这个漏洞的东西。下面我说的开肋之法就是这样的一些小功法。

当年我们听评书，《隋唐演义》中李元霸天生神力无穷，书中介绍，他的肋条是“板肋”、是块平板，不是像我们一样，“肋排”型的，一根一根的。书虽然是演绎，但是肋条对内家是有很大的作用，这点没说错。我们重要的内脏器官，都在肋条的保护之下，肋条健壮了，别说打人了，自己对自己内脏的保护程度肯定增加。

我们用手指摸自己的肋条缝隙，慢慢地滑动，你会觉得非常的难受，一种血脉中的“酸痒难耐”。这时候要坚持，你不坚持就永远过不了这一关。

我当年过这个关的时候，只想出去打拳，打拳累但是比这个好受多了。要循序渐进慢慢地适应，因为从你生下来到今天，从来没有刺激过这个地方，打拳虽然对开肋有帮助，但是不如这样做彻底。最少也要半个月，甚至一个月才能适应，这时候才只是刚刚起步。在初练这个的时候，可以配合自我按摩。用手去摩擦肋条，从轻到重一点点地来。

过了这一关就可以用指节了。练武都是要一关一关地过，谁也逃脱不了的。注意那可是自己的肋条，不是别人的。注意剪指甲，不要伤到自己的皮肤。皮肤伤了影响练功，也影响美观。

在北方我们经常吃面食，擀面杖是居家必备的对象，这个

对象不是只能擀面条，还能擀人呢。包饺子用的擀面杖就行，我们用它擀自己的肋骨。这是很好的方法。就是用擀面杖慢慢地去搓，很难受，痛并快乐着！

站在地上，两脚并拢，身体站直。我们用中指顺着自己的裤线慢慢地往下找，注意身体不要前仰后合，另一只手举过头顶，增加点难度。慢慢地去体悟身体肋骨的开合与抻拔。

慢慢来，你从小到大没受过这个，千万别抻坏了自己，要循序渐进。

武功啊，和烤全羊一样，文火慢练、与道合真、快不如慢。

外边糊了，里边还没熟，不算功夫，把自己练岔道上去了。这些功夫要搭配着练，慢慢地适应，慢慢地提高。

豆芽菜还需要 7 天的生长期呢，你的功夫不会快过豆芽的。看看老电影《红岩》吧，看看江姐的毅力，学武功不是那么简单的，没有点毅力，三体式你就过不去。

有时候我个人觉得老辈子的武师，入门先站三年桩是太正确不过的了。没有这个毅力的人，是不会有大成就的。既能考验人的心性、品德、性格、忍受力，还能实打实地增进你的功夫。

你的忍受程度、坚忍程度，基本上等于你今后的成就。

经过一段时间的练习，你的肋骨及缝隙会有很大的提高。多转腰，转如轮，多伸展，多做刺激肋骨的活动。相信这些东西各个门派都有，就不在这浪费笔墨了。

适当地配合一点外用的药物也是不错的，我当年就用过这些，不过我用的是中药。最后我们用筷子来试试，用筷子来刺激刺激它，帮助肋骨成长发育。我觉得这些东西，合到自己的武学上该是很有帮助的。

内家拳门不会在马路上练的，在马路上练的都是玩的东西，一般的演法而已。真正的传承该是很核心的传授。我自小就没见过在马路上打很隐秘的套路的人，也没见过各个支派将这些密练的办法搬在大街上去演示。也许我孤陋寡闻，但确实没见过。

欣闻近期许多网友自学形意拳，我真的赞叹各位的毅力。

我还想说句真话：找个师父吧。

武学不是那么简单的，张三丰祖师会录光盘吗？许多东西是口传心授的。

根据弟子的修为，说他能听懂的话。

你如果写书的话，会把你家的银行密码写进去吗？

武学到了高深之处，语言就显得苍白了。你看形意拳门从乾隆十五年的心意拳谱到今天的武术杂志，哪个写过“虎豹雷音”？许多东西是不能写的。你不会写我也不会写。

初学武功的人就如同婴儿，什么也不懂，需要老师的帮助才能成就你的武功，没人帮你，你自己学说话、学吃饭、学长大，那是要费多大的劲啊？

我不承认武术存在偷学，除非两人功力相等。

架势可以偷，心法怎么偷呢？

老老实实地找个明师认真地练习，才是最可行的道路。除非你是天生的一代宗师，除此真的很难成就，一个不认字的婴儿自学，20 岁考上清华大学太不容易了，如果你找个明师，凭你的努力，可能 8 岁就考上了，那得省多大的劲？

我个人性格使然，虽然真话可能有些人不爱听，但还是要有人站出来说，“武道乃至真之道”，来不得半点虚假。

今天主要说说形意拳门的开肋之法。这些东西和家中长辈得到镖行同门的传授有关。我对当年前辈们抛头颅洒热血、豪气江湖的人生不胜感叹！

一样的武林，

一样的热血江湖。

俱往矣、数风流人物，还看今朝！

46. 练拳即修身

练功、练拳、练形意拳，为什么到了一定程度不涨功夫了？感觉自己停滞很久没有突破性的进展了？那么我们就该坐下来反思自己，这个反思不只是局限于形意拳之中，在形意拳之外、生活之中也可以找到点启示。

许多高手号称他的功夫是少林、是武当，是真传的拳派、真传的武功。但是你想想，你为什么练不到祖师爷的境界呢？

外部环境是一个方面，自己的内心世界又是一个方面。现代社会物欲横流，纸醉金迷，人很难静下心来学点什么，武者只有把握自己的内心才能略有成就。成就一个人的武功，不是只在练的过程中，这只是事物的一半而已，成就武功的另一半是“养”。“养为练、练为战”，这才是事物完整的圆。

你练了佛道两家的武功，消耗了体力，可是你没按照佛道两家的要求去生活。

武道可通天道，这个可能很难理解，那么我们换一句简单的，武道能通医道，这总可以了吧。

其实这些，老谱中都是有的，只是没人解释，看看也就过去了。武功是需要内养的，谱云“养功养道见天真，丹田养就长命宝，万两黄金不与人”！

和尚是打坐的，和尚是吃素的。和尚、道家都是不生气的，都是以慈悲为怀的，这些你做到了没有？

这些都是养生啊！

我们不说那些高深的佛道之学，只说“养生养命”之处。武术与中医那是很久很久之前就结合在一起了。

“武医结合，养练兼备”才是高手，你是再高的高手，如果只会战，不会调养自己的身体，你也蹦达不了几年的。

当年形意拳门孙禄堂与日本高手对战，我没记错的话该是62岁，这个岁数上台打擂不单单是功夫了，没有很好的调身调心的养练之术，一般人是绝对做不到的。形意拳门在多年的传承之中慢慢地也传下了这些拳外的生活小节，其实这也是练功的一部分。

如果你在练拳之中不再有进步，在拳里又找不出来，那么就在生活中去找找看吧。改掉你自身许多不适合练拳、不适合技击的毛病，改掉自己不良的生活恶习，这些都是对你的功力增长至关重要的环节。

练拳很幸苦，回家不睡觉，游戏打通宵，第二天继续练拳。这样怎么能提高功夫呢？用天津的土话来说：“哥们，那不是作死嘛！”这个“养”字根本没有体现。

牙为骨梢，牙要常叩，牙要经常地叩动敲击。现在的广告都懂武功、懂内养之术了。不信我举个例子，“牙好，胃口就好，身体倍棒，吃嘛嘛香！”话糙理不糙，保护好自己的牙齿，就是保护自己的身体、自己的胃。

眼要常转。眼睛要经常地锻炼。上战场没有好眼神哪行，碰到敌人以为电线杆子呢，那上前线得多高的死亡率。

晚上睡不着，微闭眼睛，让眼球四下转动，以锻炼眼睛。打崩拳的时候“拧目竖项”，以伸展肝气。没事揪揪自己的耳朵，现在医学证明，耳朵上有二十多个穴位呢，刺激它就可以保养肾脏。

舌头经常在口腔里打转，那口水都是香甜的，道家叫“金津玉液”，这个漱口水是不能吐的，它能滋养五脏。

百会穴就藏在你的头发里，“发要常梳，面要常摩”，上战场不就是个耳聪目敏嘛。这相当于提高你狙击步枪瞄准镜的精确度啊！这些小小的功法不只是武功，中医里边都有。“练养结合”才是最最正确的习武之道。

手指要经常地掐揉，这些都是养身之道。

肩要常转，总不转会生“锈”的。

胸要经常地开合，和虎豹一样，身体无论哪有不够灵巧的地方也跑不出全速，更别说格斗了。

腹部要揉，要深吸气，要凹凸，锻炼这些对身体有莫大的好处。

肛要常提，腿要常踢，脚要常烫。

常“揉”活血化淤，消肿止痛，可以适当地采用些中成药进行辅助练功。

在《水浒传》这部书中，最经典的是“打熬筋骨”这个词。筋骨必须要“打熬”才行。可惜现在的人很少有人说这些、懂这些了。

武人的身体是很宝贵的，练武功的过程其实就是净口修身的过程。真正的高手不会轻易地出手，不会任意而为，对自己的心性能有很好的把握。说白了练成高手，首先要有超人的毅力，还要放下自己很多的爱好去争取时间，还要改掉自己很多的恶习。晚上不睡、早晨不起、喝酒没够、泡妞没数、麻将通宵、唱歌天明这样的人能成高手，打死我也不信！

他练的那点功夫，还不够弥补自己恶习造成的亏耗。

练武是最文明的。我小时候在师父家是不许穿背心的，这些慢慢地都成习惯了，其实武也是内心的文明。

现在许多的功夫都是佛道两家传下来的，本身就含着佛道两家的生活和调养之术在里边，武者和中医的正骨、按摩、针灸等都是不分的。

武学和中医的有效结合，是洋术根本难望项背的。

这是中华国术的最大优势，不懂这些，武功就是个半吊子而已。

地球人都知道佛道两家是修心的法门，对武功来讲，这些也是宝贵的资源。练武功，尤其是内家，讲究温文尔雅，练拳不温不火，别说功夫，先说个“意正”。打拳，内家最忌讳在拳里练出狠意、练出虐气，那就走偏了，佛道两家的静心之术正好可以派上用场……

这个章节说了很多，其实各家都有自己奥妙的练功小术。我只不过没送你珍珠，我把这些散乱的小术，穿成项链送给你罢了。

这些小术我在这个里边只讲这一次，以后就不提这些了。虽然不提，这些可是占武功的一半。现在你打开网络，近似的这些练习之术有的是，我就不再浪费笔墨了。

最后再说一个重要的环节，那就是睡觉了。这个睡觉占人的一生的三分之一，睡觉也能出功夫，那就看你怎么睡了。睡前睡后做些小伸展、小运动，都是对习武有帮助的。这些都是八万四千法门的东西，自己去体会吧，看我的东西，脑袋思维要跟上，不能懒惰。

我能给你穿衣服，你总要自己先站起来才行，修行靠个人啊。

这个我就不再讲下去了，还是放到网上让大众评说阅读吧。今天我也讲，讲这个“缘”字。

47. 游鼍化险　谁与争锋

最近不少好学者要求再说说鼍形，其实内家拳是需要玩味的艺术。我个人全都道出，如竹筒倒豆子一般，对我而言不过是重复自己所学而已，然诸君却少了机锋，少了禅意，少了抽丝剥茧、逐步接近真理的乐趣。

内家拳其实哪个老师也不会讲成白开水的，那是没有趣的老师。好的师父总是逐步引导你，让你自己一步步地成长，最终达到自己体悟真理的顶端，那是自己的境界，是别人夺不去的，是对武学真理的体悟和认识。

练习鼍形不能前紧后松，为什么这么说呢？鼍形有个与众不同的七星步。

初学鼍形的时候，对这个步伐会很困惑，天长日久慢慢地就有了体悟，也就不觉得上手难了。可是这个鼍形练完了一趟，打到尽头不是回头再走一遍，而是退步，一步步地再退回来，也就是倒踩七星步。

这个比较少见，在十二形象里独树一帜。这就是游鼍化险了。

其实进退鼍形都有，进退打法初学不要深究，有时候内家拳和年龄是一样的道理，你越追求越找不到，你放松也许突然就明白了，和年龄一样，学的时间一到自可得也。

身体不是从左转到右边，也不是从右转到左边。

而是“化转打拳”，和兵法一样，计谋施运化，霹雳走精

神，“化”和“转”藏着形意的无限生机。我们来看看鼍龙之术的内涵。

翻江倒海胜蛟龙，
两臂拨转在腰功。
浮水轻灵曲折进，
两手连环胯须冲。

翻浪浮水在练习时可以体现。老辈拳师看徒弟做这个式子，那是要求很严格的，为什么？实用啊。手的捉拿、胯的靠打都在里边，我想这个式子还是练下去的好，自然而然打法就出了。

我们练其他功夫的时候，手背的五根筋也是需要涨起的，但是练法不如鼍形明显，“八字鼍形掌”这手上的几根筋都练到了。筋力其实就约等于功力。

内家认为其力在筋，洋术认为功夫在肉。这是根本的认识问题。

我以为天下武学以“国术”为最也。纵观洋术，虽林林总总，然境界断无超越国术者。

国术有中医、中药的陪衬与衬托。许多功夫是离不开中药药物和中医术的支持的。武林传闻的铁砂掌即是如此，无药功的支持，是根本无法成就的。

除此之外还有佛家、道家那些伟大的心法，组成了国术强大的内心世界，也化去了练拳产生的暴虐之气。真正的武者一定是内外兼修、内心强大而不可摧。

且佛、道、儒各家传下的养生之法，也被各个古老的门派收入囊中，成了自己拳法中不可或缺的一部分。

武道乃“练养”结合之道，有中医、中药，佛、道、儒家的立体支撑，这才是国术密不外传的东西。

国术强于洋术，实乃必然也。

洋术纵能杀敌一千，自损八百耳，最高境界——刽子手而已。

如江湖秘传之铁砂掌功，如误伤尚有药物治疗之术，能打还能治疗，可发还可收，如此才是一门完整的武功传承。

如电影中之黄飞鸿，一代宗师自开医馆，“武与医合”，其人对人体经络骨骼之了解，岂是“刽子手武夫”可比。

武道自古至今从未改变，改变的是今天练武的人。

我个人以为，学拳还是要找那些古老的门派。它在数百年的传承中，高手能人辈出，不断地丰富、完善本门、本派的武功。

那些拳法、药物、丸散膏丹、医术、经络之学，不是一天沉淀就能有所出的。那是无数人在艰苦的征战中取得的实战经验，比如形意拳门在镖局传承的刀伤之药、补酒之方，那些都是密中之秘也。非今日三五个人，我们握手成立个门派那么简单。

鼍龙之术我不再多言。姿势正确、呼吸顺畅、不使用浊力，年深日久，诸君定有所得也。

鼍龙有分浪浮水之能，翻江倒海之力。

此拳为肘打。

练手之捉拿，胯之靠打及七星步。

此拳外和内顺，去心之浮火，消积聚饮食，助命门之火，灵通于背，活泼于腰。

满肾水。通全身经络。尽去拙力。

丹田气足，还精补脑，与水合为一气，肝主筋、肾主骨，筋骨转为强，易拙力为轻灵。

得鼍龙之秘术可小天下耳!

48. 欺斗之勇　啄粟之巧

形意拳门有个说道，“把把不离鹰捉，步步不离鸡腿”，鸡形内藏“羽化神通”。练这个形象不必操之过急，先养一窝小鸡看看。在人间龙是见首不见尾之物，不可得见，然雄鸡可见矣。

习练武功首要为智慧也，其次才是精熟。

此形在格斗中，非危及生命时不可轻出。鸡形四把中蕴藏的打法都比较凶狠，伤敌颇重，不可因“无聊是非”轻易出手也。

鸡形的起势就有很多，各支派的传承在鸡形上有很大的分别。有的支系起手就是“撩阴”，打法很是明显，然后才是“攒步”上手。

我的传授抛弃了这些，起手就是鸡形的窜步打，不起撩阴手，这个手是暗藏着的。鸡形的“窜打”是很有特点的。

鸡有独立功，
窜步用脚蹬。
二龙飞戏珠，
膝打人不明。

这首鸡形歌诀说得其实很明白了。鸡有独立之功，这个在

形意拳里是有明显体现的。

“金鸡独立”在许多门派的武功当中都有它的影子，但许多门派都是用这个名而已，其实并不神似的。

鸡在独立之际，两个脚爪是互相依靠的，鸡在独立之功上能做到什么程度呢？我告诉你我对此物的观察所得：鸡是可以独立闭眼睡觉的，我辈很难练到这个程度的。鸡有五大神功。第一，是独立之功。第二，就是欺斗之勇。斗鸡在战场上，虽皮破血流依旧欺斗不休，此为“血勇”是也。第三，是啄粟之巧。鸡的嘴那是相当的厉害，米撒在地上，鸡嘴对其打击那是相当的精确。

形意拳有个六方的说法，我们把它和鸡的“啄粟”连起来看，工、顺、勇、疾、狠、真，这是六字拳诀。

工者巧妙，顺者自然，勇者果决，疾者紧快，狠者动不容情，真者发而必中。

练形意拳的不能不知道这些。这些诀窍在鸡形里都有，由此可见，鸡形在形意拳中的特殊位置了。

第四，鸡在找到食物之后不是单独吞吃，而是呼朋引伴共同享受美食。因此古代称鸡为“仁义之禽”，在拳中表现为“正意”也。

第五，司晨报晓之功。这个式子在鸡形中体现的是“金鸡上架”与“金鸡报晓”是也。那是“要命”的打法，鸡形不可轻出，出必伤人也。

鸡形出式的这个窜步，其实也离不开劈拳；两手的“窜打”轻灵稳重兼得，其实不该更离不开劈拳，因此这个鸡形的出式动作如果不“真”，还是从劈拳上去找。

劈拳练到高深之处，那就不是一劈了，而是鲁班大师两手做斧，循环往复而劈之，这个一般人是学不到的，这是所谓的

“连环劈”是也。那才是标准的用法。

许多人是练不到这一步的，因为如果练不到“摘肩膀”的形意劈劲，“强练”打法是会对后脑有震击的。练之伤身！不是师父藏私货，而是你身体的条件达不到。

形意拳诀曰：“要想长生不老，就得还精补脑！”这个脑其实指的就是后脑。这个“后脑”在武术甚至在道家，都是非常重要的。现在的搏击对后脑也是很重视，那就是不准“击打后脑”。其实后脑在修道中也是绝对有意义的。这就不是现代搏击能看透的东西了。

“窜步”之后就是一“顿”，紧接着就是“金鸡食米”了。外家拳叫“黑虎掏心”，就是打心窝的一个“摞手崩”。

左手做掌按扶在右手腕部，这个左手是候补的，就是崩拳之后，还要补充打一掌的。

然后翻身做个“金鸡抖翎”。这个各家的差距就大了，有的是“鸡掉腚”使劲向后坐，有的是原地转身切掌。

各家虽然在姿势上区别很大，但是在内在的要求上可是高度地统一，那就是这个式子是要求整劲的，全身启动，全身发力。

下面就是“金鸡上架”了。“金鸡上架”就是上手一劈，底下藏着一“膝”，手上的劈掌也是整力，身形一动意为先，最后再做那个“金鸡报晓”，也就是个“挑”打。这个“挑”的力比较奇妙，我的经验是——这个只限于我个人，你可以和以后的“蛇形”那个“挑”做比较着练，比较容易体悟那个力道。

当然如果你有老师，那么你就老老实实地照你老师的办法去练习。

这些东西还是自己去体悟比较好，都说出来就没意思了。

鸡形的进步，藏着“二龙戏珠”，那是取敌人眼睛重创面部的姿势，这个的基本功我在前面已经说过了。就是练“手插画”的方法，手上没有功，你的力量达不到指尖，是起不了什么作用的。

这个动作最最要注意的是，别捅不着敌人，反而把你的手指撅折了，那就得不偿失了。

这个手啊，要是用“戏珠”就得紧靠“并拢”，别把手指头“别断”了。具体怎么练，自己想想吧。

这个鸡形四把，我讲得不是很细致，因为在网络视频里有很多，我没必要写得这么细致。没见过的搜下就有了，对照着一看就明白。

“鸡形四把”其实不能涵盖鸡形的全部打法，当年父亲传我的鸡形还有“膀打”，这是我这支独有的东西。一是练力，把“浊力”换成“轻灵”的“羽劲”；一个是体会鸡形的“进步”，雄鸡“进步飞追”的时候，是用翅膀扇风的，这样可使脚底轻灵加快速度。二是能保持平衡，使进步紧快如风。

这时候鸡是“用头领身”在“进步”。头为一身之主，这个形要多看，慢慢地体悟其深邃的内涵。

鸡在群斗之中是怎样转身的？鸡的头部是怎样躲闪的？在争斗中又是怎样怒发冲冠的？

有时候看看《动物世界》、遛遛动物园，比自己傻练强得多，万物皆有可取之势也。

下篇再说鸡形内在的东西，今天先简要地说个形吧。

雄鸡一唱天下白。雄鸡实为凤种，内藏羽化神通，诸君不可小视，当勤加习练以求“通悟”也！

49. 拳剑江湖

记忆闸门慢慢地开启，多年前的往事不期而至。而今物是人非，当年的那些高手，汝今尚在否？不由唏嘘感叹岁月无情，人生苦短。幸而有国术让我远离人情世故，在十丈红尘中，虽布衣粗食，然内心充实，人生得一知己尤为快也。拳为知己如影随行，剑为知己琴心剑胆，形意拳学已足慰此生。

四十九章已经写到了金鸡报晓，感觉还是快了、粗了，未能将形意拳门的东西完全用语言表达出来。

传说李洛能祖师教拳，五行六象就毕业了，许多学生是学不完这些十二大形象的。现在各支系传承的完整十二形象，是晚一辈的弟子们在一起促成的。

其实在那个时候，形意拳门各个支系已经有了相互的渗透和融合，为今后形意拳门的广传天下做了铺垫。写这个的目的，不是为了和各个支系抬杠，谁有谁没有，谁和谁学来的，到今天已经没有意义，反正各支系都有了。回忆这个的目的是再一次提醒大家，别贪多，千万从根子上学，叶子摘得越多，品种越丰富，其实你的眼越花，只有从根上找，才能寻得源头，才能有所得也。

形意拳是内家拳门，它有它自己的道理，你明不明白，道理都在那摆着。怎么从根上练呢？

如果没有老师，那么你就要从最喜欢的拳架练下去。比如你喜欢劈拳，那么就无限地去重复它，别贪多别求快，其实你劈拳练通了，别的拳也就明白一半了。

形意拳门的东西是“互为基础”的，练哪个都不算错误。比如《天龙八部》中的大理段家“一阳指”，他一个手指就捅死你了，其余的九个手指不练又如何？其实一根手指练成了，其余九个手指还能难吗？

明白到此我们再逆向思维一下，形意拳中除了你最喜欢的拳，还有你最不喜欢的拳。比如我最讨厌龙形了，我从心里就不打算练。其实你错了，你为什么极端讨厌龙形呢？肯定你身体上有最不符合龙形要求的部位，或者说是最不达标的部位。比如你的腰，没有“竖劲”蹲下起不来，或者脚下没劲“飞腾”不起来。

在周天的“循环贯串”之处，有“拘泥不合”之处，反映到你的大脑中，你的大脑才会排斥、不乐意练习它，这时候你就要坚持练这个形。练着练着突然一通百通，自己觉得有很大的进步了，这时候才能去练别的。你“最喜欢的式子”和“最不喜欢的式子”都是你自己的坎。

为什么说能自练形意拳的人都是了不起的呢？

就是这份“脑子”，这份“主见”，那是一般人学不出来的。有人说是缘分、缘法，我不完全这么看，是这些深邃的道理，没有人系统地告诉你。

在20世纪80年代，那些形意拳的老师都是很有相貌的，那种气质是模仿不出来的。我当年最早的宋老师，红光满面、精神矍铄，一看就知道是个硬棒的老头。练这个功夫的人走路脚尖没有外撇的，都是微微地内扣。走路的时候，小腹微沉给人一种“抱不起来”的感觉，我自己的经验啊，这个样子的十有八九是高手。在外边高手通常不会练习很高深的套路，打拳很慢，都是基础的东西，但明眼人一看就是有功夫。

“行家一伸手，就知有没有”！

在武道上混，该具备这个眼力和分辨的能力。一眼看去就能看个功夫大概。江湖中的许多比试是这么造成的，一方觉得自己的功夫稳稳胜过对方才会要求比试。当然也有走眼的时候，有些人的功夫是渗透入骨髓的，外表看不出什么来，比试的结果就相反了。在武林在江湖中，明知对手比自己高明，还硬要伸手比试的，或者是“寻仇”，或者是“大脑进水”兼而有之。

武者练的是什么？

“武”打开人的大脑，说白了就是找回了一些先天的自己。最要紧的是什么？就是自知之明。

练形意拳自己要知道自己，说得简单，其实真的很难。知“己”才能谈到知“人”。有了“知己知人”的功夫才哪到哪？

什么时候才能练到知“心”呢？未出手而明敌之“态势”呢？

练拳也是如此，脑子练进灵气的人，和你的混沌状态真是“云泥”之别。

我不是夸大其辞。

就说钻拳吧，我举这一个例子。钻拳在实战中，讲究钻即闪、闪即进。闪是动作快，进呢？

有几种进法啊？

你就会一种吧。我要不告诉你，你这辈子也想不出来第二种。为什么呢？

你不摸大枪啊！

你会钻拳，但会钻枪不？

钻枪怎么练？

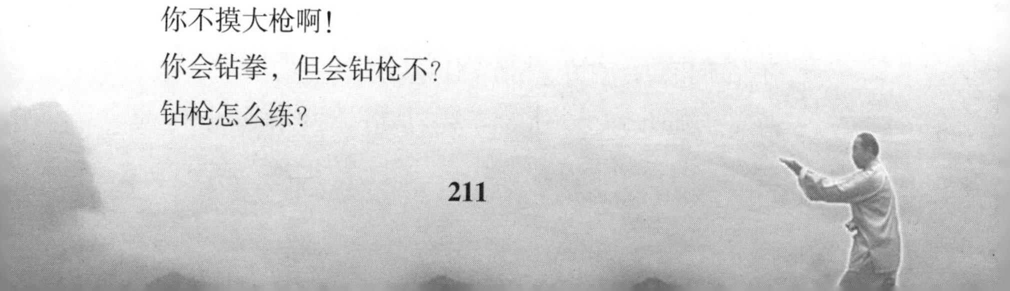

有几种钻法?

现在放下枪用手钻，你能钻出几种呢?

还不会吗?

那就只能花路费来找我了，别说找我，打死我也不说。

形意拳门有刀枪剑棍之妙。如果精于形意拳的人，这四种兵器兼而习之，当四种兵器能“通练”的时候，你会发现你又越过了一座山峰。

五行枪、五行棍、五行剑、五行刀、五行拳，都有互通之处，且各有奥妙不同。一通而百通。五行拳的招，套上刀就是刀，套上剑就是剑。拳与兵器是一样的，会了拳就会了兵刃。

战场上用的都是千锤百炼的招式，一招半式生死立判。哪有功夫让你想那 108 式?

“拳与兵刃同”也，天下武功如此，唯形意一门也。珍之宝之啊……

如果刀、枪、剑、棍各有不同套路招式，拳法又自成体系，请问你什么时候能记下这些套路?

什么时候能精熟?

什么时候能上战场?

你留下这些精力，来深厚自己的功力好不好?

一路拳法有 108 式，你再努力一天练 10 遍，也不过是10次而已。

我的拳只有一招，我每天 10000 遍地重复。

天长日久那差距可就大了。

当你的一式碰上我的一招，在战场上谁活下来的几率大些呢?

不怕千招会，就怕一招精啊!

形意拳练的就是一招精熟之技。所谓“一招鲜吃遍天”也。

云深祖师就是如此，“半步崩拳”打遍天下而已。这路崩拳就是一下。如果这路崩拳有 108 式，还能打遍天下不?

这些都是拳剑江湖中深邃的道理，我今天把它讲述出来。今天是父亲节，我也在回忆我幼年时在父亲面前练武的情景。转眼间青春不再，物是人非，不变的只有那些“深奥”的拳理。在它面前，一切都是浮云耳。

武林其实不是江湖，江湖道不等同于武林道。我今日像《西游记》里的悟空，下山后远离菩提祖师，灵台方寸山、斜月三星洞，远离经历江湖，只身面对、历经坎坷，如今回忆的却是那些下山前的岁月及深厚的师恩。

当年练掌的大树，夏天的阴凉及那树隙上方蓝天中刹那间飘过的一片浮云，如今都是我心头的珍藏。

今天我想说：师父，我悟到了“斜月三星”是个“心”字……

此情可待成追忆，

只是当时已惘然……

50. 金鸡抖翎　羽化之功

那时候的人们是不用电子蚊香的，到了夏天，家里找一些破布编成辫子一样的绳子，点着了挂在门口熏蚊子用。

家家的平房无一例外地挂着竹帘，讲究的人家在竹帘之后再挂个半截的布帘，权且遮挡一些隐私。

一九八几年的时候，天津卫的平房几乎家家如此。那时候的平房给我莫大的安慰。我有一间可以闭关的小屋，那是当年最大的幸事。

如今虽然家居宽敞明亮了许多，然而人人都住在别人的头上和脚底。许多东西在楼房内是无法敞开练习的——扰民啊。感谢上帝当年赐给我的卤煮……

今天说鸡形，上来啰嗦了一堆，其实不是废话，鸡形和门帘有关。练武细心的，其实我一说，你就想到了，就是那把“二龙飞戏珠”。

前文已经说过了挂图像练指力的办法。我说的这个办法是练习手指的打击精度和速度。至于打击的力度，比如武术中的“铁砂指”，是需要中药配合的。

练武不要听信那些个传说，传说哪个大哥每天上学用手指插墙，走几年练出了“一阳指”神功，那些都是不可相信的。纵然成功也有巧合的成分，你不使劲插练不成，你使劲插就要用药配合行功，要不手就废了。你怎么就能把握那个

练习的度呢?

手指插墙玩是无心的，无心才能彻底地放松，你学着练是有心的，有心就会用浊力。

因为你有求嘛!

有些功夫是要求松静自然的，从内心到形体都是有要求的。一阵大风不会把一堆零件攒成航天飞机，天下没有这么容易加巧合的事情。

如果这门功夫你师父不会，你就不要练了，因为得不到正确的指导。

当年经过一段时间的练习，我的手指已经很有准头了。出手的速度提高了，自信心也增强了。父亲有次突然考较，在画像前挂了一件劳动布的蓝色工作服，让我挑开后再出手点击画像。果然难度提高了很多，打击虽然准确，但速度差很多。

今天把这个写出来留给有缘人吧。下面我重复父亲当年的讲解，如果你听不懂或者不喜欢，就不用看下去了。

父亲说：这个挑门帘的练法古已有之，练的就是个钻劲，钻拳的劲法和身法，在鸡形里边是个综合的体现。

钻即是闪、闪即是进，闪电不及合眸，迅雷不及掩耳。

形意拳门是“以枪化拳”，练到什么境界也不能丢下枪法。枪法练到手上，“二龙戏珠”是最好的体现。

这个钻门帘、挑门帘、打门帘，其实就是大枪的拨拦。

在老北京及老天津卫，这个门帘不是一层布的，而是棉花的，很厚重很有质感，练起来效果最好。

现在你们的功夫距离老辈还差得很远。《水浒传》中的小李广花荣，当年射箭的时候箭箭射中靶心，骄傲得不得了，到他父亲面前夸耀，父亲嗤之以鼻，拿出一个“钢球”，用绳子拴上吊起来，这次花荣射不中了。

射出的箭落在球体上，只有一个“点”才叫射中，偏一点，箭尖在球面上就被球面的圆度化解了，和太极拳的道理是一样的。后来花荣苦练三年，终于箭箭射中钢球的一点上，箭箭落在钢球之下。

花荣的父亲很满意地说，花荣你可以下山走江湖去了，你的箭术终于到了大成的境界。箭箭能射中钢球的一个“点”，这招叫“飞龙戏珠”。花荣凭此神箭才能解了宋江“三打祝家庄”的围。

鸡形里的“二龙戏珠”其实就是大枪的精华，要想深造，就从这圈枪里边练，练到左拨右拦出手一击必中时，也叫“飞龙戏珠”。这是取花荣神箭的意了。

挂门帘、挂草绳都行，练这个左拨右拦，然后再练习出手点击图像。

这也是形意里的“真”字，工、顺、勇、疾、狠、真，“真”者发而必中是也。

父亲说，古人说留心处处皆学问，这句话放到形意拳门，“留心处处皆功夫”，鸡形有“万法”是也。

鸡形四把本身就是单独的一套拳，五行和十二大形象都是通罗马的道路，条条大路通罗马，就看你在哪条道上能明白过来。

一条路走通了，那么所有的道路就都通了。

任何一个形象其实包含的都是形意拳一整门的道理。

其实就劈拳写本书并不为过。

形意拳一门所有的道理也都蕴含在劈拳中。这样去理解才能参悟进去。

我没有教训人的意思，其实许多话都是我师父们讲的，至今我还在领悟。因为家学渊源，我当年学的这些比较系统、比较完备，我是一步一步学过来的。

你们的手里有珍珠，但是我手里是项链，我有“时间轴”把这些珍珠一点点地串起来。

大家手里也有不少形意拳的书，许多写得相当的好，相当的有水平，但是这些书不适合你们。有的书是给博士后的学生写的。有的书是给初学者写的，对象不一样。

你无法判定的是你现在练习的程度。

你练到哪了？该从哪下手？

内家拳是个复杂的人体工程，如果不能正确理解，是学不到点上的。姿势不对，一天练 800 遍也没用，只是耗体力而已。

“呼吸合道，姿势标准”，才是练功。

许多初学者都希望听听“内功”“内动”，其实也没有必要。

心定神凝，
神凝心安，
心安清净，
清净无物，
无物气行。

到了“无物”，才是“气行”的阶段呢。

你练拳的时候，还偷眼看美眉呢，“心定”都做不到，谈什么“气行”呢？还差好几个年级呢。

鸡勇欺斗最为高，
随高随低打法妙。
提踏有力伸缩妙，
虚实灵通妙无穷。

鸡有振翅之威，

独立之能，

争斗之勇，

啄黍之巧。

练之，“巧练之”。取足跟之力上升，头顶之气下降，真气布于四肢，易于使任督二脉流通，脾合、胃调，补脑髓不足，有羽化之功。

此形取身为脾。脾健，天地和，五脏充。脾属土，土生万物。鸡形有万法也。

这是鸡形内练的一些东西。

我曾多次到庙里去撞钟，亲自体验一下和尚撞钟的劲力。古有贾岛赋诗句“鸟宿池边树，僧敲月下门”，是“推”好，还是“敲”好？得仔细地推敲推敲。武功其实也是个练脑子重过身体的活。

“二龙飞戏珠”取的是花荣神箭的典故，下面还有一句“膝打人不明”！

多看看雄鸡就是，因为这个膝盖的“提打”，各个支系已经有很大的差别了，再讲就没有意义了，怎么练都好，只要符合鸡形的特点就是对的。鸡的进步很有特点，“头领身”“鸡啄米”的步伐极为巧妙。金鸡独立是奇功，鸡的独立稳当，重心找得好。重心稳当出膝盖打，才没有后顾之忧。

“磨胫、磨胫，意气响连声”。

“磨胫进步”，两腿相摩、相助为友，进步就有“出膝盖”的意。没事的时候，站站金鸡独立很有好处的，就当是个桩吧。

站这个是有秘诀的，秘诀在耳朵上找，耳朵能帮助你找到自己身体的那个平衡点。

我就说到这里吧，我不喜欢的东西可以不说，但说出来的就得是真话。

电影《少林足球》，周星驰演的非常好，在路上背着垃圾，走着走着不自觉地练个踢腿。其实武人就得练到那个程度才出功夫。你每周出去练拳 1 小时，其他时间想也不想，很难练出点什么的。

内家拳跟抽烟一样，是有欲罢不能的感觉的。内家有时候感觉就是给你功夫，靠的就是个“无中生有”，靠的就是个念头。

心一战而内举动，气自丹田而生……

内家有时候靠的就是个意念，手托欲塌之天，掌按欲翻之山等，这样“带着内意行拳”或者练功，“身意合一”地去练，长进是比较快的。

写了许多不该写的话，看不明白的就当是笑话了，以后我介绍基本姿势和练法会减少了，百度有的是，文字图像都有。以后会多从拳意上去着手，多说点体悟、拳感、训练手段及过程等。

学会了“独孤九剑”，你会在马路上练吗？你会写成书吗？你会公布你学艺的全过程吗？

许多市面上见的东西有的是很好的，没说人家不好的话，只能说人家还有保留。许多大师练太极拳，并不下很低的式子，比划比划就完了，人家的弟子天天跟着师父都知道，只有你不知道，以为太极拳就是这样练呢！

说的是这个意思，有的教拳不发力，为了让弟子看得清楚，会做得很慢。

教学嘛！你去学了三天两早晨，人家师父发力打拳你没看见，以为太极拳就得这么练呢！慢慢自己就学进死胡同了，当有人站出来点醒你的时候，还说人家那位大师就是这么练的，我有视频证明啊。

你的视频不会一天跟踪他 24 个小时，算不得呈堂证供。他关门闭户练“真功”的时候，你是拍摄不到的。

武功啊，也许“眼见”都不为“实”的。

总有一天有人能看懂我写出的文字，高山流水盼知音！

自古“大成就者”，必有“大智慧”！

51. 鸡形四把 神目如电

写到这里不能不说点内家的“打练”之法了，也不能不说点现代科学的东西了。当你细心地看完这51章，你就会觉得这些和十二大形象那是同等的重要。

我们也来讲讲科学——人体科学，人身上的学问。

我们先说说人的感觉和感觉器官，首先说眼睛吧。

人的眼睛观察物体有“暗适应”和“明适应”两种。暗适应是指人从光亮处进入黑暗处，开始的时候，一切都看不见，需要经过一段时间以后，才能逐渐看清“被视物体”的轮廓。暗适应的过渡时间较长，约需要3分钟的时间才能完全适应。明适应就不一样了，它是指人从暗处进入亮处能够看清事物的过程。这个过渡期很短，约需要1分钟明适应过程即趋于完成。

古代的大侠、镖客在热血江湖的搏杀中，早就明白了眼睛对人格斗胜败的重要性。泰森是世界拳王，那种比赛是有限制的，可以说是有限制的拳击比赛。拳击台不是江湖，也不是武林，假如我们在突然断电的情况下举行个拳击比赛，那么鹿死谁手还真不好讲。

武者，尤其是古代的武者，眼睛都是经过专门训练的。

什么叫二五更的功夫？

那就是国术中包含了这些眼睛、耳朵的特殊训练，必须在夜色下进行。因为需要个“静”的环境，万籁俱寂对训练是有好处的。在古代战场的惨烈搏杀中，一组灯笼火把就可能使战局整个改观。因为人在明暗急剧变化的过程中会受适应性的限制，视力出现短暂的下降，这个下降在冷兵器搏杀的古战场可能就会导致全军覆没。

再有一个现代科学的名词——眩光。

当人的视野中有极强的亮度对比时，由光源直射或由光滑表面反射出的刺激，或者耀眼的强烈光线，成为眩光。它使人眼睛不舒服，可见度下降，并引起视力明显下降。

眩光造成的主要伤害有：破坏暗适应、产生视觉后像、降低视网膜的照度、减弱被观察物体的对比度、观察物体产生模糊感觉等。

最后要说的是——视错觉。

人在观察物体的时候，光线使人的神经系统产生反应，由于视网膜受到光线的刺激，会在横截面上传产生扩大范围的影响，使视觉印象与物体的实际大小、形状存在差异，这就是视错觉。

我纵观今日可见的所有拳谱著作及各种武打、武侠、玄幻小说，均未对上述内容加以阐述。

真正的内家，对这些都有针对性的训练手段的。否则你的弟子以后下山容易吃亏。江湖有时候是不讲道义的地方，镖局每天都是刀头舔血的日子，这些有针对性的训练，都是保命的。

再说说和武术有关的吧，视觉是有运动规律的。

首先，眼睛的水平运动比垂直运动快，人最容易看到水平方向的东西，对垂直方向的东西感受慢。

其次，视线运动的顺序，习惯于从左到右、从上到下，顺时针进行。

再次，对物体的尺寸和比例的估计，水平方向比垂直方向的准确迅速且不易疲劳。

最后，当眼睛偏离视中心时，在偏离距离相同的条件下，观察率优先的顺序是左上、右上、左下、右下。

这些都是严谨的科学，这些东西放到我们的拳里，是会起作用的。

在视线突然转移的过程中，约有百分之三的视觉能看清目标，其余“百分之九十七”的视觉都是不真实的。

人眼看一个目标要得到视觉印象，最短注视时间为0.07 ~ 0.3 秒，这与照明的亮度有关，人眼视觉的暂停时间平均需要 0.17 秒。

这些知识对“武”、对“练武”的人太重要了，这是人体的科学。今天你搜遍百度，搜遍所有的武术文章，你也找不到类似的东西。

我说到了鸡形，必须说眼睛的东西，说点科学的理论，就像本文的名称《鸡形四把　神目如电》！没有个好眼神还想练好功夫啊？

不说真话，就不叫《话说形意拳门之真谛》了。

这个眼神在古代的武术中，确实是有练习方法的。现在的特种部队也是研究这些东西的。有些人只知道做，他讲不出道理。香港电影中，警察审问犯人为什么总用个大台灯照犯人的眼睛？因为光线可以影响人的神经系统嘛！

前文所述：人从光亮处进入黑暗处，开始的时候一切都看不见，需要经过一段时间以后，才能逐渐看清被视看物体的轮廓，暗适应的过渡时间较长，约需要 3 分钟的时间才能完全适应。

如果要你在光亮处，到一间黑暗的电影馆里去找座位，你是睁着眼摸进去呢，还是闭着眼进去再睁开？

为什么？

这是本篇文章留的一道论述题。

可以到网络上去找数据，要求用论文的形式，不低于5000字。我们就说眼睛这一块，别的不谈也不涉及，阐述你的道理，当你能明白我说的真实意思的时候，你就知道这些内涵和一些简单的应用了。

形意拳门五行拳，内通五脏外联五官，正式的传承是都要练到的东西，有些练法其实就藏在最简单的拳式中。内家并不神秘，都是一个脑袋两个肩膀兼而有之，想得到就能练得到，练得到就能悟得到，悟到也就是得了，得了还要舍！后边还有更深、更珍贵的东西在等着你！

本章其实我不想发了，写得太多，有些人得的太容易了，当然这个“得”，还是需要点你自己的悟性的。

不过请看到的不要转发及转载，有些人是“抬杠涨学问的”。这是天津卫的土话，说的就是一边数落你，一边在你这套东西，学会了再去蒙别人的人。

我不喜欢这样的人，国术是国人之国粹，那是精华的东西，我奉若神明，这些道理在那些人嘴里说出来就糟蹋了。

看我的东西要从头看，不要断章取义地批评，那是没有意义的。

我相信会练的和不会练的，只要你认真地看了我的文章，肯定对你是有帮助的。

尺有所短，寸有所长。

我在这诸多老师、家族长辈身上整来这些好东西，不定哪件你就用得上。

我一直以为，初学尤其是没有老师的习武者太艰难了，能多说一些就多讲了一点。

下篇我想再说说耳朵及听力的东西。古人小说中，接打暗器有个功夫叫“听风辨位”。

其实没这么神秘，我们从科学的角度，重新认识一下自己的耳朵。

人的头上有七窍，人被打流血叫“七窍流血”，意思是说这人完蛋了、没救了。

武术也讲个“窍”。

这个窍是窍要、关窍、诀窍。

武艺虽精窍不真，

枉费心机枉劳神。

祖师传下神妙艺，

得此不可妄传人！

这是祖师的教诲，眼、耳、鼻、口、心，都是人的“窍”，有“窍”就有“窍要”，就有“诀窍”在里边。

练武要明“理”，才能“参透神机”。为什么不能明理呢？是没人肯告诉你真相。

通读前50篇的诸君，会发现“武”真的比“文”难。其实不是这么难，“参悟”本身就是“武道至乐”也。得其中之“乐”，才说明你进了武道的大门。

大漠孤烟直，长河落日圆。天地万物其实无一处不藏着功夫！不藏着禅机！

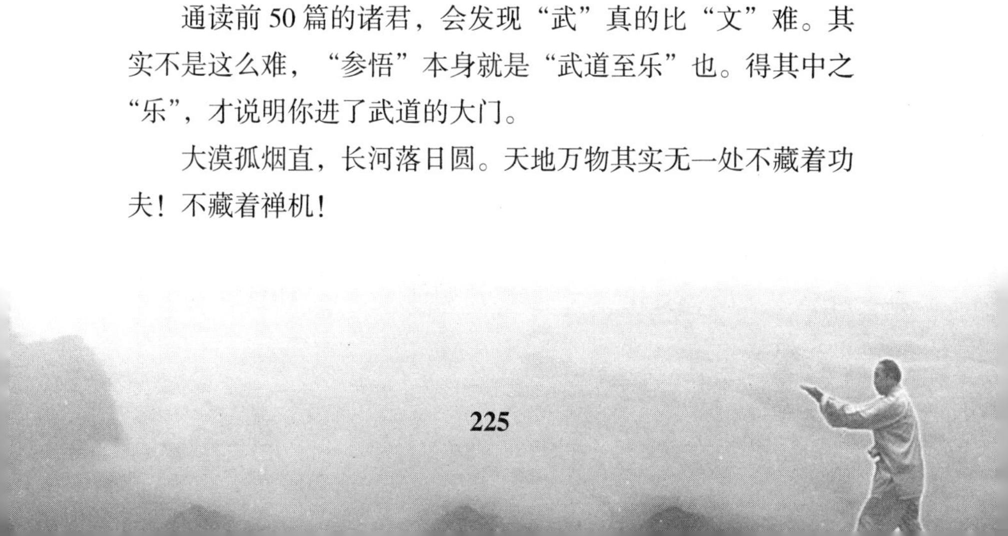

52. 耳聪目敏　拳乃大成

现代科学中的许多东西，包括各种实验资料，对解释古老的内家拳还是有帮助的。了解一些简单的科学知识，对练拳也是件好事，知理明义少走弯路。

古代小说、评书当中总有大侠在接打暗器，“听风辨位”这个词大部分人都是听来的，少有人接触到这些五官的特殊训练。

在一个门派、一个拳门中，这些都是最核心的东西，许多人连听都没有听过的。下面我就说说和耳朵有关的科学资料。

在正常情况下，人的两耳听力是一致的，根据声音到达两耳的强度和先后之差，就可以判断“声源”的方向。

声源与两耳的距离每相差 1 厘米，传播的时间就相差 0.029 毫秒，会使两耳感受到“声强”的差别，给判断声音的方位提供必备的信息。

听觉有“掩蔽效应”，当几种“声强不同”的声音传入耳朵时，只能听到最强的声音，而较弱的声音就听不到了，即弱声音被掩盖了。

一个声音由于其他声音的干扰而使人的听觉发生困难，只有提高该声音的强度，才能使人产生听觉，这种现象称为听觉的“掩蔽”。

在古典评书中，哪位要是释放暗器的时候，总是大喝一声“着镖!”评书总是这么说来赚听众的，其实他的真意不是提醒敌人注意，是利用听觉的掩蔽特性，来增加自己暗器的杀伤力。

人在观察判定事物的时候，需要一定的“反应时间”。

由于人的生理因素的限制，人对刺激的反应时间是有限的。一般条件下，反应时间约为0.1～0.5秒，对于复杂的“选择性反应”，时间达到1～3秒，要进行复杂判断和认识的反应时间平均达3～5秒。

现代科学证明，比较各类的感觉的反应时间，发现听觉和知觉的反应时间最短，约为0.1～0.2秒，其次是触觉和视觉。

操作者的熟练程度，直接影响反应速度。应通过训练来提高人的反应速度。那么我们的国术中，那些单式、套路、格斗的对练等，就有了科学的依据。

通过武功的锻炼，确实能提高人的反应速度，这个反应速度可以说是人的基本素质之一。人的反应速度提高了，我们参与任何工作都是有好处的。

内家拳训练是个艰苦复杂的过程，和我们身上的206块骨头都有关系。和我们的筋、骨、皮、肉、毛发、眼神，也都有关系。在简单的拳式中，这些都是能练到的东西，云深祖师的崩拳里得含着多少东西?

哪儿练不到也不行。

我和父亲当年做过一个游戏，今天说出来大伙听听。背对着父亲坐在凳子上，眼睛微闭，父亲用宝剑的剑尖在我后背侧滑动，但不触及身体，由我去感觉剑尖的位置和走向。玩这个要静心，要有一个好的环境。心静才能出功夫，这个我说说就算了，不算是我教的。这种训练对自己的知觉和触觉等都是有好处的。

戴着口罩打过拳，刚开始的时候很不喜欢也很不习惯。呼吸不是很顺畅，我觉得最受影响的是“身法”。这个只是在家族的看护下，偶尔地练习下而已。当时父亲也不讲为什么，自己也想不出来。

父亲教过捂着耳朵站过鸡步，也就是鸡形的定势步子，各支系的传承不同，这个就不用统一了，一脚独立、一脚离地或者半离地都可以，捂住自己的耳朵，你会发现很难掌握平衡。玩的时间长了，慢慢地站得稳当了，从中也发现了耳朵在武术中保持人身体平衡的那种特殊的功用。

玩这个如果眼睛闭上，那效果就更好了。

虚虚实实神会中，实实虚虚手行功。

内家不是换好衣服站好姿势才叫练拳。

练拳这个玩意得融入你的生活，在日常生活中不离拳意，从生活中去找方法。只要动脑筋，办法总比困难多。

都知道内家本来就是很难的，在练习过程中，也适当地得给大伙打打气。没准你就能创造独一无二的训练方式，没准你就是下一代的形意拳宗师。

形意拳门最忌讳的就是“口练”。边练边说的人，气是“搂不住”的，有点功夫都从喉管跑了。

还忌讳“坐练”。练完了大屁股一撅就坐下了，练功夫汗毛孔都是开的，气血都跟着动，一坐就出毛病了，和汽车的急刹车一样，对发动机什么的都是有伤害的。

中医还讲“夏不睡石”呢！防止阴气入体。练武的人更要“娇气”，因为不练功夫的人，他的穴道、经络是一辈子也打不开的（特殊修行方式除外）。你的穴道是打开的，你受的伤害可能比不练武的人还大。

形意拳我最喜欢的是“意练”！

不方便练拳的时候思想在练，随时带着拳意，那时间长了长进就大了。练拳进入内家的境界的标准，就是打开活跃你的大脑，你的思维会随着练拳慢慢变得缜密，脾气慢慢变得沉稳谦和，走路肚子领着走，绝对没有外八字的步型，最起码脚尖顺直。

走路的时候肩膀不会左摇右晃，形意拳出腿踢人的时候，肩膀都不动，走路怎么乱晃肩膀呢？

两肩膀总是下垂的，没有端着肩膀的，因此练形意的给人感觉就是手臂比较长，走路有个猿相。

面部总是舒展的，内家高手没有整天愁眉苦脸的，这样的面部表情，影响内息的运行，时间长了伤身体。练拳多了、功力深了，心理承受能力慢慢地加强，会越来越强。

集中营最可怕，也不见得比站一小时三体式可怕。练功就是吃苦。抵御生理和心理的两种痛苦，磨炼自己的意志，达到你自己的武道最高峰。

通过内家拳的练习，如果你真学进去了，你会发现你越来越能“容事”。

天下啊，能使你发火出手的事情越来越少了。天、地、人三根能凝结于身，此人将得武道乾坤也……

53. 六大形象合说

形意拳写到这里，该做一个小小的总结。

练到这个地步该有点自己的东西了。习武要自己体悟出点什么。

学我者生，像我者死！

形意拳学拳叫“画东西”，这个不是西方的油画，而是国画的泼墨山水。和师父学画画先要临摹模仿，学那个样子，然后才是神韵，这个神韵师父是教不来的。

师父可以告诉你这条路，你自己独自踱步的时候，自己去体味那个意境，拳中的风景无限，需要打开你的大脑去感悟。

练了龙、虎、猴、马、鼍、鸡这六大形象，现在你可以练习真正的五行连环拳了。

在天津国术馆传承的武学中，这个五行连环拳有狸猫上树、白鹤展翅、鹰熊合演（也叫步步鹰熊）、鼍龙浮水、追风赶日等，比其他支派的连环拳多了不少东西。

鹰熊合演可以慢慢地从劈拳上去体味。这时候可以加练这个五行连环拳了。这个拳法以后慢慢地再讲。

这六大形象和五行拳是不能分割的。

龙形的起式是脚做个劈拳，龙形的落式难道就不是劈拳？虎形就是个双劈拳啊。

虎撞和马形有无相近之处呢?

猴行步和鸡步有什么不同呢?

猴的转身叼打不好练习，那是你没从劈拳的转身去找，虎托和以后学到的鲐形力道完全一样吗?

猿猴坠枝练的就是个触感，这里边有反关节的动作，猴对自身的体重把握得恰到好处，应用自身的重量，才是猿猴坠枝的秘密，这是巧练，猴子无一式不奇巧。

换成狗熊掰棒子就不是这个样子了，老熊的力玩的是厚重，不是利用体重了，是利用身形和身势。

打破身势无遮拦。

闭上眼睛想象一下你和一头老熊摔跤的场面，还没动手你就觉得吃亏了，因为“老熊精”的身架降伏着你，在它面前一站你就觉得吃亏是不是?

这就是身势，说白了就是身体的造型压迫着你的神经，让你觉得自然矮它一头。

马形的步伐和炮拳的步伐既有形同之处，又各有巧妙不同，马形走了个虎跳涧的步。写到这我要问一句了，诸君练形意拳到今天，炮拳都是之字步伐吗?

没私下里走走直的吗?

马形的也没私下里走几个直线的练练吗?

那以后你学鹞子翻身可怎么办呢?

杂式捶里边的炮净是直线的。

鼍龙也走“之”字步活腰活肾，可以练通人的前臂。前臂汗毛的反应，那是相当的警醒。鼍形得下苦工夫去练。说个笑话啊，鼍龙浮水式子练得精，你玩玩太极的抱球式子，没人知道你是外行，这时候你可以当“领导”了，什么“领导”呢?动手的时候你一“领”他就“倒”，这是练成了鼍形的必然反应。

你的脊椎配合上腰的力量，发力的时候是腰围，电线杆子般粗细。对手没练通这个劲力，你一接触他的手，就感觉到了他脊椎各节的力道，轻轻一破他就倒了。没“联通”这个劲力的人，脊椎和腰筋合不上，独立的脊椎就是个麻杆，电线杆子碰麻杆，一碰一转就倒了。但这个东西要下苦工夫去练啊。

太极拳也练抱球，意思都一样，各有各的窍门。别抓死的，一招半式打不死人，玩的就是敌人的重心，一带、一挂身子贴进去，重心一失去平衡，怎么打怎么有东西。

若敌人的间架抱得很死，无机可乘，那么就开个猴形出来。

晃手打人人易慌，
金沙迷眼最难防。

上来就出猴形的快手，打乱他的阵脚。出手灵动，易形、换式不落痕迹、浑然天成，出手看似无章，实则择机而动，上打咽喉下撩阴，左右两肋挂重心。

敌人是条龙，那么我们就要有擒龙之技！

我与敌同，
脊椎是龙。
交手先蹭身，
蹭身拳才真。
遮龙眼云遮日月，
扳龙头猴形之功，
鼍形打穴此时奏功。
破龙身连环崩，

就势水钻不放松。
上打鸡形下撩阴，
鲐攻两肋带中心，
望眉斩截翻肩背，
猛虎搜山炮截手。
敌不动我不动，
敌要动我先动。
先动为师，
后动为弟。
敌进金鸡抖翎。
敌退马奔虎践。
敌斜行游鼍戏水。
敌起腿裆部必空。
敌擒臂鹞子翻身。
敌碰肩蛇形进攻。
敌退步燕子抄水。
敌起腿乳燕衔泥。
臂交狗熊掰棒。
敌退凤展翅形。
疾步可追风，
深潭可揽月。
五行俱四梢齐，
三尖照胆随身。
孤身敢入战阵，
单骑能过五关。
静似书生，动似虎豹。

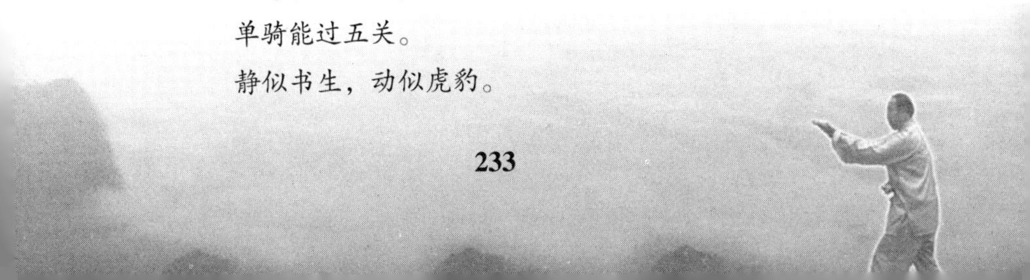

出手必连发，
起腿必鸳鸯。
眼不审视一处，
身不拘泥一地。
空手不夺兵刃，
布履亦可作弓。
含沙射影在前，
口吐莲花在后。
断喝一声敌刃可夺，
拳发五内意贯四梢。
天时地利我有心君。
夏日使枪迎风进，
腊月使枪顺风行。
见林莫入，穷寇莫追。
仰观天时，俯察地利，中察人心。
交手胆壮，练功静心。
形意在身，不惧邪法。
交手有必胜之心，
百万军中可夺帅。
匹夫有其志，三寸之丁可言勇。
与人交手须勇备，
进步必胜卷地风。
潜龙腾渊神威起，
苍鹰展翅老熊精！

打完了这段我的肝有点痛，我真舍不得拿出这个拳诀，这是我家族的打法歌诀，传到今天吧，地球上只有我一个人会。如有便是仿冒。

这个东西已经在我写的《形意拳门秘诀之谱》一书中了，你再说是你写的也没用了，书早已经出版了。

鸡形也是如此，按照拳谱所说，鸡形有万法，你才练了几个式子，百法还没练出来呢。

鸡形的窜步是个宝贝，能进、能退、能跑、能追。从“槐虫步”去找，一点点地体会形意步伐的奥妙。在行路当中突然遇到一块石头，在脚下一踩，心里一动这个脚就提起来了，不会和平时一样一脚傻踩下去。感觉无心、收力不觉，练到这个地步，实战当中能占大大的便宜。

慢慢地脚底板下边等于踩着探雷器，也等于给你多安了一双眼睛啊。

本来想对前52个篇章简单地做个小结的，没想到越写越多了，进入了拳的境界，脑子自然就打开了，源源不断、连绵不绝，一发而不可收拾。

估计这也是拳里的境界吧。练形意拳，我个人以为，一定要会说会表达，把自己练的东西讲出来，和明白师父去切磋，慢慢地提高自己的认识。

如果你说不来你练的东西，说明还不能体悟其中的奥妙，还有欠缺的地方。和尚不能讲出来他修学的佛法，说明他还没有悟道。

武者一定要体悟，一定要能表达自己的意思，否则你今后教徒弟怎么办呢？

我考虑了一下这个篇章还是公开吧。

这前53章中，本篇是用问号最多的一篇了，能思考的地

方很多，也有第一次在网上传出来的打法歌诀，看到就看到了，是个缘分。对有些人可能会有所帮助。

如果不拿出点真东西，也枉自称作《话说形意拳门之真谛》了。

不要乱改乱传我的文章就是了，你的脑袋不是我的脑袋，你未必理解我说的真实意义，看我的文章要通读，不要断章取义。

人间正道是沧桑，武者的习武之路亦是如此。

十年磨一剑，
霜刃未曾试。
今日把试君，
谁有不平事？

54．蛇形之势　妙不可言

这是54章，该说说这个“蛇”了。蛇，国人并陌生，古人在制定十二生肖的时候就考虑进去了。

今天我们只要说和武功有关的事情就好了！民间讲蛇称之为“小龙”，蛇贵为十二生肖就不讲了，我们只说形意拳门的十二大形象。

先说一个故事，在很久很久以前的武术杂志上，讲了一个练武人的事情，这个人主要习练蛇拳。阴柔婉转，盘旋萦绕，工夫下得很大，蛇拳的精义基本都练到了。

他对自己的武功还是很有信心的。功夫练成了，出门去访高人切磋，没想到屡战屡败，自己的信心大受打击，心想我这些年都练了些什么呢?

估计这个高手是东北一带的人，有一天他走到了黑龙江，突然见到黑龙江水奔腾咆哮，其势之大之强竟是前所未见，心神激荡之下，突然在武学一道开悟，功力大进，此后再与人切磋无不胜之，成一代高手。

打了这么多字，不知道看文章的诸君能看出点什么没有?

上下五千年，苹果打了无数人的脑袋，只有牛顿被砸出了万有引力定律。

在特定的时间和地点，想明白一件事情是需要铺垫的，没有多年的习练蛇拳的底子，看到大海也没用。

蛇拳的阴柔婉转、盘旋萦绕，不能以自己为中心，那是玩票落到下乘了。练这个拳要以敌人为中心，去盘旋围绕。

换句话说要有欺劲，要能打破敌人的重心。

形意拳的一招一式，无不是以这个为目的。

打不动、带不动敌人的重心，不能把握拳中的主动，换成龙也没用，你没把自身的优势发挥出来。

在古战场上哪个敌人是被围死的？

到最后都是打死的。

被围困只是失势，这是暂时的失败。

形意拳门要求：打破身势无遮拦！

不是要他失势，是要破除他的身势。

破是破坏、除是根除，根除的手段最直接的就是“连根拔”，连根拔除的意思就是“破除重心”。明白了这个道理，练这个蛇形，有心地去找这个东西，如此方能不落下乘。

蛇形无足快蜈蚣，这是拳谱中的话了。蜈蚣的腿这么多，蛇一条也没有，它是怎么做到的呢？

脊椎这条大龙练好了，蛇这条小龙就神气活现，摇头摆尾，翻江倒海，上天入地，无所不能了。

老辈讲功夫上后背啊，后背上有什么？

后背什么也没有，其实就是指的你的脊椎脊柱。

蛇就是绝对的脊椎修炼的高手，脊椎练好了，胳膊腿都成了摆设。节节贯串、上天入地、无所不能，这是蛇的灵魂，脊柱也是形意拳门的灵魂，放大了讲也是练武的灵魂。

蛇形的式子就是个叉步，进步肩打。请注意是肩膀打，不是手打。肩打是破坏重心，然后才是一击。蛇形把肩膀和手运化在一起，这个东西就有了灵魂。练的时候要有清醒的认识。

是不是这个意思？所以说“武比文难”，武是需要“身材”的，既是练身体，也要有“材”，就是有料啊！

要能体味这些东西。武功中最难的，不是克服身体的酸痛，是你脑袋里起不起化学变化，精神也是物质，精神变了肉体才能变。你有了佛心、佛的智慧，自然就是佛了。你的脑袋有了菩萨的智慧，自然就是菩萨了。

多看多记拳谱，以此为道，如今这个形是蛇，你就要多体悟拳理拳诀、身形婉转可进可退。蛇形的式子那是在外边练，给别人看的玩意，不是蛇形的全部。

个人以为蛇形最妙的打法是退步。

蛇形万变，不离脊柱，吞吐的不是舌头，而是脊柱的缩长蜿蜒。蛇没有了骨头就是块肉，什么也不是，生存都困难。“百骨贯穿”，精气神得之，这个神在骨。

此外蛇无头不行，头领身也是形意的要求之一。这个要求还是很有道理的，奥妙无穷也。谈到了头，也自然谈到了肩颈，从身形来看，眼镜蛇是最好的。头大颈项粗，打斗之间很占便宜。一动无不动，这是拳谱里讲的。

再往深处说就是眼神内外了，内外相合啊，人退步的时候是眼神越来越低的，进步的时候是眼神上挑。眼合心才合，这个“合”不是一个简单的外形，是内动。内动带动外动。

心一战而内举动，这是拳谱中的原话。心有了战斗的意识，那么从五藏六腑到身体的各个关节、关窍，各个部门都动了起来，做好了战斗准备，就跟航空母舰一样，要是都写出来那太复杂了，这个一万个动最后都合到一字上。

“一战”有一就有万，一就是万，万动其实就是一动。此时心内空明，心窍打开，生出二。二就是虚实、就是阴阳、就是攻防。有“一”就自然生化了“二”。谱云：虚、虚、实、

实神会中，实、虚、虚、实手行动，这才是练拳，这才是练形意拳。

什么是形意拳?

形就是意、意就是形，这是“一”，可不是“二”。形意就是个“一”。

正如人和思想不能分割，不要拆分，拆分那是很浅层次的解释，到了高深的地步，就该统一去理解了。

形意拳为什么叫形意拳而不叫形意脚?

那是你理解的偏颇，这个“拳”不是拳头，不是一路拳法，这样理解太浅了。这个拳是“拳拳之心”的意思。

什么叫拳拳之心？这句话出自《礼记·中庸》，是统一、集中的意思。拳拳的本意是紧握不舍。引申为恳切，是铭记心中的意思，形容恳切地牢记不忘。

聚拢五指成“拳”来表示这个意。形意拳这三个字是说，一个人能把“形和意”集中、集会到一点，做有效的释放。

这才是“拳”字中的道法。

没几人能把“形意拳”三字讲清楚，都是“就字论字”而已。其实能讲通了名字，你已在道中，与道才能合真，真诀合道得彻灵，形无形、意无意，无意当中是真意。

以后再讲这个“无形无意”，保证你会大吃一惊，和你想的根本不是一回事。

这些东西是没人讲的，不信你去翻书、去搜百度，都是就招论招、就势论势也。因为他自己没通。

哪有什么形象?

哪有什么五行?

十二大形象都练得形似，你把这十二形象拿笔都画在一起，组合起来看看是什么怪物啊?

比变形金刚还恐怖吧。这就是练全了十二形象的所得吗?

不是，绝对不是。

“以形说意”，以这个形，表达这个意思和意愿。比如美国形象是“鹰”，苏联是“熊”，你要透过这个形象，去体悟它的心，透过形象的外表看透它，由此道心自生也。

以后我的文章乱石铺街不成章法，可能会越来越抽象，越来越艰深，初学形意拳可能觉得不可理解，那就请你不要看了，等过一段时间再看再领悟。

这些东西是给真能传承形意拳的人留的，形意拳的传承要靠他们。初学者可以去看其他人的文章。

最后写点蛇形的歌诀吧!

练此形灵光巧妙，得知于心，身有阴阳相摩之意，活泼腰中之力。真阳透于外精神焕发，拳式顺，起真精补于脑，百疾不生。

蛇形以挑领为主，如蛇扑食将对方缠住，再劈领而出，以腰为轴，手脚齐动周身俱动，蛇形练肾阳。切记!

束展收发须柔韧，
劲意连绵在腰劲。
青蛇摆尾挤缝行，
挑拨奇谋自从容。

55. 灵蛇一击　当有大用

在十二形象当中，蛇形是很特殊的形象。蛇形的进手法是很玄妙的功夫，在打法中堪称一绝。

说这个的时候先要说说武德。武德这个东西不是虚的，那是实实在在的东西。举个例子说明吧，道士在深山打坐，首先要放下自己的各种痴心妄想。

心静下来或者说是空了，这时候你的经络、气脉啊，才能按照规律去运行，慢慢地能量越来越强，这时候才能练出东西。各门各派的办法多了，就不一一列举了。

但是有一点是通的，那就是“放下”。

放下自己的私心杂念、种种妄想，才能深入经藏、智慧如海。佛、道、儒等，莫不如是。

天有三宝日月星，

人有三宝精气神。

精、气、神的凝聚及综合运用就是练功。

现在的人受影视书刊的影响，尤其是武侠小说、电影的误导，使人渐渐地远离了国术的精神。

国术——护国之术、修身之法，远连天道，进取人心。

许多电影里演示，身负血海深仇，苦练武功，终乃大成，最后杀坏人报仇，那只是影视而不是真实。在生活中谁那样练功？

比如练习铁砂掌，不分昼夜玩命打击沙袋，没等你大成呢，你手就废了。那是影视手法，不是国术。

武功的练习是极为讲究科学的。

甚至外家的功夫，比如“铁臂功”，对打击的时间是有要求的，次数也是有要求的，胡来的结果是使身体受到伤害，反不如不练。诚恳劝诫，如果这类特殊武功你师父不会，或者你没得到真正的传授，就不要去练习了，不如踏踏实实地打几路拳的好。

武者经过练习武功，身体发生了很大的变化，许多沉睡的经络、肌肉及组织开始慢慢地复苏，身体慢慢地变得强健、敏感，气血旺盛，精力充沛。

有些人很快就能站在内家的门坎上，如果有机会能接触高深的武学，遇到明师的指教，成功指日可待。

这时候对你的思想就有要求了。“意正身直、松肩气下”，这是最简单的内家要诀。可是几人能做到呢？

练拳的时候“意正”，那是一切的开端。意正才能联络天地，才能五脏运行，才能经络相通，才能与道合真。

打拳的时候想美眉，你不过是锻炼一下身体，和做广播体操、打篮球没什么区别。

练拳最重要的是“内动”，这两个字“千金不换”。

“内动”的基础就是我们要有德行、有定力，在行拳之中才能有感悟，慢慢地成就自己。

许多人一生也进入不了武道的境界，就是没有“意正”。没有“意正”就没有“内动”，一生只在武术大门之外徘徊。

慢慢地推出一掌，这一掌不是打头、不是击胸，是包裹、是容纳、是覆盖，是一张网，覆盖在敌人的全身，把他全身都收容在内。

这一掌的意到了，它就不好招架。练拳要“知形联意”。气联心意随时用，才能打破身势无遮拦。

最后再说蛇形，练这个形要化开脑袋，不要拘泥于形，要从神上找，要练四面八方。蛇形能直接进步，能绕步，抢外门、进中宫，能跳、能转、能斜行，“之”字进步。也就是老师傅讲的，能婉转、进退，不拘泥于“形”。

当单式打得纯熟，慢慢地这些就可以自己找了，实在不明白的再问师父。这样练出来是你自己的东西，师父画龙点睛就可以了。

在我 20 岁的时候，曾经问过我的父亲，这个蛇形就是灵蛇一击吗?

当年父亲没有直接回答我的问题，而是说了一句，“腾蛇乘雾，终成土灰”。形意拳这个蛇形，你只当它是蛇是不够的。当年诸葛武侯布天下名阵《八阵图》，这八阵就有“腾蛇”阵。

这个“腾蛇”该是蛇的“极致之形”了，已经能算古代的图腾了，这样的理解有助于蛇形的练习，最起码诸君不会轻看这个蛇形。这个腾蛇的形状和蛇有一定的分别，感兴趣的诸君可以查查网络数据，在此就不跑题了。

蛇形阴毒，举手撩阴，在这个形成就了以后，万不可随意使用。

这也是我先讲武德的本意。

不要轻易出手伤人。武者尽量不要为了个人的恩怨出手与人结怨，武者要有一个海样的心胸。海纳百川，有容乃大，是因为海把自己放得最低。当年韩信如不能受胯下之辱拔剑而舞之，就不会有“萧何月下追韩信”，成就一世的伟业。

练武和做人一样要包容，你不能一个手指使地球停转，也不能翻云覆雨，那就说明你说了不算，你对这个地球不是很重要。慢慢地学会放下，收拢自己散漫的心，修身习武，累月经年，拳不离手，一专百成。做什么事情，最要紧的是“认真”二字。

“文无第一、武无第二”，是说武者的求知精神，不是说打打杀杀四处挑衅的意思。

今人曲解了古人的心胸与精神。慢慢地进入内家的拳境，去体味古人的侠骨英风，古代的侠客哪个出手是为了自己？

武与侠是不可分割的整体。

我再说一遍前文都说烂了的话：“侠之大者，为国为民。”这才是武者的道义，武者的神髓。

心正身正，
身正拳正。
得此正意，
与道合真。
虽布衣在身，
傲笑于天地。
庭栽栖凤竹，
池养化龙鱼。
诗酒琴棋客，
风花雪月天。
达尔相天下，
穷亦善其身。
有名闻富贵，

无事散神仙。

天地辅之，

神明佑之。

兼收并蓄，

海纳百川。

拳正天心顺，

心静神自安。

拳不离手，

一专百成，

终能窥武道秘境矣……

56. 天地阴阳　恒生万物
以有德者居之

我说的武德为先不是很详尽，许多朋友致电，要求再深一步讲讲，说说“侠士”与“草寇”的区别。

其实很简单。自古“邪不胜正”是有原因的，几千年来历史就是如此发展的。岳飞是岳家军的首脑，岳王爷不是靠打败所有的手下获得的这个位置，而是靠武功练出来的威德。

岳王爷是靠着“满江红”中壮怀激烈绕梁三日的天地正气，做上的岳家军的首脑。这是凭的“武德”，而不是“武功”。

《三国演义》中“三英战吕布”，吕布虽有天大的武功，但是我们心中的武圣却是“关羽”。历史到了今天，我们替换成“武圣吕布”，估计人民群众也不答应。

所以说天地阴阳，恒生万物，以有德者居之。

在内家拳中最重的是拳境，而不是拳本身。

这是内外武功的大区别。

以崩拳论，定式时吸气，眼神一进，也就是略微一挑，身体就合了，出崩拳时呼气而出、丹田外凸，另一只手夹肋而收之。内五行动而外五行随之，内外相合才是内家韵味。

古与今同，那些照耀古今的拳术大师，没有一个不是在学拳的过程中，慢慢地放下了许多不利于生理的不良嗜好，比如烟酒、抽大烟、夜生活、夏天喝凉啤酒等，慢慢地放下了个人与家庭、社会的恩恩怨怨，心慢慢地变得沉静。

在打拳的时候心无旁属，在休息的时候，身上还是走着拳意，慢慢地进入内家的美妙境界。

这时候大脑空了，新东西就能学进来。

内家拳坚实了筋骨，筋骨有了变化，那么大脑就有了变化。内家最重要的是呼吸，呼吸合道，人的生理就接收了更多的氧气分子，大脑、人体这辆汽车就产生了质的飞跃。

灵机一动啊！

这些词汇其实只有练武的人、修道的人才能理解，山重水复疑无路，突然拨开云雾见青天，在思维只是“一瞬”。灵机就在一弹指间。

尤其在格斗当中更是如此，敌人倒地了，哎呀！我这刚才一招是怎么使的？

这就是：精养灵根气养神，养功养道见天真！

灵机往往出自“孕育”。

古谱早就说得很明白了，功夫不是“练”出来的，是“养”出来的。

养功、养道、见天真，说得再明白不过了，只是令人不悟耳！

在练武场上来了一位内家的老师傅，老师傅功夫很好，在场子上走了一趟形意拳，真是精彩，用内家的话说：要哪有哪。

看完了轮到你练拳了，你突然觉得不好意思了，勉强地走了一趟，也不是原来的水平了，你自己会觉得比平时要差。明明是自己的练武场，一切都是很熟悉的，自己的身体也是很熟悉的。在练拳的时候，突然觉得练武场陌生了，自己的身体也

觉得哪也不是哪了。

其实这是很正常的。这就是那位老师傅闹的。内家的老师傅往那一站，就让人觉得有气质，很舒服，给人一种坚实的力量，老师傅得到了内家真意，能与道合真。

人都是有磁场的。老师傅自身的磁场不知不觉影响了你。

如果你能理解我说的话，甚至有过类似的经历，那就说明你的身体已经很敏感了，已经在无意间迈向了内家拳境。

如果你能遇到这样的老师傅，一定要和他学学，这样的老师是有真功夫的，他也许衣履寒酸，也许没有很高的社会地位，但是功夫是假不了的。

岳飞领着十万士兵，能一个个比武折服他们吗？

不能，岳王爷也没那个闲工夫，干这个无聊的事情。他是凭借武功中那种天地浩然之气，一见面就使人心生折服之意，也就是李连杰电影中，雷老虎那句台词，“以德服人”！

这是真的，武者自有武者的气质。

古代的武人很简单，见面一叙话，武人的身体都是很敏感的，身体近距离一接触，把他当敌人一打量，再说句话看看神色中气，那么对方的武功人品也就知道个七八了，就是这么简单。

三国刘备“三顾茅庐”，刘备没和诸葛武侯在大饭店坐坐，吃个感情饭，没泡个澡，也没夜里出来K歌，就是凭借武人的眼力，啊呀！这个人是我的丞相，我要这个人，就这么简单。

古人讲：武人文相，文人武相。别以为文人不好，自古武官死战、文官死谏，明史之中能不畏惧皇权，舍身家性命于不顾，为天下苍生冒死而谏者，与武者何异也？与侠者何异也？

凭武者之直觉，天下文武两途，有此气质者凤毛麟角，相请不如偶遇，如我辈能有此机缘偶遇此人，当不可交臂失之！

形意拳门为内家门派，拳理深奥，唯有德者得之，为何？

心怀怨恨、心存不轨之徒，内息永远不会按照自然及周天运转，永不能与道合真也。

这是自然天地的规律耳。

非我一家之言也。

有了正意才有正气，身正拳正、心邪拳邪，千古不变，万古流传……

“意正身直、松肩气下”，这是各个支派拳诀里都有的东西。德与武功等同也，武者要练武，更要“养德”。自古邪恶不能胜正气也。

练武也是塑造人的性格，于此费尽唇舌，只为读者能感悟天地之正气，练武、强身、修德，以一人而济天下。

人间能少一好勇斗狠之徒，多一正气之侠士也。

我抄写几句别人所得，作为本章之结尾吧。

为天地立心，
为生民立命，
为往圣继绝学，
为万世开太平。

自古自武功而感悟天地者，大道可期。

57. 内家拳呼吸合道之术

形意拳乃内练之拳、内家拳。

内家不是用嘴说出来的，是用实实在在的训练方式获得。

形意拳门的秘密，其实就在五行拳中，就在鹰熊合演之内，包括最基本的槐虫步，天下所有的形意高手明家，其实也是练这些东西，只不过有精粗隐显的差别。

其实形意拳和佛家的道理是一样的。

天下的和尚、大师手中的经书都是一样的，为什么有人成就了正果？不仅如此，还能开悟众生度己度人。

有些人在此生就没有这么大的成就，没有这么大的智能呢？那是因为你还没有学进去，没有领悟到内家拳境如此而已。

“槐虫步”是形意拳很简单的步伐，学习小虫子走路而已，然内里奥妙无穷。练到什么时候算个头呢？其实很简单的，身体起落整齐，呼吸合道，就基本算合格了。

起落怎么个整齐？

首先是呼吸、身体的呼吸。孩童般的呼吸，这个呼吸不是正常人的喘气，正常人的喘气是只到肺部的，武者的呼吸是直达丹田。这才叫呼吸合道。

人在死亡的时候，呼吸是越来越短促，越来越急促。呼吸从肺部开始一点点地上移，慢慢地他的呼吸直到喉部了，用说

评书的口吻来说，“出气多进气少”，慢慢地呼吸越来越不连贯，呼吸一断开，一个人的生命就没有了。

内家拳的呼吸是直到小腹，也就是直到丹田部位的。在行拳过程中一直如此。什么叫后天返先天啊？怎么返呢？其实就是从行拳动式的呼吸里边，去找这些东西。

这才是内家拳不传之秘——与天争命之法。

这个“呼吸合道”要做到“行拳动式”的每一个细节之中，说白了“练拳”就是“练呼吸”。

没有呼吸合道的配合，你发的就不是内家的力量，也打不出内家拳，说白了就是舞蹈而已。因为内家拳需要一个强大的呼吸配合，每发出一拳都在道中，只要有一下不合这个法则，那么你这一下就算白练了，就是做了一遍广播体操罢了。

形意拳门的人看人家打拳，其实看的不是拳势，而是看呼吸合道。一趟拳打下来，呼吸是骗不了人的。看行拳的人小腹或者命门是不是随着拳势凹凸，这是假不了的。

说练形意拳的人能偷拳、眼毒，说的就是这个意思。

他不看你花样百出的拳势，只看你的呼吸、手脚起落、丹田吞吐、眼神是不是行在拳势之前就够了。

如果有这些，说明打拳的人已经悟道，那是绝对的功夫，反之，不管这个拳师年龄多大，学了多少年，有什么虚名，对于内家拳来讲，他只是个门外汉而已。

这样的拳不学也罢。

你如果有了丹田的基础，学这些拳也是很简单的。稍微比划几天就能有模有样，稍微一用心就能青出于蓝而胜于蓝，因为什么？因为你练出了丹田、有了真力，换句话说你身体有了宝马、奔驰的发动机，再学上海的桑塔纳、天津的夏利汽车的跑法，那真是很简单的。

我自幼喜欢在各个练武场玩，但我从来不说话。武人要有自己的品德，不能动不动就指出人家的错误。我发现许多拳师从兵刃到拳脚，真能做到与道合真、呼吸合道的凤毛麟角。自此提醒爱好形意拳的朋友，从槐虫步，或者从劈拳开始，一下一下地去找你的呼吸，改变你的呼吸方式，只要你练不用我教，只要你能静下心来去体味，很快就能有质的飞跃。

这个一改变，那就是入道之门啊。从找到呼吸那天开始，你练的拳不知道比那些市面上的广播体操强了多少倍呢！

没有槐虫步的支派也不要紧，五行拳中挑出你最喜欢的一个，扎下根基去练，都能找到那个感觉。一拳能合道，百拳自在道中。看一个人打拳，眼毒的高手看个出式就够了，那个动作一做，呼吸、吞吐、身形、缩长全没有，剩下的拳就不必看了。

我费尽心力，用了一篇的文章，把以前讲过的呼吸之法、呼吸开合之道又说了一遍，这是很重要的，诸君当能悟之。

有了这个基础你会发现，你发力的感觉是不一样的。发力必有呼吸的配合，没这个基础发力是假的。以此为基础才能谈到周天，才能在龙形的时候做到节节贯串。这个“节”指的是“骨节”，脊椎的骨节。这个有了才谈到周身。

这就是内家的内练之法。

各个支系都要从这条路走过去。

各个支系都有自己不同的方法，但大道路是一样的。细微之处各家自有各家的奥妙。因为怕同门追问细节，不能一一披露了。我讲的算是我自己家的练法。

武术最坑人的是什么？

不是这个老师不会，是这个老师什么都会，拳脚兵刃会好几十趟，年轻的时候也是真下工夫练啊，老了徒弟一大堆。号称练了好几十年，头发都练白了，那个拳架子真的是漂亮。有的连我看了都心生欢喜，这个老师傅的拳架真是好看！可是他的所有拳脚，都是呼吸到胸而不是腹，练的所有的东西都不能一下下地和呼吸合拍。这是最大的悲剧。

我一般把这些拳都称为外家，他没有在自己的门派中练出来，进入内家的拳境。跟这样的老师傅练拳，也许会练得拳架很漂亮，也可以参加比赛，也许能拿很多的奖牌，但是他的手永远切不断砖头，永远不会有开碑裂石的真劲，在真正的内家高手面前，他就是个小娃娃，禁不住人家的一拳一掌。实话往往伤人，但真理不可战胜，实话就要实说。拳与功是统一的，当年老拳师打五行拳脚裂青砖，那就是拳功统一、呼吸合道的写照，那才是形意拳。

58. 鲐形大势　内藏机锋

鲐形为形意拳门十二大形象之一，形意拳门本有的形象有几大鸟类。

如果把鸡也算作鸟类飞禽的话，十二大形象中带翅膀的就有五个，鸡、鲐、燕、鹞、鹰，占了一小半。这五禽各有各的诀窍，也算是形意拳门的“五禽戏”了。

这个鲐形的鲐字，有人写成鸟字旁，也算是对的。我的计算机里找不到这个字，姑且用它罢了。意思要搞明白就行了。这个鲐是一种凶恶的鸟，民间有的把它称为“兔虎”，就是天上抓兔子的老虎。这个猛禽和鹰不同，鲐形自有鲐形的巧妙。

> 鲐形似鹰能不同，
> 抓兔筋斗双爪收。
> 空气上浮力欲灭，
> 短尾直束紧贴身。

这个形象走起来很简单，不细分析就是个炮拳步伐或者虎扑的步伐，做个收翅膀的动作，然后双拳向外一捣就完了。

细细地分析，鲐形还是有大道道的。

这个鲐收放翅膀的动作很有特色，和鹰那是各有千秋。

翅膀一收的同时，双拳也就是双爪既出，带上了胯力，在形意五禽里是独具特色的。

众所周知鸟类都是空气动力学的专家，鸟类身材与翅膀生理机能都不同，收放翅各有特色。这些动作归纳吸收到武术当中，就是极好的招式。

一只鸟类在扑食的时候，能与翅膀相合，在双爪出击的时候能协调使用胯力，更是非常之难得。形意拳门的前辈从鲐形一击中悟到了这个奥妙。看似简单的一个形，收裹、展放都有了。鲐形拳练的是个腰胯之合，配合呼吸及节奏，打出的拳含着阴劲，打的是个催劲。

既然是鸟类，在练的时候就不要玩那个马奔虎践的暴力了，脚下要轻柔一些。

我们一开始是个粗心的护士，打针的时候用的是“阳劲”，“扑哧”一声扎在患者的屁股上，很疼但是治了病了，也就那样了。

从这个形象中，我们要做一个细心的护士，我们打针用的是太极拳的阴劲，合着呼吸，拿着针管，一扎之下轻轻柔柔、不是很痛，但这个针尖直透肌肤，且锐不可挡。

这个护士这样打太极针，一个针头能用 800 次，第一个暴力护士针头打 50 次就弯了。

“庖丁解牛”才是内家的真谛。

酒精棉球是凉的，轻轻一擦，病人肌肤自然紧张，他憋着气呢。细心的护士手捏着针头用指尖一点，病人反射式地认为这一针打进去了，肌肤一下就放松了，轻吐一口气。这时候护士的手拿着针管，腕子一沉，针尖就进去了。

这一针打得像蚊子叮一样，这才叫顶尖的一针。

一个护士在打针的一个小动作中，融进了兵法，糅进了呼吸，她扎的是病人呼吸带动的肌肉松紧的刹那，千锤百炼的一针，让我都汗颜。

这个护士如果练武，很快就能进入境界，达到一个她都想不到的高度，因为她的悟性摆在那了。

不是穿上练功服摆个架子才叫练武，练武也是练心，古人有句话，留心处处是学问。我们练武的人在十丈红尘，处处时时有老师在。细心观察我们的世界，大千世界无比奇妙。把这些东西归纳到武道上，那就是我们的入道之门。

电视连续剧《康熙大帝》里，康熙皇帝的老师听说康熙参加了科举并取得了很好的名次。就对皇帝说，我辞职不干了，我不能再做皇帝的老师了，您已经毕业了，从今后您能以“天地为师”了。

文武之道，
一张一弛。
文成武就，
殊途同归。

练的是心、是心中那股“澈灵”。

这个词不是我编的，是古谱中的字，也有的说是“彻灵”这两个字，都一样，说的就是那个意思。

在鲐形拳中，我父亲就要求我做一个细心的护士，形意拳门，其实不只是形意拳，整个内家拳门越简单的拳势中，越藏着精华的东西。

崩拳就是一拳耳！

然天下武者谁能说，这一拳我练明白了、悟道了，从这一拳中参悟了拳术与兵法，参悟了阴阳刚柔？敢说这话的，唯云深祖师一人耳，后无来者。

展翅升空上下飞，
双拳直捣纵步催。
拳顺贵在整体劲，
三节相随竖尾追。

我在整理这些老辈歌诀的时候，鲐形有不少。我一个也舍不得删除，各有特色啊！都在用不同的方法，让我们体悟鲐形之奥妙也。这个形有很多东西，写续篇是免不了的了。

我写的这些东西是带着练拳的感觉一挥而就的，写完就忘记了，永远再也写不出一模一样的文字。

人不能两次跳进同一条河流，哲学上早有定论。

我试图用我的语言组成的成年童话，把诸君带入内家拳境耳。

形意拳的东西不好写，拳中境界更不好写，当个童话吧！

59. 鲐形拳中之妙

鲐形在行拳走势的时候，脚卜略微轻柔一些。全身的合力在前，任何动物的击打出击的动作，都是由头部开始，以头领全身。

鲐形是之字进步，这个头的动作很重要，迈的步子要适当的大一些。松肩合胯，才容易蓄积出完整的劲力。

鲐形两臂划圆收到腹部，是模仿鲐虎的收翅动作。这个动作的核心是尾椎，要蓄力、要学会尾椎的收展。

鲐虎在空中竖起尾巴、蜷起双翅急降的动作，练出全身的三催之力。

收了翅膀，剩下的双拳捣击而出的动作，就不是模仿翅膀了，而是模仿它的双爪。

这是人体局限性决定的，谁让人没真长出翅膀来呢。收翅拳出，找这个转换的切入点，这是玩这个形象的不二法门。“玩”这个字我用的是对的，现在国人练拳，缺的就是这个“玩”字。我说的这个“玩”是“玩要”，不是成人的练法，而是孩童的戏要之道也。

戏要也是道。

诸君如不厌烦，听我说说这个“玩”字吧。孩童天真烂漫，在玩要的时候，那是极其投入、极其认真的，小孩子在鼓捣心爱的玩具时，忘记了饥饿、忘记了寒冷、忘记了身外的一切，母亲喊吃饭的声音都能置若罔闻。这种投入，在练拳的时候成人是很难做到的。这是真理一。

下一个真理二是什么呢？

就是孩童的玩耍是不带功利性的，也就是没有目的随心所欲的，这是得道的根本。

成人的功利性太强啊，在练拳的时候，人的急功近利表露无遗。我练三个月要打倒泰森！我练一年要成为武神！

虽然你打拳的时候，觉得自己没想这些，但内心深处的功利意识是骗不了人的，心动的时候，血脉呼吸都会有变化。这就叫离道甚远，差之毫厘、失之千里也。

其实你就是在“有求”了。这个“有求”，本身就是错误的。练拳练功要有道心——无欲则刚。我在练，但我无求，我不求什么。功夫是练出来的，不是拜佛烧香求来的。

学拳的诸君学学小孩子吧，练拳就要学小孩子“玩耍”的意。这个“玩”字本身字意，在形意中我解释为：“王者守护自己的真元不失！”“玩”这个字本身，就含着武功中的道法。

不信吗？

成人是很难“玩”着做一件事情的！

精养灵根气养神，
养功养道见天真。

这个“天真”才是内家练出的人的本性或者说本心也，天真如孩童，眼神清澈、光照本心，此人得道矣。练内家的拳，无内家的意，纯粹扯淡。

鲐形拳是意象中最完美的打法。在使用鲐形拳的时候，也许做不到双拳击打。那么我们在练习的时候，还要考虑单拳发力的问题。就是用我的一个拳头，来完美地展现鲐形拳打之术。

我今天只是起个头，打开诸君的思维，我用钥匙打开了宝藏的大门，诸君能在宝藏中寻获什么至宝，那是诸君思虑之所得，久而久之练之在身，亦是诸君自己的拳法修为，与我无关也。单拳发力，得在鲐形极为纯熟之基础上，有了整力再加以研习，事半而功倍也。

鲐形可以退步击打否？

这个认知目前有两种说法，一个是能，一个是不能。

不能者说此形象是鸟类，和飞机意义同，应是进步取敌，不能退步，如给飞机加倒档的理由同，也多此一举。形意拳门之内，我所接触到的高手大都心同此理，我亦是曾经认同此说。然岁月悠悠，认知日进，我如今认同那个“能”字也。这本我个人之认识，与本门前辈无关，乃我一家之言。

鲐形拳也可以退步击打，功用与进步同。鲐形为空中之兔虎，非等同于普通飞机，应等同于直升飞机也。

起也打落也打，才是形意拳诀。鲐形远比直升飞机奥妙且功能多多。

空中之兔虎从天而降飞抓狡兔，如一击得手，当振翅而腾空也，爪下之狡兔亦在其控制之下，才是鲐形一击。

此鲐形拳暗含人体科学。我所接触到的老辈的拳家，谈到这个鲐形打击打哪个部位最为有效的时候，有的拳家直接指出小腹破敌，鲐形拳直接打击对手丹田。如敌侧身，也对后腰要地出手。有的拳家直接指出对人的膀胱击打最为有效。也有的拳家认为打肋骨最为直接。老辈的拳家根据自己的师传拳势，都练出了自己的东西，有了自己的理解，甚至与自己师门的认知有异，这都为正常。

1.5 米的老师，收了 2.5 米高的弟子，你怎么能要求他们在实战中，都击打一个部位？那本身就是不现实的想法。

按照形意拳的理，只要你三节齐备、力达四梢、身形一转，发的是三催之整劲。注意是整劲，而不是整力，那么这一拳就是放到他胳膊二头肌上，他也受不了。

当年在练拳的时候和父亲试手，父亲的鲐形就是手腕一翻，拳就打出来了。手腕一翻就代表了收翅束尾，再出拳就是鲐形拳，动作小的几乎看不见，几乎和钻拳雷同了。

形意拳在练的时候，全心全意做这个形，为的是练出意味，用的时候如神龙首尾不见。

形意拳门讲打人不见形，见形不为能。

如果敌人倒在地上，认出了他是被你什么形所伤，那么说明你的功夫还不精，还有待提高。当年师父的教诲也是如此。

形意拳的打斗就是个“描龙画凤”。初级为了图个“像”字，如工笔划之亭台楼榭。格斗中如泼墨山水，见缝插针，浑然天成，无迹可循。敌人倒下了，他是怎么倒的？

我是哪一拳变了哪一形，而克敌制胜？

打斗完后只有个模糊的概念，我大概是这么这么用的。这个模糊的程度，就是武功的高度了，换句话说是功力使然。

崩拳是身如弩弓手似箭，脊柱像弓一样发力。

鲐形拳是腰如磨盘，走了个“拧转而发”。一个巧妙的螺旋欺抖……

鲐形拳还有没说到的地方，我想就说到这里了，下笔千言，离题万里。其实寥寥百字，该悟的早就悟了。一句“阿弥陀佛”就能得道了，不是这份慧根，就是三藏万部经典学完，也难有所得。

古往今来，有恒心奇志者发大誓愿，苦其心志，劳其筋骨，增益其所不能，武功要有大根基、大智慧、大恒心、大忍心的人，才能有大成就。

借电视剧《亮剑》中李云龙的一句话，来形容武功大成者之勇猛精进，那就是：“就是死也要倒在冲锋的路上！”

一青山，一古庙，一老僧，一口钟，钟声袅袅，心与天地合……

古代的僧侣听暮鼓晨钟之音亦可悟道也。

闻钟声，
烦恼轻。
智慧长，
菩提生。
离地狱，
出火坑。
愿成佛，
度众生。
……
天下无难事，
只怕有心人。
有大恒心的人哪！
言止于此，
与诸君共勉……

60. 形意剑法

不知不觉已经六十章了，六十年为一轮回，“六十”这个数字在古人中是很神圣的，表丰收表喜悦。

本来想用三言两语完成这个事情，但形意拳门的东西实在是太多，稍微一展开，这个东西就说不完了。今后还是简练一些的好。今天忽然想说说这个形意剑，形意的剑法太有名了。学了形意拳，不学形意剑那是天大的遗憾。

武者摸兵刃，可以更好地体会手脚的延长，我们手里握着一个短棍，胳膊本来是两节大骨头接成的，突然多了一根棍，变成三节了，手腕单算就是四节，这个发力就跟空手不一样了。

从历史角度去看，人从会使用兵器的那一天，绝对是个划时代的日子，发明剑的那天，也算是划时代的日子了。这样说是有根据的。

电影、电视剧中的实例太多了。武松被发配的时候，押解的人手持哨棒（棍子）、有腰刀。劫道的山贼也是几乎没有不手持兵器的，人手里有了武器胆气就壮了。哪怕这个山贼不会使用兵器，也要拿着一样壮壮胆气。

兵刃确实有比手脚强的地方。一件好的兵刃，在一个武林高手手里绝对是如虎添翼，这是历史证明的。

在古代哪个军队都练拳脚，哪个军队都是拿着兵器作战。

形意拳是“枪拳”，或者说是“以枪化拳”，对兵刃的练习更是必不可少。

不会大枪的形意拳练习者总会觉得缺少点什么，形意拳门经过了数百年的演变与发展，刀、枪、剑、棍这四大兵器最为普遍，也是最常用的武器。

这四大兵刃能练好就行了，一通百通。我个人最喜欢长枪、短匕。纯属个人喜好耳。

如果你是学练形意拳的，那么恭喜你了。形意拳的兵刃和拳脚是一样的路数，一样的招式。你会了五行拳，其实就会了五行刀，会了五行枪，会了五行棍，也会了五行剑了。

不是我写得啰嗦，其实这是个大便宜啊。

许多门派有多少多少拳脚，多少多少兵刃套路啊！比如20趟拳，每趟拳20个式子，这都是少说呢，再有枪法、剑法几十趟，你想想你得用多少时间，来记住这些复杂的招式？练多长时间才能精熟？练多长时间才能上战场？

这些都是问题。生命有限，拳脚无穷。

有些门派的拳脚和兵刃比较接近还好练一点，有些门派本来没有这些武功，是从别的门派学来的，这就麻烦了，你得花很多时间去消化这些和你拳脚不沾边的兵刃套路。

习练形意拳的刀、枪、剑、棍，就没有这些烦恼了，形意拳的“拳”和形意拳门的“兵刃”是完全相同的，不是类似，也不是有些门派的接近，是完全相同的。

当然形意五行刀和形意五行剑还是有区别的，那只是用刀和用剑的区别。

举个例子来说吧，你学会了形意拳的劈拳，这时候你拿着一把宝剑练劈拳就是形意劈剑，再换成刀就是形意劈刀，就是这么简单省事。把五行拳直接带入兵刃，就学会了兵刃的基本用法，你所要掌握的是兵刃各自不同的特性而已。

刀是刀、剑是剑、枪与棍的区别，掌握了这些特性，代入相同的五行拳就可以了。这就节省了极大的一部分时间，把记忆繁杂招式的时间，用来精纯自己兵刃上的功力。

与敌大战300回合，只是在现代的武侠小说、戏剧及电影中存在的情节，在战场上使用兵器做生死搏杀的时侯，三五个照面就很不简单了。通常一分钟之内，胜负已分，生死已判。

持有兵器的高手，具有更大的杀伤力与破坏力。兵器总要与你所练的拳脚越相似越好，可以更快地提高搏杀的技能。形意拳的精华也藏在兵器中，兵器照样可以悟道，公孙大娘的“剑器之舞”已经不是单纯的武功，她的灵性已经近于道了。

武功到了这个程度，不敢说飞花摘叶，这种高手的手中拿着个牙签也是绝对可怕的。就如《笑傲江湖》中的东方不败一般，高手的打击不花哨、简单有效，攻敌之所必救，往往一击而克敌。

我在前文讲过，天津的海河边上的形意拳高手放倒一个彪形大汉不过一个钻拳，后手的劈掌都没有用到。评书《三侠五义》中有一句笑谈说：许多高手接不住南侠展昭的一掌，可是南侠展昭接不住北侠欧阳春的一指头。评书当然有夸张的成分，但是功夫是假不了的。功力产生的差距，在格斗中更能体现。

形意拳人注重剑，更注重剑法。在形意拳门中学剑是很光荣的事情，枪为“百兵之祖”，剑为“百刃之君”也。甚至古人及近代把江湖称为“拳剑江湖”，这是有深邃道理的。今天主要是说这个形意剑。别的门派当然也有许多优秀的剑法，暂且掠过不提。

套着五行拳的拳招就能练剑了，五行拳是拳脚的根本，五行剑也是根本，这都是根上的东西。许多花哨的剑法，不是战场上使用的，而是练功夫、练腰腿、练眼神用的，经年累月啊！一套剑法一百招好容易学会了，我今天告诉他战场上不能用，我自己都觉得残忍，但真理就是真理。

战场上能留下的，是你复杂剑法练出的身法眼神，而不是招式，“花哨”远远不如“简单”。

纵观许多剑法，从头至尾都是单手玩剑。遇到双手握刀的是无法磕碰的。一碰你的兵刃就飞了。现今许多剑术，都是没上过战场的剑术，单手耍得淋漓尽致，就是无法接住双手刀的一劈。

可能我武断了，许多人会反驳我，可以退步、可以绕过去等，是的，你都可以，但对方双手握刀不撒手啊，横斩、直劈、斜撩，甚至直刺都是双手，怎么办呢？

从此来看形意剑双手握剑是有道理的，剑术中除了单手还要有双手的动作才好。

这只是我一家之言，与本门前辈无关。不喜欢的可以不看了罢。形意拳剑有独到的地方，可学、可练、可借鉴之处多多，学进去方知其中的奥妙也。

五行剑其实就是五行拳的式子略微变化，剩下的就是兵刃的分别了。有了这些基础再参悟大枪，体会两手合一的那种劲力，当是有帮助的。

先要正意，练剑要练出君子之风。

得此一剑，当能修心养性、益寿延年也。

当年少年情怀不知天高地厚，曾自赋诗一首，白云悠悠岁月无痕，至今尚能详记。

我本终南形意仙，
天高地远任往还。
六步神剑今在手，
潜龙腾渊上九天。

而今言犹在耳，岁月却如白驹过隙，眨眼间数十寒暑，当年的剑犹在，不知年少豪情，汝今尚在否？

61. 仰天长啸　剑气冲霄

不知不觉想起了幼年练剑的情景，可爱可憎的劈拳打了十四个月。那时候少年轻狂，不知内家真谛，甚是觉得枯燥无味，当老师教五行剑的时候，那是非常的喜悦，可以摸兵刃了。

那时候少年情怀，大侠总是和剑连在一起，那些评书中哪个大侠没有兵刃呢？

祖师爷岳飞的沥泉枪、程咬金梦中的三板斧，那个年代《七剑下天山》中大侠杨云聪的“断玉剑”，他师弟的“游龙剑”等，无不使人神往。我最先得到的是父亲亲手做的一对木剑，历经辗转搬迁已经遗失，然那森然剑意犹在我心。

什么是剑？

按照今日的说法，剑是武术的第二次大发展的信物，那是研究武术历史的人的事情，在此不说这个。剑为“百刃之君”，此言犹在耳也。

这个君字是君子、君王的意思，练剑要有剑意。无剑意则百炼不成也。孔孟之道多次提到浩然之正气，剑可以走偏锋，但剑意绝对是“王者之气”也，反之和“耍菜刀”无异。

我的剑法不是从劈剑开始，乃是由崩剑入门，在此略为记述一些。

木剑有一个好处，冬天练着手不凉且对练时能有效地保护自己，我至今怀念那一对木剑。

今天有人问：“剑法怎么练能入道？”

我毫不犹豫地会告诉他，练双手剑就行了。这个单手、双手也是形意拳门的诀窍之一。

那时候经常和父亲练的一个式子就是崩剑，我出剑，父亲招架，因为那时候很喜欢崩剑和崩拳，工夫下得最大，我经常用双手及单手做崩剑式向父亲刺出，但是每次父亲都是简单地一圈，然后回刺，或刺前胸或刺手腕，使我屡屡不能得手。

父亲说这就是形意剑的奥妙。

崩拳有个前手拳，然后才是换手崩打。形意剑的奥妙就在这个崩剑的换式当中。崩拳有进步崩和退步崩，剑也一样。得此奥妙者，当能得形意全盘之妙也。

父亲给我一把剑端视良久，而不得其意。

父：这是什么？

子：剑。

父：剑有什么？

子：剑格、剑脊、剑尖、剑袍、剑鞘。

父：剑为什么有鞘？

子：因为要把锋刃藏起来。

父：这是养君子之气，神不外泄，敛藏其锋，静如处子，动若雷鸣。剑乃君子之“刃”、君子之“心”，合为君子之“忍”也。

父：如何拔剑？

子：用手。

父：心为统帅，眼为先锋，心神合一，才能拔剑，扬眉剑出鞘。为什么扬眉？那是周身剑意。

子：周身剑意怎么体现？

父：拳要六合，剑也要六合！

子：从何开始？

父：崩剑始！

我今日回想起当年父亲的话，句句真理也，此时不与那时同，那时天真尚不能悟道也。

练剑练的是“神”，也是意。

比剑之时，如古代君王指点江山，凡我目视之地，皆我王土也。有此气势，即不怕强敌。

敌人也许可以用剑杀进你的意所画的圈子，这个圈子是意画出来的，大小方圆看自己的功夫了，敌人也许会踏进你的国土，但他保证出不去。

崩剑的一式就是打顾兼备。

如敌一剑刺来，不可不避、不可不接之时，则稍稍小画一圆，稍微一碰即可，只要敌人的剑尖刺不到自己即可，随之一剑直出，直捣黄龙府。

练这个剑要有人配合练习为最妙，敌人单手一剑刺来，你双手使剑来格挡，然后出剑。

为什么要求双手呢？

这个就是形意拳的独到之处了。单手接的时候，如果你功夫不深，你会只用胳膊。但是双手握剑就不同了，双手剑的格挡动作必须用腰，必须用全身的力量去完成这个动作，无形中符合了形意拳的大原则。

慢慢地就会出功夫，有了功夫就不分单双手了。

在练剑初期，双手是速成法。

其实不是只有剑法，刀法也是一样。一个双手握刀的人和一个单手握刀的人，挥刀砍在一起会是什么情况呢？

那就是单手拼不过双手。就这么简单一磕一碰，单手刀就飞了，或者就偏离了进攻的轨道和路线。放眼望去，如今天下练刀剑之人不知凡几，然真练过双手刀剑的又有几人？

形意拳讲“搏狮虎用全力，搏兔也用全力”，能双手劈砍的时候为什么不用？这不合形意的大道理，也不合兵法。

形意拳是讲“七拳十四打”，但是还讲“三节”、讲“四梢”。形意拳最佳的用法，是七个拳头共进，哪个打击最得力就用哪个，而不是象棋中的“单车乏炮单过河”，过去了也没什么作为。

大势做对了，小节可以忽略。

大势不明就练拳、练剑，是瞎耽误工夫。

大势一明，
剑气冲霄。
心随我动，
料敌机先。

对剑如高手之博弈，乃中华武学的高境界。

我纵观世界武术，虽千姿百态，但难逃一个“技”字。说白了再好的东西，也是野蛮其体魄的东西。

唯我中华武学“野蛮其体魄，文明其精神！”

肉体、精神都会有质的变化。

唯我中华武学才能谈到“武道”二字。

望学我中华武功的人得之、珍之、宝之、爱之，盼其能生根、开花、结硕果！

华夏几千年，华夏人种没有灭绝，华夏武功也传承至今，足证华夏武功之不凡，盼之延延绵绵、广传天下……

62. 一理通之　百理融之

形意拳需要艰苦的练习才能进入内家拳境，在此期间最好不兼练其他拳术。

任何一个门派对初学者都有自己的要求。贪多嚼不烂是今人的通病。

许多人练了很多东西，可以说是杂学唱了，可惜他只是记住了繁杂的姿势拳法，而没有提高自己的功力。许多号称习武者，其实一个直拳也打不好的，一个劈掌根本没有劲力，不信你和电视上的排球运动员比比，很多武者打不出扣球的劲力。

这是为什么呢?

就是你博他精，你会的多练不过来，他就练这一下，每天无数次地重复，自然就比你强了。不只是拳法练武啊!

修道的那些书，还是少看的好。本来就不是你那一门的，没什么借鉴的作用，武术的法则啊，跟你的想法其实不一样的。“武道可通天道”，这是我最常用的一句话。你什么时候摸到了根须，才算了解了武术一门，世界上的树那么多树叶，千姿百态，你采的叶子再多，也是枝叶上的东西。

想学武功就要挖根，从一棵树找到了根，那么天下的树和植物你就明白了大半。

为什么书不能瞎看呢？因为你看经络运行的书，你的经络不自觉地会跟着走，看的越多越乱，这是内家的真理。

有人不信吧？

不管男女吧，只要你的生理正常，你看到黄色电影的时候，你的生理啊、心理啊，产生没产生变化呢？

肯定产生了。

你看到一部最最感人的电影，你会流泪，你的心情会随着剧情变化，你的生理和心理都随着电影在变化。

你看书其实也是一样的，都会引起生理、心理的变化，你有全世界所有门派的武林秘籍，你也都练过，我可以保证你武功不高。

你的身体不能承受那么多。

古代人出功夫啊，那时候交通不便，信息不发达。古人的生活范围很小，一个人方圆几十里也许就能遇到一个武馆、一个师傅。学了三招两式如获至宝啊，朝夕苦练怎么能不出功夫呢？

返观今人，全国的武馆都去过，全国著名的武术家他都认识，那合影照得一本本的相册啊，全市、全区各个把式场没有不认识他的。你再看看他的拳脚，真的连个武校的少年学员都不如的。

拜遍了天下名山，也不如心中有佛。佛在心中莫外求啊！

寻师访友那是武林高手做的事情，是武功达到一定程度的表现。多亏了今天四海升平，没这么多的强盗草寇，要不这样的武人出门连命都保不住的。

难听的话未必不是真理。实话就要实说，要不写这么多文字耽误读者的时间，本身就是犯罪！

再说说网络吧。现在的网络影视高科技，对武术的传播起了很大的作用，打开那个“潘多拉魔盒”，全世界的武林高手都在眼前，这是好事，但任何事情都是双刃剑，问题在于你会选择吗？

你知道这些东西，怎么能融入你的武功中吗？你根本不懂的，尤其是初学者。没有明示，或者没有明师的指点，你是看不出来什么的。眼力和武功成正比的。练中学、学中练，明师在旁是最好的方法。看多了你的脑袋就乱了，视频还好一些，不会的是练不出来的人。

但那些书呢？

写的人未必会武术。

许多东西都是抄袭，他自己都说不明白的东西，你看了有什么用？一个跟明师学艺的人，和一个网络自学成才的武术爱好者，为期一年。一年以后他们的水平会差很多，我身边很多这样的例子，就不一一列举了。

习武修身，武功这个东西“心静”为上，且来不得半点虚假。你练形意拳也好，练别的门派也行，关键是要把你那一门的东西吃进去，吃透了它才能举一反三，才能再去学其他门派的东西。

天下没有无敌的门派，只有无敌的功夫。

功夫认的是精纯。

武术和相声不同，武术不需要杂学唱，你能唱好一个门派甚至一个门派的一出戏，你就得道了。

一张白纸好做文章，一个踢腿、一个劈掌，其实就是武术，武术不神秘，千百次的重复形成了正确的自然反应而已。

掌握了一千种踢法的人，不如就会一个踢腿，一天做一千次的人。

这是真理的真理。

一理能通，
百理能融，
如春风化雨滋润心田。
这个“化”字最为巧妙。
万事万物都有化，
且千变万化不离其宗、不离其道也。
拳来脚往，
拳为什么来？
脚为什么去？
万事都怕一个“真”字。
功夫练得真，
才能用得巧。
东西在肚子里，
不用的时候就是一团气，
写出来就是书，
唱出来就是戏，
练出来就是武，
剖析出来就是术。
意念一动，
神意自来。
与天合道，
拳掌俱妙。
与道合真，
神在我心。

动若雷霆，
罢似江海。
虎搏于山，
狮扑于兔。
灵机一动，
神鬼难逃。

此武中之大丈夫也！

63. 拳剑之理

到了今天突然想讲讲形意拳剑之理。

形意剑是个宝贝，五行剑也是宝贝，这个练通了也就成就了。

最起码形意的东西你明白了七成。

最起码是个大成的境界。

说五行剑其实又回到了五行拳，回到了五行拳的实战。为什么这么说呢?

敌人打出一拳踢出一腿，其实是个形也是个形象，你用什么形象去破解它?

比如敌人的当胸一拳，其实就是个崩拳，劈能克崩嘛，你出个劈拳就是了。但是这个劈要符合拳理，符合当时交手的状况。与敌人交手的一切，都是你自己造成的，包括环境、温度、战场人数、你所持的兵刃等，这时候大脑就是个高速运转的计算机，把一切都涵盖在内。

敌人如果是一人，他的身材、相貌、眼神、功力、在厮杀的战场上的气势，一眼就可以判断。如果不能判断，在战场上的后果是很可怕的，有可能就丢了性命也未可知。

幼年听师门及家族的叙述，古代的徒手肉搏称之为“白打”，也就是空手对打，在武艺当中不占很重要的地位，在古战场上手持兵器对战的可能性是最大的，也是最高的，在今天依然如此。

一个未经任何训练的普通人，手持尖刀也可能杀害好几个警察。一把尖刀使他的武力指数瞬间提升了不少，这个我用的是计算机游戏的语言了。在古代，一个久经训练的武士如果有兵刃在手，武力值也是成倍地增加，这是不可否认的事实。

比如美国拳王泰森，在街头遇到一个手持半个酒瓶的行凶者，能不能全身而退还是个疑问呢。古中国的武功，其实重视的是培养生存能力强的武士，而不是擂台赛的冠军。在实战中冠军没什么大作用，武林有它自己的一套衡量标准。大侠不是谁都能做的。

古代别说是武人，一个普通的农村妇女杀鸡宰羊都不在话下，冷兵器时代的战争，更是武术的大课堂。

国术是在古代中国那个严酷的生存环境中，打造出来的国粹，不只是磨炼人的肉体，更洗涤人的精神，达到那令人向往的侠之大者的境界，才是国术的根本。

形意剑不是很神秘，形意剑也没有今天的表演武术那种空中转体 720° 的高难度表演，那些在战场上使用几率几乎为零的、找死率百分之百的花招，在形意拳门中是没有的。

今天我们称武术为“国术”，还是返璞归真的好，刀越练越薄，枪越练越细，武功越来越花哨，非国术之福也。

古人有个雕弓的故事。当年形意拳门的前辈也用它来勉励后学：一位古人有一把“宝弓”百发百中，此人将其视为珍宝，于是找了很多能工巧匠，在弓背上雕刻了许多漂亮的花纹，美观至极，然而这把弓在使用中一拉就断了。今天的武术就是那把带花纹的弓也。

国术到了今天，该是返璞归真的时候了。许多人都叫嚷着国术的统一，一个门派的一个拳，南七北六一十三省，要打得一模一样才好。要有国家规定的套路和动作。

其实这个本身就是有问题的，在武学高手的眼中，这根本就不能称其为一个问题。一个好的拳师，知道怎么去教自己的徒弟，按照他的身架个性给徒弟点东西，练习下去很快就出功夫了。很难想象一个矮人和一个姚明，把拳打成一模一样的滑稽样子。

十个手指还不一样长，强求本身就是错。

国术的误区还有很多，成百上千年武术传承到了今天，现在称之为“国粹”。你不用去支持它，也不用去反对它，它会一直传承下去的，武术的真理永远存在。站在紫禁之巅的人和掉在井里的人眼里的世界是不同的，谈什么统一呢?

他的思想、武功根本就和你不在一个高度上。

我小时候曾天真地问过那些练剑的人：“请问你的剑里边有对练吗?”

许多会很多剑法的人，在他的门派中，本就没有剑术的对练，有些会很多剑法的人从没有拆招，从没有找过兵刃相对的感觉。虽然他的剑法很漂亮——也只是漂亮而已。

没逮到过活物的老虎其实不是老虎，因为它身上没有虎威，没有老虎那生杀予夺、虎啸山岗的气势。

一个素有成就的武师，在平常是看不出什么的，只有与之对垒的时候，才能感受到他从身上散发出来的那种独特的气质，这也是国术至今迷人之所在也。

能得此神韵者，足慰平生也。

刀、枪、剑、棍，是各个门派中最常用的兵器，形意拳门也不例外。形意剑更是兵器中的君王，当年练剑之时，曾经使用很多伎俩，今日简要叙述一个。

我们都用过锁，也就是我们常说的锁头，把大些的锁头死锁，套在剑尖上，让锁头的“圆”在剑身上慢慢地滑动，去体会剑锋上传来的力道，剑可平可立，只要锁头够大就好，慢慢地学会了控制自己手腕子上的力道。

剑不是刀，也不是斧子，这个“圆”最容易体会剑意。

形意拳如果没有“意”，就不叫拳。

形意剑没有“剑意”，也不成为剑术。

若用宝剑当板斧，

笑死三丰老剑仙。

剑就是剑，你拿它当什么也不对。

这个基础有了，做个弓步刺剑的动作，让锁头滑到剑尖而不能掉落，难度就提高很多了。慢慢来，形意剑练的就是那个剑意。有了这个“意”，万法万式都能生化出来。否则你学的再多也是别人的。

八仙剑是八仙的，纯阳剑是吕洞宾的。

你现在练的剑，是你师爷编的，你师父改的剑法，哪些是你自己的东西呢?

只有剑意是自己的。

这里边有一个从无到有、从有到无的过程。

在实战过程中，其实你出的招式，都是你先天的本能，平时练的东西，形成了大脑正确的条件反射，这才叫练成功了。

除此都是假功夫。

许多传统武术爱好者，在实战中一摆架子，他练的拳一招也想不起来，这不叫成就，最起码不叫大成就。

文思如泉涌，武思也当如泉涌。

在擂台、在战场受到那个气氛的感应，什么都出来了。这才叫功夫，这才是武术。

拳剑都是此理。按照哲学观点，真理具有唯一性。国术不要统一招式与门派，武侠小说中哪个武林盟主、哪个皇帝也没做成这件事情，国术要统一的是思想，是武中具有唯一性的真理。

了解什么是武？什么是侠？

让世间多一文武兼修的德者，少一个好勇斗狠的莽夫。武者锄强扶弱、匡扶正义，此为国为家之大福也。

64. 谁家新燕啄春泥

关于剑法我想先说到这一步，我只讲了些练剑的基础东西，剑法剑诀还没有涉及。形意的剑法太过深奥，我个人以为，江湖中大量的剑法都是“形剑”，也就是练的“身形合一”耳。

然形意剑法却是“骨剑”，“有勇在骨、切齿则发”讲的是骨力。剑有风骨才是大家。如此才能谈到剑之道也。

6岁顽童虽也能提笔写字，远观也字迹工整，然明白人一看，字没有风骨，缺少内在的东西。我不懂书法，乃是假借书法说剑耳。如此练拳习剑，才能得上乘武功之趣也。

今日开始说燕子吧，在形意拳门的十二大形象中，这又是一种飞禽，是我喜爱的一形。此形象式子较多，可以称其为一路短拳了。习练的难度也较大，该是习练形意拳一段时间再接触为好。

昨夜雨疏风骤，浓睡不消残酒。习练形意首重意境，中华上国从南到北，哪里没有乳燕低飞？认真观察，哪怕是《动物世界》节目，看在武者的眼中，也是别有意境、别有深意的。

燕子钻天、燕子回头、燕子衔泥、燕子超水，这些个动作“意中空”。练习燕形首先身法要轻灵，这个轻灵和猴性不同，猴是纵山之灵，是灵巧之意。

燕有超水之妙，这个轻灵是身形的平行移动，而不是蹦跳。在其他鸟类中“燕子超水”绝无仅有。

燕子不喝低头水，
单翅超水抬头饮。
君见燕子取水巧，
才合男儿高士风。

侧身取势、抬头饮水，取法为拳，乃形意燕形也。

各个支系习练的燕形大不一样，然万变不离其宗。得其神髓者，睡觉都是形意，未得其神髓者，怎么练都是体操。

燕形现在也可以摆个三才式，然后来个燕子钻天之势，这个没什么特别的。内家拳没有直的，四肢要微曲才合道艺，脚不要和少林拳一样立起来，要平些，这里有些技击意义在里边。然后换腿再做一个燕子回头，这个要扭颈。在人一腿独立的时候，脖子有大作用。初学的时候，式子多慢也不为错，劲力齐整、呼吸顺畅为高妙。

我们初练健美，健美教练会给我们开方子，胳膊练几组、大腿练几组，那时候你就是初学，什么也不懂。慢慢地随着你的进步，有一天你做教练了，能给别人开方子了，这时候才叫你会了。那时候你对肌肉训练的把握才为合格。形意拳门也是这道理，当你知道自己哪里有欠缺，自己能挑自己的毛病的时候，你已经懂了形意。你自己会安排自己的练习步骤了，知道了自己的缺点，你已经懂了这一门的东西，慢慢地你带师兄弟了，开始带弟子了。

人与人差别很大，你怎么把他带入你的境界？

你要考虑并且尝试很多的方法。在教别人的时候，你也

能提高自己，温故而知新。不是师父三年前说的话和今天不一样就不对了，师父也在慢慢地提高自己。在许多武侠小说中，关门弟子总是出山最晚、武功最高的，这是正确的，师父晚年的境界，只有关门弟子能得到啊，因为大师兄早就下山去了。

接着做个燕子展翅，这个展翅是模仿燕子的单手超水的前式，因此这个展翅是略微侧身的。下边的动作是整个燕形的核心，就是燕子的超水之势，这个式子要求跳得高、纵得远、落地无声，腰胯合劲，下式要快，起身要稳，需要长时间的练习，才能体味这个式子。我得到的传授更难些，要做燕子三超水。就是连续做三个超水的动作。接着做“乳燕衔泥”就简单多了。单手撩阴后变拳，两拳交互“撕摞”，就算做了一个完整的燕形了。此形说来简单，其实形意拳任意一个单式都不复杂，复杂的不是形而是意。

有些功底的人，很快就能学个惟妙惟肖，但得其神髓才是传授。燕形不只是练法多，打法也多，需要长期的练习才能掌握，这个不是秘诀的秘诀，就是要读拳诀，和看书一样，拳诀就是内容提要，就是画龙点睛，在形意拳门的传授中，燕形的拳诀是最多的，能帮助我们理解拳中的内涵。

下面想说说“燕子钻天”。这个“燕子钻天”不是简单的一个式子，那是有东西藏在里边的，在形意拳门中，这个式子隐藏着一个重要的桩法“顶天立地乾坤桩”。

这是我家自己的叫法，其实这个式子是需要单独站的，单脚独立的桩法，能帮助我们的身体更快地达到技击的要求，协调阴阳、和谐五脏、抻劲拔力，有无穷的奥妙。

十二形象中能当桩站的式子还有，这才是形意拳门的传授。当年父辈的老师傅们集体研讨过这个问题。十二形象中个别的式子的意义，不是单独体会在技击中，当然技击中也有作用，这些式子是需要拿出来单独站桩的，其中重要的目的不是技击，而是抻筋拔骨练功力与周身调和的。

近代的形意拳门的传承者把这些东西串编在一起，才是我们今天看到的形意拳，有些是练功力的桩法，有些是技击的手段，有些二者兼备，如此才是形意。

练内家拳需要一个明师，把这些谜语都给你破开了。有些人因为不得法，练了很多年，形意拳门的什么拳他都会，就是劈拳放不出人，没练出功力。这些人其实是形意拳的门外汉，他也教弟子，收徒弟，搞个什么协会之类的弄个会长头衔，但国术就是国术，这些东西终会禁不起历史的检验，禁受不住战场法则的考验。

燕形要说的东西太多了，今天只能简单地说一点，打开一下思路，对学拳的诸君有好处。

燕子超水是兼顾的艺术，不是只能打人、摔人的东西，也是败中取胜的一式。遇到擒拿高手擒住臂膀，这个式子还能用身法化解擒拿手法，利用身体的协调，破开敌人对关节的制拿之术，这只是这个式子中的一点点用处而已。

燕子有翅膀和爪子，人有上肢和下肢，手脚的打法可以互换，练燕形要明白这些个道理。

脚可以绊倒人，其实手也可以绊倒人，打开思路，在最简单的式子中，去找那些无穷的变化，如此才是形意。

形意拳门的五行拳、十二形、八字功，都串编起来成一路拳法，也不过几十个式子。就是这些式子撑起来一个门派，赫赫有名的内家三拳之一。如果这些式子没有无穷的奥秘和无穷的变化，形意拳门早被历史的长河淹没了，也传授不到今天。塌下心来练习，重复这一个个动作，许多大师都是劈拳劈出来

的，久而久之必有所得也。燕形灵动活泼，入手即是高妙的身法，诸君当勤加习练，以求身形合一。初学诸君当从“燕子不喝低头水”当中去体味身形与劲力。

我写的东西要多看几遍，慢慢地去理解，也可以在网络上搜出对应的视频对比着看，利用视频、图片、文字的搭配组成自己的立体感官，去体悟内家拳独有的韵味，诸君潜心研习定有斩获！

65. 扶摇试看燕取水 才识男儿高士风

内家拳不好练，难在急于求成、难在心意不坚、难在十丈红尘的纷纷诱惑、难在知其形却不明其意，拳拳都想打死人这个意在拳中伤害自身而至体无完肤耳。

“欲练神功挥刀自宫”，虽然是《笑傲江湖》中的一句戏言，然而在武学中却是绝对的道理。不是说笑而是真实如此。

想练绝世武功，首先要克制自己的欲望，当然这个“自宫”不是让你“喀嚓”一下，晋升大清朝宫廷公务员，而是一刀斩去自己的欲望。

其实呢，超出人体生存的必需的范畴都是欲望。

自古圣贤皆寂寞。武者要在十丈红尘之内，把握自己的内心世界，拳不离手，如此才能成为武中强者。

看今日的中国不再招考武状元，但不是说武者就该落魄。许多人讲“练武不能当饭吃了”！我以为那得看是什么样的武者。如果你能头断钢柱、脚碎石碑，一拳能把故宫的墙打个窟窿，那么请你的人有的是，拜你为师的也有的是。关键是你有没有真功夫。

我小时候，天津的郊县和市内没有这么多的汽车，学生的课和作业也不像如今那样的紧张，我有时间仰卧草地，看云卷云舒，听鸟鸣蝉唱，自此我认识到小小的鸟类没一个好惹的。

燕子别看身量不大，确是空中的食肉一族，眼尖嘴利，从技击角度来说，如果燕子的身形与雄鹰一般，未必不能与鹰一搏。

燕形是修身之术，练身法的协调，在形意拳门中有双脚离地的动作，即是出自燕形，练形意拳要知道这个，这个超水之式是燕形最大的根本，是身法的身法、武功的武功。

起落钻翻横竖，排在最前一个燕子超水起落全占了。这还只是说个身形，没说胳膊呢。起也打、落也打才是真起落也，知理明义啊。

形意拳是内家武功，艺出终南。燕子钻天、燕子回头之势，支撑腿略有弯曲为“上妙”也，如此方能顶天立地，不失“稳”字。内家拳中无绝对的“直”，是绝对的“曲”，这个“曲”字是灵魂，掌一门的兴衰成败，一切都从“身意”开始，如此方为内家。

综上所言，此形永不失轻盈轻灵之意，不管形意拳哪个支系，这个燕形差别多大，这个意永远是通的。

有些支系有上步撩掌及乳燕衔泥之式，练时勿有恶念，恶念伤身是也。各个支系传承至今差别虽大，形意之理同然。

这个燕形如展开讲，我觉得要说得全面，非五六讲而不可得。我觉得“抛砖引玉”最为高，“画蛇添足”最无趣味。留些悬念让读者自我领悟最为高妙，多读下述拳诀，如能通透，万物可得也。

许多人称赞我文章写得好，其实我就是个“邮差”而已。是形意拳门的列位祖师的拳法好，我将这些东西略加剖析端出而已。续写一部成人童话，能懂则懂，江湖险恶，不懂就撤。

谁撤谁上当，啰嗦了半天，下面的拳诀才是真的。

燕有抄水之巧、钻天之能、跃身之法、回身之灵、飞腾高

翔之妙动。

转无声之奇练之力，
多于臂侧，
身后注于手。
燕形取其身为肝肺。
肝合筋，
肺合皮，
毛为气之机关。
气活神通，
百病不生。
气有轻清之象，
故燕形有轻妙之灵。
练之滋肾水、降心火。
四窍开，
精神足，
筋络舒展，
抄水敏捷回旋灵，
性属阴阳刚柔功。
扶摇试看燕取水，
才识男儿高士风。

66. 万物生化之意才是王道

看了多年武道兴衰、人生百态，感悟良多。细嚼那些陈年往事，如陈年老酒颇值得玩味。纵观武道乾坤，修正自己的心态，此为武功成功之基石也。

从顽童到苍然老者，任何人的拳法招式对你而言，都有借鉴之意。海纳百川，有容乃大也，在武功上尤其如此。

有人问顽童黄口孺子练拳有什么看头？

一个认真打拳的孩子，他的精气神不是你能比的。孩子心地纯净，无忧无虑，当他把练拳当成了玩耍的时候，玩得认真就玩出了境界，其实认真地玩就是“道”也。

心合道，拳脚才能合辙也。

成人呢？

念念不忘的是功利啊。练拳欲望过强，心情就不能平静，往往还不如孩子。比如睡觉，孩子玩了一天，躺下就着，成人呢？没有比孩子睡得快的。别看你练拳时间长，你真不如他。

最起码睡觉你比不过他。

心不合道，拳架摆得再漂亮，五脏也不帮助你使劲啊。武功就是个下乘耳。放下心中的功利心，看孩子打拳，也会感悟良多。天下纵横几千年，苹果不知道打了多少人的脑袋，只有打在牛顿头上才改变了世界。

智慧的武者才能在平凡中发现伟大，如云深祖师化简单的一拳为神奇。

武功的真理就在不经意间，就在偶一回眸之处也。

练武要寻清净之地，应多独处。

除对练外，少去武友聚集之地，人多是非多，千言万语贬短论长，不觉日已西斜，大好时光于唾沫飞溅之处、嘴角泛白之间悄然而去。练拳要有只争朝夕之意，想我中华上国武功浩若烟海，看都看不过来，哪有时间唠嗑？

不与爱贬损他人者为友。观人练武应虚怀若谷，高不攀、低不贬，就算其人拳脚无一是处、毛病多多，数数错误也是好的。

“天地无镜”啊，在别人眼中，自己也许好不了多少，“五十步笑百步”才被天下人耻笑。

若为至交，善意提醒足矣，人不亲艺亲。

如此做德厚君子，少口舌免是非，才有时间练武啊。爱贬损他人者，我谓之“世界第三”！

天大地大无法争了，除此外天下武功把式他最大的人只可远离。性格作风先不说，就说武学一道，他肯定“滞住了”，没有长进，这也是一个阶段。

一个武功有成的德厚君子，怎么能开口就贬损他人武功？贬损他人门派师长？

见谁都不顺眼，那么他的拳也有问题的。不管到什么程度，他僵在这儿过不去，这个坎不会再有寸进。武术练的是功夫，不是是非，多少练武的就毁在这了。谨言慎行，早晚习之，久必有所得也。

练武功戒骄狂！

只有这种不是什么文体的文体才适合内家形意，才适合行文，才能写出东西。到今天形意拳的东西说了很多了，诸位能如数家珍否？

龙形是腰之竖劲，虎形是肾水之动也，猴形为纵山之灵意；心猿带出意马，马不是只有前蹬后刨，要学它的抖毛之威；鼍龙分水之势一出，后必有重手也。

鸡形不只是形，还有欺斗之意，以头领身之势，盼诸君细加揣摩。

“青竹蛇儿口、黄蜂尾上针”，小时候我们都玩过吊线玩具蛇，那蛇动起来惟妙惟肖，因为吊线的重心靠后，吊线一动玩具蛇就活了。

形意拳也是重心在后啊，你的拳活不活呢？

骀形之势裹崩而进，裹物不露，化敌形而不显，一击而就。

燕势自然指上打下，敌无可揣摩。鹞子穿林不损身，出手炮发似雷霆，身法自然、攻守两便、龙虎为开、鹰熊为合，鹰熊更妙也。后文自会续之。

形意不是到此结束，是到此方有意味也，到此才入妙境。

我父言之：看疾风劲草、水滴石穿、浪涌波生、云开雾散、长河落日、大漠孤烟、飞蛾扑火之势、泥鳅善化之道，万物之理无一不可入武功，无一不是精妙之势也。

鱼抖鳞、牛摆头、兔蹋天、犬躲闪，十二形象不能概括天下武功，但天下武功无不出自自然万物生化之道也，如此才是形意。有形有意才合武道也，武者终要以天下万物为师也。余言略之，读者自明……

67. 妄论内家形意

如今的社会是养生的社会，别看广告看疗效。

养生与武功并不相悖，而是孪生兄弟相辅相成。是你没进入那个境界而已。

很早接触一个故事。在新修的柏油路面上，一天突然鼓起一个大鼓包，修路工人使用机械破开路面，发现下面长了一株小小的蘑菇，就是这株小小的植物顶起了坚硬的柏油路面。这是一个很普通的故事，但是蕴含着深刻的武功哲理，练武练的是什么？

就是这份生机，这就是生长的力量，就是这份“生机盎然”。小蘑菇有了这份生机，就顶起了路面，做到了它不可能做到的事情；武者有了这份生机，就能超越常情，达到一个你想象不到的高度，这些才是内家心法。

通过刺激，那些生机就会回到一个人身上，只要你掌握了这个方法。练内家拳也是练这个方法，也是从这个方法中找到自己，提高自己，这是一切武功的中心！

把握这个中心就能成就你的武功。下面我就慢慢地阐述这个方法的原理。

一群在门外晒太阳的老人，这些大爷大娘目光迟滞，言语无声，在夕阳西下中，对着太阳默默无言，他们经历了一生的冰刀霜剑，一切对他们已经不重要了，对一群什么都经历过的人来说，“生机”对他们来说是一个遥远的词句，他们在夕阳中默默地把自己交给了夕阳，像一群无主的躯壳。

这是一幅怎样的画面呢？

落魄之中夹杂着伤感，是一幅夕阳西下的人生凄惨画卷。

我们能不能焕发他们的青春热情呢？

能不能焕发他们的生机？

如果我能做到这些，那么在武功中我还有什么做不到的呢？

我怎么做到呢？

我送给这些老人一幅扑克牌。

这些老人围坐起来，脸上的表情就变得多姿多彩，就变得青春浪漫。年轻好像又回到了他们身上。

慢慢地老人们变得生机盎然，一张臭牌引来一阵哄笑，老人们紧紧按住出错牌的人往回拿牌的手，坚决不允许，出牌没有往回拿的规矩，天真执拗得像一群孩子。

拍牌的大爷好像练过铁砂掌一样，把牌拍在桌上狠狠地搓着，忘记自己的心脏里边还安有支架，忘记了他们中的糖尿病，忘记了孙子、孙女的晚饭还没有馒头。

在那个时间，仿佛世界就剩下了牌桌，他们就是那个世界的主宰，认真地玩、玩得认真，这就是忘我，这就是拳中的境界。

这就叫生机盎然。

这就是天地乾坤之理。

这就是武学的最高境界。

拿着这个劲、吊住这种感觉去练拳，你就是内家。

因为内动了、心动了。

练拳就能养生，练拳就能长寿，养生与练拳不相悖，要掌握这个度。练拳生活需要刺激，但是刺激要有时有度，偶尔打喷嚏可以锻炼内脏，但我们不能时时处处打喷嚏，那会伤了身体。

掌握了这个标准与深度，你就精熟了内家。

这个精熟了，你自然就知道怎样去养生了。

学佛要修心，练拳也要修心，练得七窍玲珑、生机盎然。

佛在灵山莫远求，
灵山只在汝心头。
人人都有灵山塔，
好向灵山塔下修！

李逵之流注定不会是武术的最高境界，因为性格，因为他不想去改变自己，丧失了自己继续提高的机会。张飞的境界永远赶不上关羽、赶不上诸葛武侯。

练内家拳要“柔”，这个“柔”不光是指身，还指的是“心”。刚中有柔，柔中有刚，刚柔相济，如弓弦紧了松，慢了绷，不紧不慢才为功。

人老了会掉牙，没听说谁老了掉舌头的，借用我弟子的一句话，“柔恒强”，舌头比牙柔软，这个柔方能持久，但人不能靠舌头吃饭，要靠牙，因此要刚柔相济。

诸君都有 28 ~ 32 颗牙齿，但诸君只有两颗虎牙，也就是尖利的牙齿。这是上天告诉你，每个月 30 天，你吃两三次肉就足够了。

尖利的牙齿是撕咬用的，人与猛兽不同，只有 2 ~ 3 颗啊！其实人的身体要想健康，不能每天大鱼大肉的。今人体质差和

胡吃海塞有很大的关系。因为他们不练拳，领悟不到人身体构造中这些玄妙。

人嘴的构造也是“道”，是你没从内家拳中练出灵性，体悟不到这些自然生化之理。

人身体内奥妙无穷，处处都是拳意，都是功夫。

练到才能悟道也。

人老腿先老，我们看那些步履蹒跚的老人，年到高龄拄着拐杖，一寸寸地向前挪动步子，他的经脉血肉已经慢慢地长死了。因为时光，因为缺乏有效的锻炼，慢慢地迈不开步子了。我们谁也不想做这样的老人。

这个在形意拳里很好解决，“槐虫步”就是妙法，持之以恒，老了不会迈不开步子。

世间之人对他人的祝福都是局限于“生日快乐”，因为十丈红尘，众人的目光仅仅局限在他们能看到的世界里。

佛家的一些高僧们对世人的祝福却是“死日快乐”！在人间走过一生，最后能“一笑西行”，才是一个人最大的福分。

“顺生人逆修仙”这句话，不知如今诸君有甚新感悟呢?

个人以为形意实乃“与天争命”之法也。

对全身系统的锻炼，在拳里“精气神”都练了，并非只练一处一地也。

这就是内家拳与竞技体育最大的区别。全国冠军未必能在三体式子上面胜出你，就是这个道理。

“天才”比“人才”就多了个“二”字，这个“二”我理解为“执着”!

有了正确的道路，就需要你执着地走下去，胜利就在前面。

多做自我按摩，多了解自己的身体。你的穴道自己一按就痛不行。哪疼都不对，人不能这么脆弱。多做全方位全身的自我按摩，整体提高身体的触觉和敏感性，综合活动全身的血脉。人的血脉都不通达，吃药有个什么用，虚不受补！

反之，身体健康，血脉充实，吃点药能管好大的事。练形意拳，如果不是开武馆，不必什么都会，挑自己喜欢的式子钻进去练就行。

拿出老人们摔扑克的劲头，吊住那份生机盎然，天下没有练不成的武功。

有形有意，就是形意！

68. 养战为道　龙精虎猛

骄阳底下见老槐，
满树残枝影子歪。
身残无奈凌云志，
春花依旧满树开。

这是我步入青年时代时写的一首《咏老槐》，以此赞扬那些身残志坚、自食其力，还能充满爱心的人们。

在本章中我主要想说，练形意拳没有大小老幼的分别，老年人一样可以练到深邃的境界，照样可以体悟内家拳境。只要找到内家的拳意，就算会了形意拳。

在拳里练得生姿勃发、精气神足那就对了，那就是内家。

曾有人问年近七旬的武者，你是否打得过泰森？

老者笑而答曰：你问问泰森，他到我这个岁数，是否能打得过我？

内家拳老而弥坚，延年益寿之功不可小视也。

我们看《动物世界》，也到动物园去看动物。

同宗同源的动物怎么差别这么大呢？

看非洲草原的雄狮，顾盼生姿，一副生杀予夺的豪气，睡觉也是个睡狮的样子，让人不可小视，不敢靠近。再看看动物

园中的老虎，你已经找不出和猫的区别了，吃饱了就是睡，一副打不起精神的样子。真不知道动物园管理员喂饭的时候，加没加鸦片烟。没有虎威的老虎就是大猫而已。

我都想伸手去摸一把了，这就是没有精气神的最好阐述。作为一个练武术的，能从中悟出些道理否？

非洲草原广大而辽阔，不管多大的动物，不动就没有吃的，没有铁笼也没有一日三餐，一切都靠自己。

能养活自己的狮子才是狮子，能吃饱饭的老虎才是老虎，没一日不捕猎，没一日不实战，在伤痕累累中，奠定了狮虎的威风，功夫就是那么练出来的。

睡觉的时候也要保持一分警醒，这是生存的法则。对动物来说，其实睡觉也是练功。一生生活在食物链当中，一天天地锤炼自己遵循自然的法则，这是草原的狮虎。

动物园呢，剥夺了大自然赐予的食物链，一日三餐丰衣足食，慢慢地动物忘记了自己的本能，懒惰了自己的身体，变成了没有动物园的铁笼就不能生存的动物，虽然还是狮虎，沦为靠人施舍的牲畜，就没有威风，就用不到精气神，慢慢地一切都在退化，最后神没有了，只剩下皮囊而已。

人的世界就是个大动物园，作为一个武者，要精纯自己的武功，就要走出铁笼，慢慢地恢复自己的本能，反其道而行之。不能让自己活得太幸福了。

宝剑锋从磨砺出，
梅花香自苦寒来。

要练拳更要懂得养生之道。

养生不是从退休的那天开始，而是要开始于今天。

练为养、练为战。是今天学拳练武的两大精神支柱体系，其实都不全面。我个人以为练为养战。这才是今天学拳的人应抱有的最正确的心态。

形意拳乃养战之道也。

养在战前这是不移的法则。此举也深合兵法之道也。养兵千日、用兵一时，古战场如此，人生亦是如此。当兵的不会天天打仗，不打仗的时候，好好练功保养身体，武者也是如此。

“路见不平一声吼，该出手时就出手！”

遇到匪徒危及生命危险的时候，必然是极少极少数，如果你天天遇到出手打架的事情，那是你自己有问题。

养是每天要做的功课，战是绝对偶尔的选择，因此养在战前。没有养，战也未必胜，养大为战也。

古谱有云：养灵根而静心者，修道也。养灵根而动心者，武中之将也！这不是说的两个人啊，是武者自有的心态调和。

这就是“养战”的最好阐述。

精养灵根气养神，
养功养道见天真。
丹田养就长命宝，
万两黄金不予人。

劈拳就是养肺，崩拳就是养肝，形意处处为“养战”之道，其实武功不是练出来的，是“养”出来的，这个“养”不只是说的调养身体，还有万物生化孕育之道也。

练拳为的是什么?

就是海纳百川养精蓄锐，战时才能所向披靡无往而不胜焉。练拳、养生、征战有一个核心，这个核心就是“心”字。练拳练身，练身的目的是为了练“心”。精诚所至，金石为开，说的是“心”。

身心合一方为内家是也!

69. 左右翻身舞凤凰

鹞子穿林不损身，入林之巧天下无双。

鹞鹰能入选形意十二大形象也非幸致，乃有所学耳。

有翅膀的飞禽多了去了，形意拳选了五个。在其他拳种中也有鹞子翻身、鹞子穿林的拳法及剑法。看来此物确有独到之技也。

习练鹞子穿林，首先炮拳要过关。有了良好的炮拳，再习练五行拳对练。对炮拳的用法有了一定的了解，这个鹞子穿林才能整出点味道。

鹞有束身之术，这个束身是鹞形拳的“纲”。

鹞形里的炮拳叫“鹞形炮”或“鹞子入林”，出手即是“打顾兼备”。

先做个劈拳的起式，然后打出个左手的直步炮拳，就是鹞形炮了。也有的支系不出劈拳，做个鹞子背膀的动作，全身拧裹打出一个略低的摞手崩拳，也是很好的拳路。

鹞形打法用膀尖，这个鹞子背膀已经超越了单纯的练法，已经是打法了。它已经不是一个简单的练习动作，已经有了攻防的拳意。加上这个动作可以“考练”身法的协调，这个动作要合到崩拳的练法与打法中去，练进去再拿出来，回到鹞形也就成了。

既然号称《话说形意拳门之真谛》，那么就得讲出点从来

没人讲的东西。就是这个炮拳，师门没有这个特殊的练法，我家是有的。

父亲当年认为，我那时候的炮拳刚猛有余而韧劲不足，力在皮肉而非筋骨，看似威猛其实并无大用。在家里指导下，我抛弃了炮拳走的虎跳涧的手法，只保留了步伐，从左炮拳直接打右炮拳，加强拳中拧裹旋转的训练，呼吸也随着拳变得短促了一些。经过一段时间的练习，得到了家里的认同。

然后再回练“大架”的炮拳，这个所谓的大架就是“枪架”，后手要高举过头而不在头侧。用这个大架再求舒展，这时候呼吸慢慢变得平稳，拳架就比较顺了。

在练鹞形之前，又补充了炮掌。就是把炮拳的手型变成掌，以求收放伸展自如，最后才开始练习鹞形。

将炮拳带入这个鹞形拳中。

读者诸君如习练形意拳，该能看明白这个练拳的过程。登山有很多方式，爬山、坐滑杆、骑马、坐轿子，各村有各村的高招，适合自己能到山顶的方法就是好方法，我说的不过是一家之言。在拳理不变的前提下，调整训练的方式与节奏，没准就能进入一个新天地。

广阔天地大有作为，前提是你的收纳能力、兼收并蓄的能力强不强。

后边的式子，有的支系加了“循环崩”，这个崩拳和进退连环拳中的一马三箭连环崩拳，还是有区别的，没这么暴力。

鸟类在空中的动作与地面动物的捕猎，还是有所区别的。

然后就是做钻拳，一个鹞子翻身的动作，回身打出钻拳，循环往复周而复始是也。

进步钻拳、回身钻拳、下式钻拳、定步出炮拳，就构成了鹞形的重要组成部分。各个支系都有所区别，但大势还是一致

的，细节要求有很大的不同。

有的支系要求背膀、穿林、翻身，一气呵成；有的要求打出顿挫。言而总之、总而言之，这些东西要合到拳诀上去理解。

有条件的支系要摸大枪，形意拳的十二大形象都可以从大枪里边去体悟，也可以在“十二形剑”里边去体悟，练了兵器再放下打拳，慢慢地就合上“枪拳”的意了。

在津门确实见过鹞形练得好的，身形圆润而无滞，发力千钧，以步带身，形神兼备。这个鹞形拳练得好，是形意练出来的，和八卦太极的身法还是有区别的，内家三拳也不完全相同。

有些人练的拳，从表面上看也是不错，身形也是“圆转”，但是缺少形意的意境，一看就是兼练其他门派的东西，这个拳劲已经不纯了。

在形意拳门中与八卦掌的交流最多，在祖师时代就有交往，与太极拳也有往来。有些高手是三门全通，且将三门武功练到了至高的境界，有些高手直接被称为形意八卦大师，这样的高手绝对是凤毛麟角。

作为我辈这些“武林低低手”来说，还是先学一门以求深入，然后再求融会贯通的好。大师绝对是少数中的少数，一个武林大师的出现，是多少机缘巧合、多少师缘、多少财力促成的。许多事情是不求而自得，这些事情是不能模仿且无法复制的。

李太白公仗剑出蜀周游天下，李白斗酒诗百篇，至今为人称道、念念不忘。我若有钱能走遍天下，只能在景点前留下些摆V字手势的照片而已。

人贵有自知之明也。有句古话叫“心明眼亮”。

心明是明白自己，明白人生大势。心玲珑而目光即不呆滞、灵气自透，学拳愈快、进步方能神速也。

翻身束翅显威风，
入林钻天属其能。
拳贵贵在形联意，
劲力圆整体自衡。

鹞有翻身之疾、束翅之威、入林之巧、钻天之勇，鹞形取其身，能收心脏之气，练之缩体舒身、起落盘旋、左右飞腾，拳顺收先天之气，上泥丸、下丹田，束身即起、藏身即落，记之记之！

70. 束身之技

本章单讲一个字——“束”。

这个字先不谈新华字典里的意思，武中这个字要表达的含义只有我心里这本字典有，市面上是没有这个东西的。

先回顾下我青年时代的陈年往事。那个时候我有一个练武的朋友挚爱武术，和我见面之时，他总是说喜欢形意拳练到了痴迷的程度，但是是自学。有时候也跑到公园，去偷看个三招两式的。经常和我说，我练劈拳能打一节课呢，就是接近一个小时的时间。

我听后暗暗惊讶，用今天的话说“哇塞，真的好厉害”！我不是赞扬他的毅力，而是佩服他的体力。后来我亲眼看到他老人家练拳，不免大失所望。

他的拳架太高了，别的先不说，身势就不对。站得太高练劈拳就是闲庭信步啊，我要这样练，打5个小时也行啊，腰胯根本就没有到位。这个劈拳其实和遛达没区别了，比遛达强的是他加上了手臂的动作，能上下身一起活动活动罢了。

习练形意拳的都知道，三体是入道之门，劈拳是移动加定格的三体式。前面的劈拳我已经阐述得很多了，式子没有扎下去，腰胯不能到位，身体不能撑拔对拉，筋骨、血脉就得不到锻炼，功夫就不能进步，打破身势无遮拦，敌人什么最难破？

就是身势啊！

为什么不说是手势、脚势呢？因为身体局部的力量是不足为惧的。胳膊拧不过大腿，大腿争不过腰劲，只有身势——浑身整体的力才是可怕的。

和父亲当年练劈拳，是劈出一掌要略站一会，调整好了再继续劈下一掌，如果身体“拧、裹、撑、拔”到位，拳势不高的话，练 15 分钟已经出大汗了，身体会很疲累。姿势到位练习一个小时，也许比不到位练 10 天还要管用，式子不到位，你永远练不到那些该练的经络与血脉。

这个在老拳师的嘴里叫“塌身子”，身体“塌”下去，功夫才能“上”得来。这个“塌”就是身下“束”也。

“管理”在古文中不叫管理，它叫“管束”，古文市长也不叫市长，叫“牧”，这个就是“放牧人”的意思，放牧就是管束、约束。在拳中这个是同一的，也叫别有风味的“管束”。

慢慢地我说到精华的地方了，如果你认真地看，看完了我保证你能想通很多东西。我打个比方吧，你是财主，练武呢，就是管家，身体就是佃户。

每年财主发号施令，我要佃户交多少粮食、交多少钱。

好了！具体执行这个指令的，就是练武了。

这时候管家确定练武的姿势，比如三体式，身体作为佃户，开始执行管家的命令，这就是练武的过程。

这里边最重要的事情就是，作为财主你只应该规定你每年要多少租子，你不能规定佃户种什么地，这叫“越权”。作为财主，你只能命令管家执行你的指令，有了指令，我们摆好了姿势，剩下的问题由身体自主完成。

这是内家武学的大道理。

我们拿筷子吃饭，做这个动作，那是手上3000多根神经统一完成的，你的大脑只要发出“拿筷子”的指令就够了，你不该去命令那3000根神经，那会累死你的。

内家拳也是这个道理。人体的奥秘，即使到了今天，还是不能研究得很清楚，尤其是大脑，那真是太复杂太精密了。

我们摆了三体式的造型，那就足够了，坚持一下，腿是一阵阵的疼、浑身难受，其实在你三体式子到位的情况下，身体自己就在调整，很精密地调整。这个调整就不需要你操心了，经络、血脉各有各的办法，你要做的是克服身体的疲累和那种“百爪挠心”的难受。

拳式不变，身体自然就会调整到你需要的阶段，这就是内家锻炼。你现在闭眼想经络全通、周天运行，想也是白想，你不可能越级指挥的，这个美好的愿望，得通过管家来实现。

许多人练了很多年就是没有进步，即是因为想了不该想的，做了不该做的。

身体下蹲就是个猴相，身体下蹲且管束自己就是“身下束”，这个束还有骨骼重新搭配，身体重新组合的变形金刚的意义。

内家叫“磨砖对缝、筋骨合槽”。是指你整体的身架，包括五脏及精、气、神等，都为技击和战斗做好了准备。练形意的高手身材、气质是不一样的，那些学拳多年的老师傅和从小练拳的人，说实在话，他的身架就是为格斗和技击长出来的。

抱拳架的时候，肌肉凸显，不像西方健美那样肌肉结成很大的块状，而是肌肉“成丝、成络”、是一条条的，肩膀是漂亮的倒三角形，肩膀略微前裹，而绝对不像不穿上衣的流氓横膀过市的样子，肩膀后展其实不利于技击。

前裹，最简单的就是增加了手臂的长度，胳膊长在技击中的作用西方也开始意识到了，现在拳王争霸赛都报“臂展”的长度。其实我们内家的老祖宗，几百年前早就这样练了。

做到了这些，才能提到一个“束”。

人啊，达尔文说人是猴子变的，即便不是猴子变的，那个猴相也很说明问题了。

人身下束，稍微一蹲下去，其实就是个猴相，在这个形象中内家拳做了内家的改动，让生理符合技击的准则。筋骨合槽练什么都有，就是按照技击的法则，重新搭配人的骨骼、血肉、经脉，达到技击最大化，于此同时精气神俱备，内家成矣。

这个过程需要束，有了这个束，才能谈到展。没有积蓄是谈不到花钱的。

这个“展”字在许多支系中不这么称呼，都称为“长”。不钻不翻一长为先，许多支系是这么认为的。我说只要合乎形意拳的大法则，这些都可以说是对的。

在武林中有一路拳法叫“武松脱铐拳”，我不会这路拳法，只是借这路拳脚说这个内家拳意。武松身体被束缚，然后挣脱，爆发了人体许多前所未有的功能，打倒了敌人，保护了自己。

这个就是先有的“束”，然后才有的展放。

其实这个拳名深合内家的拳法。没有约束与制约，人体的各个器官、内脏外部的筋骨血脉，不可能团结一气，爆发出超强的能量，击败对手而保存自己。

内家拳就是通过约束，达到收放的随心所欲、一气呵成。

觉得自己形意拳练得不错的武者，我今天要再说点实话，这个实话可能刺激了你的神经，打破了你的傲慢，不要灰心，傲慢和偏见相连，我同时也打破了你的偏见。

我今天教你个秘方!

你不用到处找师傅，而找不到考察的方法，其实这是外行的办法。在我面前，大师如果没有真实的能力，绝对露馅的。

你就请大师做个形意出式的动作，两腿下蹲、两手划弧落在小腹前，这时候你不要看他打拳，你就要求他站这个姿势，然后上下起伏，重心微微靠前脚掌。你看看他能做多少次，你陪着一块做。我估计五分钟一切就都明白了。许多大师可能根本做不过你，我不说他的功夫不好，我是说形意的功夫出在下盘，一个还不如你的老师说明什么?

就是他练的功夫根本不对路。一个高手、一个形意拳高手，最强的就是胯力。一个久经训练的拳师，如果在本门最基础的东西上都比不过你，那么他的拳也不必瞧了，就是个式样而已，绝对谈不到高深。

作为一个形意拳人，不能以推手的境界谈论一个人的武功高下，实话实说，我的家门与师门根本就没有推手，连“推手”这两个字都不存在，形意就是打、就是打手。

五行拳的对练也是打，而不是摸也不是推，形意要感应的是战场的法则，而不是师兄弟吃饱了没事干地练着玩的东西。

许多没有经过战场检验的东西，是上不来战场的。诸君要有清醒的认识。

行拳必须要“身下束”也，这是内家的法则，也是战场的法则。在古战场，谁的身架高谁死得快啊，敌人的弓箭不长眼。谁站得高，谁死得快。

拳架一低那就什么都有了，“束展”最为先啊！身都不能合道，身体的某个部位却能合道，那不是扯淡吗?船都沉了，要个好厨师有什么用！一切都在船能正常运行的基础上起作用啊，身架是根本，这就是我为什么耗费一章来写这个“束”字的原因。

在鹞形中以这个字为根本啊。拳架低了就不是用腿而是用“胯”了，用了胯就知道“身形”了，有了身形就有了“形”意。

山不在高有仙则名，水不在深有龙则灵，得神髓者得天下。奉劝诸君金钱、名誉、地位，生不带来死不带去，花有重开日，人无再少年，得形意一鳞半爪，当虚心钻研以求上进也。

功名、富贵如浮云，看到棺材板一切都晚了。

朝闻道，夕死可矣！

多少高手就是因耐得住寂寞，苦其心志，饿其体肤，增益其所不能，终成武林之大才也。诸君不可小视于己，天下兴亡匹夫而有其责。愿国术兴旺、国人奋起，则中华幸甚，百姓幸甚。愿我武道乾坤所传弥远、经久不衰……

71. 搅汤止沸之技
老农锄禾之术

形意拳门的先贤真的不是一般人，鹞子钻天为什么不是升天、不是飞天？练来练去只有这个“钻”字最符合拳意也！

鹞钻天、燕超水、猴纵山、龙腾空，每个字都有它的奥妙，明白了这些你就明白了形意。形意拳门各个流派、各个支系其实都是以这些东西为基准。在多少年的传承之中，各个支系总结了很多各自有效的训练方式，放到资质不同的弟子身上，发挥各自独特的效果，这就需要深刻的领悟。

一个多年种地的农民，身体劳累的程度不亚于练武，为什么他就没有练出超强的打击力度和技击意识呢？

内家拳讲“站桩”，桩功是练拳的基础，许多门派都这样说。站姿最漂亮的当属军队的哨兵了，“站功”也是部队的基本功，一个老兵站了很多年，也没站成武林高手，这是为什么？

国术有它自己独到的东西、独特的训练方法，这些东西才是武道的魂魄。看今日华夏武林多彩多姿，训练方法成千上万，眼已晕矣！武者要梳理出自己的脉络。

武功不是天上的日月星辰，不可采摘，武功就是后花园里种的土豆、大葱，伸手可得可感知，这才是功夫。近年我混迹各个练武场，深觉市面所见之形意拳，慢慢与我少年时代所练所见之拳偏颇愈大矣，习练人虽多，然得法者如凤毛麟角、寥若晨星。

其中最为重要的一条是姿势不到位，下盘不够低，两脚距离不够大。形意拳练的就是个“猿蹲身”之相也，猴子蹲身百法得之，偷桃献果、窜山飞涧、无所不能。如猴子没有“蹲身”之巧，就是个“笨猴”矣。

初学之际如拳式到位，一个劈拳能走五十米就不简单了，身形疲累之感顿增，后背温暖、微微汗湿，阳气动而行四肢百骸，这才是行拳。

白发苍苍的老人初学劈拳，居然能行拳半个小时，非功夫极深，乃不得窍要，实乃身体不到位耳，如此所练之拳不如体操。一些年轻武者为求速成，行拳猛进、踏地有声、拳式刚猛无余，努气发力大汗淋漓，尚觉自己苦功下久而必得之，实如水中捞月、临深渊而羡游鱼也，久必伤身、伤神，终无大用。

我一少年伙伴年少轻狂，仿效仙人以烛火练掌，被我制止。此门武功非言传身授而不可得，其中有很多窍要在里边，无良师传授不如老老实实地练拳为上。练武务求真实自然，神功绝技可遇而不可求，望初学武功之人深知、慎之。

武功也非陆地神仙之术难于登天，武功乃有心人得之之术。农民最熟悉的就是耕地用锄头，农民在田野里劳作挥锄耕地的动作比武术大师还要专业，一个武林高手耕地也未必是农民的对手。

试看老农用锄头的力道煞是巧妙，轻轻抬起、落锄轻盈，只除草不伤苗，带到武功当中就是绝佳的技击动作。老农如果学拳，就拿住这个用锄头的劲力，全身配合，力发于梢，很快就能步入武功之道。我们今天看到的名门大派，在当年都是庄稼把式，庄稼把式的好处就是真实不虚。

武功要的就是这份真实。老农锄禾之道深不可测，非有心人不可得之。

我当细说老农锄禾之道，与诸君共享。

外行用锄头一锄猛劈，锄头入地之后大力后拉而求翻地，此为下乘，终不能持久。田地百亩一眼无边，体力总归有限，如棍棒而击江海，涟漪过而力无踪矣。

自此当推智者饮沸汤之术。当年我家长辈讲形意拳力所谈甚明，今日详细续之。

喝汤的时候汤是沸腾的，我们要让它凉下来，我们用筷子慢慢打击汤面，汤水四处飞溅以求降温，这是下等之术。智者饮沸汤之术更合乎道也。

把筷子深入汤底慢慢搅动而成漩涡，嘘气成云，而饮沸汤之技乃武功。为什么呢?

智者的筷子能找到那水的“重心”，这个“重心”是尝试出来的，速度快了如鱼游动于水中，鱼动而水不动；速度慢了“根力”不足，汤水亦是不为所动。

只有那个节奏，只有那个运行，才能“红掌拨清波”。随着汤水被启动，筷子会越来越快，此时一碗汤水已被筷子搅动，这个理、这个力，就是形意拳劲，如此施为方能四两拨千斤。

遥想当年家族长辈，就是简简单单的一顿饭、一碗汤讲出了这个谁也说不清楚的“四两拨千斤”的道理。这个劲力带入形意拳就是内家的韵味，回味而无穷。时至今日思量起来，亦是觉得神妙耳。

这就是智者饮汤之术，四两破千斤之技也。

老农锄禾，力不在“挖”而在一“掘”，就是向后一拉。

“挖掘”是两个不同的力，“挖”是“挖”，“掘”是

“掘”也。

其实不是为了“挖”而是为了“掘”，想“掘”就得先“挖”。挖是枝叶，掘是根本；挖是目，掘是纲。挖是手段，掘是结果。

再说猛虎的扑咬。

扑是战略意图的体现，而不是根本，扑是为了咬，升华到形意拳内，这个“咬”我们理解为“虎抱头”。咬是“根”，扑是咬的“先锋”，咬是最终的结果。

我不是在这里玩文字。练形意拳练的就是个上行下效，先后的动作是以“战意”为最终的贯串，上一个动作是为下一个动作服务的。节节贯串不只是说的身体，还有拳形、结构。

虎的一扑达到了意想不到的技击效果，把猎物已经打倒，但是虎不会停顿。因为老虎知道，心脏不跳动的野兽才不会反抗，虎会马上补充一口，最后结束这场战斗。不管这一“扑”达到什么效果，这一“咬”是肯定的，这才是老虎的必杀技。必杀技不是一“扑”，而是一“咬”。

俯身离穴强扑食，

虎抱头颅震八方。

古谱写得很清楚，老虎会绝不停顿地做完击、杀动作。

“击”是为了“杀”！

如今许多人讲一个虎扑，讲得口沫横飞、千招百式，从没人站在猛虎的立场上想想其他，扑完了干什么？

许多人练太极拳“误入其中”。“推手”不是“目的”，只是“手段”，在战场上敌人都是“杀”死的，没有“推”死的。这都是手段。是为了施展你自己的“必杀技”的铺垫。

搅汤止沸之技、老农荷锄之术，理解了这个劲力的奥妙与转换，你就进入了内家。

我把形意拳的先哲比喻成“老农”，这些先哲观人间天上万物消长之理，把生产生活中的劲力之术，波及全身得形意大成之理，智慧的农民因为心量变了，也就成就了。

代代宗师先哲，他们是武术中的牛顿、国术中的智者也。

我今日虽也练拳，难得祖辈先贤智慧之万一，粗鄙丑陋、言不称“文”，唯一颗爱武之心至真、至纯也。今捉笔如椽、才思不济，乃为今人得悟内家拳境，抛砖引玉而五体投地也。

诸君当勿因我拙意，而低看形意拳门之“深妙境”也。

72. 鹞子入林不损身

鹞子钻天、鹞子穿林、鹞子翻身，里边很重要的动作就是个炮拳。直门炮“挑顶炮发似雷霆”。炮拳与鹞鹰形象结合，鹞鹰活了，炮拳也就活了。形意拳门的大师们，给火炮安上了翅膀。

在形意拳后续的很多拳法中，这个炮拳用得很多。在形意拳中这个直步的炮拳占有很重要的地位，这些都要在鹞形当中练出它独有的韵味。

这个鹞形我准备再讲一章，不这样觉得含着的东西太多不吐不快，而且对这个形的理解还要加强，百尺竿头更进一步才行。

鹞形不是工笔画，而是泼墨山水，形意拳其实也是写意山水，此中清滋味料想少人知。

这鹞形的翻身不是只有打、化二法，而是藏着摔法，这个“摔”不是纯摔跤的动作，而是形意拳独有的劲力运用。这个从鹞形的转身去找，挑裆、过肩、上步钻打都含在里边。

这个形象练得很妙了，转身就独特了，就不只是简单的一转了，而是两转。分了方位也就有了阴阳的变化，这个转身我想诸君还是自己练出来为好，其实我讲到这，已经呼之欲出了，剩下的就是练了。

我这么一说，有心人就该把这个拿走了。如此学拳才是形意，如果没有想象与放飞的意念，形意就是体操，就是健身教

练的练法，可形意真不是这样练的。

不经意地一抖其实就是功夫，自然不拿捏，自然才是道。

鹞形是固定的姿势，这些姿势的链接有快慢松紧之分。鹞形是几个式子的组合，这几个式子其实就是贝多芬的《命运交响曲》。在这几个拳式当中要练出高潮、低谷，要练出昂扬顿挫、曲折婉转。不只鹞形，形意就是这么练的，许多人习练形意没有进步，就是不明白这个奥妙。

同样是几个字，为什么《兰亭序》能流传千古，就是写字者找到了自己，找到了自己内心世界与外部环境的最佳切入点。字与字一样，写字的人不同，字就有了生气和灵气。

武者能明此道，拳就活了。拳是一样的，练拳者不是一样的人，拳性与个性相合，也是“内三合”！

做鹞形这几个简单的动作时，你就是贝多芬，这个形象就是《命运交响曲》，如此练武与道不远矣。

在形意拳的任何形象当中，都要找出明、暗、化的拳意，每个式子和动作孜孜以求才能合真。

我小时候问长辈明劲是什么？长辈们回答就是大海起波涛。

那暗劲呢？

暗劲就是浪涌波生。

这个就不好理解了，大海有个奇怪的现象就是“涌”，表面虽然看不出来什么，但海面以下的海水流速很快，这个叫“涌”，是水的暗流。

传说轮船在海面航行，突然开不动了，海面风浪倒是不大，这就是遇到“涌”了。以这个“涌”来形容形意拳的暗劲，实在是很恰当，劲力大且无声无息，浪涌自然波生，由内而及外也。

化劲呢？

化劲就是漩涡。

有的武人直接就叫“划劲”或“滑劲”。个人以为还是漩涡最为恰当。看见漩涡或者龙卷风，其实看见就已经跑不掉了，管他什么巨轮都会吞而化之。

这是螺旋产生的神妙。

练到这个境界的人骨肉相合，丹田已经不是一个点，这个点已经是全身。他全身就一个点，你摸不住。只要你不能把他全身用麻绳细细绑扎，你就控制不住他，只要有一丝一毫的缝隙，他的拳力就能钻进去，一下就破坏了你的重心，这个失败叫“失势”。

不是你拳输了，而是你的身势输了，也就是全身都输了，没有一个点不在对方的打击之下，如漩涡而对轮船，生死不能自己左右了。这样的形意拳高手才是绝顶高手。

他一个手指头捅你一下，你感觉这个力上了你的后背，影响了你的尾闾，这样的高手就不要和他争斗了，赶紧拜老师吧。

这个明、暗、化劲其实很容易说得明白。功夫到了境界，举手投足都是文章。我说明、暗、化，就是吃饭的过程。

牙齿咬就是明劲。

舌头就是暗劲。

咽喉不知不觉吞进食物，食物嚼着嚼着就没了，“吞而化之”就是化劲。

明劲就是有枣没枣打三竿子，这个竿子劲就是明劲。

暗劲就是推掌震动树干，以求枣落耳。

化劲不过是脱了长衫往树上摔扔而已，位置自选。

功夫是什么？

功夫就是境界。

境界就是体认，有了体认再求什么都灵。

为了打开诸君沉睡的心灵，我再说几个例子。

明、暗、化就是抽烟。

明劲就是吸烟。暗劲就是划火柴，你得找到那个最佳的力点。化劲就是点烟，火与烟合、嘴与肺合、肺与鼻合是也。

如此而已。天下无物不在道，是人没有道心，才觉不出万物的理法及生化之道。

明劲是包饺子的捏劲，暗劲是下锅后以勺推水，化劲是夹饺子的筷子功，力不大却控制了饺子的一切。

说着说着饿了。

其实不是饿了，是打开了思路，练拳的时候打开了思路，拳式就有了神采。

鹞子入林不损身，山高林密、百草丛生、荆棘遍地，鹞鹰凭的是飞舞盘旋之功也。飞舞盘旋不也是个螺旋?

只不过鹞子做得更漂亮而已，鹞形练的就是个飞舞盘旋，简单的拳式藏着无穷的奥妙。

敌人强大如林，山高林密，鹞鹰飞舞盘旋视之如无物也。鹞既然也称“鹞鹰”，当有鹰的气质，武者习形意亦是该有“鹞鹰之勇”耳。

有了这个，我们才好说形意拳最最经典的东西“鹰熊”式也。

龙虎为开，鹰熊为合。说了“鹰熊”二式，也就说全了十二形象，这个说完了，形意拳的基础骨架就有了。一个武者学完了五行十二形象，最好再从师父手中学几路拳。因为形意的连拳很有特点，有师父当面指教为好。

多言无益，本章言尽于此!

73. 凤凰三点头

考虑了很久，这个章节究竟写是不写，最后觉得还是写出来吧，留待有缘人也。后边的章节就该介绍“鹰熊”二法了。在这之前还要再说点东西。

鹰熊隐喻“英雄”，是十二大形象的完结篇。应该做个总结，整理一个完整的思路。在此我们再回到劈拳。劈拳和鹰捉关系大了，不说通了这个就会产生隔膜，影响拳艺的进步。

今天的广告语是“凤凰三点头”，这是内家形意拳的不传之秘。

今天我们就把天捅开，看看外边的世界。

劈拳的拳式前面已经说了很多了，不再赘述。先说这个名称，“凤凰三点头”来源于古老的形意枪。形意枪是战场的枪法，无花式、无表演意味，练起来只有行家才能感受到那种独特的美。

凤凰，在古代不是一只鸟的名字，而是两只，“凤”是“凤”，“凰”是“凰”，凤是雄性的，凰是雌性的。今人将“凤凰”二字混用了，因此这个“凤凰三点头”是对练的、对扎枪。

一个人出圈枪刺出，另一个人用枪拨拦。这个圈枪是老枪谱中的记载，现在叫拦、拿、扎了，就是用枪尖前段做左拨右拦中扎枪的动作。两人对练的时候用大杆子，凤也点头、凰也点头，合称“凤凰三点头”。

在形意拳门中，凤凰三点头说的是眼神。

古人的聪明程度不是今人能够想象的，今人所用的历法等都来源于古人的智慧。这个凤凰三点头的眼神用在形意拳中，人的拳就有了神采，如画龙点睛一般，这个拳就活了。

比如待嫁的少女，平时羞涩看不出什么，出嫁的一天，突然变得神采飞扬，这就是人的“神”。给神一个时间、一个空间，就是“神韵”。

读书破万卷，下笔如有神，这个神是积累、是厚积薄发而出的。

我们做个左劈拳的三体式，左手回收，左手回收的时候，眼神也同时回收，这时候我们做到了下颌微收，这是凤凰第一次点头。

左拳回收后，我们上步再钻出左拳，这时候我们的眼神跟着拳飞向远方。这时候额头微抬，记住这个劲要含着。

一个是练拳落了空子，能被明眼人把你的拳偷走；二是这个意一暴露就不灵了。孙悟空七十二变，大闹天宫的时候和众位神仙们玩变来变去的才有乐趣。因为众神们看不透孙悟空的变化。悟空和佛祖玩就没意思了，怎么变也是只猴子，这就无趣了。

无趣就是没有趣味，没有趣味打拳，生理也不会发生大变化，就没意思了。老拳师讲这个形意劲要“含着”，这个“含着”太高明了，这就是拳意。孩子吃糖、八戒吃人参果，要“含而化之”才好，不要等吞下肚子去，再眼巴巴地看别人吃，那就没有趣味了。

这个抬头，是凤点头的第二个变化。

钻出左拳后紧跟着是一劈，形一动，眼神就放在后手上了，眼神跟着掌劈出，这个眼神是三点头的第三个变化。

这次的眼神和掌同高，劈拳起意上胸膛，不只是掌要上，眼神也要上，这是劈拳里眼神的三次微妙变化。眼神领身才能谈到“合”字。

那诸君要问了，眼神三次变化为什么不叫凤点头？我是男的。这个上帝没说你是男的不予考虑。人身体自有阴阳存在，这个凤凰说的是阴阳的变化，道家认为后背为阳、前胸为阴，也有的认为身体左面为阴、右边为阳，吕洞宾号“纯阳真人”，就是道友们夸奖他身上修炼得没有一丝阴气了，全是阳气。

这里的“凤凰”暗指这个人身体的阴阳以及拳势中阴阳的转换，奇正相生的转换。在劈拳中你是双手互劈，因此叫“凤凰三点头”，此为形意拳不传之秘。得此自在道中。

明白的人已经看出来了，这已经不是简单的劈拳了，这是形意贯穿五行十二形象的大道理。这个眼神与呼吸都在道上，那么打拳想出偏差都不容易啊。

其实这已经是变相地在说“鹰熊”式了，先做个绝大的铺垫。

形意拳以枪化拳，这个三点头的枪法，在枪术单练、对练当中也是使用这个眼神。所有的拳脚兵刃全部要使用这个眼神。眼神一动，头就动了，无形中合乎了形意的大法则。

以头领身对吧？

形意拳中有许多这样的练法，这个练法其实不是练这个的，而是练那个的。纠正手不到位的时候，无意中改变了腿的姿势。这都是正确的。

形意拳是个庞大复杂的人体调整方法，人体本来复杂万分，形意拳用最简单的拳势对身体及生理等进行最大限度的调整。把人体调整成吕洞宾的纯阳身体，使人体得到健康的同时

还能上阵杀敌。这是形意拳门老祖宗的不灭功绩，我辈后人只有为往圣继承绝学，为万世开太平也。

古人九九重阳登高远望，遍插茱萸少一人，吟诗高歌以开阔心胸。

这是圣贤之道也。

古代的民俗，今日的节日，无不包含先人的智慧，内涵养生之道也。四季分明各有各自不同的活法，我认识的许多人还对农历节气朗朗上口。

这不是迂腐，而是只有练拳的人身体才会那么敏感。

今人对酒高歌鼾声如雷，别说花开花落无从知晓，媳妇晚上出去都不知道，这是伤身之道也。

练拳的人能感知节气，能调整自己的精气神，善于养生，暗合形意拳门“养战之道”。如此爱惜自己身体，如宝、如贝、如金、似玉。观沧海，如白驹过隙；看古今，如棋盘落子。天道无常，世事冷暖，能伴终生的唯内家拳意耳。

百年往事，如今不过过眼烟云，那时候放不下的恩恩怨怨如今看来不过南柯一梦耳，不练拳更待何时？

74. 潜龙腾渊神威起
苍鹰展翅老熊精

鹰乃空中之虎也、熊为山精守洞，“鹰熊竞斗”因此有了形意拳。形意拳的鹰熊啊，其实是谐音“英雄”二字。鹰熊说的是个道理，鹰为攻势，熊为守势，攻守之势就是阴阳暗合也，其实说的是太极图。

熊为阳刚、鹰为阴柔，熊为地而鹰击长空为天，怎么理解都是对的。只要能超出鹰熊的范畴，就算你理解了形意。

前文说过今日世界美国的标志是“鹰”，前苏联的标志是“熊”，这个世界其实就是个鹰熊斗志也。万事万物不离阴阳之理，形意之拳内可安神明志、韬光养晦、做人间卧龙，外可保家卫国、成就一番功业。古有之今亦有之，是拳法铸就人生？还是人生铸就拳法？

其实兼而有之。

鹰扬天下凭的是什么？

指爪之威、筋骨之强也。君不见苍鹰展翅天边来，黄羊一抓不复回。苍鹰小小的体重能将山羊一抓而远遁于空，超出自身重量数倍，不是功夫是什么？

鹰眼之厉天下无双，九秋视兔在高空，俯身一击，力透甲骨，鲜有不中矣。鹰之胯出奇发达，一抓之际腰胯合一，实为练武之人楷模。

自古至今人类吃飞禽成了习惯，但人很少能吃到鹰肉，为什么呢？抓老鹰不像逮鸭子，很难的，老鹰肉不好吃，艰涩难以下咽。因为鹰筋发达，身上无一丝多余脂肪，深合练武之道也。宁要筋长一寸，不要肉长半分。如练武之人周身筋骨能如苍鹰，大道可得矣。

龙虎为开，鹰熊为合，至此十二大形象有开有合趋于完美。这个鹰熊也有单练的式子。我家长辈认为，练形意拳要循序渐进，各位祖师将鹰熊糅合在一起，那是当年的传授。我辈今人不以武为职业，身体素质各个方面远不如那时候的专业武馆与镖局中人，终年习练不断因而精进如斯。直至今日，我辈习武之人还是将鹰熊之势分别练习，再求组合为妙。

祖师们的鹰熊合演有它的好处，但是鹰形与熊形也是各有奥妙千秋。比如熊形祖传有“狗熊掰棒子”“老熊出洞”等式子相当精彩且非常实用，鹰熊合演后这些式子看不到了，只有那些家族武功或者门内弟子还在传承着这些东西。

现在练形意拳的基本上已经不会这些了。等有机会吧，把这些东西公之于众，老祖宗传下的东西不能在我们手里发扬光大，至少不能毁在我们这一代人手中。

练形意拳的都知道有个秘密，叫“虎豹雷音”，这个东西很不好讲，今天我就试着说几句。这些东西是我家族传下来的，与其他练拳者无关。

这个雷音我们可以从鹰熊合演中去找、去体味。老熊守洞一吼而山谷震动，甚少有人知道“鹰啸”仰天长啸百鸟皆惊。这两种声音一高昂一低沉、一天一地、一阴一阳、一动一静。怎么个动静？

鹰啸是翱翔所出、熊吼为定步发声也。

鹰熊各有各的奥妙。理解了鹰熊发声的原理，也就明白了

“虎豹雷音”。明白了这个原理，功夫也就有了突破，摆个姿势别人就觉得奥妙，这是脑子里有了灵气，打拳自然带出来与众不同的气质，这个气质得功夫差不多或者高出很多的人才能感受得到，普通人没有这么敏感。

鹰熊藏着百般的奥妙，我也没有打算在一章内讲完。练形意拳的都知道，形意的一个劈拳其实就能写本书，还是上、下册的。因为什么呢？

形意拳的一个式子其实是带着这一个门派的所有奥妙，这才是形意拳。形意拳的任何一个形象都能讲出一本书，这是形意拳的本质决定的。

你脑子里没有这些东西，是没能练出拳里那许多奥妙。作为一个高手，他已经练通了形意，把握了这个门派的窍要，那么劈拳的这本书他就能总结出一个字“劈”。万法其实就是一个字也。

正如云深祖师，形意拳门一代成就者，一个崩拳足矣，那不是简单的一拳，而是万法贵“一”。学过点佛学的都明白这个“一”其实就是“万”。“一”就是“一万”。万法能成“一”字。

形意拳五行十二象不简单，练起来很难，形意拳很简单，一拳会了拳拳都会了。我们这个十二大形象练到了鹰熊合演，如果你没有一点道心、没有一点禅意，那么就说明你还没练懂形意拳。

这个鹰形的一劈，如果是外行的话也就看出是个劈拳，稍微劈得低了些，是看不出什么门道的。在行家眼里那可是有很大的区别，巨斧劈山和雄鹰搏兔怎么能一样呢？

这些留到下一章再讲吧。

“潜龙腾渊神威起”是我家自己的拳谱上写的东西，借用了潜龙勿用的卦辞。以此来形容龙形这是往小处里说，往大处里说就是人的脊椎骨了，人的一切奇迹，包括进化，都是脊椎骨的变化造成的。

没有这颗大“龙骨”的变化，一切都免谈。

在动物界中，人是唯一能用后背睡觉的动物，这里边也藏着玄机啊。用后背睡觉有什么好处？

有什么坏处？

怎么睡觉才能养生？

换句今天的话说，怎么睡觉才能提高睡眠质量？

人的睡眠质量好，人才有精神，作为武者才有精气神去练拳。那么作为一个武者不该深入地研究研究这个问题吗？

人生的三分之一在床上度过，一个武者不能轻易放弃这个时间，睡觉也是功夫。

我今天留下的课题太多了，形意拳门不神秘，只要你潜心研究这其中的奥秘，早晚会融会贯通。

我个人如家长里短闲谈漫无边际，我定是拙嘴笨腮，若谈内家形意之学，定如瀑布因居高临下，故能滔滔不绝耳。

这些问题都有答案，我慢慢地把这些东西交代出来。既然叫《话说形意拳门之真谛》，就该名实相符、推心置腹、谈拳论理、深究其意，以此文章流传后世，以待有缘人也。

75. 倒拔垂杨柳　再说熊形

这是《水浒传》里的故事。“鲁智深倒拔垂杨柳”的故事天下知闻，《水浒传》有许多高深的武学道理。鲁智深倒拔垂杨柳，用的就是熊的横力。

我借这个典故再说熊形。

水浒传第六回《花和尚倒拔垂杨柳　豹子头误入白虎堂》。原文说：智深相了一相，走到树前把直缀脱了，用右手向下把身倒缴着，却把左手把住上截，把腰只一趁，将那株绿杨树连根拔起。

这是原文，鲁智深的形象就是个熊形，标准的熊架。武功练出了智慧，先相了一相，动手先相面啊，这才是“武”的精明。一眼就看明白了，使多大的劲办什么样的事，一目了然。

鲁智深是个机巧之人，这是武功练出来的。他一摸树就用上了肩劲，也就是膀力，两手使的是标准的形意拳，那个式子就叫“狗熊掰棒子”（棒子是地方话，说的就是玉米）。

肩膀一靠就是个熊精硬靠啊，他用得软，别人看不出来。这一靠，土就松了，下手一扳借的是腰腿之力，用的不是腰的竖劲而是掘力，掘土挖泥的“钻横”劲。《水浒传》的作者未必精通武艺，写得很简略。

其实这个拔树是三个劲，按、顿、抖。

接手扶着树先往下按，然后一顿。这个“顿”就是一抖，惊乍之力也。有了这个“按、顿”，土中的根须该断也就断了，没断的也就是连着点筋而已。然后就是一“提”，“提”就是“拔”，古人是“提拔”一起用的。给别人机会啊，升别人的官就叫“提拔”。这个“提”不是用的直力，而是直中带斜、带着掘土之功，三力合一一下就把杨树连根拔起。

鲁智深这个力用得巧妙，有波澜起伏，用出了“翻浪”劲，深合形意之道也。

练武的人即便很傻很实，拳法练到高深，人也会变得聪明。这个聪明就是“彻灵”二字。

熊形练到鲁智深“倒拔垂杨柳”的境地才叫大成，落地生根的树都能拔，人就更不用说了。这是熊形的奥妙，横拳的演化精义。

太极拳出手就是个抱球式子，那时候许多练太极拳的问我父亲，我们的抱球或者太极的横劲怎么总也练不好呢？

我父笑曰：你手里没有树。众人惊诧莫名，我含笑不语。父亲是讲过这个倒拔垂杨柳的故事的，从倒拔垂杨柳去体味这个“横”意是个妙方。

父亲不打麻将，但用麻将说过拳理。我曾经问：我推人怎么总推不出去呢？

父亲说：你打麻将会推胡吗？

最后一张牌拍在桌上，剩下十三张往前一推，然后再推倒给牌友看，两手夹住十三张牌，往上使一点劲，再往前推出。古谱云：推宜向上起，紧逼似熊形。就是这个“推胡”而已。

如此才能将敌人连根拔起放出去。

这个“推”其实也不是直的，用乐曲之理来说也有抑扬顿挫也。由此大悟，形意劲是看着直，其实没有一个劲是直出直入的。

由此更体味老拳师的话：内家没有直的，虎豹鹰熊就没有直出直入横平竖直的动作。万法就是圆，圆就是一，都是圆里求一、一里求圆也。

此句一悟如醍醐灌顶、遍体生凉。

此时再悟熊形，横中有圆、翻浪自然、惊乍之势、拔树连根。

在古传心意拳中，熊式亦是重要的式子。形意拳在鹰熊合形之前，熊形是独立存在的。

有老熊出洞、熊立身、狗熊掰棒子（其实是掰膀子）、横膀撞肘、返背滚锤式等。这些是“打顾”合一的统说。各个支系传承不一，鹰熊合演后这些式子还有传承，弥足珍贵。这个熊形就是一路拳法了。

鹰熊合形能得精义，这些自己就能找出来，悟熊形真意，一切可得也。

这个“拗步横”可以作为独立的桩法去玩味。

活人和死人怎么分别？

就是差一口气而已。

人和神仙怎么分别？

也是差这一口气而已。

人怎么变成仙？

就是上山，人上山就是仙字。

人上了山，海拔变了，呼吸就变了。

高处缺氧啊！人的呼吸就得轻、细、绵、长、深。佛、道、儒那些高人，生活规律、无俗务缠身，内心空明且所处天地灵秀之地，观日月星辰、天地轮转，易得禅机，易练出功夫。

形意拳练到了鹰熊合形，心中该有点禅机、有点诗情画意

了。放下熊形，单讲熊意，多读古书，多参古意，计谋施运化、霹雳抖精神，文武乃一途耳。

熊形的拗步要迈得大些，内家没有直的。不是只说的身形，步伐亦含在其中。试看狮虎扑食、恶狼扒心，其进攻路线没有直的，乃盘旋而进，随猎物的移动而移动，不断地转折变化，直至切开猎物防护中线，一击而中矣。

拗步熊形之“一横”与拗步鹰捉共同组成“鹰熊”合形，诸君要体味这个步伐的奥妙。两次变步构成了对敌三角，在三角的变化中，敌人的中线便于打破。为不使诸君拘泥于思维定势，诸君自思量也。

熊形一横得手，出手熊横与敌臂接，得机得势，自然生出一肘。这肘不是练出来的，是生出来的。此时欺中而进，顺势而展开，即生“流星赶月返背锤”，借熊膀之势一挥而就，浑然天成，不着痕迹，久练自得也。

说鹰熊道英雄，说到鹰熊文思泉涌。然语多必失、言多乏味，还是留些内涵任诸君玩味的好。

我有熊形歌诀，诸君自当悟之。

熊有竖项之力、甩膀之劲、出洞之威、斗虎之猛，外阴内阳、内助脾中真阴，消化饮食、通关体健、阴气下降，补还丹田是也。

山灵之精熊守洞，
两掌护身鹰熊争。
竖项扣膀存体降，
行行出洞老虎形。

76. 最是九秋鹰得意 擒完狡兔便飞升

形意拳门应步步不离鸡腿，手手不离鹰爪是也。

鹰有捉拿之技，爪锋目敏、能视微物、翅展雄风。

说到鹰形自然想到劈拳，劈拳和鹰捉的外形最为相似，只是鹰捉的五指更弯曲些而已。这只是外形，内里则完全不同。如果劈拳与鹰捉同，那诸多前辈早就将其省略合并了。

劈拳是手里拿着斧子一步一劈，鹰捉就不是了。鹰捉是拿着痒痒挠挠痒痒，力到指端爪为锋，既要准确快速，还要劲力恰到好处。猴子抓虱子练的是手疾眼快，鹰捉活鱼凭的是掌指之功。

劈抓之力练过一段时间，筋骨血脉打通、筋强力壮，再行劈抓，前臂会有独特的感觉。劈拳力止于肘，劈抓之鹰形力点前移至腕部，前臂会贯力，感觉自会不同。

我回忆当时练鹰形时，在学习的过程中采用了定步的办法，做个高马步、出个高钻拳练“劈捉”。注意这个词是“劈捉”。啄木鸟不只能用嘴啄开树木，还能抓住树里的虫子，这也是劈捉。

天地万物奇妙如斯，鹰熊竞志。鹰能捉鱼，熊一样能捉鱼；熊用劈抓，鹰也用劈抓。

鲜鱼被鹰熊抓住，还在左摇右摆以图脱逃，劈抓是过程不是结果，战斗还没有结束，因为鱼还活着，劈抓的终结点是“撕扯”，熊的绝技是“扭杀”。先天一横，鹰有撕扯及鹰嘴一啄。

其实鹰熊都会一抖，雄鹰震翅欲飞的一“振”，老熊蹭痒的一“颤”，这个劲力随劈抓而生，“一振一颤”合谓之“抖”，这才是杀手一击也。

有心诸君看到这里，其实已经明白了鹰熊之斗，一刚一柔、一阴一阳，其实就是天地阴阳。

虽然功夫还没有上身，但你知道了内涵，换句话说你知道了公式和得数。

先用小马步练定步的劈抓，慢慢的你就学会了侧身发力，五指如钩，手指前臂会得到特殊的锻炼，甚至下身、后背、腿部的肌肉都会练到。

呼吸我不想说出来。这个数出来别人讲过的东西如同别人嚼过的饭菜，再喂到小孩口中，已经不是原来的味道了。

我小时候也是有很多疑问，家门中甚少得到正面的回答，都是启发式的教育。回忆至此感慨良多，圣天子垂手而治，好师父不教而教，习武要有良师，更要有自己的方法。

如今海河之畔的莽撞少年，已有了自己的武道乾坤，我教弟子的许多方法是自我创造。练拳要悟啊！学我者生，像我者死。

我是动物园的院长，你们是十二大形象的动物，我教你们跑步，你们学会了要合到自己身上。

这个鹰熊的呼吸我只说一点，等你真练通了的时候，自然就明白了。这个要从杀手一击去体悟。

多练侧身劈抓。鹰捉能拗步侧身发力才叫成就。

我说拗步鹰捉比顺步更为难练。

77. 熊精硬靠出蹲纵
拗步出洞抖精神

网友戏说，在百度里搜索鹰熊之势有的是，熊形就是个横拳嘛，拗步横拳而已。此说看轻了形意拳，也看轻了形意拳门的十二大形象。今天我们就单论这个“熊”吧。

诸君能看出拗步横拳（也有说是拗步钻拳）已经粗通了武艺，知道熊架练的横意已经有了进步，现今还缺精益求精耳。

横拳就是一，横写在纸上是个“一”字，练书法的都知道，这个一字最为难写，这是开天辟地的一笔，当年山海关的匾额《天下第一关》唯有这个一字最为难写，至今还有当初写匾的传说。

文武相通，武者要有文气，文人写字要有武人的风骨。

在形意拳门，横生万物，万物土中生，横拳就是生万物的一横。

形意拳练到今天，这个横要读四声了，横行天下才是熊意。

山灵之精熊守洞，出势就是钻横之意，这个比五行的横拳多了东西。

老熊溜肩膀，没有肩才膀力最大。

练这个式子有了钻意就有了塌，肩头一顶项一竖，熊架跃然而出。诸君先前练的横拳是铅笔字，只是工整、起落间架搭配合理也，是个铅笔写的一字。

今日诸君要用毛笔写这个先天之横，这就有了藏锋、有了起笔、有了顿挫婉转。该体悟诗情画意了。这个毛笔的“一”字就是熊意。

今日的鹰熊合形，先出熊架拗步钻横，然后才是拗步鹰捉。因此先要通熊形，才能进而言之。

这个“一”字是毛笔字。既说到了书法，也谈到了拳法。文武之道是后人分的，一张一弛也好，一刚一柔也罢，都是后人的分别心。

其实人应二者兼备才能大成。

不是武人文相，孔子本身就是神箭手，子路常拔剑而舞之，是他们某一方面的才能出众，世人皆知，另一方面就不被人知晓了，或者说掩盖了。

文武之道合在一起就是个“一”字。在形意拳中就是横、就是熊形。

形意拳门参天地之造化、合五行之数，这个拳不好讲。在熊形中说了书法，是没有办法的办法。拗步横拳照样能打翻浪劲，这个翻浪劲怎么领会?

就是书法中的顿、挫、藏锋、收笔之势也，如此天清地明也。

这个一颤意在尾闾，就是开篇拗步出洞抖精神的一抖。在形意拳的桩功中也出这最后一抖。今天我就把这个东西说透。

我父亲当年对我的解释是这个抖擞的“抖”。说二人比武，二人就是两块电池，敌人就是负极，你是正极。二人一接触，电流接通，通体一颤阴阳倒转正负交而触之，敌人就被打出去了。

法妙通灵意，

今向后人说。

在书法上的体现就是收笔之势。熊形练到最后就是脊椎的一颤，意在骨髓之内，如男子小便后的一颤也。

熊精硬靠出蹲纵，老熊出洞体魄如山。格斗中遇到这样的对手，你会觉得压抑，胸中憋气，呼吸不畅。

蹲纵就是束展。

这个束展不是原地，是有进退起伏的，这就带出了翻浪。

父亲当年教我“熊”，用了两个办法，看《天下第一关》的匾额，体味“一”中之妙。其二，看老驴带磨。石碾是圆的，在滚动中行进。父亲斩钉截铁地说，石碾的滚动就是横，就是横中的翻浪也。

父亲说：“练拳就是写字，你们的拳都是半吊子，只有起笔没有收笔。拳去不空回，空回总不奇，起笔就要想着收，不带点什么回来不是打拳！”

文武之理趋同，诸君自悟之。

78. 鹰有捉拿之技

武林中说到擒拿手，单手为擒，双手为拿。

擒拿之术不能从武功国术中单独摘出。

古罗马的斗士上战场，他不知道自己能否活着回来，也不知对手是否能保住性命，在打仗前、在生死格斗前，其实是不知道这些的，“生擒”或者“活捉”是战后才知道的。

有一段时间我曾喜欢这个，父亲说这些内家拳理都有的，形意不是擒拿，而是捉拿。学这个东西要研究脊椎与骨骼。

立起你的拳头动一动，你的拳头只能左右摆动 90° ，上下摆动 35° ，这是由腕骨决定的。超过了这个限度就要受制，就要疼痛，甚至失去作用，如此而已。

抓胳膊扭腕子不是目的，目的是控制脊椎，家门传授要在拳里找，这个叫“打拳如号脉”。身体一触碰，甚至眼神一搭，就知道敌人身上的毛病。擒拿是技法，擒或者拿，最后都是打，无打不成席面。武打武打，这个东西，从鹰捉之技去体味最好。

新女婿进了门，老母鸡丢了魂。丈母娘炖了一只老母鸡，火候小了，姑爷下手撕鸡腿，一下没撕动，又不好意思收手，干脆使劲一扭，把鸡腿掰了下来。

这个“掰”字就是鹰捉的拿法，叼、扣、锁、拿都在其中，这是形也。这个意呢？

新姑爷拘谨，出手撕鸡腿撕不动，小丢面子又尴尬，他这个二次发力是扭转之力，是逆着关节使的，这叫含怒出手，瞄准鸡腿的关节逆着拆骨，一下搞定。

这个“含怒出手”无意中符合了拳意，也符合了内家心法，用在拳上就是精妙的武功，分筋错骨不过如此耳。

买点带骨头的肉练练、体味下，出手瞬间的呼吸转折很快成功，很快就能找到自己的杀手锏。这时候就可以试试顺步鹰捉了，和劈拳一样的步子，先出一横，再出劈抓，五指如钩、虎口撑开，要有手握着地球、掌指乾坤之意。

地球大啊！抓不牢。

意就放远了。

劳宫穴就会有感觉，时间长了就出功夫。

鹰眼能视微物，回到人身，肝开窍于目，眼要锐利。心是统帅、眼是先锋、指爪所致、立奏奇功。

练形意拳要练心法。

心法的第一要诀是“相信自己”！

武人有自己的独特气质。特别是内家拳，功夫越练越强，内心也越来越坚忍。抗击打能力增强，不只是说肉体，还有内心。我家长辈说过，能承受形意拳“抻筋拔骨”与“桩步”之苦，天下没什么不能承受的。

今日回忆起来，干脆写出来送予诸君共勉。

这个劈抓可不只是前手，后手也是如此。说个秘诀，什么时候你前手发力大过后手了，那么你就练错了！

最起码形意拳你是练错了，后手也要练到，并且是主练。这得要一段时间才能动作协调舒展，进退起落整齐，在这个基础上，才能体会两手二力相争的撕扯之意。

顺步鹰捉练到周身一气、动作张弛有度，就有点意思了，

这时候就能体味出形意拳门独特的行拳之意味了。如含着人参练拳一样，真的有点苦，但没了这点苦，人生就乏味了。一个武人只要还在练拳，他就什么都有。有信心、有胆量、有自信……

每个人的鹰捉都不同，速度、顿挫与间隔那是功夫和认识造成的，一点也做不了假；也不用强求一致，每个人都是这个世界上独一无二的，你的拳也会如此，只要在道中、得大体就是正确的。

说点鹰形的诀窍吧：

鹰形练之外阳内阴，鹰形取其身，起肾阳、穿五关、补还于脑，其拳抑心火、滋养肾水、阳气升于脑、真精化气、开通任督、灌溉百脉、流动三田，驱除百脉阴邪，涤荡百脉污秽，复纯阳之气，精满神旺，力达四梢。

盘旋高飞目似电，
坠空抓物掌如钩。
精气神力功居首，
巧练鹰捉气为先。

79. 鹰熊合形

鹰熊至此章完备，十二形象龙虎为开鹰熊合。至此英雄世出、天下大治也。

形意拳门称之为“步步鹰熊”是也。

老熊看似笨拙呆滞，实内藏机巧，形体如山；熊掌力猛且灵巧万分，既有斗虎之猛，亦有涧中捉鱼之巧劲。

鹰虽为飞禽，然双翅力能千钧，双爪一出透骨寒，力达筋骨之梢节，节节相通、节节贯串，且鹰捉万物能出胯之合力，能搏超自身体重数倍之动物，鹰目如电俯视苍穹，虽飞禽能斗百兽。

老熊出洞、鹰击长空，鹰熊既是动静又是阴阳，既是天地消长之理，又是太极图，也是天地生化之象也。

形意拳门各位祖师、各位尊长将此妙意融入拳中，取鹰熊之法为拳，阴阳暗合天地消长，实非拳诀，乃万物之理也。练内家形意不是练到形似，要练到神似，方能得此妙味也。

拗步鹰熊之势并不神秘，网络上到处可查。鹰熊就是形意，形意即是英雄。形意练到此五行十二象合一，该练出自己的东西了。今日细说一次鹰熊要诀。

鹰熊之诀其实就是形意之诀窍也。

一要塌腰，二要垂肩，三要扣胸，四要顶，五要提，六横顺要知，七起、落、钻、翻自分明也。

塌腰而尾闾上提，阳气上升谓之“开督”。头顶、舌顶、手外顶，头顶气冲、舌顶吼狮吞象之容现、手顶力可摧山。

紧撮谷道内中提，
明月辉辉顶上飞。

形意拳门谓之“醍醐灌顶”是也。诸君牢记之，欲得长生不老，须得“还精补脑”是也。

垂肩气灌肘中，肘垂气力到手，垂气而降于丹田。扣胸顺气任脉随通，精气上升泥丸宫中至于心肺，下通气海落涌泉。横为起、顺为落、起钻落翻自分明，头顶为钻、头落为翻，起手钻、落手翻，足起钻、足落翻，腰起钻、腰落翻，起横不见横、落顺不见顺也。

起是去、落是打。
起也打、落也打。
起落如水中翻浪，此为真起落也。
肘不离肋手不离心，起如钢锉落如钩。
起者进也、落者退也。
起如摘子、落如坠子。
起如箭、落如风。
追风赶月不放松。
起如风、落如箭，打倒尚嫌慢。
足打七分、手打三，
五行四梢要合全。
气联心意随时用，
打破身势无遮拦。

打人如行路之悠然，
看人似蒿草之平常。
胆上风响起落箭钻。

进步必胜有寒敌胆之形，初步明劲可成，有形有像可用也。

暗劲用法更奇妙之。
起似蛰龙升天，
落如霹雳击地。
起无形象、落无踪迹。
起意好似卷地风。
起不起何时再起，
落不落何时再落。
低之中望为高，
高之中望为低。
起如水中翻浪、不钻不翻一存为先。
两步暗劲有无穷之妙也。
拳无拳意无意，
无意当中是真意。
拳打三节不见形影，
如见形影不为所能。
一言一行一坐一卧，
饮食茶水皆可用也，
以致寂然不动随感而通。

无可无不可，此三步化劲之神、化劲之功也。

三步功夫，奇正虚实，不可专意为之，奇无不正、正无不奇、奇正相生、变化循环，拳去不空回，空回总不奇，形意拳门之妙非言语所能形容其万一，望诸君得其神髓、知理明意。

鹰熊形意，形意英雄。从古至今诸多谱书亦有上述之拳意，我以为此篇只有放于此，才有鹰熊合演之意也。

如劈拳之初学，清茶初遇沸水，取之烫手难闻其香，如今诸君五行十二象完备，如酒过三巡、菜尝五味，十二形象演毕而合于鹰熊。

而今诸君五内坚实，十二经络初通，已具武者之像，道心初合、旭日初升、胸中有兵甲千万，再观此章自得其妙。

帅为心君、肾如相火，心君动、肾必随之，练则百脉畅疏、四相和合，如能百尺竿头更进一步，则海阔天空、天道武功、任君遨游，驰骋四海、纵横天下也。

80. 十二大形象合解

龙有搜骨之法，
虎有扑食之勇，
猴有纵山之灵，
马有疾蹄之功，
鼍有分水之势，
鸡有欺斗之勇，
蛇有拨草之技，
鲐有崩撞之形，
燕有超水之妙，
鹞有穿林之巧，
鹰有捉拿之技，
熊有横膀之力。

龙形之势起落纵横，起得高、落得稳，定步为先，以腰之竖力为主，不可拘泥。功深之后定步自然转为动步，腾跃之动也，拳打丈外不为远，龙行一丈加上垫步这算近的。功高自然灵巧，灵巧自能舒展，舒展才能巧妙，脚心才能如盲人般感觉灵敏。盲人的脚走在路上能分辨盲道，脚下能认出字来，练到此才算成功。

虎形起钻落翻，肾充水足滋养五脏，山君之威一扑而显，脚下进步才是真意。

习而化之，双目一扫即知敌之虚实，练时直步用时婉转，家门长辈曰：千金难买一个圆。这个圆是贴身一转，千金难买一转也形而化之。

山君之技单臂亦可用之，从百会脊椎而下丹田是人体之中心线，亦是重心线，单掌妙推即可破之。此非上技也。我父当年单手食指轻按人之耳朵眼，稍一发劲敌重心立破也，此乃天机，亦是关窍。

武艺虽精窍不真，枉费心机枉劳神。祖师传下神妙意，得此不可妄传人。而今关窍我已形成文字，诸君当知宝贵一字千金。山君之技一言已蔽之，得此关窍，遨游天下也。

灵猴一纵白猿食露，不是飞仙体自轻，刁打之巧欺身而进，打的是窜高就低、身势无垠也。

灵猴放炮你惊我乍，抖擞一击出手狠辣，猴行膝打是绝功也。灵猴摘盔取面门，五官在位猴子扇风，耳朵刚说过，打破一身之平衡异常重要，稍受外力，人即失衡也。

老马负重识疾蹄。马有抖毛之威、疾蹄之功，马行千里、马奔虎践。马在奔跑之际，后腿能越过前腿。马形出手不是一击而是一抖，抖乍之力也。要有抖擞之威，切记之。

鼍龙浮水两臂拨化是腰劲，七星连环胯须冲。

摇头摆尾神气活现，久练必有一钻，一钻生化一横，横即是直也，弓背久走必生弓弦也。久之分即是化，化即是打。八字鼍龙掌刁打、拿穴、取睛、挖面，一精即灵。近身可擒敌将，退步可化敌势于无形，浪涌波生、云开雾散、双膊拨转、敌势如水、无孔不入，身似鼍龙，随高就低，兼打兼化，滴水不漏，遇水得活、遇敌必胜也。

鸡打欺斗之勇、啄粟之巧，二龙取珠，膝打人亡人不知。

练的就是个以头领身，疾进疾退来去如风。鸡打其实也是劈拳，换劲之劈也。进步鸡腿手是个探劈，食米抖翎是个戳劈，金鸡上架是个斧劈，金鸡报晓是个撩斧之势也。

青蛇摆尾挤缝行，这个“挤”字万般妙也。

蛇形是个肩打，拳诀中一个“挤”字就露了本相。蛇形不能轻出，非生死关头勿用。动不容情，发而必中，出手有寒敌胆之心。蛇形可进可退，进也打退也打，打即见功也。

鲐虎之术软硬兼施，裹而化之以阴劲伤人。练之双臂齐动、侧身单臂即可用之，打的是个整摧之劲，三节贯串竖尾追。

燕形伐毛洗髓，有鬼神不测之机。燕子不喝低头水，单臂超水抬头饮。燕形贵在“奥妙圆通”，尤以三超水之势为精。纵高落稳，扶摇试看燕取水，才识男儿高士风。

鹞有穿林之技、翻身之巧，百转千回，入林不损身退藏于密，在战场之上左逢右迎，侧身而入，背膀而出，百万军中可夺帅，得其神髓，三寸之丁可言勇也。

鹰熊竞志，阴阳暗合，通任开督。练至“鹰熊”方是形意。潜龙腾渊神威起，苍鹰展翅老熊精。

合说十二形象，方知形意之妙。

五行之拳相克、相生，十二形象亦然。

观古今中外形意拳谱书无人形成文字，实乃欲使诸君自悟也。我今抛砖引玉，小书几句使之完整。这些东西都是秘中之秘，在搜狗、百度、谷歌里，你肯定找不到。这些东西我只说一次，领会到哪算哪，再不解释。

与敌对峙，审视敌势远近，我使个金鸡上架挑翎报晓，敌近身亦可青蛇出洞、挤缝而进，进炮拳、起龙踩，十二形象不必拘泥。哪个接哪个都不为错，没什么先后、无所谓顺序，左右穿梭任意行。敌单马形接炮拳，我鼍龙戏水、鸡上架，如此而已。

这个到此为止，排列组合万法无踪说不尽说。用一句数学公式的词来说：“就是知道拆分，会合并同类项。”

若敌人不是练形意拳的，敌一出手就将其势合并到形意拳中，像什么形就当它是什么形，逢山开路，遇水架桥，见高拆高，遇低打低。敌盖房，我拆房，随盖随拆；浪起则浮，浪涌则沉；运用之巧，存乎一心，如此方是形意拳。

五行十二大形象可以组成一套五行十二形大连环拳，许多支系都有这个。我家长辈说，其实练到这一步，此拳早已无形无势，早已没有什么招式可言。随意连接，信手拈来，不着痕迹，一句话就是随意排列组合。

练你所想，想你所练，现编现演。

我的一位老师，当年六旬，打拳没一天重样。难者不会、会者不难，《三字经》《百家姓》《千字文》，而今《大学》《中庸》，文武之道殊途同归，总要写出你自己的文章，那才是自己所得也。

反之，即便满腹经论，脑中却无灵光一线，不能习而化之，亦是一钱不值。学富五车也没用，那都是别人的经验智慧，哪个也长不到你身上。

形意拳练的是运化，无运化不成天地、不成阴阳、不生万物。拳能合道，心才能合道，如此方是形意拳也。运用之妙，存乎一心是也。五行十二大形象至此篇完结。

最后再说一句：十二形之动物都是会咬人滴，头为六阳之首、一身之主，龙的头、船的舵，十二形不能忘了头势，头有一打也。

记之、牢牢记之……

81. 灵猫扑鼠之能
蜻蜓点水之灵

猫是老虎的师父，这个传说还是有点道理的。天地万物不止于十二形。

十二形之外亦有能媲美十二形的形象。

云飞子曰：（在十二形象之外）猫有扑鼠之能、蜻蜓有点水之灵、鲸鱼抖鳞、乌牛摆头、兔儿踢天、犬之闪躲……种种形象均有其可取之势也。

“灵猫戏鼠”，我们把它放大了看，猫就是用的虎之扑也。灵猫另有巧妙，带上了“熊膀横扇”这个劲，不是用熊膀打的，而是换成了猫爪。

身体后弓，前爪左右开弓，再加扑按，将老鼠玩在掌中。猫用的扑击比老虎的软、速度更快。左右开弓的“横抓”都是连续的动作，中途无丝毫呆滞。把这个猫形合入虎形，虎形就多了巧妙。猫的左右开弓的横抓，暗合形意拳八字功的“裹”字，吞裹之势也。把这个也合入虎形，遇敌左右横裹，裹物而不露再行虎扑之术，包裹之形恰如猛虎收翅，从此虎形有了吞裹，“如虎添翼”这个词就是这么来的。

猫毛皮光滑细腻，入手柔软，轻轻一提毛皮，能提起老高。骨肉之间如流水一般，灵猫好像穿了一件大皮外套，它的皮对骨的制约很小很小，内家求的就是这个，皮与骨、骨肉分离，谁也不碍谁的事，这个时候打人一拳才是“骨力”。

在人的世界，高处作业的标准是两米，超过两米干活就要用安全带，两米就能摔死人呐。在猫的世界不用遵循这个规律，从三楼把它扔下去，很少有毙命的猫，这是猫的身架骨骼搭配的奇迹。

猫一身之法不亚于虎豹，练内家拳能以灵猫为师，大成可期。

蜻蜓点水见过的人不知凡几，但能说出道理的没有几个。

蜻蜓占了个“轻”字。蜻蜓没有“扑拉扑拉”的扇翅膀，它的翅膀是微动。动得很小很小，不注意几乎看不出来。点水的时候，翅膀振动得稍微大些，蜻蜓的翅膀与其说是“扇”，不如说是“振”。

如手机的震动，幅度虽小却是全身之力，这种振动足以使蜻蜓飞在空中。蜻蜓的呼吸也绝对是内家的传授，腹部起伏舒缓自然，俨然内家高手之势也。蜻蜓点水之妙不亚于燕子超水，虽用全身之力，但举止轻柔，有内家高手之像，双翅震颤、尾部反弓点水已成，动作圆润而无滞，已达内家高手化劲之象也。

形意拳很久以前就有一个传说，时至今日我宁愿相信这是真的。说到蜻蜓点水，正好说说这个传说。这是家里的长辈讲的一个故事，诸君不要往任何人的身上套，这是个成人童话、是个传说，我们借这个来讲拳意。

在很久很久以前，有一位形意拳高手去拜见老师。在给老师行过大礼后，突然对着老师的腹部打出一记崩拳，老师身形微动，这位高手已经被摔出门外。

在形意拳门中两人都出崩拳，一打一接并不神秘，神秘的是功力造成的奇迹。

接崩拳的动作幅度很小，如蜻蜓振翅，微动间全身之力已合。一崩打出，无烟无火，沾身发力如簧，中者已出门外。

当年家中的长辈说过，崩拳的最高境界不是明、暗、化了，这崩拳的一式就叫“蜻蜓点水”。大道无形，这里不是无形而是敌人已看不出身形，蜻蜓振翅一抖点水之灵，已打完收工，生死已定、胜负已分。

那是怎样的境界?

这个故事是个成人童话，我已经知道很久很久了，至今我愿意相信这个美丽的传说。故事是假的，功夫是真的，超出十二形亦能扑捉自然化育之道，亦能攀拳学之顶峰也。

82．鲸鱼抖鳞

鲸鱼全身抖动真没见过，小些的鱼倒是见过。许多人以为鱼是我盘中餐，手到擒来，有什么可学的呢？除了鲨鱼我谁也不怕！此言差矣。

科学家研究证明鱼的思维只有6秒钟，过后就忘记了。许多钓鱼的人钓上的鱼，嘴上还有别的鱼钩就是这个道理。

人的脊椎可以纵向发力，横向发力是个弱项，而鱼类的脊椎恰恰是侧向发力，摇头摆尾之力就是这个抖鳞了。

鱼儿上岸在草地里蹦跳几下，抓在手中，那鱼身上真没有一滴水珠，而且它的力量相当大，抓在手里总抓不牢。鱼在手中摆动，重心及脊柱的中线在不断变化，人因此总觉得抓不牢。诸君把这些东西带入你的武功会怎样？

你游泳上岸，能不能站着抖几下，姿势随便，看能不能将身上的水珠抖净。如果能，恭喜你，学武这个行当你算毕业了，你身上每一寸肌肤都练到了，你就是武学大师。如果做不到，你就接着往下看吧。

形意拳门有个横拳，还有个熊形，八字功里还有“跨”字功，这些都是出横劲的，由横生出的打法。如果你的脊椎能发出像鱼般侧身反弓之力，遇敌还有何惧之？

蛇形侧身肩打，再想提高就要体悟这个鲸鱼抖鳞了。人的头脚包括脊椎纵向发力，成就了一张大弓，鱼儿的鱼头、鱼尾、鱼身也组成了一张大弓，这个弓在侧面横向发力。人乃万物之灵，要学万物的机巧，才能成就武功。

鱼是用腮呼吸的，鱼儿在岸上蹦跳翻滚，其实是呼吸不到氧气的。鱼在缺氧的状态下体力极强，此处远远超过人类了。我小的时候，水库里抓鱼往往有大的。大人们双手捉着大鱼，大鱼在挣扎的过程中，鱼尾打在人身上“叭叭”有声。

那是搅尾之力啊。形意拳有的支系在传承熊形的过程中，有一个模仿老熊的动作叫“返背摔锤”。我至今思悟在这返背摔锤的一摔中，鱼尾的侧身力加上熊膀的一抖，那将是怎样的威势？

鲸鱼抖鳞没见过。鲸是用肺部呼吸的动物，体态庞大，两个呼吸孔喷气之功，这个因素合到诸君的身上，不管诸君练的是什么拳，都该有所得也。

因为拳到了高深之处，理法同之。

疾风骤雨树折草不折，老僧撞钟声闻十里，樵夫打柴一挥而就，风吹柳絮、雨打芭蕉，都是自然演化。

武功登堂入室，看万物生灭消长都有感悟、都有意境、都有体悟，内家深奥非能尽言，此篇言尽于此。

83. 乌牛摆头

头打起意占中央。头、肩、肘、手、胯、膝、脚，形意拳门称之为“七拳十四打”，我很小的时候就将其作为童谣背诵，但要真说有了体悟，那是长大以后的事了。头为六阳之首、一身之主。用头之妙首推乌牛。当年老子骑青牛西出函谷关，给老子的座驾单写一章当不为过也。

青牛有颈项之力、抵角之威、犁地之形、一吼之势。

牛为异兽，义字当先，初生牛犊不惧虎豹，农耕社会有牛的无限传说。

今人远离乡村对牛不熟悉，在青牛身上有许多内家武者梦寐以求的东西，容我慢慢道来。古代武林有句话，“百战百胜老鸡腿”，别管什么门派、什么武功，两腿站直了和棍一样，就什么都没了，鸡腿就是弯曲，弯曲才有变化，有束才有展。

武林之中还有句话，“百战百胜老牛筋”。

老牛筋力之强天下无双，现在烤羊肉串的基本都卖牛板筋，国术练的就是筋力，少林寺的秘籍叫《易筋经》。武人要通过练习才能筋强骨壮，老牛天生就有了，你说气人不气人呢？

古人的话“筋强骨壮”这是真的，在牛身上就是最好的体现，然而干嘛不叫“肉强骨壮”呢？

少林寺怎么不写本《易肉经》呢？

古人早就知道，国术要练筋骨，筋骨上才能存贮功夫。肉没什么用的，练健美的饿了几天走路就打晃了，因为饿瘦了，肉就退化了。

筋骨上存住了功夫，才是真功夫。

如少年时代学会游泳，二十年后掉到河里，一用就有才能保命。老师傅说的功夫上了身，不是你会了几趟拳，练了多少兵刃，而是你的骨骼变化了，骨强髓满、周身协调、筋骨合槽之象也，这叫功夫上身。筋骨变了，人就变得强大了。

老牛拉车能满载；老牛犁地泥土翻开，犁把子上能站人，老牛仍能悠然行步不急不缓，这个步子行犁之劲，就够练形意拳的人练一辈子，体悟一辈子的。

这还是牛脾气正常之象，如牛受惊脾气犯了，谁能硬抗其锋？这里边的东西不玄妙吗？

老牛负重爬坡会低头，借助牛腿的弓撑力和颈项之力，久之老牛颈项之力奇大。扭颈之力本来就大，再加上挑角之势，这个力就有说道了，这就叫“乌牛摆头”。

这个摆不是简单的一扭，而是圆。

横力中多了沉浮，标准的形意拳头打之功也。

再多就不说了，诸君自悟吧。我说的东西也算开天辟地前无古人了，形意拳门传至今日，从来没有哪家的谱书讲过形意拳十二形之外的东西。

见到了算个缘分吧。

许多洋术只有“技”耳，技术技巧而已，只有国术才是“术”。这个“术”字是木加了一滴水，那就是活的树了，再不是死的木桩。

“国术之道”，术最后归结为“道”也。

乌牛之头不只是扭颈之势，悍然直抵之力亦是锐不可挡。

乌牛的顶撞也不是直的，颈项有伸缩，势有高低，运用之妙存乎一心。如今可借助网络之优势多看这些活生生的形象，借百兽万物之妙法，成就自己的武功和认识。

国粹京剧花脸一画，我就是包公，这就是开封府大堂。我不是演戏的演员，我就是包公，如此才能惟妙惟肖，有了感受，拳自然不一样。

武术最怕的一句话“穿上龙袍你也不像皇帝!”这叫有其形无其心，无其神韵，一切就是个零也。

会八百趟拳脚也是零，因为他不认得路。

不知道拳该怎么练，一伸手就是错的。

没有方向的船，什么风都不是顺风。

作为武者，认准了方向，巧练加体悟，年深日久，终有一天能成就自己的武功。

84. 兔儿蹋天

《西游记》中有一集“天竺收玉兔”。

《木兰辞》中亦有“雄兔脚扑朔，雌兔眼迷离，双兔傍地走，安能辨我是雄雌?”的诗句。民间土语中有一句“兔子蹬鹰”，鹰在高空兔在地面，老兔拼命一击，就是兔儿蹋天了。

兔子前腿短小后肢发达，说是奔跑不如说是跳跃，长此以往，后肢异常发达，胯力十足。今日田径运动员的起跑姿势和兔子有异曲同工之妙，都是借用后肢的踏蹬之力，加大前冲的力度。

这个起跑的姿势，我们躺在床上朝天做，就接近兔儿蹋天的姿势了。

回忆我们的龙形大势，龙起势是龙踩弹爪之势，是个踩劲。兔子的力量也就是蹋天之力从何而来?

其实就是兔子最擅长的奔跑之势，兔子被鹰翅一扇一路翻滚，兔背着地做出的逃跑动作，即是兔子蹬鹰。

这是个败中取胜的式子。

兔子利用蜷缩加上脊背的伸展探出的胯力做有效连续的蹬击动作，力量奇大，往往一击奏效。这个力就不是龙的踩劲了，而是展胯合腰发出的踏蹬之力。这个力甚强，甚至能破开鹰爪，小小的兔子体重多少?能发出如此整脆的合力尤为难得也。

“猫窜、狗闪、兔滚、鹰翻”。“兔滚身”是兔子的保命绝技。人是直立行走的高级动物，兔子是四脚着地的动物，千百年的演化中，人渐渐地丢失了很多东西。

现代人身上的衣服很贵，在都市之中想找一块黄土地都困难，因此现代人洗泥水浴，打沙滩排球，在泥水中踢足球，其实也有返璞归真的含义在里边，人的潜意识中还保留着亲近自然的一丝想法。

田野中的野兔不同，众生在土地上奔跑跳跃，众生与泥土为伴，身心都融入自然，久而久之练就了“兔滚”的绝技。

“灵兔滚身”有百般的巧妙，尤为难得的是，兔子在滚身躲避中练会了这致命的一击，民间称之为“兔子蹬鹰”，在其他门派的一些拳中也有这个形象的显示。

柔中有刚、退中有进、刚柔相济，才能胜人。“兔滚”加上“蹬鹰”是最好的说明。

一个太极推手练得很好的人，就像是兔子学会了“滚身”、沾身即化，这是柔法。这个办法只能保持不败，要想取得战斗的胜利，还需要“蹬鹰”，就是要有自己致命的一击，或者说是“杀手锏”，“滚身”是为了“蹬鹰”服务的。

这是武道，也是兵法。

兵者，诡道也。

雄鹰从天而降，其势之强当世无双，老兔滚身而避示敌以弱，滚身当中孕育着杀手一击，此为“上智”也。

深合形意拳门之精义。

古谱云：就如蛋、去如箭，打倒人还看不见。

“就”字说的是身势，这个“蛋”字用得巧妙，内藏无限玄机，以笔者的文字功底，实难找出另一个字来替换它。有了“就如蛋”才有“去如箭”。

身形的变化，凝集了反击的力量。

打即是顾，顾即是打，打顾合一，才是形意。

兔子没练过形意，也没看过形意拳谱，但是它做到了。这是自然化育的奇迹，拜兔子为师吧！

天地生化万物繁衍至今，能存在于大自然中的生物，不管多么渺小，都有胜过人类的地方，没有绝技的生物不能存活到今天。

比如螳螂、比如蝼蚁，这些生物如果长的个头和人类一样大，你未必是它们的对手，那时候地球有没有人类还很难说。这些小小的生物身上一样有武学之道孕育其中，留待有缘人去探寻。

螳螂拳就是这么创造出来的。

人乃万物之灵，这是开篇讲的一句话，人胜过其他生物的不是体力而是脑力。学拳锻炼了四肢五脏，如果人的身体是电池，那么练武就是给电池充电，把我们身体这块电池练得电量更足。

充足的电量汇聚到我们的脑袋中，我们的脑袋内部就该起点反应了。回过头来多去揣摩拳脚中的道理，这也是本书开篇讲过的道理。第二句就是：师万物造化之功。

兔子蹬鹰是躺着练的，我们可以站着学。非要学兔子躺下就迂腐了，这叫食古不化。利用身形的移动，我们可以连续出蹬踩劲，连出三脚甚至更多。这样可以借助惯性提高打击的力度。

我有这些形象的具体练法，但我不想说，不想因此局限了诸君的思维。形意拳是开放的体系，从五行拳到十二形至此也均已学完，那都是有拳势有标准的，超越这些形象就不要标准了，要练出自己的东西，那才是自己的所悟所得。

先使个猴叨绳，得势欺进摘盔挖脸，敌一接式下面连出三腿，踢个兔儿踢天后，黑虎出洞打崩拳，我就说这个意思，谁和谁不可以联用呢？

形意拳没这个说法，乌云盖顶、云卷云舒哪有什么形象？象形会意而已，而后即能无形无象也。

“一气通贯”，只要呼吸合道，手脚自能如意，百转千回随心所欲。

85. 犬之躲闪

我华夏神州最有名的犬能影响天象，二郎神的啸天犬能天狗食月。传说清王朝努尔哈赤在征战中被义犬所救，从此满族不吃狗肉。千百年来狗与人的故事数不胜数。现在就流行电影《忠犬八公的故事》。

白山黑水间的鄂伦春是最会打猎的民族，犬守夜、鸡司晨，如今的城市生活离这些太远太远，安逸使钢刀生锈、壮志消磨，练武怕的就是这个。

钢刀不磨生黄锈，人不直腰背要驼。

警醒抖擞之意万不可失。

家里来了客人，先反应过来的不是人，而是家里的爱犬，它的反应嗅觉远远超过人类。如在深山狩猎独居茅屋，百兽环伺恶狼夜嚎，没有猎犬守夜的日子是难以想象的，它代替了人的警醒。

犬之闪躲藏头缩项之法甚为精熟，亦甚为高明，不管棍打掌击、拳打脚踢，我们很难打到狗头。尤其是它对付摆拳、劈棍，它的距离感掌握得好，用武侠小说的话来说总是堪堪避过，总让人感觉到我差一点就打到它了。

奉劝诸君在实战的时候遇到此类现象就不要打了，你总打不着、总觉得差一点，说明你和对手的差距很大，他比你强得多才能做到这样，这叫“游刃有余”。

狗能趴伏前腿挨着地，后腿立着，脊背成一张弓（反弓），后背毛耸立。这样扑击的时候动作快，后腿蹬踏有力，能借助腰腹收缩伸展之势。这个动作既能躲过敌人的攻击，还能借势蓄力再次攻击，这就是犬的闪躲之势。按照形意拳的说法身下束也，这也是一种“束”法。

这个犬之闪躲是暗藏机锋，犬在做这个动作的时候头快挨着地了，可它的视线从没离开他的敌人，抬头而视之，这是犬的绝技，眼神锁定对手随机而变。狗的体重有几十斤，是人的二分之一或三分之一，但被恶犬一扑，人鲜有不倒地的。

这是犬类活用背椎之法。

有大功夫的人，放倒超出自身体重的对手不是梦。不能做到这点，只是没练到而已。

武功国术如果不能以弱敌强就不用打了，大家排好队称体重选冠军算了。

犬的步伐亦有的可说，对敌之时掉头非常迅速，合身转折不停势，左右穿梭任意行。不管步伐如何移动，总能极快地掉过身去面对对手，转身灵活且不减速度。

形意拳门的各位前辈早已发现这些超出十二形象的动物的奥妙，从中学习，增益其所不能，走上拳学正轨。

犬有守夜之功、闪躲之能、咆哮之威、掉头之灵。

犬吠有特点，低沉咆哮可说是五内震动，全身一同毛发如戟森然而立，任意拿出一条作为学武之人都有借鉴之意。

简单地捡了几个形象说说，这个说不是讲是叙述，诸君体悟也许更深。形意拳不单是拳而是拳之道，合道的东西不好讲。

鲸鱼抖鳞、乌牛摆头、兔儿踢天、犬之闪躲，各有各的奥妙，这些奥妙都可以入拳。一不小心就会创出一个新的形象，武功练出了新天地。

除此之外亦有很多入道之术：蚯蚓有掘土之功、泥鳅有闪滑之道、象鼻有翻卷之巧、飞蛾有扑火之势。

我父言曰：看长河落日、大漠孤烟、浪涌波生、云开雾散、天狗食月、水滴石穿，无一不可弄拳，无一不可入道。形意拳门参天地之造化、悟万物之消长，习形意无上拳道，做人间正义之人……

以上诸势留与诸君自为体悟、自我玩味。形意拳门众多高人前辈都只写了形，未将这些形象的内涵一一展开明说。

我如今思悟之，恐语言苍白无味，写不出那些妙处，只能略做说明，诸君自悟为好。

看如今国内国外电影、电视拍摄了许多古今中外的名著，没有一百分的作品，都不如原著的那个味道。

因为文字著作在个人的大脑中生化万象，每个人心中都有自己的侠义英雄。脑中演化书中的境界与情景各有不同，实难千篇一律。我也把这些形象的想象空间留给诸君，请诸君体悟自己的拳境吧。今写出的这些文字一般一笔成文，不做修改、不加润色（除了错字），以拳意一挥而就。改了也许文字优美，但不是我之拳意也。过了这个村就没了这个店，我的手稿如遗失后再补写，也绝对不会写出一模一样的文字。关于这些超出十二形象的东西，我就说这一次吧。

站群峰之巅俯瞰人生百态，万物消长，有很多武学道理孕育其中，得此内涵者定是内家，因为打拳明理。

天有三宝日、月、星，人有三宝精、气、神。天、地、人并称为“三才”。

在《西游记》偷吃人参果的故事中，镇元大仙在自己的五庄观内只供奉了“天地”二字。镇元大仙是神仙，还要供奉

“天地”二字，天高地广啊！反观我们小小的人类有何德何能，能与天地并称？

练武的人通过身体外部拳势的运作，锻炼了筋骨皮肉，使人五内坚实、精神健旺，得此精气神。精气神足的人就算身有了“三宝”，这些合到人的身上，这时候人才能与天地并称为“三才”。

佛道儒家的高人也是通过他们本门的方法，达到精气神足的境界，从量变到质变，那样的人是不一样的，不是你有万贯家财就能体悟到的境界。

精养灵根气养神，
养功养道见天真。
丹田养就长命宝，
万两黄金不予人。

形意拳门的各位祖师将这些写在了拳谱中。打拳不只是打拳，练功也不只是练功。为什么练功夫？功夫练好了会怎么样？上述的拳诀都做了解答，剩下的就需要诸君去自我玩味、自我提高了。

反之什么拳都会，不明其理、不通其势、无举一反三触类旁通的灵意，拳头再怎么抡得虎虎生风，也是皮肉之拳，非精气神也。

86. 唐诗武功

唐诗宋词，国之瑰宝也，短短篇幅就把人带入了诗词的意境，带入朦胧的影画之内，如泼墨山水淋漓纵横。

唐诗宋词如内家拳诀，读之入其门、观其形、嗅其香，一得百得。练拳也要有诗情画意，换句话说，行拳要有体味、要有感怀，才是练的真拳。

儿童散学归来早，忙趁东风放纸鸢。在孩童眼里，风筝就是他的世界，就是他的一切。他的一举一动一哭一笑都源于那根系风筝的线，专注不计得失。孩童不是练而是玩，玩得忘我。诸君如能像儿童般专心玩，练拳怎能不成也。

林暗草惊风，
将军夜引弓。
平明寻白羽，
没在石棱中。

这首诗写的李广射石的故事甚至编进了一些武功招式。林暗草惊，飞将军一箭疾飞，竟没入石中。而后已知此处为石，飞将军就再也射不出那惊心动魄的一箭。

国术就是真的，内家拳也是真的，只有人是假的，手中练但心念娇娃、张口铜臭、眼内皆金银，气机怎能按周天运转？

这拳不练也罢。

练拳先讲个正意，意正身直、松肩气下、周天循环、养气为先，此为万世之基，国术无基怎可鳞鳞居大厦焉？

人乃万物之灵，师万物造化之功，苟能存于世上必有可取之势，无一不可学，无一不可为师也。何止唐诗中有武功韵味浸染其中，一本日历你能看懂亦是收获良多。

古人讲二十四节气，就是告诉你什么时间干什么，古人讲顺天而行、不要逆天行事，就是这个道理，春种秋收就是天地运行的规律，你非要冬天播种春天收获，岂不白耽误功夫，还赔了种子钱。

国术深奥，今人浅薄，一个月也许能造就一名士兵，但造就不出武林高手。内家拳练习五脏、六腑、筋脉、经络、四肢、百骸，它们都会发生变化，我们用豆子生豆芽，是五到七天。你的筋骨血脉还能比豆芽长得快不成？痴人说梦而已。

华夏九州岛汉字组成了唐诗宋词，方块字本身就是人类智慧的结晶。

白发三千丈，
缘愁似个长。
不知明镜里，
何处得秋霜。

“愁”字，心上有个“秋”啊。

七情六欲伤身之道。练拳一小时，痛苦八个小时，得不偿失，身体反会亏耗，别说武功不能进步，身体都会受影响。

人之身体如长城，宜珍之宝之，身体发肤，受之父母，焉能损之！每日添砖加瓦，总有一天化为巨龙，气势磅礴。武功成就者如长江大侠，一百多岁每日还能练拳。

人之身体如长城，每日昼夜不眠、麻将声声、丝竹悦耳、案牍劳形、佳人含笑、大喜大悲、五脏劳累、内腑皆伤，长城终会不击自溃毁于一旦，我谓之“自毁长城”！

明朝皇帝杀了大将袁崇焕，百姓称之为“自毁长城”，不几年大明王朝土崩瓦解。毁掉自己的长城非内力不可，诸君当听我良言以佑其体，增福增岁益寿延年矣。

武功国术亦是养身长寿之道，养兵千日用兵一时，人的身体如兵，千日养之，此为国术养战为道也。不知调养不算功夫。

十年磨一剑，霜刃不轻试，以拳术为本，练武的人要爱惜自己的身体。

万恶淫为首，
百善孝为先！
剑仙本是凡人做，
只怕练武心不坚。
小做修改，诸君自玩味也。

87. 内家之雕虫小技

刚出生不久的婴孩很有意思，有很多有趣的现象，几个月大的孩子刚吃了奶不能马上睡觉，有经验的父母或者长辈总要立着抱孩子一会，用手轻拍孩子的背部。拍着拍着孩子就会打嗝，吃奶吃进去的空气就拍出来了，孩子会很舒服，再睡觉就没事了。年轻的父母不懂这个道理，吃饱了也不管，有的孩子就会漾奶，把吃下去的奶吐出来，尤其嘴急的孩子更要拍一拍。

大人不打嗝也不漾奶，是吃饭的年头多了长了水平吗？其实不是的，大人的许多东西已经退化了。

人有几件大事，吃、喝、拉、撒加呼吸，这是人人必做的事情。武功国术内家拳其实也是由此练起。人最宝贝的是身体，人的身体只有几样东西能进去，食物、水和空气。

进门七件事：柴、米、油、盐、酱、醋、茶，除了柴是加热用的，其他东西都是吃的。改变了吃、喝、拉、撒和呼吸，你的身体就会变化，由一个正常人到练拳人的转变其实是由此而生。

大人吃饱了饭休息下，自己捶打自己的后背，慢慢来，很多人也会打嗝。小孩吃的是奶，都会吃得气胀，不舒服就要吐出来。诸君呢？

山珍海味煎、炒、烹、炸，火烤的肉加冰的酒，我们一股脑地全倒给了胃，五脏抗议啊。你不符合自然之道啊。如此一餐得伤多少细胞啊。那功夫不是白练了吗！

饭后一小时之内不要练拳，尤其不要练形意拳。饥无力、饱伤骨，食物进入了要有个消化吸收的过程。练拳本身也是“养练”，要因循自然之脉络，不可急于求成，欲速则不达。

内家慢练是道，内家慢吃也是道。

吃过饭，我们稍稍休息一下，然后站直身体，两腿微微弯曲，两脚的距离略宽于肩膀，两脚的重心微微在前脚掌，然后双手握拳，轻轻捶打自己腰带以下的部位。人的后臀在腰带以下有几个位置，捶打的时候酸痛酸痛的，很快你就能找到的。

然后顺着自己的脊椎两侧慢慢地用拳头捶打，这时候呼吸要缓慢均匀，一会儿的功夫，大部分人都会打嗝，连续打几个，把吃饭的时候形成的这几口浊气排出来，身体就舒服了。

慢慢练慢慢找，也许人与人的部位稍有差异，但是只要你细心，总会找到的。

长此以往坚持下去，吃下去的食物能更好地变成营养为身体服务，我们的身体慢慢地会健康起来。

睡觉也是道。

胃中饱涨欲裂、四仰八叉鼾声如雷，伤自身也。腹中少食，睡自甘甜。坐而如钟、睡而如弓、熏香沐浴、沸水灸足，按涌泉、敲三里、疏通肝胆之经，室内空气流通，小听一曲酣然入梦。

晨起懒腰常伸，轻抻其筋、缓拔其骨、开窗通风、小吸吐纳、缓步疾行，周身通畅，久之其功自得也。

呼吸也是道。

坐卧行走深呼深吸，久而小腹自合。呼吸间丹田自合，静则涵养其身，动则发敌丈外。五脏均在腹中，腹动五行自动，

久动必有其功、必得其势，久做其理自明。内家形意非只练拳时练功，时时处处饮食茶水之间皆是用也，其实亦皆是“练”也。

此系古谱中艰深文字，我今一气通贯，平实而叙之。若遇诸君瓶颈处当可一言以破之，必能山重水复、柳暗花明、一日千里也。

多思伤神、多言伤气、饱食伤腹、饱色伤身，练拳人最忌讳饱食终日，久之形神必松，周身难节节贯串。

三尖照、四梢齐、胆随身，孤身敢入战阵，单骑能过五关，如此才是练拳，才是精气神之拳也。

一句话，生活合道、生理合道、心理合道，练时合道、不练亦合道，眠在道、醒亦在道，如此才是形意拳门六合之真意也。

沙漠养不出牡丹，种不出玫瑰，同样粉黛花丛、茶楼酒肆也孕育不出武林高手。

古诗词有云：天将降大任于斯人也，必先苦其心志，劳其筋骨，饿其体肤，空乏其身，增益其所不能。“侠之大者”亦是“天降大任”也，这也是武学应遵循的标准。

如此即为内家养练养战之道也。

88. 形与象合　武与医合

形意拳门有五行及十二大形象，五行为形，十二象乃象也。

形与象合变化无穷，也得此“百练”不重样也，且样样充满玄机。

炮拳练了很久，一日我在河边练拳，父言之：走个马形。我走了一个单马式，左掌变拳下扣，右手一拳平伸而出。

父继言之：接炮拳。

我右拳变钻上挑外翻，打出左手炮，如此接连不断。

马形炮实战好用之，自此开始形意拳门的“形与象”之合也。

龙形之势可连接连环崩，拳式重且猛，龙形下式双掌回收，打出双虎扑，龙虎交架足以自保。

这几种连接不只是练形，是练脑力，练左右换式、左右脑的配合及呼吸的间隙与间隔。这些东西要五行十二形象精熟才能玩，否则会搅乱固有的拳架以及自身练出来的行拳节奏，得不偿失。

形意拳门中形与象可合也，到了拳学高深之处是必须合也。周身六合，拳亦六合。

我今日点破这层窗户纸，诸君自思之。

诸葛武侯创《八阵图》，那是困人的，如刚练武功的人必须循规蹈矩、亦步亦趋才能成就一般。

等你练成了“雷震子”那样的神仙，肋生双翅飞在空中，《八阵图》就再也困不住你了，这些初学的武学道理就都作废了，从天上往下看，什么阵图也看破了。

从你会飞的那天起，你就不用遵守《交通规则》了，该遵循《太空守则》了。

所以说练武一层有一层的道理，到了什么时候说什么时候的事情。《西游记》中孙悟空和同学不在一个水平，菩提祖师只能单独教，放在一起谁也练不好。

有时候好的拳师作为师父，他教你这个不教你那个，他把这个东西给了别的师兄弟，先不要埋怨老师，也许那个东西不适合你现在的程度来学练也未可知。

千古以来中医亦是被称为“国粹”，医术也叫医道，是一门博大精深的科学。

自古国术与医密不可分，哪个门派没有几张传世的药方！许多武功都包括药。

无药练不成功也。

当年谈及天下门派，家中长辈也留下了些视若珍宝的药方。家人说峨嵋的功夫与中医结合异常紧密，可引为楷模。我至今仍记得峨嵋切口诗：

一叶开五花，
五花八叶辅。
皎皎峨嵋月，
光辉满江湖。

峨嵋武功的药学可为一绝。

如今城市人亦可学些浅薄中医，学习些洗手练功的药方。平时喝些清肝明目茶饮，结合内家养练之道，调养自身之四肢百骸，保养得当、练功得法，人活百岁不是梦。

医学与武道结合能百尺竿头更进一步，武医互为辅助。

今天我们就用铁砂掌来说说武和医的关系。

首先我要说一个概念，我认为武功是不存在偷学的，如果师父不想教你，偷学是学不走的。

为什么我敢这么说呢?

我们先举个例子，就拿铁砂掌说事吧。你看到师父拍铁砂，偷着自己模仿，也许你也能练出一点水平，比如能开两块砖等，但是你这样的偷学很难，很难达到你师父的水平。因为你师父是有药水的，他有洗手的药方，用中药帮助自己行功，既能练出功夫，还不伤自己的手。

最主要的是你师父经过了很多年的亲身练习，有很多体会，他知道初学应该拍多少下，你知道吗? 他知道什么时间练习这个功夫最好，你知道吗? 铁砂掌这门功夫既要会练还要会保养，才能以最小的代价取得最大的杀伤力，这是有一套学问在里边的。

许多东西是偷学不走的，你能偷走师父练功的姿势，你偷不走他心中的药方。能打能收才是功夫。说个笑话吧，你学会了铁砂掌的功夫，两个村子在黑暗中械斗，你参加了，用铁砂掌打伤了人，第二天天亮才知道，原来是误伤了邻村的表弟，这时候你怎么办呢? 你会用铁砂掌伤人，可你会治疗吗? 误伤了自己人怎么办? 正传的功夫都是有治疗药方的，打了什么部位，用什么药去治疗，都是有说道有方法的。这些东西是很难偷学去的。

一个会点穴的人必然会解穴。

能发能收才是真功夫。一个真正的武者，不是简单的莽夫，国术为什么叫国粹？因为深邃！

希望诸君在武术的学习中不要只是学会几路拳脚，也要深入研究这些武医之道，这些其实都与武功紧密相关。电影中的黄飞鸿大侠本来就是开药铺的，许多武林中的高手本身就是武医结合的典范。

一个骨科大夫学习擒拿手，该比一般的人强些吧。武是身体的学问，医亦是身体的学问，合为之“道”。互为辅助，功高可得也。

89. 心与意合　拳由心生

拳由心生，心生战意而行拳也。古人中讲拳由心生，说得没错，但缺过程，人的内心世界是先出战意，然后才是拳势。

天地化生阴阳而生三才，天有三宝日月星，人有三宝精气神，古人为什么没提头脑？古人总说心想事成，为什么不说“脑想事成”？

肌体饿了要吃饭，看似很简单，其实不然，其实饿了也可以睡觉，睡觉的人觉不出饥渴。饿了是天生的感觉，那么要吃饭就是大脑分析的结果了，因为大脑知道饿了吃饭是最终的解决方式。饥渴了，人即使是临时睡觉，那么睡醒了还是饥渴，睡觉只能延缓饥渴的感觉，经过了时间的检验，人饿了就吃饭是最终的解决方式，别的都不管用。

其实“饿”还是有很多的解决方法的，比如自杀，死人是不会感觉饿的。大脑经过比较分析，还是饿了就吃饭最划算也最省力气。打个比方，饿是“先天”，那么吃饭就是“后天”了，后天的吃饭不是唯一解决问题的方式，只是大脑经过很多次很多年的生命不断地延续，从基因中、从生命的实践中总结出来的经验。

这个大脑其实是人的算盘或者说计算器，它只是人利用的工具。如今许多人被这个计算器迷惑，迷失了自己。大脑这个计算机有时候是正确的，有时候是错误的。

夫妻之间无数次的争吵打斗，最终选择了离婚，在离婚的最后一次烛光晚餐中，你发现在内心深处还深爱着对方。这个“内心深处”的你才是真正的你，才是真正的自己，这就是古人讲“心想事成”的秘密。“心之所至，金石为开”！离婚之前的所做所为都因缘于大脑这个计算机错误的判断与抉择。

“脑想”和“心想”不是一回事！

几千年来无数的哲学家、无数的宗教、无数的大圣大贤，最终的追求、最终的目标与目的就是找到这个内心深处的自己，找到这个内心深处的自己和大自然的最和谐点，找到最终人与自然的黄金分割点。

上面说的不是废话，而是与练武最密切相关的东西。

人要有自己，说得很简单，其实几千年来能说明白这个问题的天下没有几个。练武的人更要有自己，要有这个内心深处的自己——心。

大脑的判断有时候是错误的，会影响武术的练习。饿了吃饭是正确的，但在战场上遇到敌人刺来的长矛选择闭眼，在武术中就是错误的。

不信的话你可以试试，尖锐的物体突然靠近眼睛，都会眨眼或闭眼的。

实践是检验真理的唯一标准。

大脑形成的“自己”和内心深处的“自己”，是两个“司令部”。这两个司令部能完美地统一在身体上，就叫“心与意合”。

古人，我们伟大的先辈先哲，包括那些武林绝顶高手，他们早就发现了这个问题，也提出了相应的检验标准，那些古书评书中夸奖一个人或者一个大侠的气质总用一句话“此人泰山崩于前而声色不动，是做大侠的材料！”

天黑请闭眼！

人就这点出息，拿把刀试试没几个不闭眼的，这个人泰山崩裂都不眨眼不害怕，因为他找到了那个内心深处的自己，否定了大脑的错误判断。

泰山山崩地裂，如身在此山中，大脑的反应是跑，这是人大脑计算机算出来的。内心深处的那个我——“心”说话了，“倾巢之下焉有完卵？没地方跑，不了解情况哪跑都不对，您不是神仙不会筋斗云，就在这等着还省力气，活就活死就死！”这是内心深处做出的最正确的判断。

能做到“泰山崩不为所动”的武者，已经找到了内心深处的自己，并且能协调好“脑想”和“心想”两个司令部的关系，做出最正确的判断，这样的人绝对是高手，因为他已经进入了那个境界。说白了，他已经拿到了毕业证，以后的连中三元只不过是验证所学的机会而已。

吕布早就能战三英，三英战吕布只不过是吕布证明能战三英的机会而已。从吕布武功大成的那一天开始，吕布就是吕布了，就具备了战三英的能力。

路在脚下，找到自己心的武者才能找到这条天人合一的路。

小孩子在睡梦中从床上掉在地上总是不会摔伤，大人往往没这么幸运。古人总说小孩子有神仙护佑、有地仙人保护，我们不说这些神仙迷信的东西。小孩子不懂事、不知道紧张，身体很软又很放松，落地的时候不会硬碰硬；大人从床上掉下去会紧张，大脑经过分析，哎呀这下要摔坏了，身体紧张僵硬与地面亲密接触，就会伤得重。

其实放松思想与肉体，撞击后果会轻得多。

这就是千百年来神仙只保护小孩没说保护大老爷们的道

理，这就是我要说的太极。

这个落地的紧张就是武术说的浊力。

赵本山有个小品的台词“我叫不紧张”，我借用一下。能不紧张的人手里有放之四海皆准的真理，他洞悉一切的因果变化，因为真理无法战胜，所以才能不紧张。一个武者该紧就紧、该松就松，甚至自身能局部紧张、局部放松，心与意合、意与气合、气与力合。今天你们再看到这耳熟能详的文字，是不是有了崭新的认识？

是不是觉得自己突然明白了什么？

能做到内外三合的武者，我用四个字形容——“绝顶高手”。

我们练武术练功夫是人在练。

练什么功夫呢？

饿了吃饭的功夫？还是饿了自杀的功夫？

练武要用心而不是用脑。要知道大脑形成的东西许多是不利于技击的，要排除。要相信自己内心的判断和感觉。用心做事做事用心，古人说过无数遍了，这句话直到今天你看了我的文章才会弄懂。

大的内家拳派其实不是人练功夫，是功夫练人，你只要用心按照这些拳势做就行了，这些拳势是无数高手的心得或者说是公式，用这些东西磨炼自己，早晚能达到自己至高的武学境界。

和尚念经，是经书成就了和尚，而不是和尚成就了经书，经书早就有了，不用你去成就，那是成佛成仙的公式，照着做就行了，前提是用心，用你那个真正的自己去苦读、去参悟、去身体力行。

几千年来无数的和尚、道士、出家人就是这么成就的自己，用心体悟到了佛法道法的真理。真理早就在那里，武学的

真理也早就在那里，不是你成就了武术的真理，是你找到了这个真理，借用一句话：“真理永远无法战胜！”

许多假的高人退休后学了三年光盘版的武术，就敢自称是一代宗师，敢创立一个武术门派、一个武术学说体系，“破”开他的大脑我们看到里边有金钱、名誉、地位、数不清的美女，无休止的欺骗和讹诈，仅此而已，唯独没有武术、没有国术的真理与内涵。

他根本不懂拳由心生、心意相合的道理，他的拳法是他大脑的计算机搞出来的玩意，不是炼心所得。

坐井观天的蛤蟆不知道天高地厚，才什么都敢说，什么都敢做的。坐井观天的武功蛤蟆们就是这样骗人的。

在武术的真理面前不管传承，不管你拳头多硬，身边的弟子再多，只要你不明白道理，你就是个门外汉。

皇帝的儿子未必能当皇帝，所以武术中有些名门之后是不可信的，世界搏击冠军也是不可信的，那是有限制的比赛，在街斗中他未必行，怎么教徒弟呢?

有冠军的徒弟没有冠军的师傅，不是冠军的师傅能教育出冠军的弟子，因为他是明师能明理。那什么可信呢?

武术的真理是可信的，武道的真理是可信的。

看完上述的文章，你已经具备了辨别良师益友的能力，我们就让他说说什么叫“心与意合、拳由心生”就可以了，再问问他为什么不叫“拳由脑生”? 一切就在眼前了。

从今日起诸君再也不会受那些“武功蛤蟆”的欺骗了，包括那些进口的“武功蛤蟆”。

我就是个发现经书的“蛤蟆”，是经书成就了我这只坐井观天的蛤蟆，说坐井观天其实还是高抬了自己，在武术的真理中，当年的我，怎么知道坐的是井? 观的是天?

是心之所想还是梦游所悟?

我今日终于明白，我立志要做一只胸有成“经”遍传天下的蛤蟆，我要对天下所有的练武人讲：其实西游记中唐僧师徒第一次得到的经书才是真的，“真经本无字”啊。

再借用古人的一句话说明这个道理：达摩西来一字无，全凭心意下功夫，这才是内家形意的本源。

心意、形意拳名就有武术中最烁烁放光的伟大真理，这才是“形意拳门之真谛”，如此才是国术的本源与本色。

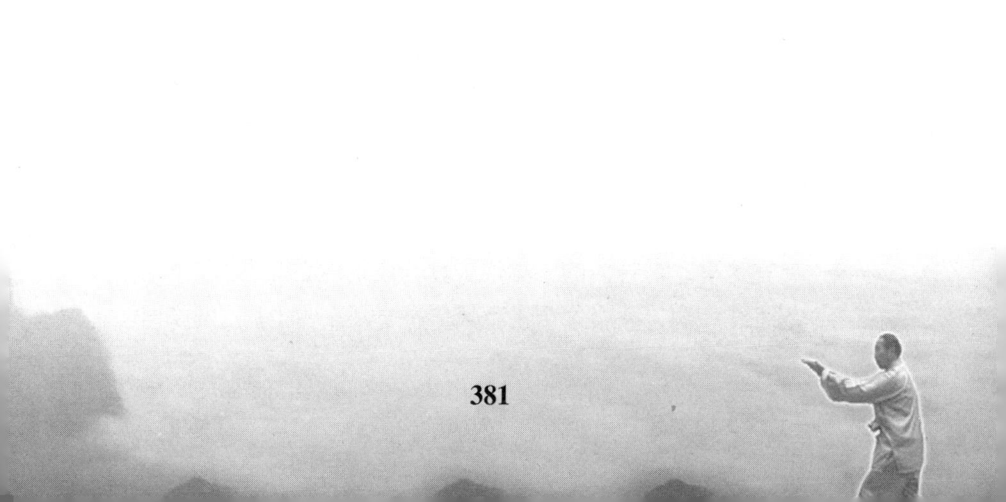

90. 戒烟之道

戒烟这个小小的标题也能写在《话说形意拳门之真谛》中，诸君可能觉得好笑，请仔细看我的标题是“戒烟之道”，其实说的是武功，说的是形意拳。

吸烟这个东西对人体有害，这不是我说的，是地球上所有的书报杂志中的说法。吸烟有害，地球人都知道，为什么难以戒除呢?

抽烟以后尼古丁和许多毒物进入人的身体，身体的许多神经细胞有成瘾性，得到了烟雾的熏陶就给大脑发信号：“货已收到，我舒服了!”

这个我其实是说的身体。身体舒服了，想要的成瘾烟雾得到了。可是我们在内心深处明明知道，吸烟有害健康，明明知道吸烟不好。这个身体的想法，也就是大脑的计算机的想法，我们把它称为“意”。

这个“意”我们姑且把它暂时说成是身体的意思吧，为了论述方便，内心深处的想法，我们把它简称为“心”。

人在这个时候，“心意”不合啊！天人交战，就产生在此刻。

戒烟的难处在哪里呢?

就在这里，是身体的感觉说了算，还是内心说了算。两个司令部不统一啊，一会这个占上风，一会那个占上风，明知不对就是改不了。

我举了这个例子，用我能想到的最确切的语言，形容了“心意”。

内心深处的不统一，造成了戒烟的困难。这时候怎么办呢？

很简单，支持自己的心，给自己的内心世界打气，让它超过肉体的那种错误的感觉和判断就可以了。

练武首先是精壮我们的肉体，同时强大我们的内心世界，让自己的心越来越强，让自己的“心与意”能辩证统一地为自己服务。

用今天的话来说，德、智、体全面发展，这才是武功国术的精髓。

我不佩服世界搏击冠军，因为世界搏击冠军可能因为女友的离去而自杀，擂台中的强者是有条件的，不能用板砖，不能用菜刀。战场是无条件的。

战场和擂台是两回事。

武者要从身体和内心世界两个方面同时变得强大，这就是“形意”的本源与特色。人的思想和身体，能在正确的时间、正确的地点正确地统一，这种高手才是无法战胜的。

他有强大的身体和正确的指导思想——“心意相合”！武者可以被打败，但其精神永远不败。

电视剧《亮剑》阐述的就是这个道理。李云龙不是武功最高的剑客，但是李云龙是内心最强大的剑客。内心强大的剑客也许会暂时承受失败，但胜利最终会到来的。

历史上的真理早就摆在那里，敢犯强汉者，虽远必诛！自古以来的赤裸裸的侵略者绝对没有好下场，李云龙也许从入伍的那一天起就了解了这个真理。他要做的是慢慢地磨炼自己的武功，最终刺入那致命的一剑。历史的车轮有时候会迟到，但绝不会旷课，天下必然还有正义和公理。

三国的名将关羽关云长不是武功最高的，却是内心最为强大的，忠、勇、仁、义的内心世界超越了千年的时空，关羽至今为人所称道，身体虽然腐朽，但义气千秋。

吕布也许能打败关羽，但绝对无法从内心征服这个人。文武第一、武无第二，说的是武者那强大的内心世界。

懂得了这个道理，戒烟就是个小事情。这个事情说明，大脑对香烟的喜好其实是错误的，内心那个要戒除的思想才是正确的。用心做事，事情就解决了。

我们练拳的时候，也要找出大脑在打拳的时候那些错误的感觉，用心去纠正它。长此以往，我们就能练出功夫。

戒除了烟草的诱惑，首先恭喜你，你已经找到了自己，找到了自己内心深处那个最真实、最正确的感觉。以此类推，以往你觉得必不可少的嗜好和爱好，如今该看淡了许多。

兵法云：攻心为上。

武功是修心为上，体次之，拳更次之。

这是辩证的统一，兵法其实就是武功，它是武学道理在众人身上的展现。天下所有的兵法都讲如身使臂、如臂使指，军民团结如一人，徐如林、疾如风、侵掠如火、不动如山、难知如阴、动如雷震！这几句话概括了兵法的神髓。

仔细地看这里边既有对身体素质的要求，也有对思想境界的要求，其实这些也是对武者打拳练功的要求。

其实这些要求就是形意拳的要求。

动若雷霆生震怒，罢似江海凝清光！可以要求武者，也能要求军阵。

这些都源于戒烟。诸君讲兵法诞生之日，地球还没有烟草专卖局呢?

我要说的是，慢慢戒除了诸如吸烟的许多坏毛病，人身体这个大河水就会越来越清澈，水清澈了不污染了，鱼虾就多了，自然条件就好了，人慢慢的就会生出智慧。

物质守恒定律嘛!

坏的东西挪走了，好的东西自然产生，人这条大河不能空着。佛教也说戒、定、慧嘛。

在形意拳门中老祖宗是这样说的：心定神凝，神凝心安，心安清净，清净无物，无物气行，气行绝象，绝象觉明，觉明则神意相通，万物归根!

这之前有个不可逾越的障碍，你得找到自己的心，才能“定”，要不“定”谁呢?

老祖宗们把“心”定下来以后的事情，也讲明白了，还分了年级。“心定神凝”是一年级，“心安清净”是二年级，以此类推。

想烟草的大脑想法是错误的，要格杀勿论，内心深处戒烟的想法要实际支持，让这个“内心深处”慢慢长大，伴随着你的武功的进步，你会发现练武能使人越来越聪明，这个聪明不是耍小聪明，而是“聪慧”与“变通”。

身体越来越好，内心越来越光明，老百姓的话叫“这孩子学习开窍了”。

这个光明能点亮武者今后的人生。练武的人是心会和武一起走的，伴随武人到永远。

心有千千结也不要紧，我今天解开了最重要的一个，这个结困扰了几千年，就是武者之“道”在哪里?

今天一个自由女神拿着灯出现了，唯恐你看不清楚——拳在心中!兵法也在心中!要找到自己的“心”，只有“心”才

能“合道”!

四大文明古国如今还有几个，比我们历史长的还健在的国家还有多少?

我们丢掉了多少前人的智慧以及武学兵法的经验?

“鬼谷子”这个名字如今还有多少人知道?

当年他老人家派了几个弟子下山，天下基本搞定，孙膑、庞涓、苏秦、张仪，都是鬼谷子门下，有兴趣的查查历史吧。

在那个年代，外国的许多首脑可能连屁股上能围布条还不知道呢!

国术生与斯，长于斯，源远流长，终将薪火相传、光耀后人!

91. 神龟虽寿　犹有竟时

龟龄鹤寿！这是古人对长寿之人的善意的祈祷与称颂。

龟乃神物，古人对龟的崇拜登峰造极。今人语言浅薄地称别人“戴绿帽子做乌龟”，不知神龟有知作何感想?

我今日不是讲《动物世界》给神龟平反，而是讲内家形意。

习武之人报国平天下，先要净口而后才能修身、齐家、治国而后平天下。净口、修身说的是做人，齐家说的是孝道。为人之子、为人之夫、为人之父，做好这些从此开始你不但要做人，还要做榜样。

治国平天下说的是为人臣子，是说的为臣做事。天理、国法、人情，考验最后才能做大事情。

朝为田舍郎，暮登天子堂。将相本无种，男儿当自强！此乃我幼年最爱。

武者亦要遵循这个大原则，理不说不明，这些话不单是做人的道理，也是武者之道。那些年在拳场练武的人，十个八个鸦雀无声，一个练武场只有师父一个人的声音，为什么?

多说伤气、多思伤神，人是先有思考后有话语。语言出口之前，脑子必然也转了一圈。在拳场上你脑子不想练拳，气机怎么能河车运转?

为人为武先要净口，这是必须的原则。那时候的老师父虽然没写告示牌，但徒弟们都被老师沉着的气息所感染。跟着这样的老师，进步一日千里也。如今许多练武场燕语莺声、马嘶人喧，非清净练武之地也。明眼人一看，便知此种武场与舞场风月何异也？

沙漠养不出牡丹，骄奢淫逸也孕育不出高人。

奉劝诸君，武者就要坚忍，就要耐得寂寞，守得云开见日出。不管爱不爱听，真理永远存在。心有灵犀之诸君，当能体悟之。

练拳修心净口为先也。练拳者不多话，不多是非。武道之艰难，如虫蚁想登泰山，如飞鸟想至西天，九九八十一难，千难万险哪！哪有功夫懒惰？哪有功夫耽误？

饶舌鼓唇之辈难出高手也。

人的衰老和长寿与氧气进入身体有很大的关联，古人认为神龟寿能千载，因为神龟少吃少动冬眠，且龟为冷血动物，呼吸有内家之妙轻、细、绵、长、深，深合内家三昧。

更因为龟无人口，不鼓吹不饶舌少思少虑，故能长寿。

空气通过人的呼吸进入身体，保证人必须的氧气，人没有氧气就不能存活。但氧气进入身体也有副作用，那就是氧化作用，任何事物都是双刃剑。

空气中的氧气只是很少的一部分，百分之十六七的样子，剩下的对人体没什么用，没用也进去了，人的五脏与器官在人的一生中，加工食物、加工水、加工血液这些工作都是有数的。人身体这个工厂加工能力是有限的，玩命地吃喝享受、夜夜笙歌，其实就是过度地使用了加工厂的后期加工能力，衰老死亡也就提前了。

醉生梦死谁成器？

人生不过如此而已，一个武者想站在武学的顶峰、心目中的紫禁之巅，就要控制这种消耗。

这是净口也是修身之道。精气神足才能做大事情。净口修身有限地控制自己氧气的消耗量，其实就是人对自己这辆汽车最好的保养。

最近我的文章越来越像暮鼓晨钟振聋发聩，当然有德武者才能领悟。武功招式都是下乘，你练什么都好，要懂得养生为人的和拳中的道理才是真的。

拳有价、理无价。

一个动画片里有个绝招名为“龟派气功”，其实古人早就发现了大自然这些造物的奥秘。国术道家养生中，早就有此类的东西。今日我要替千百年来的乌龟正名。

人不如龟处甚多，我今日代人类全体向乌龟道歉，人间的第三者插足什么的本来不管龟族的事情，是人的口不净捎带了神龟这些古人奉为世尊的神物。

我传拳有个要求，不能多话，不能出口成“脏”。口如蛇蝎之人必心如蛇蝎，最起码你在骂人的时候存心歹毒。这样的人不适合学形意，也不适合学内家，为什么？伤身啊！你的气息不会按照周天走，不会按照内家的要求走，松静自然你根本就做不到。老师傅一眼就看明白了，这样的人就算到了上清宫拜了张三丰为师也没有用。

心不在道，拳绝对不在道也。当了道士也得不到真传，得了真传也学不会，他根本就不在内家的境界。古人说这个人心不诚，不是对老师不诚实，而是心不在道。

这样的弟子不教也罢，这样的老师不拜也罢。当年的那些老师傅不识字或者文化不高，也许没有很高的文采，他只说一句话：练武首先要有武德。

这不是虚的，这不是如今买个《毕业证》就能混过去。你混过去也没有用。当年我父亲讲过：练武的要厚道，心怀狡诈之人是永远也练不出来的，也不好教，“心不在焉”是最好的旁解。

内家的呼吸轻、细、绵、长，我们用的是神龟当年申请的“专利”，学了别忘记付费。练拳的时候不能多话伤气伤身，古人有句话叫“饱吹饿唱”，说的就是吹鼓手要吃饱了上阵，唱戏要卸了装扮再吃东西，这样才能保证演出质量与身体健康。三百六十行各行有各行的要求，各行都有自己养生的绝招与技巧，学艺学的就是这个。

练武当然也有练武的要求，不能混淆，在练武场你一会打拳、一会聊天、一会来段《沙家浜》，那不是练拳，那是作死呢！

声音对身体有不同的震动与振幅。发声能震动内脏，打拳唱戏也能震动内脏，你到底让内脏干哪个呢？以哪个为主呢？

声音影响呼吸，呼吸反过来影响发声，这些都是各行有各行的要求。古人风霜雨雪闭门不出，二十四节气干什么井井有条，喝酒不练拳，打雷不看电视，这都是科学，只是有些你意识不到。

今天遇到一个竹筒倒豆子的——我，把竹筒都送给你了，竹筒上还刻着字“其实武人更应该关爱自己，顺天应时此为道也！”

白马就是马，武道就是道。

这些都不是闲扯，今天说神龟，其实是讲了呼吸，讲了练拳背后养战之道的“养”字也。

此书开篇我没敢讲得那么高深，我们一步一步地来，一点一点地触摸古人的智慧。

未曾清贫难成人，
不经打击老天真。
自古英雄出炼狱，
从来富贵入凡尘。
神龟虽寿，
犹有竟时。
腾蛇乘雾，
终为土灰。

这是大自然的自然规律。诸君把有限的生命，放到无限的中华国术的精髓中去，足慰平生。

92. 形意之五行相生

五行相生是一路拳法，在我来说这是串接五行拳的第一路拳法，也是我的开手之拳。如今回味那些学拳中的往事，恍若五味瓶翻倒洒在心头，酸甜苦辣的各种滋味纷至沓来。

这路拳很简单，就是按照五行相生的顺序打拳，劈生钻、钻生崩、崩生炮、炮生横、横生劈，打到劈拳的时候，转身再按照这个顺序练回来就是五行相生了。

相生与相克是两路拳，个人以为先练这两路拳，然后和师兄弟互相对练下，你练相生，他练相克，就是五行对练的套路，这两路拳倒腾一段时间，我保证你再练五行连环拳的时候，一定会有全新的感觉和认识。

先做一个出式的动作，两手缓缓从体侧升起，慢慢从头顶上方落下，然后攥拳到腰际，打出左劈拳。三体式已经说了很多了，在此不再饶舌。

劈拳的左手不要收回，接着扣手，右腿上一步打出一个右钻拳，然后上步打出左钻拳。这个五行相生相克拳的特点就是每一种拳都要打左右两个式子。有的支系不是这样练的，但是大同小异。这样的练法，根据我的体会，是在打五行对练的时候有好处。

左钻拳的定势下边接一个上步崩拳，这个崩拳步伐是在左钻拳的步伐上进个寸步，然后打出并步右崩拳。然后左脚上步打出左步在前的左崩拳，这个拳在老谱中被称为“黑虎出洞”。

这两个崩拳是这路拳法中的难点，难就难在两个崩拳要打得有气势、有节奏、有韵味，这两个崩拳练好了，这路拳就精彩了。

当年在我跟父亲学练这路拳法的时候，这两个崩拳总是不能过关，用父亲的话说，没有连环崩的连环劲，身形总是不能与拳势相合。而且这两个崩拳的上步要大，这样才能打出威势。

如今许多人在学练这路拳的时候，把一路昂扬顿挫的拳势打得平平无奇，失去了五行的内涵，也就失去了这路拳的精彩。

下面的式子我练的和其他支系不同，这个五行相生的拳里边多了东西，就在这两个崩拳的后边。后边的式子叫“乌龙倒水”，这是老谱的说法，也有叫“乌龙取水式”的，虽然名称不同，但拳还是基本一样的。

在左崩拳的基础上，连续退三步，先退在后边的右脚，然后左脚退到右脚的后边，右脚再退一步，这时候左脚在前，左拳举到头顶，重心微微靠前，这就是乌龙倒水的动作了。

然后右前臂在头前反砸而出，左脚同时回收，老谱叫“单展翅”，此动不停接着打出左炮拳，接着出右炮拳。这两个炮拳和单练的炮拳没有区别，然后是左横拳和右横拳。右横拳后边打出左右劈拳，然后回身再打出左劈拳，打回到出式地点转身用作劈拳收式就可以了。

这路拳对精熟五行拳的人来说并不是很难，横拳生劈拳的时候，横拳步伐和劈拳之间的转换稍微有点难，经过一番学练以后也能一气贯通。

五行相生本来只是进步，加上了乌龙取水的动作，这路拳法就有了进退，习练起来也使人多了一点兴趣，不喜欢的诸君可以把这个式子删除，我认为好的，诸君可能也会不喜欢，按照别的支系练习也是可以的。

这是一路不可多得的拳法，因为有了相生相克才贯穿了五行拳，五行真如五道关，无人把守自遮拦，这些拳法就是打开五道关的金钥匙。

如果没学过这路拳也不要紧，在五行拳精熟的条件下，按照相生相克的顺序，五行拳各练两下就可以。我说的前提可是五行精熟的情况下，否则五行拳就会打成一个味道，那就失去了这路拳的本意。

相生一定要练习一段时间，找到行拳的那个感觉以后再练习生克拳。这个行拳的感觉人人不同，我也不想多说，要找到相生之意才是真的。

当年我很久都找不到这个感觉，有很长一段时间没有一点的进步，最后还是大枪，还是大枪解决了这个问题。五行枪是个宝贝啊！在五行相生的衔接上，起到了不可替代的作用。

练形意拳操枪是个窍门。

从实战的角度来看，我个人的体会是相生拳上手比较快，因为熟练，因为相生，练的时间久了，慢慢地带动了人体先天的感觉和反应，这个反应一敏感，功夫就长上去了。

刚开始练拳的时候，一定要把步子放出来，然后再慢慢地收，张弛有度，一路拳打下来，有大步有小步，有刚有柔，有高潮有低谷，就像一段美妙的音乐，如此才是形意之拳也。

别看这路拳短小精悍，但是按照标准一招一式地打下来，能来回打五遍的已经是体力超强的武者了。

怎么办呢?

我们可以放慢速度，找一个合适的拳势停顿下来，站一会儿桩，然后再接着把这路拳打完。这样可以让拳意和拳势一直贯穿，不管多长的拳法，只要是形意拳，就不能练完了脸红气喘，如果有此类的毛病，一定要在拳势中把它化解。

我们在收式的时候，一定要气定神闲面不改色，这才是内家的练拳之道。如此行拳内息才能开合，拳势才能贯串，慢慢地随着功力的加深，越来越长越来越久，不知不觉中功力突飞猛进。

如果收式的时候沉不住气，那么我们就多做几遍收式的动作，一直到气息正常的时候为止，然后我们才能停下来。这是秘方中的秘方，绝技中的绝技。

不要看我白纸黑字的写在这里，在练拳的时候就是有人做不到，我们可以多做几遍收式的动作，一定要定下心来。

在国术中，出式和收式的动作是并重的，这都是按照人体先天的一些东西在编排。有些东西不用你深入地理解，只要你照着做就行了。

在国术中，几乎所有的门派和拳法都有出式和收式的动作，如果这些动作没有用，那么在千百年的传承之中，早被各个门派的祖师们删除了，不会一直流传到今天，那里边是有深邃的拳理存在的。

出式和收式是国术和西方拳术最大的区别，这个东西如果我展开说，能编一本书。为了不浪费诸君的时间，就不说这些东西了。

相信我，出式和收式一样重要，不但要做还要做好。一个章节就写了一趟拳，我觉得有点快了，细节我们在今后的章节中再慢慢地补充，本章言止于此吧！

93. 文武之道　殊途同归

练拳首求正意。

正意可与天地合，与天地合的拳法才会长久，如微尘扬于顺风有何艰险？其实不只是武功如此，天下万事想做个精明透彻，一定首求正意也，此乃不二法门。

古人总说浩然之气，其实这些东西都是正意所得。按照中医的理论，人体内也有阴阳二气，得民心者得天下，得到民心就成就了天下，那么得到了浩然之气就得到武道的神髓，练拳就能成就了自己。

今天我要讲一个不会武功的人——杨继盛的故事。

杨继盛（1516—1555 年），明代著名谏臣。字仲芳，号椒山，直隶容城（今河北容城县北河照村）人。嘉靖二十六年进士，官兵部员外郎。

坐论马市，贬狄道典史。事白，入为户部员外，调兵部。疏劾严嵩而死，赠太常少卿，谥忠愍。后人以继盛故宅，改庙以奉，尊为城隍。著有《杨忠愍文集》。

当年杨在朝堂之上因严嵩而受严刑，同僚送蛇胆一副，杨答曰：我自己有胆。狱中刮骨疗伤面无惧色，我称其为大明朝第一硬汉。有兴趣的诸君可查阅杨的光辉事迹，这是一个能超越了皇帝被列入史书而不朽的铁骨硬汉，让人五体投地。

现在不是兴穿越吗？如本人能穿越大明，我愿将胸中所学全部馈赠杨继盛同志，他使我了解了一句话：一个高尚的人、一个纯粹的人，一个有道德的人、一个脱离了低级趣味的人、一个有益于人民的人。

这样的人学文当能金榜题名，学武必成一代宗师。文武之道，一张一弛，殊途同归，为什么自古就有这句话流传？

因为各行各业对顶尖高手的要求都是一样的。

对制造顶尖高手的原材料——人的要求也是一模一样的。

国术的门派也是如此，得到这样的弟子不做衣钵传人做什么？怎能不倾囊相授之？

徒弟找师父，师父也在找徒弟。《西游记》中九九八十一难，其中的几难就是讲的唐僧师徒之间的磨合。彼此加深了解，师徒如父子坦诚相见，如此大道可期。

真正的国术就是观世音菩萨货卖袈裟：识此宝者分文不取，不识此宝者万金不卖。不识之人定不会去珍惜。

从大明朝的一个文官身上我们看到了正义，看到了人间正道，虽然沧桑、虽然杀头、虽然邪恶占尽上风，沧海横流方显英雄本色，头可断血可流，历史是公正的，后人以继盛故宅，改庙以奉，尊为城隍，历经数代此名不朽。

如今的武者缺的就是这种强大的内心世界，缺的就是这种精神。练武不是好勇斗狠，不是杂耍，不是吹糖人，而是修身、养性、保家、卫国之道。意正身直而后才谈得到松肩气下。身正不怕影子歪，意正不怕功不成也。

一天练武不难，难的是天天练武，拳不离手曲不离口，窈窕淑女君子好逑，像追女人一样，追求武功的真谛，日久必有所得。

前文也絮叨过“唐诗武功”，大自然的飞禽、走兽、影视、歌剧、唐诗、宋词，在有心习武的人看来，许多都可以成为

《葵花宝典》。

练拳不光练形，还有“意”，这个“意”可以有无限的理解方法，哪根弦的哪个曲目能触动你这个练武的神经就多琢磨，有时候真理就在别人认为的废墟之中。

天灾人祸发生之时，木匠会想着刀斧锯刨，财主会惦记金银财帛、三妻四妾，文人要带着笔墨纸砚，磨豆腐的想着牵驴，修脚的想着修脚刀，因为有了这些他就能从头再来。

人与人不同，国术的传承目前只能靠武者自己，靠今日诸君，诸君不能妄自菲薄。不会不要紧，不精没关系，人活一口气，佛争一炷香，只要坚定地走下去，我们就能越来越接近真理的光明，感受国术的博大精深。

不光是武人有正意，其实文人也有。在大明朝的文官身上，我们看到了侠者的铮铮铁骨，此乃人之脊梁。这样的人手牵手站在一起，就是国之魂魄。

武人文相，在打拳弄棒之中，看似粗鲁的活，武人却练出了文人的细腻与内敛。反之文人武相，笔力如刀，这些文人在看似柔弱的舞文弄墨吟诗作对之间，找到了寒梅怒放不畏风霜的铮铮铁骨。这些文人武者都铸造了自己强大的内心世界。

其实文武殊途同归，以正意为基也，得此真意不负此生。

庭栽栖凤竹，
池养化龙鱼，
道院迎仙客，
书堂隐相儒。
十丈红尘难得道心，
众生皆醉我独醒。
得一拳一腿之妙，

书一招一式之得。
怡然自乐悠然自得，
物我两忘，
不知今夕是何年。

文武之道要的就是这份专注，要的就是这份钻研，以正为基天下可得也！

借用本人一首联句与诸君共勉：

世上无难事，
只要肯登攀。
欲学惊人艺，
须下五更寒。
读书破万卷，
下笔如有神。
打拳逾千变，
出手即赢人。
勤时多勉励，
岁月不待人。
支笔安天下，
匹马定乾坤。
文武归一道，
今朝做圣贤。

94. 青梅煮酒论华夏英雄

我本布衣人微轻言，然沧海横流方显英雄本色，帝王将相位极人臣，未必能入匹夫法眼。

文武之道殊途同归，文者胸藏锦绣，武者健体强身，文武兼备为国为民，富贵不淫、贫贱不移、威武不屈，此之谓大丈夫也。

轩辕皇帝——炎黄子孙海内共钦，做人不能忘记祖先。

尧舜禹汤——千古传颂五千年不朽，原来人间可以这样管理，我从他们身上学到了一个词——禅让，他们理应流芳千古。我对他们的评价是："公心传千古，光辉照八荒！"

魏征——魏征铁面，千秋镜鉴。

俞伯牙、钟子期——传一曲天荒地老，共一生水远山高，奏一曲高山流水，歌一曲千古知音。

于谦——再读一遍那千古传颂的诗篇。

千锤万凿出深山，
烈火焚烧若等闲。
粉身碎骨全不怕，
要留清白在人间。

一句话概括他的一生："只手扶社稷，丹心照汗青！"

王阳明——“文能提笔安天下，武能骑马定乾坤！”心学始祖光耀千秋，我曾自书：“平生钦服王守仁。”

鬼谷子——孙膑、庞涓、张仪、苏秦，皆出自鬼谷门下，《孙子兵法》至今天下流传，我对鬼谷子的评价是：“能为天下师，不分国界！”

苏武——一个牧羊人身上看到了那句传颂多年的话：“三军可以夺帅，匹夫不可夺志！”苏武值四个字：“国士无双！”

文天祥——人生自古谁无死？留取丹心照汗青！这样的人当被千古传颂，当为人间的楷模。

赵匡胤——不是因为他是皇帝，是因为《宋太祖千里送京娘》，太祖武功天下流传。

关羽——还是用那句最古老的评语吧：“忠义千秋！”

海瑞——一个让自大明以后，十个官员九个自愧的封建官吏，清如水、明如镜，我对海青天的评价是：“愿送一支湘妃竹，烟波江上做钓竿！”除了崇敬还是崇敬。

杨继盛——我只说一句：“大明铁汉光耀千秋！”

岳飞、俞大猷——身经百战，文武双全。

戚继光——封侯非我意，但愿海波平。

秋瑾——侠女英风，不让须眉！

宋哲元——“我自横刀向天笑！”29军军长和他的大刀队，他们应该不朽，他们的精神应该不朽！

周恩来——因为他的睿智，因为他的两袖清风，午夜梦回我总见一少年对天言之“为中华之崛起而读书！”余音绕梁，久久不绝。

五千年璀璨的星空中，这是在我心中最亮的星星，这些人中有文臣、有武将、有皇帝、有平民，他们最大的共同之处，都是造福了天下的百姓。

为天地立心，
为生民立命，
为往圣继绝学，
为万世开太平。

还有许许多多我没有提到的人，共同书写了五千年的千秋正气之歌。文有文德，武有武德，其实做饭的也有饭德，喝酒的也有酒德。

道德今日被人鄙视，被用得很滥。

我至今相信公理与正义，相信邪不胜正，这些人才是武人的楷模，他们之中有的虽然一生舞文弄墨、不会武功，但他们身上都有古人说到的“浩然之气”。

有了正气与正义，文能慷慨激昂，武能独步乾坤，虽贩夫走卒织席贩履，亦能坦然活在天地之间，不失人间正气。

孟子曰：夫人必自侮，然后人侮之；家必自毁，而后人毁之；国必自伐，而后人伐之。

无天地之正气，虽位极人臣富有四海，不过尸位素餐为富不仁祸国殃民而已。

文武之道都应以上述之人为楷模，十丈红尘当能不失自己！

95. 行拳

内家形意拳在行拳中有自己独特的韵味和方式，如百鸟鸣于林方显英雄本色。在练拳之时，其实不是人在练拳而是拳在练你，拳中的东西有些不以人的意志为转移，随拳就式就好。

比如人的左右手，总有一只吃饭用筷子的手灵活，而另一只手比较笨拙。按照人固有的思维标准，应该是用筷子的手先练成功，比如右手吃饭用筷子灵活些，该是右手练成功才对。事实往往不是如此，往往是人比较笨的手先找对了拳劲，先打出了威风。

右手因为灵活，因为它太灵活了，往往不容易找对了劲。在武术中、在我们的身体中，大巧不能胜大拙，武术的真理在左右手上就能体现。

这些事情是不以人的意志为转移的。

既然它不听话，那就不要去想了，放下这些，也不要想我怎么使劲，你怎么使劲，都不对。“螳臂挡车”，车怎么赢的螳螂呢？开过去就是了，轱辘一转就搞定了，车的眼里根本没有螳螂。

“车”这个例子举的是“身势”，行车的力度就是行拳形意也叫“行意”，身势一动一切就解决了。“车赢螳螂”不是一拳也不是一脚而是身势，小肚子领着身体走出了身势，力在脚下，你在想那个手怎么发力是背道而驰。

拳谱说到输赢总用那句拳诀：打破身势无遮拦。打人一拳踢人一脚不叫赢，破除敌人的身势，把敌人连根拔起才叫“赢”，在战场上你破除了敌人的身势不是赢了，而是掌握了敌人的生死。

节奏——行拳的节奏只能模拟，模拟师父的拳架与节奏。形意和音乐是一样的，有自己的韵律、身体的韵律。这个提高在自己了，谁也帮不了你，因为拳中的战意无法仿效。从楷书练起到泼墨山水恣意纵横，天下间没有两幅一模一样的国画，也没有一模一样的武者。

这样才是练形意拳。

比如万人太极拳的大场面，也许只有一个人是按照自己身体的韵律与呼吸在行拳，其他都是摆样子的，一万人的脉搏呼吸怎么可能一致呢？

为了追求整齐划一，为了求“一”，很多人放弃了自己的韵律，也许很多人根本不懂这个道理。国术源于战场搏杀，本身不适合表演，但可以统一到军阵，军阵其实也有别于今天的集体表演。在军阵中个人能力是可以淋漓展示的。

天地无私，不舍不得！

小孩子被大人狠心断了奶以后，才能尝到美味，学会吃东西。习武之初也有断奶后的难受、身体的不舒服等，等你欲罢不能的时候，其实你已经上路了。武功占用时间、疲乏身体，只是最初的认识，武者从武功中得到的好处太多了，起码身体的强健无可比拟。

一棵小树削去杂枝才能茁壮成长，枝繁叶茂。人也是如此，不能想怎么长就怎么长。这些要靠师父的教导，更靠武者的自律。师父领进门，修行在个人。想站在武学的巅峰，就要把握自己。

一个没有师父的人练成武功是值得敬佩的，因为他能自律，能做自己的主。一个没有庙的和尚能成功更值得敬佩，因为他没人管还能自信且自律。能不为外物左右，才能不为敌人左右，敌人直打、我斜打，你打上、我打下，你打你的、我打我的，咱俩谁也不碍谁的事，谁说当头炮就一定要跳马？

这样的武者就是在行拳中找到了自己，找到了自己强大的内心世界，天地在我心，这样的武者会越来越强，这样的士兵组成的军队战无不胜。

96. 打人如薅草

这是当年父亲讲的一句话，其实也是拳谱中的话语。只不过在如今出的书中，变成了“打人如蒿草”这几个字而已。

当年我一直理解为“蒿草”两个字，后来对这两个字加深理解，改变了想法，源于与父亲的一次谈话。

打人如走路，看人如蒿草，是如今习练形意拳的人经常念叨的话语。其实应该是看人如薅草才对，其实看人打人都如薅草一般才是形意。

我当年念叨这句拳诀的时候，被父亲笑话。父亲问：“天下的草这么多，为什么单指蒿草呢？看人如青草不行吗？”

“这个”我无言以对。

父亲说这是北方方言造成的，这句话的本意是“薅草”的意思，翻译成现代的话就是拔草。一个字的改动就能使这句拳诀大不一样。

因为薅草与蒿草两个词是同音，因此在口传数代之后，慢慢地演变成了蒿草两个字。仔细地分析起来，薅草的意思要大于蒿草，在拳诀中改动了这个字，就使这句话丧失了味道。

看人如薅草。

看一个人的时候，如果这个人是你的敌对方，那么你看他一眼的时候，心里就要想着“薅草”，去拔你敌人这棵草。从看到这个人第一眼起，你就想到了怎么去拔除他的“根”，也就是去破除他的身势。

当年我也问过父亲，为什么要说拔草呢？而不说拔除你这棵树呢？

父亲当年微笑着看了我一眼，对我说了一段很重要的话，我至今牢记在心，不敢稍有忘怀。

在疾风骤雨中，树折草不折。我们能看到被风刮倒的大树，却看不见漫天飞舞着青草。在草与树的根须比较面前，草比树还要厉害，还要难拔除。

第二点呢，你看野草浅浅地露出地面，不过才半尺多高，可是它的根须有的却有一米多深，有经验的老农都知道，有的草是不好拔除的。

第三点，战略上藐视敌人，战术上重视敌人，青草与人比起来必然渺小得很，再强大的草也会被人消灭，因此形意拳门的老祖宗们在拳诀中写了这句“打人如薅草”“看人如薅草”，这也有藐视敌人的心理在内。

那些年那些事因为隐含着形意拳无上的诀窍，虽然事隔多年，至今不敢稍有忘怀，今日写出来，也算是对慈父的一种怀念，愿他老人家的一些话语能遍传天下，对初学形意的诸君有所帮助。

在北方的农村中，这个薅草的“薅”字还有人在使用。小孩子在外边贪玩，误了回家吃饭的时辰，这时候家人就会出来寻找孩子，把孩子“薅”回家去，其实就是抓捕的意思，把孩子像根草一样地抓回家去。

在派出所里，两个打架的人形容自己刚才打架的情况也会用到这个字。其中一人说，刚才不是我先动的手，是他窜上来一把“薅”住我的脖领子，我们这才打的架。

这个字到了今天虽然还在使用，但是越来越少了。我如果不单写这一个篇章，把这个字讲明白，也许再过几十年，形意拳拳诀中的这句话，就再也改不过来了，再也不会有人知道它的真实意义。

鸟宿池边树，

僧敲月下门。

是僧敲好？还是僧推好？

这件事要细细地加以揣摩。练武也要和作诗一样，说出的话、讲出的道理，要经得住推敲。每当我们写出一个字，我们都要承担起这个字的责任，认认真真地做好每一件事情，只有这样国术才能兴旺。

其实世间的事情，就怕“认真”二字。

师父也是地球上的人，师父也生长在地球上的某一个角落，师父个人的生长经历会带到他的拳术中，首先带进来的是方言土语。这是国术传承中一个大大的误区。师父在讲拳的时候，会带着他的方言土语，你只有真是他的弟子才能听懂。

从海南飞到北方，和师父握个手拍个照片，学个三天两天就飞走的弟子，是不会懂的。

“跟老师学，跟老师学！”你要跟住了老师，经过长时间的师徒磨合，你才能真正地听懂他说的话，每个人都有自己的口头语，有时候师父不经意的口头语才是经典。

在记录传播这些经典口语的时候，要注意查证，查阅相关的数据，保证形成文字之后的权威性，这样才能把真实的武术留给我们的后辈。我们现在随手做的小事，有可能影响千秋万代。

比如南方话中的“点解”，北方人理解起来很困难，这些东西在武学的传承中，其实很重要。

北方的方言中有一句贬损别人的话：“你们家坟头长那根

蒿子了吗?”这句话中的“蒿子”就是指的蒿草，问人家坟头长那根草了没有，这是一句贬损他人的话语。出了这片地方，这句话能理解真实含义的就少了。

在整理这些拳谱和拳诀的时候，我发现了不少类似的错误，如今口口相传，已经众口铄金了。在这本书中，我会一点点地把这些东西讲出来，一点点地纠正，最起码我要把这些方言中引申的意思说出来，这样才能有助于形意拳的练习。

最后抄写一段诗词，与诸君共勉吧！

人身难得今已得，
大道难明今已明。
此身不向今生度，
更待何时度此身。

97. 形意一年打死人

这也是一句众口铄金的话语，其实它的内涵远远不像字面那么简单。这句话也是误传，是口语翻译和口误造成的。在这个篇章中，我们就把这句拳诀做一个全方位的剖析。

当年20多岁的我也是赞成这句话的。

在我参加工作后不久，有一次在和父亲练拳之后，无意当中提起了这句话，父亲先让我讲了讲对这句话的理解。

我当年是这么说的，我觉得这句话还是有道理的。在形意拳的初学筑基过程中，一年的时间，一般是不是这个材料就能看出来了。

中医说伤筋动骨一百天，人的筋骨要是有了毛病，比如说是硬伤什么的，一般恢复起来要三个月的时间。初学形意的劈拳一般也要三四个月才能有点感觉，这个感觉指的不是姿势，而是内动的感觉。

在形意拳真正的传承中，一年的功夫打死人是可以做到的。这说的是能开窍的弟子练习后的结果。一个真传一个真学，那么形意拳一年打死人是可以做到的。

我说完这句话后，父亲没有表态，而是问了我一个问题："现在如果当兵的话，新兵连的训练是多长时间呢？"

"一般是三个月，新兵训练三个月，就从老百姓变成了士兵，这个时间和内家百日筑基的说法，还有伤筋动骨100天的说法相吻合。”我回答道。

“你的意思就是说，新兵连的士兵训练三个月就可以上战场了？”父亲问道。

“是这个意思，在古代如果打仗的话，三个月的训练差不多。”我答道。

“如果在古战场，士兵有没有训练一年或者三年的时间再上战场的呢？”父亲问道。

“没有，古战场的士兵不会有这么长的训练时间，也就是几个月。”我答道。

“那么形意一年打死人，是不是训练手段比较慢呢？”父亲问了一句。

这个问题还真是不好回答，我思索了半天也没有想出回答的方法。

“形意一年打死人，为什么不是半年，为什么不是13个月？为什么非要说是一年呢？是不是差一天都不行？”父亲接着问了这句话，我感到无言以对。

“这句话是误传啊！”父亲慢条斯理地说了这句话，听在我的耳朵里，不亚于晴天霹雳。这句话我知道很久很久了，也重复过无数次，我从来没有怀疑过，现在一个足以振聋发聩的声音在耳边响起。

父亲是这么说的。

在太极拳的谱书中有一个招式，叫“倒撵猴”。在现在出的太极拳书籍中，还能看到这个招式名称。

形意一撵打死人！

这才是这句拳诀的本意。

在北方的方言土语中，这个“撵”字用得很多。我追上他了，一般在农村中就说我“撵”上他了，这样的语言在北方是很普遍的。

形意拳所有的功夫和功力，其实都蕴藏在下半身，都蕴藏在形意拳行拳时候的身势中，这是形意拳全身整合力发于梢的最终秘密。

形意拳的秘诀就是这个“一擀’，就是这个“上步”。

形意拳和坦克一样，其实功夫不在威武的炮管上，而在坦克的履带上，坦克之所以威风凛凛，全是履带的功劳。没有它坦克躺在那里就是一堆废铁。

功夫本从趟步来，
两手变化随步开。
高挑低搂横掩蔽，
劈崩钻炮不离怀。

这首拳诀已经说得再明白不过了。

形意一擀打死人，这才是这句拳诀的本意，说的是形意合身而进的身势，和坦克一开碾死人的道理是一样的。

因为“擀”和“年”同音，换成“年”字也稍微有一点道理，经过多少代口口相传，加上“音误”，这句话就传成了“形意一年打死人”，仔细分析起来，一年这个说法是站不住脚的。

形意一年打死人，
形意一碾打死人，
形意一捻打死人，
形意一擀打死人。

这是四个音同字不同的字，年字在这四个字中表现力最

差，第一个否决。

这个碾字，暗含坦克履带的碾压之力，还算稍微地接近一些。

捻字，也可以说暗指脚下“捻劲发力”的意思，就比较接近了。

这四个字中最合乎拳意的就是“撵”字，它最合乎北方的方言语境，也最能表现形意拳的拳意。因此在我家的传承中，形意一撵打死人才算是对的。

如果我们不用考古的方法一点一点地研究国术，而是照抄前人的东西，我们就会迷失了自己，我们会把这种迷茫传给我们的下一代，使下一代学拳的人也继续地迷失下去。

尽信书则不如无书！

做人练拳要说实话，做实事。

老祖宗的东西传了多少代，在多少代的传承之中，也许会出现类似的问题，不是祖宗的东西不好，是我们没有理解他老人家的神髓。

愿解如来真实意！

佛家的修行者也有类似的论述。

支持作者写出这些东西的，是一个武者的良知，一个武道传承者的责任和义务。拨开重重迷雾，让我们看到国术的本来面目。也许说实话会得罪许多人，但这个实话历经这么多年，该有人站出来说了。

丹田养就长命宝，

万两黄金不予人。

人体其实有无穷无尽的宝藏，万金不换的秘密。打开一扇心窗，让我们看看国术深邃的内涵。我写的这些都是前人从没落在纸张上的东西，看到了要知道去珍惜，在诸君闲暇的时候，练练拳吧！

身外的宝藏满足不了内心的空虚，也许内家形意给不了你人间的富贵与财富，但能给你一个武者完美的内心世界，强壮的体魄！

持之以恒，大道可期！

98. 今月曾经照古人

古与今同，古与今又不同。

国术悠悠千年流传至今，有继承也有发展，国术是个开放的体系，涓涓细流最终海纳百川有容乃大。国术可以享受前人的武学经验，是学功夫而不是仿古。手表可以逆时针拨动表针，转几圈我们也回不到昨天。

一张古代的练功用的洗手药方，不能拿过来就用，我们要找中医看看做个有效辨识，看看成分与配比，有选择地加以实用这叫“真聪明”。

比如古药方中有个人参二钱，那可是说的老人参二钱，古人预料不到今天的人参和胡萝卜栽培技术差不多。一句话，养殖的和深山中挖出来的药理药效要差很多。在这个地方，要诸君细细地去辨识，这叫世事聪辩。不是古人的东西不好，而是古人预料不到今日世界的发展程度。

尽信书不如无书。

金科玉律哪怕是武学上的《葵花宝典》，拿到了今天也有个适用性的问题。打个比方，古书秘籍中让你每天踢树 500 下，这些练法要辩证地继承，为什么这么说呢？

古代没有环境部门，踢树没人管，今天不一样，这还是小事情，想踢总能找得到。古代人很少穿鞋，而且古人不穿皮鞋，脚底板和今天的人硬度差很多。这个踢树 500 下是按照古人的体力和脚设计的，不是按照两千年后今天人的体力和脚的参数研究出来的。

适合古人的东西未必适合今人，想学下去要动脑子要做比较。

心灵才能手巧，才能世事聪辩。真正的武者没有傻瓜。武术中总有傻人的故事，说一个傻子的师父拿他找乐，就教他踢树，后来这个傻子武功大成。这些都是故事不足为信，一个傻乎乎的孩子得到了师父一招半式的指点，在一没教材、二没师父、三没师兄弟参照的条件下苦练武功后乃大成，那这个人是傻子吗？

那是圣贤。

那是国术版的“王冕学画”，那是真人版的“神笔马良”。这样的人外表平庸，内心其实极为聪慧，做事情坚毅不拔，这样的人才适合国术真正的传承。其实这也是历代高师久寻不获的弟子。

前些年总有句话“古为今用”，用在国术当中也尤为适宜，你真正得到了古人在国术中思想的精髓，得到了历代高师的那种智慧与德望，其实你就走进了国术。

古人早就明白，练拳最后练的是“心”。得到的最佳法则就是放下，人的心其实就是拳头那么大的东西，容量有限，装进了是非、烦恼、名车、靓女，就没有地方放下国术了。

身是菩提树，
心如明镜台。
朝朝勤拂拭，
莫使惹尘埃。

一个武者当有自己独特的气质与韵味，把握自己的心，其实就是把握了成功的方向。

大海无量心的容量其实也是无量无边，韩信带兵多多益善胸怀兵甲百万，做的都是名动天下的大事。今人除了骂韩信傻子之外还附言：当年这要是我，就一刀剁了那个流氓。

这就是今人的浅薄。饱满的稻穗才知道低头，燕雀岂知鸿鹄之志，悠悠千载谁又能了解韩信那海样的胸怀？在棋盘上韩大将军从没计较过一兵一卒的得失，一城一地的进退，从没计较过个人的荣辱与年终奖，韩大将军眼里看到的是天下，做大事者不拘小节，以天下为己任。今天在这里给韩大将军正名。

心的容量很小，世事聪辩十丈红尘，我们可以一点点地把它练大，净口、修身、齐家、治国、平天下，管好自己，管好家人，管好一城一地，才能管好天下，一步一步的你的心量要跟着长大啊。

智慧不能跟随身体一起进步，匹夫之勇也；智慧与拳法与时俱进，乃武者之风也。国术不难，得到这种心胸的人，用我家的拳谱中的话来说吧：

疾步可追风，
深潭可揽月。
五行俱、四梢齐、三尖照、胆随身。
孤身敢入战阵，
单骑能过五关。
静似书生、动似虎豹。
……

交手有必胜之心，百万军中可夺帅。匹夫有其志，三寸之丁可言勇！武者的勇气来源于内心的智慧与拳法、尊严人格与思想境界，是自己一点一点积累出来的，天下有能打败关云长的敌人，没有能征服关羽的人。

杀了夏明翰，自有后来人，英雄是有气节的。为什么历史的光辉总是落在这些英雄身上？

待从头，
收拾旧山河，
朝天阙。
封侯非我意，但愿海波平！

从这些精武英雄身上，我们看到了中华民族的脊梁与气节。其实这也是国术的气节，中华武者的侠气英风，这是民族的魂魄、是中华国魂。

国术的杀伤力不如现在的原子弹强，但原子弹载托不了上下五千年的中国魂。历史总是公正的，历史的光辉总是照耀在这些英雄身上，历经千年璀璨而不朽。

看今日世界，洋术正威国术日衰，坐而论道不如起而行之，国术为国人之精神脊梁，侠之大者为国为民，我本布衣亦知天下沧桑匹夫而有其责，望国术兴旺国人奋起，中华幸甚，百姓幸甚！愿我武道坤所传弥远经久不衰。

这是我 2010 年写下的一段话。国术的精神就是民族的魂魄，武魂就是国之魂魄，国魂永远年轻。

天戴其苍，
地履其黄。
纵有千古，
横有八荒。

国术之魂与天不老，与国无疆！

99. 饱食终日

十二形象的动物各有各的节奏，其实天地万物云卷云舒都有自己的节奏，高山流水花开花谢，都是按照自己的法则在走，练拳亦是如此。

练必有法。

有方法才能有进步。人乃万物之灵，师万物造化之功，人能模仿飞禽走兽的进攻防守。万物不离阴阳，五行都在道中。在《西游记》中，孙猴子每变成一种动物，二郎神马上就变成能降伏它的动物，二郎神君知道相生相克的奥妙。料敌机先这些东西，都要在行拳中体悟。

内家拳不是泼妇打架而是美女洗澡，心动不如行动，人与人斗就是兵法，其实“斗”的就是“节奏”。

老师傅总说把全身的力量集中在一点能打出去就是武功，这话没错，此言至真。我改动一下：把全身的力量集中到一点，释放到敌人最薄弱的部位，就是武功加兵法。

形意拳行意其实练的是活的，行动中的力量是身势和速度形成的合力。关羽的武力值是青龙偃月刀的重量加上赤兔马的速度，就这么简单！

举重冠军也许比关羽力量大，但那力量是死的，我保证他不是关羽的对手，因为他没有行拳的劲力，不能在移动中很好地发挥他的力量，这就叫行拳、形意拳。

武功就是一呼一吸一拳一脚的事情。喜欢形意拳在呼吸之间行拳独特的韵味，一招如果得道，招招皆可得道，会了劈拳形意拳就会了一半，绝非妄语也。

一个得道高僧，天地间万事万物都能看透，因为他已经参悟佛道，万物都在道中。心在道中，观耕牛犁地、水车汲水都能讲出道理。形意拳各位祖师观天地五行十二形象生克之变，亦是道心观物，方可悟之非妄心也，十丈红尘苍茫大地，得此道心者能有几人也？

土语云：光棍打九九不打加一，做人不能做绝，话说绝事情做绝的人难有好下场。这正是悟道高人的思想。

体现在古代，那些得道高人们有无量的智慧，今天的人不比古人聪明，是今人自以为聪明而已。在古代战阵中是有生门的，诸葛武侯的《八阵图》也是留有生门的，要给人一线生机，做事情不能做绝，古代的渔夫都知道，春天打一篮，秋天少一船的道理。打渔都不能打绝，何况杀人呢？

说这些武功道心之类的东西，也就说到了个人行为，个人行为也是道心的体现。“饱食终日”在古代是个贬义词，今人在吃饭这个问题上，就把事做绝了，每天三顿加夜宵吃到十足十，吃到撑为止，吃到难以下咽。

这就是把事情做绝了。人体加工厂加工食物每天是有定量产出的，你每天都让肠胃满负荷超负荷地运转，不难受才怪。古语“饱食终日”是大大的贬义，如今的我们是饱食终年。生活好了，可人的思想并没有提高，与道甚远，胡吃海塞，医院收入大大提高，人们的身体素质逐年下降，其实许多病都是吃出来的。

病从口入，祸从口出。

先哲的话要听，谁也没规定吃饭一定要吃饱一定要吃撑，是你不能控制自己，不能控制自己的欲望而已。血液时时刻刻都在集中帮助处理食物，大脑供血就少，人就不聪明，学什么都慢，干什么都笨，别说练武了，一天活着都没精神。

看看《动物世界》吧！

看草原上的雄狮，眼神犀利顾盼生姿，那是草原上真正的王者，你再看看动物园中的狮虎吧，一日三餐无忧、生活没有压力、到点吃饭的狮虎就是那个样子，那就是今人的写照。

从现在开始改变自己，你不练形意拳也罢，要进行体育锻炼运动，控制自己的食欲贪欲，改变自己的体质，苦其心志、劳其筋骨、饿其体肤、增益其所不能，我相信你会有另一样的人生！人心就是囚笼，我们就是动物园中的狮虎，现在我们的体质和绵羊没有区别。改变自己的行为，砸碎囚笼解放自己，拯救自己的身体和灵魂，除了百元大钞，人间还有许多美好的东西。

野蛮其体魄，文明其精神。今人也说：“身体是革命的本钱！”500万买你一条腿，你卖不卖？

人体发肤，受之父母，焉能损伤？

身体是我们一生最大的彩票，是无价的珍宝，是父母赐给你今生最有价值的财富。从小到大你为你的身体做过什么？

汽车行驶几千公里，还要做一次保养，你为你的身体做过什么？

懒惰、生病、英年早逝，这是最大的不孝啊，古人讲：养儿防老！

你倒是找个小盒贴个照片，没事偷着乐去了，你的父母妻儿呢？你对家庭对社会的责任呢？人吃五谷吃飞禽吃走兽，人对自然索取无数，从无一物谢天，你还英年早逝，不就是不忠不孝不仁不义之徒耳。

做人就该健康快乐地生活，做一个武人，不需要你成为天下第一高手，但你要先明理，你要明白这些武学做人上最根本的道理。真正的老师傅武林高手，都有很高的德行，因为他们悟道了，知道了武人该怎么活着，也就是武德。

懂得了这些，就是明白了武道，和这样的老师傅学拳，如小草沐浴阳光，能茁壮成长。

本来这些文章都是写给徒弟们看的，无意公布、无意批评什么，我只是阐述武人为人练武重德的一些道理。这就是我给他们写的成人童话，练拳要先明理，如此而已。

练武重德，德从哪里来?

从天地化生的真理中来，这是大自然的公式，谁违反了谁就要付出代价。

今年马齿徒增，也曾深入经卷研讨武功，愈觉古人先贤智慧如海，五千年的文明绝非浪得虚名，武道高深唯险唯艰，唯有德者居之，今人已经曲解了道德的本意。

没有道哪有德?

没悟道哪有德也。

这个东西不是空的，是公式，是放之四海皆准的真理，我单独写了这章“饱食终日”的童话，提醒人们拯救自己的身体，做道心武者，得武道乾坤!

100. 心有灵犀一点通

山不在高，有仙则名；水不在深，有龙则灵！

“心有灵犀”就能一点通透。武人要做天地间的智者，智者习武才能习之有道。人乃万物之灵，天地人并称三才，只有人才配与天地并称为三才，做人不能低看了自己。

孔子的庙宇最常见的楹联“德配天地道冠古今”说的是至圣先师，如此才德才配与天地并称三才。

一个武者要把健康和谐快乐带给别人，幸福是可以传染的。许多人把钓鱼当成乐趣，那是索取。买些小鱼亲手把它们一条条地放到清澈的河水中，看着它们脱离了人们的煎炒烹炸，鲜活的生命回到了大自然，你也会从中得到乐趣，这是奉献的乐趣，是更高级的精神享受。天地之间道自在其中，从来没有消失过，是我们迷失了自己。

不幸也是可以传染的。

老公出去玩牌，输得一塌糊涂，正好老婆来电话，问几点回家吃饭啊，正没好气呢，在电话中骂老婆一顿，吃什么吃？天天来电话，催什么催，烦不烦！

老婆被骂很生气，回头骂儿子，儿子挨了骂，很生气啊，就踢了自己家的小狗，小狗很无辜啊！好端端的被踢，老公一进门小狗就扑上去咬了他一口……

世事难言！借用佛家的理论，有因必有果，人间的恩恩怨怨许多都是自己造成的，是我们自己做得不够好。

我每日三省我身，圣人之言怎可忘记？

从自己做起，把健康快乐传染给别人。快乐可以传染，不幸也可以传染。作为一个武者，要懂得天地间万物和谐生存的道理，要传播善良慈爱的种子，这也是你对和谐社会做的贡献。

下面我们接着说形意拳。相传岳武穆王化枪为拳以教士卒，岳家军名闻天下。中国历史上，有三支军队以帅为名。岳家军、戚家军（戚继光）、俞家军（俞大猷），其中岳家军成名最早，威名之盛于今不衰。

今日形意拳可说是传遍天下，支系林立。各个支系都在标榜自家传授最真，姿势最为古老，拳本人造各家形意能传承至今，都是好东西。拳势只是一部分而已，其实最主要的要继承形意拳的精神，如此形神合一，才是形意拳之真谛也。

很难想象一个满脑子西门大官人的思想与做派的人，能将武功练到很高的境界，他个人的思想与伦理道德制约着他自己。武功最终的敌人是谁？

是自己。

能打败敌人的人也许能成为一个将军，但未必能担得起“伟人、圣贤”的称呼。只有战胜自己的人，才能做成大事情。征服自己的内心世界，就能使自己越来越强大。

拳谱云：锁住心猿收意马，要立丹田海底基。

控制自己的思想使其专注，磨炼自己的肉体使之坚韧。如今的武术书籍各个门派都是讲技术，说白了就是电工换灯泡技法，姿势、呼吸、意念、节奏等，这些都是末节。

卖油翁之术不足自夸，也因为熟能生巧。

这几篇文章我主要讲了武者的精神，武道的精神境界，才是武人战胜自己和谐自然的最终的追求。

和写文章一样，打拳如行文，先要立意，有了正确的指导思想，就像电影《地雷战》中的人们，在黑暗中发现了《论持久战》，正确的思想才能指导人们正确的行为，做出有益于人民的事情。武者的思想是个空白，据我所知，除本人外还没有人在文字中剖析这些东西。其实这些东西才是国术的魂魄，架势不过是那身肉而已。

每个人的思想里都有矛盾，白天发誓要考清华大学，晚上复习一会就累了，有个声音就说，睡觉去吧，明天再说，如此明日复明日，万事成蹉跎！

本来许多能成为国家栋梁人才的人一事无成，这些人没人打败他们，都是倒在自己的思想矛盾中。他们征服不了自己，征服不了自己的矛盾思想，有句俗话说得透彻借用一下：夜晚千条路，明早卖豆腐，这是最真实的写照。

前文我已经破译了密码，人的大脑形成一个思想，人的内心世界心灵深处又有一个思想，两个司令部不统一，谁也管不了谁的事情，一辆汽车有两个方向盘，那么在人生的这条大道上，你肯定一事无成。

人的内心世界心灵深处的思想有的很弱小，只有那些青史留名的伟人才很强大。宝剑锋从磨砺出，梅花香自苦寒来！通过武术对肉体的磨炼，《水浒传》中叫“打熬筋骨”，锻炼了肉体，强大了内心深处的自己，身体与两个司令部的思想得到了完美的统一。

心往一处想，劲往一处使，整个人的精神面貌有了很大的改观，这就是国术永恒的魅力。

许多老拳师仙风道骨，一看就是位忠厚长者，一看就觉得这位老人虽然不识字，但是很愿意在他身边练拳，很喜欢和他说话，这就是国术形成的独特的气质。

也有些人通过外力的帮助能成就一番事业青史留名。李白斗酒诗百篇，长安市上酒家眠。说个笑话啊，李白这个同志就是个平庸的人，他的心灵深处藏有很多不朽的诗篇，平时他的大脑这些锦绣诗篇就出不来，但李白有个绝招啊，喝酒喝到醉醺醺的时候，大脑就不灵了，就不能做自己的主了，这时候内心深处的司令部就占据了主动，许多锦绣诗篇就从嘴里冒出来了。当然这限于李白一个人如此，别人不是这样，胸无点墨的人，做酒厂的厂长也没用。

我多年以来，注意过很多喝酒喝醉的人们千奇百怪的酒后现象，有人发疯、有人傻、有人跳、有人唱，其中一条黄金定律，就是都不像清醒时候的自己了。喝酒不能自制的人太多了，都是身体接到酒精以后，大脑司令部混乱造成的。李白喝酒作诗是意外的意外。

国术内家拳就是和谐自己的身体和精神，佛道两家追求天人合一的境界，说白了就是人要和大自然和谐相处，这样人才能生活得幸福长远。武字的意义其实也是戒律，武是“止戈”二字合成，这本身就是最朴素的辩证法。

泰森入狱六年，身败名裂，是为什么？

武功与思想不能同时进步的后果就是毁灭。

内家拳耳熟能详的拳诀，心定神凝也好，意守丹田也罢，其实就是先禁锢你的思想，你不能想干什么就干什么，要人生和谐，要和大自然和谐，古代老百姓对练武人的要求最直接：“好汉护三村，好狗护三邻！”

话糙理不糙啊！

老百姓的话语中孕育着真正的真理，你不能护三村也罢，

最起码管好你自己，别成为人民的罪人，携技为恶最为武林中人所不齿。自古以来与人民作对与人民为敌的人，都不会有好下场。中国自古以来最大的权利——皇权又如何？老百姓照样会骂一句“昏君”，就算你杀尽了反对昏君的人，也免不了在历史上遗臭万年。武林中真正的高手与隐者都有高尚的情操，侠之大者，为国为民，花木兰替父从军万里赴戎机，关山度若飞，朔气传金柝，寒光照铁衣！历经百战，女中豪杰。近代侠女秋瑾，慷慨赴死仍从容，愧煞大好男儿。

说不尽上下五千年华夏儿女的侠骨英风千秋豪气。今日形意拳的拳术传播，只是一个方面，传播中华儿女的尚武精神才是王道。

昔日 29 军喜峰口战役，用久经磨砺的大刀，给入侵的日寇上了一堂生动的冷兵器普及课，这是国术的胜利，也是国魂的胜利。和平年代，刀枪入库，马放南山，但国术的精神，民族的脊梁决不能丢。

唯有国术真国色，千古不绝精武魂！

挺起腰板做人，在什么年代都很重要。人有了正确的精神与意识，民族就有了脊梁，国家就有了魂魄。钱没了再赚，媳妇没了再娶，小到人大到国家，民族如果没有精神脊梁，一切都是零，尸位素餐而已，长此以往国将不国也。

传播形意拳不是大事，传播尚武精神民族之大义方为真也。野蛮其体魄，文明其精神！两者并重两手抓两手都要硬才是。世人多谈拳法，少谈拳意，少谈侠骨英风，实乃今日传统武学不吸引人之处也。如今国家不考武举，高考也不加分，练之作甚？岂不知人生一切的成就，都与体魄与坚忍息息相关。文武之道一张一弛，国术乃修身养性之术，保家卫国之技，诸君当如获至宝自珍自重是也。

武功也是兵法。我一直认为，兵法就是练武之人写出来的。

挽弓挽强，
用箭用长。
射人先射马，
擒贼先擒王。
杀人亦有限，
列国自有疆。
苟能制侵凌，
岂在多杀伤。

暗合武中止戈之意也，一直为我所喜爱。古人早就明白除了以杀止杀之外，和平还有其他的方法。用于自身是武艺，用之战阵就是兵法。自古兵无常势，水无常形，如天下武功门派众多，派系林立，只要掌握了武者的精神，也就把握了国术的脉搏。

慢慢地就能理解了兵法的神髓。

兵法不是难事，难的是心不玲珑而已。牧童骑黄牛，歌声震林樾，小孩子家家都能驯服黄牛这一庞然之大物，凭心计耳。兵法，诡道也，说的不是行为，攻心为上也，说的是黄蓉黄帮主的七窍玲珑心也。“诡”不是使坏心计耳！

武术的止戈说的是什么呢？

今天我就把这个千古之谜彻底破译了吧。

武术的“止戈”不只是说国家不打仗、自己不去当流氓打群架，学了武术不能用来干坏事，是很低很低的思想境界了。

“止戈”说的是心。

这个“戈”是心中的刀兵，是你混乱的矛盾的思想，你要把它止住，是这个意思。心静了这个世界就静了，人心里长了草就不好好长粮食，有了恶就不容易产生善念。心静了，练武才能学得进去，一张白纸好做文章啊。

这个“止戈”不只是练武的秘方，其实也是为臣为君之道也。其实在这个世界你想干什么都要这么用心地去干才会成功，只不过“武”字的说法最为真切，千古以来能解释这个字把这个武字讲明白的，多乎哉不多也，这是最深的内涵。

知道了答案再反推过程就简单了，止戈一个止一个长矛，是一动一静、一阴一阳，朴素的辩证法也。数次讲到武术，数次不同角度破译这个字。

“武”加上“术”，就如“天地”加了“人”，“术”字是木头加了一滴水，那就是树木了，它就有了生命。“心境”能“止戈”的人，习拳举一反三，“武”加“术”其实无量无边。

“木”字加上观世音菩萨净瓶中的一点“水”，成了“术”字，就有了无穷无尽的生命力，开花结果开枝散叶，与天地同寿，与日月同辉，没准真能长出人参果。

古人造字、用字的伟大如此可见一斑，最深奥的哲理也许就在最浅薄的话语中，历时千年企盼知音，有德之人方可拨开层层迷雾，守得云开见日出也。功到自然成，醍醐灌顶一泻千里也。非如此，不为武术，不为武道！

101. 五行相克之拳

在习练五行相生一段时间以后，接下来就该练习五行相克拳了，在这路拳法练习的时候，会使人对五行拳有崭新的认识。

从我自己的感觉来说，五行相生比较好练，在前文说过的这路拳里，劈能生钻，钻能生崩，崩能生炮，炮生横拳，横拳最后再生劈拳，这是五行相生的顺序。这路相生拳打一段时间以后，给我的感觉是像小时候坐滑梯，一泻千里越打拳越顺的感觉，因为相生，因为环环相扣，我相信打得久了，诸君也能体味到这种如鱼得水的感觉。

五行相克拳就不是这样了，当年我刚开始练的时候，就感到这路拳比较难，初学有一段时间很难找到行拳时酣畅淋漓的感觉，很长一段时间我都是在黑暗中摸索。

这路对练拳的拳名其实叫“五行生克拳”才对。

《封神榜》中姜子牙下山娶了一个老婆。从此干什么赔什么，到了封神的时候，姜子牙才知道自己娶的老婆是扫把星，扫把星老婆就是民间说的“克夫”，娶了扫把星才造成了姜子牙诸事不顺遂。

这个是“克”夫的克字，五行相克拳其实是按照五行相克的原理编排而成。劈能克崩，崩能克横，横能克钻，钻能克炮，炮能克劈拳，这是最基本的演练顺序。

在源远流长的形意拳的传承中，许多支系在这路拳法中又加了一些动作，使这路拳多了些内容，但不管怎么练，这个相克的顺序是不能颠倒的，老祖宗的本意不能给变了，其他的都是末节，无伤大雅。先声明一点，这路拳不好练，在诸君习练之前，先做好战斗的准备。

我个人的理解吧，这路拳要有“战意”，就是要练出战斗的意识，就是你练拳的时候，这路拳要感觉对面有人，这样才能在拳里找到“克”的感觉。敌人出手打你，你出手“克制”他，如此行拳才能把握住这路拳的本意。

练五行相生拳的时候，如果说是练自己，自己“五脏”与“五拳”拳拳相生，就能练得很舒服。在五行相克这路拳中，却要先找“战意”，这样才能快一点找到感觉。

入门以后就不用这样了，每天练拳都对着一个自己想象出来的敌人，这样练拳就太累了，这只是入门的方便之法，最后还是要回到形意拳的大法则中。

我之所以反复地讲出我自己行拳的感受，就是怕诸君误在这个入门的方法里边，不能再向更深一步钻研。走过一片美景，把它尽收眼底也就够了。得到了要学会放下。沉迷在眼前的景色中，你要记得今后要走的路上，还有更美的风景。

五行相克也是做一个劈拳出式，这个没有什么特别的，然后就是一个右手并步崩拳，这个和五行连环拳是一样的。

练习一段时间以后，要给自己提高一点难度。步子越大越好，在做完了出式的左劈拳以后，这时候人的左脚在前，做下一个右手崩拳之前，这个在前边的左脚要向前上步，然后后腿跟上来，两脚并拢在一起，打出右手崩拳。

步子一大，你就不能偷懒了，上步的时候你动的就不是腿了，而是胯。步子大了，你的式子就扎下去了。练形意不能懒

惰，身子伏下去，功夫才能上来。步子大了，要注意身体不能上下起伏，拿住这个劲，练一拳有一拳的收获。

左手的前手劈拳在回收的时候，要有“撕摞”之意。后手的崩拳打出的时候，要在左劈拳收手的手腕上方成一条直线。两点之间直线最短，要把握形意的大法则。

这个劈拳后边加个崩拳，其实很难有人做得好的，许多人在外边打拳，这个式子一做出来，我扭头就走了，后边他练的拳我根本就不看了。

因为没意思！

右手崩拳打出的时候，他倾注了所有的注意力，忽视了自己左劈拳回收的这个手，忽视了左手，你右手的崩拳怎么能打出力道呢？

那不是搞笑嘛！这个回收的左手要握拳，要把拳放在自己的腰际，要夹住自己的肋骨。

没有左手拳的夹住肋骨，就不会有右拳崩拳的彻底激发！

这个左手夹肋的力量不小于右手崩拳打出的力量，如此才是形意。

在清朝的老火枪——那种老式的带击锤的火枪，激发的时候，内中蕴含的道理就是形意拳的道理。如果说右手的崩拳是老火枪的子弹，那么左手变拳夹住肋骨就是老火枪的击锤。

迷茫世人总是把目光凝聚在子弹上，看不到击锤的激发才是火枪一切力量的源泉。这个击锤的激发和响动才是内家形意，后边火药产生的爆炸威力把子弹推出枪膛就是副作用了。

练拳不能本末倒置，什么时候你出手的力量大过你回收手的力量了，那么恭喜你，你就练错了！

为什么在这路拳中我要把这个劈拳变崩拳讲得这么细致呢？因为在我看来，许多人这一拳练得是不对的，这一拳不合道，那么后边的整路拳脚都不会合道。反之，这一拳练对了，以后这路拳就好练了，因为你已经明白了形意的大道理。

“千金难买一声响!”

许多拳谱歌诀中都有这句话。用大清朝的老火枪来说吧，这一声响不是子弹打出的那个声音，那是第二响。第一响是扣动扳机后，击锤激发的那一声响动，那才是真的，那才是源泉！第二声响不过是第一声响的后果而已。

我写东西像吃馒头，掰开，揉碎。

其实许多拳打得好的诸君，已经看得很烦了。这些东西在他看来，早就懂了。这个章节把五行相克拳讲了一个开头，在下一个章节中我们接着来。

102. 五行相克拳续篇

下一个动作也是崩拳，这个接下来的崩拳是左手和左腿在前的崩拳，在上一个动作并步崩拳的基础上，再加这个左步崩拳。这个崩拳的劲力也不好掌握。

没有别的窍门，拳练到了这里，就是检验了，说白了就是检验你前面的崩拳合格不合格了。在一些老的拳谱中，这样的开步崩拳还有一个名字，叫“黑虎出洞”。

和前面的崩拳一样，后边的胳膊要紧贴着肋，这样变拳回收到腰际，夹肋而出，夹肋而入，是崩拳无上的要诀。只有这样才能谈到身形真正的“束”与展放。

人的呼吸造成了胸腹的开合，胸腹的开合里边含着巨大的人体潜能。当年和父亲漫步在林荫小路，听着各种乐器在演奏，父亲特别指着一个拉手风琴的小女孩，对我讲了手风琴的故事。

父亲当年对我说，你看这个手风琴，它的中间这一段就像我们练武人的胸腹，胸腹开合就是武功。手风琴有了胸腹的开合就能发出声响，成了一件乐器。同样胸腹的开合也是武人力量的源泉。

这有什么不一样吗？当年我追问了一句。

“你们几个小时候都练过开肋之法，刺激自己的肋骨使它强壮，发声使五脏振动内里充实，其实在五行拳的习练过程中，你们已经练到了一部分虎豹雷音的东西，只不过我没把这个东西说透彻而已。”父亲说。

在形意拳的身势中，最大的特点是什么？父亲当时向我提出了这个问题。我思索了几个答案，都没有说到点子上。

父亲接着说道，其实练形意拳的人，身上就有一架手风琴。

这倒是有意思了！我望着父亲的脸，想从表情中寻找答案。父亲顿了一下，慢慢地说出了几句话。

练形意拳的人，身上的这架手风琴其实就是胸腹。形意拳所有的姿势和所有的要求，其中最重要的一点，就是保证胸腹正常地呼吸与起伏。也就是保证身体这架手风琴能正常地发音。人的肋骨就是人这架手风琴外在的骨架，这个骨架强壮了，手风琴的音质和音色就提高了。在行拳的时候，尤其在行崩拳的时候，一定要夹肋而收、擦肋而发，夹肋骨而拳出入，这是万妙之法！

当年的我对这些论述似懂非懂，但是我记住了最为重要的一点，崩拳要夹肋而收、擦肋而发。今日讲到这里，也顺便对这件往事做一个小小的回忆，如果诸君能从这个小故事中悟到什么，本人不胜之喜。

下面两个动作是横拳，左崩拳的拳式不变，然后前手崩拳向下扣，同时前脚上步后脚跟步，打出右横拳。形意拳讲“出横不见横”，那是说的用法，在练拳的过程中暂时不要这样，我们还是“出横见横”的好。脚下的这个步子也是按照标准的横拳步伐走，斜着向前上一步。这样可以慢慢地“盘活”脚下的力道。

拳式不停，此时我们照方抓药，右脚再向右前方开进一步，打出左横拳。这两个横拳要打出顿挫劲来，这也是检验你

前面的五行拳过关不过关的手段。如果前边的五行拳单练你能练得很好，练到这里你就能很快地找到感觉。

下面一个动作叫“乌龙倒水”。在左横拳的基础上，左脚向正后方退半步，然后右脚再向正后方退一大步，在退步的同时，左手的横拳在身前顺时针画弧，翻转在头前。右手变拳扣在小腹前，和横拳的后手是一样的。

这个动作的定势是左脚在前，右脚在后，重心在前脚掌，这个动作就叫作“乌龙倒水”。在后边的杂式锤这路拳法中，这个乌龙倒水的动作多次出现，在拳谱和网络的一些视频中都能找到，有心要学这路拳的诸君，不妨去查查看，在此就不用更多的笔墨去渲染这个式子了。

这个乌龙倒水的式子后边，跟着一个上步钻拳。在乌龙倒水的基础上，左脚向前上半步，举在头顶的左拳，正好从头前落下，这时候正好上右步，打出右手钻拳。这时候右手右足在前。

接着我们再上左步，打出左钻拳，这个没什么好叙述的，与前面讲过的钻拳是一模一样的。

然后左脚向前上半步，两腿并拢在一起，两拳抱在小腹前，这个动作叫“白虎蹲穴”，也是这路拳的一个难点。因为下一个动作是左炮拳，因此两拳在小腹前的时候，左拳在上，右拳在下，左手拳的小指末节的骨头要压在右手拳的腕脉上。

这叫传授。

如今许多练形意的已经丢了这些细腻的东西。两个拳头随随便便地在小腹前一放就完了。这是大错特错的。

下面要打出右手炮拳，那么两只手就要倒过来，右手在上左手在下，这样全身的力量才能透过两个拳头的翻拧和旋转汇聚到拳头上来。

练拳要精细，这也是形意的不二法门。

如上所说，在左炮拳之后，我们再打出一个右手的炮拳。这里边要注意白虎蹲穴这个动作，要注意两拳的位置，如此才能发出合力。

然后我们把左脚收回来，同时两手回收到腹前，左手随即钻出，上步打出左劈拳。然后再上步打一个标准的右劈拳。

这时候，这一路五行生克拳就打到头了。下面和劈拳的转身一样，身体逆时针旋转半圈后，我们向来时的方向再打出一个左劈拳就可以了。

然后重复上面的拳式，做到右劈拳的时候，转身以左劈拳（三才式）收式就可以了。

相生相克这两路拳我讲解得比较细，学过五行拳的诸君不难把这两路拳串接起来，很快就能学会。在五行拳练得枯燥、心浮的时候，我们用这两路拳调节一下，提高一下练拳的兴趣，也是不错的。

如果诸君有师父，还是按照师父的要求去练习，这些东西看看也就是了，各位高人、各位老师都有自己的教法，不要强求一致。

需要统一的是形意拳的大道理，本章就写到这吧。

103. 生克之巧变

当年在父亲的指导下，这个生克两路拳练了很长时间，慢慢的父亲说可以看得过去了，在这个时候父亲还是没有教对练的拆解法。这段时间我只好自主练习，五行拳是单式的拳法，生克拳是五行的综合练习，越练越觉得艰深。

慢慢的我考虑着把这两路拳连在一起打出来，这样做本来不难，这两路拳转身的时候都是用的劈拳，我开式的时候打五行相生，再回来的时候，用劈拳转身然后打五行相克。

我不敢把五行中生克的结构拆开，那样就失去了这路拳法的本来意义。我只是想在这两路拳法中找一个“制衡”点，把这两路拳连贯起来而已，不想自己串编的拳法终有一日被发现了。

父亲见到了这路拳，当时没有表态，我也想问问这路拳这么练有什么问题，在一个适当的机会我开口了。当时我记得这路拳也就是练了一两个月的时间。

首先父亲表示这路拳这样合二为一的练习是没有什么错误的，但是精细的地方还要雕琢。我不解其意，父亲讲了下面的一番话。

五行相生拳如果说是练自己，练自己的五拳和五脏的相生，那么在行拳上就要稍微放得慢些，要给五脏一个调理和“警醒”的机会和时间。豆子长豆芽要七天，功夫的增长快不过豆芽！这路拳要打出生生不息的劲头。

劈、崩、钻、炮、横，五行拳打出，其实五脏也在内动，这样走了一个循环，我们要给五脏一个适应的过程，慢慢来。其实五脏在五行拳中已经受到了锻炼，但是“五脏联通”“五力合一”是另外一回事，这个不能着急的。

我点点头，许多话语我只能先记在心里，然后在自己的行拳走势中再慢慢地去找那些感觉。

父亲接着说，在五行相克这路拳中，就要适当地快一点。闪电不及合眸，迅雷不及掩耳，这路拳如果练得慢吞吞的，急死人就不对了，合不上生克的拳意了。

这个克，是克什么呢？

父亲问了这个问题，我不假思索地回答道，当然是克制敌人的拳招了。

这个水平太低了，父亲这样说道。我在当时确实想不明白，比如敌人打出一个崩拳，我很自然地用劈拳化解，很简单、很容易理解的问题啊，为什么这样的回答叫水平低呢？

内家总有一句话叫“后发先至”，你能说出道理吗？

父亲的这个问题，还是比较好回答，我的手快呗！其实答案不是这样的，许多人都说内家拳是“后发制人”，有些拳谱中却说“先动为师”“先入为主”，这不是自相矛盾吗？

内家说的后发制人，其实不是在敌人动手以后再出手的意思，首先说后发是可以先至的，内家出手先占正门，此之谓“巧”。两点之间直线最短，在速度一样的情况下，可以做到后发先至。

在拳理上，敌人一个崩拳打来，我出劈拳化解，在低水平上并没有错误，我用劈斩破他的直劲。这就是所谓的“截拳道”。用一拳去破一脚，用一招去破一式。

功夫练到高深的人就不这样做了，敌人的崩拳还没有使出，他的劈拳已经到了。他的“发力”和“醒气”都抢在了对方的前面，这也是拳谱中“宁在一气先，莫在一气后”的一种解释。能做到这个水平的高手就不多了，他不会等你的崩拳发力最大的时候再去克制你，在你的崩拳萌芽状态时他已经出手了，这也是“后发先至”。

再举一个例子，两个人敌对的时候，你想出手了，你的崩拳刚站好了姿势，他的劈拳就已经劈在你脸上了。这也是“后发先至”。因为对方的出手在你“动意”的后边。

这已经不是“截拳道”了，这已经是“截意道”了，你的心意一动，对方就已经有了反应，马上出手就能克制你。有这个水平的人，在武林中已经凤毛麟角了。

在我父亲说过的传说中，有一个武林故事。两个高手在众目睽睽的情况下比武，在两个拉开架势的时候，其中一个人已经举手认输了，因为对方的眼神太可怕，他估计了一下，自己不是人家的对手，就主动认输了。

这两个人都是明白人，行家一伸手，就知有没有。武人的身体很宝贵，明知自己不敌还要比武的，不是杀父之仇，就是脑子进水。这就是传说中的“生克”，其实两个人已经比过了，在眼神和身势的较量中已经分出了高下。

回到这路生克拳中，在打相克拳的时候，要有点抖擞之意，毕竟你是后发，是克制敌人的拳脚，要专注一点，专业一点。

父亲最后留了作业，在三体式出式的时候，不要硬性规定自己，是先打相生还是先打相克？不要这样规定自己，要跟着自己当时出式的那个感觉走，如果内心平和就打相生，如果心生战意就打相克。

在回身的时候，也不要硬性规定自己，回来的时候相生相克都可以的。在转身的时候，想办法捕捉自己内心的感觉，按照内心的感觉行拳，此中大妙也！

因此在出式和转身的时候，我们稍微停顿一下，找找内心行拳的感觉，这不为错误，细心才能练出金马驹。相生相克可以合练的，但要注意行拳的速度和感觉。

本章我用的这个“克”字，在文章标题中不能显示，在这几个章节中“克”字和“克”字是混用的，因为不能显示的原因，向广大读者说明一下。

我相信有些基础的诸君很快就能演练这路拳，在我之前从来也没有人在网络上讲这些东西，有的也是只言词组，说一招一式而已。从没有人用几十万字来系统做这件事情，学会了要知道去珍惜。

内家形意打一拳有一拳的好处，练一下有一下的收获。言不必言尽，诸君高才自能领悟耳！

104. 不积跬步何以千里

今天换了个词，不说形意拳，改说“行意”了。

今天的目的是要述说一下这个“行”字，古人云“千里之行始于足下”！在形意拳中讲的就是“行功”二字，行起来的功夫，就是开动的坦克。坦克一动就是兵器，不动就是块铁，同样不会“行拳”“行步”的武者就是个雕塑耳！

今天想戏说几种走路的方法，这句话可能引起诸君的爆笑。诸君走路都走了很多年了，从小孩子蹒跚学步开始，到如今，可以说是活了多少岁就走了多少年的路。今天作者想起教走路了，实在是太搞笑了。

请问你走了这么多年的路，走成武林高手了没？

没有吧。

等我讲完了这一章节，你再爆笑不迟，那时候你可能就笑不出来了。走路有走路的道理，走路有走路的方法，形意就是研究的人的形体在行动之时的学问，这个“行动”之中，“行”是核心。

在这个章节中，我将再出惊人之语，我说几种走路的方法，经过尝试你会发现与你平时的走路之法有了很大的差别。深深地吸一口气，身体使劲地向上挺拔，这时候收你的腹部，把自己的肚子充分地瘪下去，步子迈得比平时要大些，然后这样走路走一段试试看。

你突然发现自己的胯骨能动了，再这样走几十米的样子，你就会发现两条腿抻得很难受，这种感觉是你从来没有过的，这个办法可锻炼你腿上很久都使用不到的肌肉和血脉。前提是你的小腹要很瘪，要提着这一口气，也就是提着这个劲，你就能有与平时截然不同的感觉。

说到走路，达尔文先生说，人是猴子变的，然后是类人猿，最后变成人，在我当年的课本中，是有一组图画的，一只猴子慢慢地站起来，直到演化成现代人，大概有这么十张左右的图片。

到了今天，人已经变成了完全直立行走的样子。在猿人或者原始人时代，人的走路不是这个样子的，相信诸君可以想象得到。古人或者说古代人，走路是“以身代步”的，今天的人是“以步领身”，这一字之差，就造成了严重的后果。

练形意拳其实就是纠正你平时养成的不利于技击和生理的坏习惯，使身体能更健康。从你站三体式或者走槐虫步的时候，从你第一天学练形意拳的时候，你已经开始这种纠正了。只不过没人告诉你而已。

你现在多少年形成的走路的步态是错误的，武林高手不是这样走路的，你得换一种走法才行。形意也叫行意，就是说行动之间，这里边是有奥妙的。先不用鼓掌，我说出来你未必能练得会，下面我就说一种走路的办法。

现在人走路，脚丫子是有起伏的，绝大部分人在迈步的时候，都是用的腿，而不是用自己的胯。因为懒惰，人慢慢地都习惯了自己如今走路的“步态”。从今天起你就要改正。

第一要改正的是你的步距，比如你的正常步距，也就是两步之间的距离是 0.8 米，那么从现在开始，你就把这个正常步距加大，比如加到 0.85 米，这个以什么为标准呢？就以你动胯为标准，你步子大了，自然就不是以腿力为主了，你就会用到腰胯。

这里边还有一个秘诀的秘诀在里边，就是你的脚，这个脚丫子也是蕴含着深邃的内家真理。你在迈步向前的时候，在你的脚离地的时候，所有的人都是脚尖向上使劲的，现在你改一下，这个脚尽量做到“平起平落”。就是尽量把脚板平平地抬起，平平地送出去。

如今诸君脚下的鞋子都很贵重，就不要磨地面了，其实这就是形意拳中的“迈步如行犁”。诸君可以在家里尝试下，步距加大了，脚板平起平落，这时候你突然发现，你使出了胯力，你走路的速度加快了，上身更加地平稳。

在饭店里你用这个走路的办法，加上“摆扣”的步伐，你双手平举着菜盘子，在往来穿梭中，给许多酒席上菜，这时候你会发现，这些东西和八卦掌法已经很相似了。

正如吃奶的小孩子睡觉的时候，他的呼吸是直达胸腹的。整个胸腹跟着一起均匀地起伏，其实这就是内家追求的呼吸方式。小孩子长大了，懒惰渐渐地就占了上风。现在我问问你，你在看我文章的时候，你的呼吸是联通到小腹吗，是肚子随着微微起伏吗？

我知道许多人不是的，包括很多练拳的人，他的呼吸都是很浅，很懒惰的。蹒跚学步的小孩子走路也很有特点，小孩子也是用身体带腿的。不信的话，你去观察下刚会走路的孩子，他的行步姿势保证和你不同。

行路是这样，呼吸也是如此，因为人在长大的过程中，越来越懒惰，才造成今天的人如今的呼吸方法和步态，从我做起，在行拳练式中一点点地纠正吧。

其实今天已经把天捅破了，形意拳很多人讲，实乃“与天争命”之法也。敢与天争命？那是有手段的，不是光喊个口号。

“教拳不教步，教步打师父!”

其实这些章节原本不打算公布的，许多有“慧根”的武者，看到了最近这几个章节，举一反三他就明白了“行拳动步”的道理，从此再不被别人忽悠。

不积跬步何以至千里？

105. 行意之妙

行拳要有自己的韵味，其实这个韵味与自己的脚下关系最为密切，汽车能玩漂移，不是华丽的汽车油漆的功劳，实乃是下面四个轮胎的功劳也。

练拳有了自己，慢慢的就能得到自己行拳独特的韵味，一路拳法其实好学，就是这个韵味最难把握。练拳有了自己的人，才能做自己最好的厨师，把自己的拳调理得有声有色，百味自在其中。

在家里吃一条鱼价值不过 10 元而已，天津有个红旗饭庄，它的招牌菜是鲤鱼，那一条鱼就不是 10 块钱能吃得到的了。同样一条鱼为什么产生了不一样的价值？是厨师的功劳。

一个武者就是调理自己身体最好的厨师。

了解自己，了解自己的身体和秉性，控制自己的思想，就像汽车司机了解自己汽车性能一样，知道自己汽车的最大负荷、最大载重量、最大的爬坡能力，才能做一个好司机。

同样了解自己的内心和身体，才能做一个合格的武者。

在我讲对练之前，还要论述一下行拳的问题，这个问题极端重要，在从古至今的武学论述中，还没有哪个人写过这些东西，把它完整地论述出来，也许有，但我孤陋寡闻却是没有看到。

今天这个题目叫“三拳三步”。

我们找一棵树，距离这棵树 5 ~ 8 米的距离。你做个三体式子，然后打崩拳，我要求你用固定的步数打到这棵树。比如说我要求你 8 步，你就打 8 个崩拳，最后的一拳要用你最佳的距离最大的拳劲打到这棵树上。当然你不用真打，练的就是这个步伐。

这个练熟了，我再给你规定成 7 步，你发现这又是一个全新的开始，古人七步成诗，我不用你写诗，你就给我用崩拳做就行，当然在实际练习中，依据场地的大小，你也可以用 3米的距离，要求自己打出三个崩拳。

这就是让你找行拳的步伐，这个步伐找好了，才谈得到练对练，要不你自己走路都拌蒜，怎么和师兄弟玩对练节目呢？

在这种固定距离固定步数的练习中，我唯一没有固定的是“步距”，调整你步距的大小，才能完成上述的训练任务。其实有些功底的诸君，在看到我前面文字的时候，心里已经明白了，这就是步伐的练习。心有灵犀的武者在习练一段时间以后，就能找到自己的步伐大小和节奏。

诸君可以看看捕猎中的狮虎，它们在追逐猎物的时候，没有两步跑的是完全一样的，它们盯住眼前的猎物，总在不断地变化着自己的步伐，每一步都有调整，都是按照猎物的逃跑路线不断地修正自己的进攻路线。

教拳不教步，

教步打师父。

今天诸君看到的文字，如果你能领悟，如果你能按照上述的手段去试试，我相信你会有全新的感受。在此之前，你练的东西都是给自己练的，是强壮自己身体的东西，现今你看到的这几篇文字，都是给别人练的，都是给你的猎物或者说是对手练的。你需要一段时间，才能玩转这个步伐。

三拳三步，找一棵树，给自己规定距离，规定步数，一点点地去倒腾自己的大小步，直到最后一击能用你最佳的力度和速度放到树上为止，你不用真打，找的就是脚下调整步伐步距的感觉。找到了它，你就成功了。

三拳三步是最好的训练方法。

以后再提高，怎么练呢？

你可以规定自己的左右手。你可以规定自己的最后一击是用左手还是右手，是左步在前还是右步在前，用崩拳自己找没人的地方去玩这个游戏，我相信有几天时间，你就会有全新的感悟和认识。不见得非得是树，找个直立的固定目标就行。

从我的经历中，我是先玩的 8 ~ 10 米长距离的，先把自己的连环步找出来。然后用“三拳三步”的方法再去找细节，再去玩那些细腻的东西。

行拳有妙意啊！

步伐的大小快慢的瞬间调整，在实战中关乎着成败与生死。成为狮虎口中食物的猎物都是怎么死的？

不是打不过狮虎死的，是跑不过狮虎而死的。

都是被狮虎追上，锁死了自己的步伐，然后才是被狮虎一击致命的。如果这些动物能跑得过狮虎，就能留下性命，狮虎的必杀技没有步伐的配合根本是无效的。

国外有个类似的笑话，甲乙两个人在森林中遇到了狮子，甲马上坐在地上换球鞋，乙问他，你换鞋干什么？你难道能跑得过狮子吗？甲大声答道，我不用跑过狮子，我能跑得过你就行了。

其实这个笑话里也隐藏着步伐的奥妙，形意拳的功夫在下半身，其实狮虎都是凭的胯力。在形意拳门中，步伐是极其重要的东西。形意拳门的各位前辈训练自己的弟子各有各的高招。

形意也叫行意，名字不会瞎起的，瞎起的毫无道理的名字也流传不到今天。

欲学惊人艺，

须下苦功夫。

诸君当牢牢抓住形意步伐的这个窍要，潜心专研，用一切可能的手段训练提高自己，这是通向对练和实战的直通车。多问自己几个为什么，是成功的不二法门。

这一个上步一拳练会了，马上问问自己。

会退步一拳吗?

会绕步一拳吗?

会跳步一拳吗?

左手会打吗?

连出几拳怎么样?

举一反三，如此大道可期!

106. 忆往昔峥嵘岁月

三拳三步的练法很好。固定一棵树，我们可以练三拳，进步打三个崩拳，也可以中间加一个退步崩。再玩玩左右换式的游戏，过一段时间，脚下就会有全新的感觉。

这几天回忆起当时练这些东西的情景，想起了一个练武人，这个章节想说说他的故事，相信这个小回忆能对诸君习武有所帮助。也算是我对往事的一个记忆。忆往昔峥嵘岁月，有些东西不吐不快。

大约在 1992 年，我在某公园认识了一位姓张的大爷，这位大爷练六合拳。那时候张大爷已经岁数很大了，经常骑着一个三轮车，带着不少兵器，到公园里练武活动身体。

这个老头人很好，丝毫没有那种张狂，说话很和气，他的兵刃，只要和他说一声谁都可以拿来练会儿，渐渐的我和这个张大爷混得很熟，总喜欢到他的场地去玩。

张大爷瘦瘦的，看外表是个干巴老头，总爱穿一身深蓝色的劳动布的裤褂，好像是哪个单位的工作服。张大爷与众不同的是总爱用两条带子把裤脚扎起来练功夫。这个老头的拳打得很好，当年是他 70 多岁的时候，还能练地躺双刀，练完了双刀，老人会放下兵刃，慢慢地掸去蓝布裤褂上边沾染的灰尘。

当年的我一看这个老人的身手，就知道这个老人的功夫很好，绝对不是退休时候学的。后来和张大爷很熟络了，张大爷告诉我他是河北省人，这身功夫当时是村中的武师教出来的，自小开始练习的功夫。在闲暇的时候，这位老人也讲了他少年时代学艺的故事，到了今天我把这个故事做一个简短的回忆，与君共勉吧。

张老人的家原来在河北农村，如今张老人要是健在的话，也是100多岁的了。张老人幼年的时候，家里不富裕，在家里是什么活都干的，用老人自己的话说，习武并没有耽误自己干农活，练武的时间呢，大部分都是在天快黑的时候，赶到师父家里去。赶上天气比较好的季节，就住在老师家的场院里，天亮了再回家干活，这样练习了好几年的时间。

到了师父家先不去惊动师父，几个师兄弟都是这样的，先把师父家的院子收拾一下，弄得干干净净的。然后开始踢腿、弯腰、抻筋，做热身运动，张老人当时回忆，这段时间一般在半个小时到一小时之间。

这样练着练着，天也就离擦黑不远了。这时候师父慢慢地从里屋出来，指导师兄弟们练习，师娘就给师父弄些水，递个手巾什么的。张老人说这些的时候，眼睛发着光，可以看得出来，这位老人也在慢慢地咀嚼他的少年时代的往事。

张老人说到了现在他已经70多岁了，现在腿脚还很好，这都归功于当年下的功夫，没有那些踢腿弯腰的基本功，自己这么大的岁数，腿脚不会如此利落。这个岁数还能练地躺双刀，我也是很佩服这位老人。

老人说夏天的时候，当年练功一般是练到晚上10点左右，几个师兄弟有时候就不赶回家去了，免得影响家里人睡觉，就在师娘那里领一张草席，几个师兄弟就露天睡在场院里，第二天早上再回家干活。

张老人特意提了一句，这个草席也有的叫草帘子，是师娘特意加工过的。我对这个很感兴趣，忙催着老人细说说。

张老人说，他第一次在师父家领到的草席是湿漉漉的，那时候师父威严啊，自己也没敢问。偷偷地摸了摸师兄弟的草席一样是湿漉漉的，看来不是师父师娘偏心，晚上睡觉的时候，湿漉漉的草席很不舒服。

后来张老人发现了这个秘密，夏天的时候，师娘在大家晚上练功的时候，总是打上一瓢水，把那些草席弄湿。师兄弟们睡的草席每天都是湿漉漉的，原来问题出在师娘身上。张老人说，我很多年以后才明白，那是师父的意思。

这是为什么呢?

我对张老人的师父师娘的行为产生了兴趣，忙催着张老人讲下去。

我们领到了草席，师兄弟就躺在露天的场院里睡觉，身下的草席是湿漉漉的，黏在身体上又热又湿很难受的感觉。那时候夏天没有蚊帐，除了烧点草之外，根本没有什么防止蚊虫的办法。

那倒真是！我点了点头。

沾了水的草席特别招蚊子，躺在这种湿漉漉的草席上，总是被蚊虫侵扰啊，我们几个师兄弟都睡不好，干脆偷偷地起来，到外边去，再练会儿师父教的拳。练一会儿再回来睡，蚊虫多了又得起来，这样折腾几次，往往天空就有了鱼肚白。这一宿算下来，练拳的时间比睡觉的时间还长。

张老人说道，在入夏和立秋这段时间，是我一年中功夫长进最大的几个月，因为天气暖和的原因能住在老师家，我这身功夫一半来源于师父的传授，一半来源于师娘，来源于师娘每天辛苦地给草席浇水啊！

张老人说到这里，眼睛里冒出了光，这种眼神不像一个老人的目光，而是像一个纯真的少年在回忆自己的往事。听得出来，张老人对自己的师父和师娘只有尊重，而无丝毫的怨恨之心。也许当年张老人会有些许的埋怨，但是很快他就知道了，师父师娘这样做，才是栽培自己，才是成就自己，自己到了70多岁还能在地上滚地躺双刀，全是师父师娘的栽培和教诲啊！

只有被蚊虫侵扰，只有你睡不着觉的时候，才会起来练拳，我的师父和师娘就是用这个办法，逼出了我和师兄弟们身上的潜力，使我们的功夫在夏天突飞猛进，我感激我的师父和师娘啊！张老人动情的话语当时深深地打动了我。

真的深深地打动了我！

今天我把这个故事写出来，就是告诉大家，在距今100多年前，功夫是这么练的，师父和师娘是这样被尊重的，因为师道尊严，没有人敢站出来质问师父和师娘：你们为什么把我睡觉的草席每天弄得这么湿？

这么多师兄弟，没有一个人敢于站出来问一句，作为弟子只有默默地承受这些事情，正因为没人敢问，这才练出了功夫成就了自己，张老人就是活生生的例子。

回忆到此，我不由得想起了如今和我学拳的一些学生，如今的这些大学生们能不能经受住我对他们的考验，有几个人能留下来，我实在是心里没底。

总说内家拳不好学，师父不好找。今天我要说一句，其实徒弟更不好找。今人已经不能理解“程门立雪”的真正含义，也不能理解什么是师道尊严，什么是为师之道！这就是100年前的师道尊严，比起我们的那些前辈，如今的弟子心中对师父的恭敬与敬意要天差地远。

粪土当年万户侯!

有些东西你有钱未必买得到!

比如国术，国术不是西装，你买了就能穿在身上，国术是国粹，师父就是教你，你也未必拿得走，功夫未必就能练到你身上。

从良师学艺，谦卑与恭谨一个也不能少，只有饱满的稻穗才懂得低头。

今天回忆了这个故事，从张老人学艺的身上，我与诸君扪心自问，今天如果我们遇到这样的师父和师娘，在没人点破的情况下，诸君能否坚持练下去呢?

107. 进退三崩拳

这路拳在形意拳门中非常普及，大部分人都会的。在我自己这，五行连环拳和进退连环拳是有区别的，进退连环拳式子短些，现在在市面上学练的比较多，用这个进退连环拳来说比较合适，大多数人比较好懂。

无可厚非的劈拳起式，这个就不再多言了，在这本书中这个式子已经讲述得很多了，从各个角度讲了这个劈拳和三体式。在这里就不再多言了。

第二个动作是进步右崩拳，在五行生克拳里，这个进步崩拳也是耗费了不少的笔墨，还是那个诀窍，“出崩夹肋”“夹肋出崩”，打崩拳一定要注意自己的后手和胳膊，后手一定要擦肋而出。

其实你往那一站，双手抱拳放在腰际，只要有了夹肋骨的劲，精气神马上不同，这个不是形意拳一门的道理，你就是练个长拳也要这样做。

这个腰肋只要你稍微刺激它一下，它就能给你一个惊喜。这不是说笑，而是实打实的真理。相信有一定武术基础的诸君能看懂这句话。

从左劈拳转换到右崩拳，这条在左边的前腿一定要上步，哪怕你只移动一寸，也能带活全身的力道。这个“寸步”在形意拳中非常非常的重要。如今的许多武者都是恨不能学会一个门派所有的拳法兵刃，往往忽略了一拳一脚的细节。

在武术中，细节决定成败！

在形意中一个动作练对了、练通了，往往一趟拳就走顺了，在形意拳中许多动作是重复出现的，甚至劈拳和鹰捉都是有关联的。下一个动作比较难叫退步崩拳。这个退步崩拳很不好练，在单独的崩拳中，这个动作是在收式体现的。在收式的动作中有一个退步崩拳的动作在里边。

右崩拳在进退连环拳里是一个并步的崩拳，在这个基础上，后脚向后方退一大步，脚尖外撇接近 90° ，然后左脚再退到右脚的后边一步成歇步。于此同时，右手崩出的右拳收回腰间，打出左崩拳。这个步伐加上崩拳，就叫退步崩。

在有的支系中，这一拳打出的不是崩而是横，打出了一个退步横拳，这也是正确的，我一会再讲为什么“崩”和“横”都是正确的。这个退步横在拳里叫“青龙出水”。只要步伐没有大的问题，这些打法都是没有问题的。

为什么退步崩和退步横都是正确的呢?

因为形意拳是枪拳。

这个退步横和崩，你不能从拳的角度去理解，从大枪的角度去理解就对了，本来这个退步横不是横胳膊而是横枪，这是大枪的退步拨拦。

形意拳以枪化拳，这个退步崩就是从退步横里边化出来的，当然你按照大枪退步横枪来练也是对的。上步崩拳在大枪里就是进步崩枪，是用大枪刺出中平枪。中平枪、枪中王、直来直去、神鬼难防，来如箭、去如线，在大枪中最不好练的就是中平枪，当然在大枪中最不好破的也是中平枪。

化枪为拳就是崩拳。

退步崩这个动作不变，然后身体拧转，再向右前方打出一

个右步崩拳，这个崩拳要求右脚在前左脚在后，迈右腿的同时打出右手崩拳，在老的拳谱中，这个动作也叫“黑虎出洞”。

在现在市面传承的进退连环拳中，一般左劈拳开式之后，都是打这三个崩拳，基本上是大同小异的。这三个崩拳有进有退、有直有斜，其实很不好练。

我一般看别人打拳，比如说打进退连环拳，我就看劈拳出式后的这三个崩拳，这三个崩拳打得好，我就继续看下去，如果这三个崩拳不合、没有韵味，那么这个人练的拳就没有必要再看下去了。

《笑傲江湖》里任我行将武功秘籍传给了东方不败，东方不败凭手中的绣花针战天下群雄。其实大枪和绣花针是一样的。大枪和绣花针都是以“扎”为母。

练大枪和做裁缝是一样的，都要“扎”，一个是扎枪，一个是扎针，我在前文讲过细心的护士内家打针之法，连我都觉得汗颜，因为大枪和针都有共通之处。

这个进退三崩拳就是标准的扎枪动作，要在空手的练习中找到大枪的枪意。作为一个裁缝要掌握好“运针”的要领，这里边的道理是一样的。

在古代枪扎不好不是好士兵。

一个裁缝运不好针，别说做不出来好衣裳，可能连鞋底都做不好，早晚要关门。

在今天这个进退三崩拳打不好，也练不好形意拳。所以我说这进退三崩拳是从最基本的“操枪”动作化出来，诸君要细加体悟，以求功夫上身。

在这个退步崩拳中，初学的时候退步一定要大，这三个崩拳都一样，尽量地把拳势拉开，这样很快就能找到这三个崩拳里边的东西。

迈步要大，上身还要稳，退步崩拳的定势中，两腿成歇步的时候要夹紧，不能“臂紧腿松”。形意拳的功夫出在下半身，“上虚下实”是千古不变的诀窍。

进退三崩拳本是枪势，内含无限玄机，形意拳门的老祖宗才把这个动作纳入进退连环拳中，而且放在第一个动作中，可见这个进退三崩拳的重要，在网络上讲连环拳的东西有很多，但是这许多东西都是站在拳上讲拳，有许多东西是说不明白的，为什么“退步崩”和“退步横”都是正确的呢？

你只有从“根”上说才能辨别，站在枪拳的角度上，才能把这个问题剖析明白。据我所知，从来没有人用大枪的东西讲过这个进退连环拳，也许我孤陋寡闻，但我确实没有看到过。

说了很多不该说的话，本章言尽于此吧！

108. 白鹤亮翅

白鹤亮翅在进退连环拳里是一个非常经典的动作，这个动作承上启下，在练习中有一定的难度，我在这个拳中练习了很长时间才找到感觉。因此我把这个动作拿出来单独作为一章的内容。

在形意拳中，这个动作在多路拳法中出现，在杂式锤中出现的频率更高。如果不能体悟内里的玄机，对形意拳的练习是有大障碍的，而把这些东西说透，就会在心里明白这个拳势中的内涵，对提高拳艺是大有帮助的事情。

在进退连环拳中，做完了这个进退三崩拳，后边就是这个白鹤亮翅的动作了。我个人以为，这个动作分解练习比较好，首先把打右崩拳的拳和腿同时回收，这个回收动作的定势就是白虎蹲穴。这个动作的妙处是双臂夹肋，只有双臂抱肋，周身才能上下合一，这个劲力才会全身整合。

在进退三崩拳中，最后一个右崩拳不是直出的，而是向右斜前方打出，这个白虎蹲穴，就是把这个向斜前方出的右手崩拳收回，面对打拳的方向不偏不倚，在双手抱肋的同时，两腿要夹紧，要有“夹提”之意。

然后左腿向左前方开进一大步，两手在前胸、拳交叉，然后做双臂向外平行伸展的动作，后腿紧跟半步，脚下微微画一个半圆，身体从左向右转，停在右前方 45° 的位置，这时候双臂画圆后回收在小腹前，左手拳在上，右手拳在下，两腿下蹲，两脚并拢，又成一个白虎蹲穴的姿势，只不过这个白虎蹲穴是面向右前方 45° 角的位置。

这个动作就是白鹤亮翅，由收崩拳、向左前方 45° 上步，然后这个亮翅要从左亮到右，脚下划一个圆弧，然后重新回到白虎蹲穴为止，一共是由这几个动作组成。

既要练得圆润，又要有骨力，有亮翅之威，还要有亮翅之巧，这就比较难了。腰的拧转能体现人的功夫，看了这个动作的劲力、连贯和美观程度，就能大概知道一个人的功力了。他在这路拳中下了多少功夫，一看这个白鹤亮翅就明白了。

这个白虎蹲穴要面向右前方 45° 的位置，和进退三崩拳的第三个崩拳的位置基本一致。接下来左脚向前小迈一步，然后右脚向右前方开进一大步，打出左手炮拳，右手架在头顶上方。这个炮拳在白鹤亮翅之后，讲白鹤亮翅必须加上这个炮拳，因为没有这个炮拳，白鹤亮翅的动作拿出来单讲是说不明白的。

这个闪躲加斜打的动作，在老的谱书中总提到，敌直打、我斜打，敌人面对面直接上步出手的时候，我们向左前方上步，用三角步加“亮翅”化解敌人的攻势，然后出手打炮拳斜行出手进攻。

许多支系都在纠结于这个动作，什么你对我不对的啦，你好看我不好看的啦，我个人以为，这些都是小节，只要他能用大枪，把这个白鹤亮翅演化出来，那么就是对的。如果你不会从大枪里化出这个动作，哪怕你的拳式练得跟花一样也没有用，因为这个白鹤亮翅你没有搞懂。

我的脑海中似梦非梦地总在闪现一个画面，今天我把这个似梦非梦的画面用我的语言形容出来，把这个画面与诸君

共享。

在远古时代，一群未曾完全开化的原始人类身上围着树叶，手中拿着石器时代的武器，用磨得尖利的石头和树枝组合做成的“大枪”，许多原始人拿着这种大枪，站在高高低低的山坡上，这时候一只浑身长满长毛的猛犸急速地飞奔而来。

在正对着猛犸冲来的方向，站着远古人类的“酋长”，这名酋长双手握着长枪，枪尖斜斜地指向前上方，摆出了形意拳劈枪的姿势，在猛犸冲到枪尖前半米的地方，这时候这名酋长动了，左脚向左前方迈了一步，手中的长枪从右向左拨转，后脚划了个半圆，这时候酋长的身体已经转向右前方45°角。

这时候猛犸的头部已经冲了过去。酋长手中的长枪从左向右横拨，做了一个标准的炮枪动作，在枪尖对着猛犸身体的刹那，一枪刺了出去……

这就是五行连环枪中的白鹤亮翅加炮枪。

在进退连环拳中就是白鹤亮翅加炮拳。

形意拳太不好讲，我只能用这个朦胧写意的画面来讲这个东西，我相信有的人可以看懂。

在古石器时代，原始人在与巨大野兽的搏杀中，不知道死了多少人，不知道经历了多少次的热血搏杀，在狩猎中、在生死搏杀中，才学会了这个向左侧迈一步的步伐，避开猛犸可怕的攻势，从斜处，也就是说从侧方攻击敌人。

这个步伐在古代发明出来的时候，绝对是人类划时代的进步，在这个步伐出现之前，不知道有多少人死在与猛犸面对面的直接对冲中。

这个步伐在进退连环拳里就是这个白鹤亮翅，就是今天这个章节的主题。你拿着根长棍也行，拿着个拖把也罢，你能给我要出这个式子，走出这个步子，才叫你练会了这一下，才算你明白了这个白鹤亮翅的精义。许多时候站在拳里讲拳是练不明白的，你得有更高的觉悟和视角，才能看透拳中招式的本质。

这是一个划时代的步子，也是一个划时代的式子。我这么说一点也不过分。形意拳不是只有直步的拳法，从这个白鹤亮翅中就能很好地体现。白鹤亮翅加后边的炮拳是组合的打法，既能摘分义可以组合，在说白鹤亮翅的时候，必须加上这个炮拳才成了统一的东西，就像剪刀的剪切劲，如果我们拿着剪刀的一半去讲解剪切劲，是无论如何也说不明白的。

这个猛犸的图像在我的脑海中闪现了许多年，今天拿出来与诸君共享，我相信许多人会懂，会感悟到在实战中这个左上一步的妙趣。把这个灵犀灌顶的灵犀之意拿到拳里放到心中，在古话中就叫：心有灵犀一点通！

内家微妙意，今向后人说！

我本将心向明月，明月切莫照沟渠！

109. 退步鹰捉

形意拳门步步不离鸡腿，把把不离鹰捉。在形意拳中这个退步鹰捉出现在连环拳里，还是大枪的功劳，通了枪势就真正地明白了这路拳。有的支系在此处是退步劈拳，也没有错误。用这个退步的力道和劲道运使大枪，这是终极。

因此退步鹰捉和退步劈拳在这个连环拳里都是有道理的，这些道理不统一在拳意上，而是统一在枪意上。

在一般的进退连环拳中，做到这个向右前方的左炮拳以后，后边是一个单展翅的动作，在头顶翻拧的炮拳上手此时从头顶划弧，然后劈砸而出到腰际。在这个时候把右脚收回来，两脚并拢在一起，面对打拳的正前方向。此时左拳也趁机回收到腰际，做好了退步鹰捉的准备。

这个定势除了右拳劈砸在外，剩下的动作和白虎蹲穴是一样的，后手一定要抱肋。当年我问过父亲，这个抱肋的力量源泉到底在哪儿呢？

父亲说这个力量在肘，在肘尖。

不信的诸君可以尝试下，做个形意开式的动作，两腿微微下蹲，两手在腰际抱拳，你把注意力和力量先放在两个拳头上，两个拳头使劲攥着，然后两个拳头紧贴在腹前，给小腹一个比较强大的压力，你会感觉这个力很空。

反之，做这个动作的时候，你把力量调整到自己的肘尖，马上就有全新的感觉，觉得周身能合二为一。上下相合是一个奇妙的感觉。

人的腿从腰和屁股下面就开始分叉了，两条腿分开可以走路，这时候腿、腰、胯三个人体重要的功能结合得就不紧密了，许多东西需要你后天练出来，腰、膀、胯、腿能有机地组合在一起，为打拳和发力统一服务。

比如常山之蛇，蛇这种动物没有腿，它的尾巴和身体是长在一起的，这就简单了，常山之蛇腰、膀、胯天生就长在一起，以一条脊椎的大骨为贯穿，把蛇的身体巧妙地链接在一起，这一条蛇就神气活现了，它生下来这些就是统一的，不需要练习。

人类四肢分得极为清楚，各干各的事情，把四肢百骸统一到脊椎上，需要后天武功的练习，这也是武功存在的必要。没有武功锻炼，一个正常人是很难发挥出人体“六合”的强大威力的。

单展翅的后边就是这个退步鹰捉，这是今天这个篇章的主菜。这个力量在左脚上，左脚向后一蹬，左手沿着劈砸而出的右手向前方劈抓而出，做退步鹰捉的动作。

在初学这套拳的时候，这个动作总是不能发出劲力，如果做退步鹰捉的话，要有力透甲骨的劲意，退步劈拳也是一样的，在初学者中这个退步的劈拳是很不好练的。

进步的劈拳是前趟后蹬，退步的劈拳却是相反，这个动作最好从拳里拿出来单练，在习练一段时间之后，再把这个式子加到这个进退连环拳里，这样在行拳的时候，就会有顺畅的感觉。在内家拳中，一个式子没有精熟，没有走出酣畅淋漓的感觉的时候，师父是不教下一个动作的，贪多嚼不烂，只有一招一式认真地学下去，才能在拳中找出内意成就自己。

这个单展翅就是炮拳的后手，也是杀手一击，希望诸君不要把单展翅当成一个普通的过渡动作去练习，那就把这个拳中的精华给练没了。今天我说出这一句，也算是画龙点睛。这句话我点通了神龙的左眼，下面这段话，我准备点通神龙的右眼，彻底成就这条龙的威风。

再往深处说一句，这个单展翅其实不是炮拳的后手，而是形意炮枪的后手！

拳法来源于枪法！

这个单展翅归根结底要从大枪上去找，去下这个功夫。每当我们练拳停滞的时候，不知道这个东西的最终用途，那么我们就操枪，从大枪里边去找这个东西。

我已经说得不能再说了，诸君自己开动下脑筋，我相信这个单展翅和退步鹰捉，诸君也能从大枪里把这个式子化出来，这是诸君自己的所得，谁也抢不走的。

退步鹰捉是左脚发力，右脚退后的动作，退步鹰捉的定势是左腿左臂在前，右手右腿在后，除了鹰捉的手型外，其他和三体式、左劈拳没有区别。

左手的鹰捉五个手指要稍微弯曲一些，挑起手上的五根筋，五指如钩才能力透甲骨。行拳、行形意拳，还是那句老话，细节决定成败。

单展翅和退步鹰捉在进退连环拳中还有一个眼神收放的问题，单展翅的劈砸要随着右臂把眼神放远，在退步鹰捉的时候，眼神要回收。

精气神力功居首，

巧练鹰捉气为先。

在这个拳势中眼神要合辙，呼吸要合道，如此才能在不断的重复练习中刺激自己的血脉经络，达到一个你想不到的境界。细腻是内家的无上真诀，练拳如习字，要一笔一画、一撇一捺地去找字里行间的感觉。

你也是写字的，王羲之也是写字的。都是人差别怎么这么大呢？原因就是他细致，一笔一画地推敲练习。

打拳也是如此，细腻与细致一个也不能少，祝愿诸君早日找到自己的武道乾坤，早日成就自己！

110. 战心之法

形意之拳有形有意孕育其中，非苦功难得奥妙、难得大道之境也，此道至深之处拳已为下乘，拳内之精意方为真也。我相信我的话许多老拳师傅会赞成。

内家形意的终极目的是体悟自然和谐之道，这个在佛道两家各有各的表述。《西游记》里沙和尚最终得到的位置是“金身罗汉”，到了道家就称为“真人”或者仙人。

松柏不凋，

金刚不坏。

这是世人的期盼，“练拳明理”才是武者最终的追求，内家拳法的终极目的不是培养一个刽子手、只会杀人的手段，武者是要在强健自己的同时恒顺众生体悟自然之道也。

在形意拳中有一些小伎俩、小手段，这些手段可以使人提高拳艺，改变自己内心的状态，其实这些小伎俩或者说是小手段在拳中是非常非常重要的，在有的时候，它的重要性甚至超过了打拳。因为它可以有效地调整自己的内心状态。

每个人都有懒惰的时候，国外试图用生物钟节律等各种办法来解释人一天中 24 小时或者一年中的心理波动。作为一个武者要随时调整自己的心态，把握自己的内心世界。

电有三种效应：热效应、磁效应、化学效应。

人呢？

人也是有磁场的，人体磁场是有频率和波段的。同频率的可以产生更好的共振。一个忧愁的人他的密友也总是愁容满面的；一个快乐的人，身边总有健康快乐的朋友。

你是一块什么样的磁铁，就会吸引什么样的人，想改变命运，先改变你自己。你自己的磁场变化了，一切就跟着变化。在《水浒传》中，林冲和高俅啊、高衙内啊总是不对付，因为他们的磁场互相排斥，就这么简单。林冲早晚会混不下去，这是磁场造成的，林冲是英雄，英雄和其他107位好汉在一起才能惺惺相惜，这个磁场才会产生大的反应、大的变化。

周扒皮身边有个胖媳妇。坏地主身边总有穆仁智之流的坏管家，他们在一起才会感到快乐，其实这也是一种磁场的吸引。

练拳能重新塑造人的性格，打造人的磁场，使人站得高看得远。在邻居二大爷与你的一个寒暄中，你就能读懂他是来借气筒给自行车打气的，有这种"灵犀"灌顶之意，才叫你练会了形意。

走到练功场地浑身疲软不想练拳，或者自己今天根本不想动，这就是大脑此刻产生问题了，思想和身体有矛盾、不统一了，这个在内家拳中是有解决办法的，这就是本文的开篇名字："战心之法。"

心一战而内举动，气自丹田而生，如虎之恨、如龙之惊！在你浑身懒肉不想动的时候，如果打仗怎么办？世界大战了怎么办？

你要瞬间地调节自己的情绪，让自己心生战意，抖擞起精神来，今天就是说的这个方法。

跟着我做三个动作，战意马上油然而生。

第一个动作是站在地上，双腿略微弯曲，把你的脚五个脚

趾慢慢地蜷缩起来，五个脚趾抓地，这个在拳里就有，不难。你穿着什么样的鞋和袜子都没事，只要你站起来做这第一个动作，你的精气神就在凝聚。

第二个动作，舌头顶住上牙膛，咬住你的牙，用你的后脖梗子使劲，向上顶你的脑袋，这个很重要，后脖梗子要紧张上拔，这是重点的重点，不是咽喉使劲，咽喉使劲会影响你呼吸的顺畅，下巴会高抬，不符合拳理，在这第二个动作中记住四个字：后脖梗子。

第三个动作很简单，简单到你从来没有想到过，就是用大拇指的指甲挨个去刺激其他四个手指的指甲缝。“十指连心”，在恐怖的刑罚中，就有用竹签子钉指甲缝的。还听说在监狱为了逼迫犯人招供，有拔指甲的酷刑。

人的指甲缝因为“十指连心”，一刺激它马上就使人警醒，也因为“十指连心”，因此你的心马上就能生出战意。连续做这三个动作就能从疲懒的状态变得精神，其实聪明的读者早就发现了，这个新生战意之法，其实说的就是练拳之前的准备工作，练内家拳有物质准备，换衣服、松腰带等，当然也有精神准备，这就是精神准备。

不光是武人采用刺激的方法提高自己的功力，其实文人也有类似的方法，这个方法就是“头悬梁、锥刺股”。

古代读书人避免读书困倦，把自己的长发吊在房梁上，打瞌睡的时候头发很疼，能使人警醒。用针刺自己的大腿，想考状元得豁出点什么，十年寒窗不是这么简单的。

这形意拳门有个齐四梢的说法。“舌为肉梢、牙为骨梢、发为血梢、指爪为筋梢”。这四梢怎么齐备呢?

舌若催齿、齿若断金、甲若透骨、发若冲冠，如此四梢即可齐备。

我这个新生战意之法是父亲教的，其实就是齐四梢的功夫。文武之道，殊途同归，其实文人用的“头悬梁、锥刺股”的办法，也是从这个四梢里边去做文章。有细心的读者会问，“头悬梁”是文人刺激“血梢”这个可以理解，但是“锥刺股”这个在形意四梢里没有啊？

有的。我说有就有。

因为在形意拳的谱书中，还有一句话你没有注意到，知道是什么吗？

筋骨要松、皮毛要攻！

这个“锥刺股”其实刺激的是筋骨皮毛，这些东西都逃不出形意拳的大道理，如此一说天清地明也。

这些小伎俩、小技术手段中其实蕴含的都是形意拳中的大道理。你是学生，夏天下午的第一节课很难熬，现在有了好方法，你一刺激自己，这个瞌睡就过去了。

你是老板，在谈判桌前没精神不给力怎么办？

你也可以用上述的办法调整自己的精神状态。其实这些话都是留给我弟子的，当时没想对外人说。诸君如今看到这些东西，也算是个缘分了。

作为学生，你考上了世界常春藤联盟的大学别忘了我，作为老板你的谈判成功也别忘了我。当年是一个网络作家轩辕凌霄在《话说形意拳门之真谛》这本书的110章，告诉我的怎么调节自己的心理状态，怎么心生战意的，我才取得了这么好的成绩。

能记得我就好。忘记我也无所谓。

因为国术的真理永远存在，你找得到她，找不到她，她都在那里，从盘古开天到如今，她一直就在那里闪闪发光，等着真正的武者发现她、去了解她、去得到她。

得到她的秘诀只有一个——放下！

111. 进步鼍横

在进退连环拳中，单展翅和退步鹰捉接下来的动作就是鼍龙出水，各个支系在这个式子中的差别还是很大的，不只是名称上的差别。有的支系做这个动作是只用左手做的，做一个“进步鼍横”的动作，有的支系是双手同时做，做了一个完整的鼍形。

这些细微的差别如今看来都是无所谓的，在这个拳中的编排都是正确的。这个“进步鼍横”很有意思，是个很好的招式，不只是练习功力和节奏，在实战中也能一展身手。

如今我在外面看到有人打这路拳，这个手型已经变成了手掌的掌形，而不是“八字鼍形掌”了。个人以为在这个拳式中，还是用八字手的手型比较好。因为大拇指和食指的伸展发力，可以很快地挑动前臂上的大筋。

国术和洋术不同。国术的功夫是练在筋骨上，这个筋骨强壮以后，是很不容易退化的。洋术把功夫练在肌肉上，肌肉是不可靠的，因为变化太快了。

三天不吃饭，一个月不锻炼，肌肉马上就退化了，肌肉上的功夫和健美一样，有一段时间不练就完蛋了，会退步很多。把功夫练在筋骨上就要稳妥得多，这就是江湖中有《易筋经》，没有《易肉经》的道理。古代的武者早就知道练功要练筋，练肉是没有大用的。

人身上206块骨头，组成了一架大吊车。

人的“筋”就是吊车的钢丝绳。

有了“筋”做钢丝绳，其实这台吊车就可以干起重的活了。这就是我们的先辈为什么总是强调“筋强骨壮”的原因，别的都是末节。古人先贤的智慧非今人可以比拟。

回到这个“进步鼍横”的拳式中，再一次说这个八字鼍龙掌，这个手型是挑动大筋的，就算你不加在拳里，在单练的时候也可以体会下。

老虎和老虎对扑的时候拼的是什么？

后胯。

那么我们再深入一步，拼后胯的什么呢？是肉吗？

不是，拼的是后胯的筋、骨！

在十二形中，这个鼍形很重要。在这路进退连环拳里，打到了这个式子也是对前面练习的鼍形的一个检验。把单式放在拳里，步伐变了，节奏也变了，要练习一段时间才会有新感觉。

接上边退步鹰捉的动作，回身做一个右手鼍形，回身的时候，右脚上一步，右手打出右手鼍形。然后回身，左脚上一步，再出左手的鼍横。

有的支系不做回身的右手鼍形，而是左手做一个收手的动作，然后再向前一步做“鼍横”式，这个练法也是不错的，从我如今看来，各有各的奥妙。

如果说前面的拳我们打的一招一式很正，那么这两个或者一个鼍横，我们就要做得很灵动，要自然舒缓。一路拳打得好也要有张有弛、开合有度，要有高潮和低谷，其实和一曲美妙的音乐是一样的，这个打拳就是用全身的功劲在自己的身体内部演化美丽的乐曲。心情要和拳式完美地配合，人的身体才能演奏出最华美的乐章。

记住这两个字：灵动。

在若干年前，我遇到一位马马虎虎的大哥，他问我，我看你们这个鼍形和这个进退连环拳的鼍横什么的，和太极拳的云手一样的啊。

我欲哭无泪，这云手和鼍龙浮水差别大了去了，练拳要精细，细节决定成败，老祖宗的每一个拳式都是很精到的技艺，囫囵吞枣得过且过练不出什么的。

那位大哥就这么玩了几年，也没见有什么进步，他打太极拳根本不下式子，几乎是站着比划，人的腿上啊、身上啊许多经络血脉根本练不到的，那样打拳就是个耽误功夫而已。

练拳要细致，不但是拳式要深究，思想也要凝聚，呼吸自然与拳式合拍，和小腹的起伏合辙，能做到这些的就是有功夫了，这样一直练下去，年深日久定会有所得也。

功夫这个东西，你不糊弄它，它就不会糊弄你！

112. 龙行一丈

进步鼍横要巧练然后实用，在实用的时候就知道巧练的奥妙了。这左手的鼍横用得巧妙，本身就是打顾兼备，敌人的上肢使用一个进攻的动作，我们就出这个鼍龙之横，用左手轻轻向回一带，然后身形直进。

接手就是一个横拳，在进退连环拳下一个动作当中，正好就是这个进步横拳。在鼍横之后，左脚再向前迈一步，然后打出右横拳。在进退连环拳中这也是一个非常重要的动作。

横拳属土，进退连环拳必须与这一横才能凑齐五行之数，五行无土称不得五行。有了这个横拳，进退连环拳才叫完整。我个人认为，这个横拳的步子要稍微向左迈一点，这样便于横拳的发力。如果这个横拳的步伐做得和钻拳一样了，那么它的意义就降低了。

向左方上左步，然后拧转打出右手横拳。这个动作要求整齐划一，打出整合之力。此动不停，下一个动作就是正宗的龙形，这个右腿离地的龙形加在这个进退连环拳里，这个拳势就活了。

进退连环拳的拳势本身比较短，加上了这个窜步龙形，整个拳势就加长了，因为有了这个龙形，也有了快慢相间的感觉。这个龙形和单练的龙形要求是一样的，就是要有跃动、要跳起来，这样这一路进退连环拳行起来才有感觉。

有的支系说这个横拳不是横拳而是钻拳，因为有的支系在进退三崩拳的第二拳中出的是退步横拳（青龙出水），此刻加上钻拳凑足五行之数也是正确的。

在进退连环拳里步伐最大的就是这个窜步龙形了，这个就不赘述了，跳得高、落得稳，在哪个支系中都是这样要求的，我要说的是这一口气。在这个龙形的起势中，这一口的吸气要饱满，在飞纵中才能达到预期的效果。

在龙形接下来的下势中，龙形的落式才不会因为气息不足造成“虎头蛇尾”的结果。其实龙形的成就和劈拳紧紧相连，龙形的起势就是个单腿独立的上钻拳，飞身一落其实还是个劈拳，在老谱书中名“霹雳击地”，其实有心的诸君还是能找到劈拳的影子。

“龙飞凤舞！”古人总说这句话，凤舞我没见过，这个“龙飞”在形意拳中最有代表性，就是龙形，就是那个“龙行一丈”。在进退连环拳中，这是一个单脚离地的动作，在进退连环拳转身的时候，还有一个狸猫上树的动作和这个差不多，其实狸猫上树也和龙形脱不了干系。

因此在进退连环拳里，只有这动作是单腿着地的东西，抓住了这个就抓住了这个式子在这路拳里的灵魂。

这个龙形一定要飞身！

不会飞的龙就是长虫！

记住我的话！

横拳放在龙形的前面也是有深意的，这个我问过我的父亲，父亲当时回答说，龙形的起式标准的是个上手钻拳，与此同时下边出一腿，这个在什么时候讲起来都是正确的。

如果遇到同门呢？父亲又问了一句。

这个钻拳只有同门出横拳才接得最好。因为横劲破钻劲，那么我们在龙形的上手钻拳中，能不能稍微加点横劲呢？

父亲的一句提醒，使我顿开茅塞，龙形起手的这个钻拳，也是能稍微加点横意的，有了这点横意，下边的一腿出来就妙了。久练当能体会其真也。

这个进退连环拳在形意拳中是很好的套路，可以弥补自己在五行单练中很多的不足，因此我对这路拳写得比较详细，在今后我就不会写这么详细了。诸君要体会我的深意，这路拳不好练，但是很长功夫。

在横拳和龙形连接的时候，要注意横拳打出之后，要有个收手收腿的动作，哪怕你只是回收一寸也可以，先收一下，然后再窜步出龙形，有了这个一寸的收，就能带活全身的力道。再出龙形的时候，身形自能合而为一。

横拳是左步在前，然后出右腿龙形，在这个式子落势的时候，是右脚向外撇的歇步。这个龙形的定势很有讲究，如果我们把龙形拿出来单练，我们下势的时候可以很低，为了练腰上的竖劲，那么在这路拳中，这个龙形式子就不要下这么低了，要稍微高一点；在这个式子中，两腿要夹紧，要体会双腿“相助为友”的感觉。

只有双腿发力夹紧，周身才能合为一体，为下边的崩拳积蓄力量。这个龙形走“妙”了，就能带动整路拳。在我小时候，龙形和“狸猫上树”是分开练的，各有各的味道，各有各的玄机。

练形意拳不能囫囵吞枣，要像吃螃蟹一样精细，这是父亲当年说的话。

这句话挪到今天，有必要做一个说明。在清末民初的时候，生活很讲究的人吃螃蟹是有工具的，这套吃螃蟹的工具是白银制作的。那时候吃螃蟹是相当细致的活，不像我们今天一样拿起一个螃蟹掰开就吃，是这个意思。

和古拳谱一样，想看懂它要学习古文，要了解它那个年代真实的寓意，这样我们才能读懂古人先贤的真正智慧！

113. 狸猫上树

在进退连环拳中，龙形接下来的动作是一个拗步崩拳。在龙形定势中是右脚在前左脚在后的，这个拗步崩拳就是在后边的左脚超过右腿向前上一大步，然后右腿在后跟半步，打出右手崩拳。

这个不难，因为在单练的崩拳中，崩拳的回身动作就是这个龙形。如今在进退连环拳中，就是检验你前面练的崩拳合格不合格。

如果单练的崩拳练得很好，那么在进退连环拳中很容易找出感觉。从龙形这个步伐打出拗步崩拳，身体的扭转比较大，很容易找出全身拧转发力的感觉。这个崩拳的劲力发得很舒服，自己感觉力量比较大，那就说明找到一点感觉了。

如果从龙形接的这个拗步崩拳，你感觉和正常行拳时候打出的崩拳是一样的，那就是有问题了。最起码说明你的身体还没有那么敏感。

怎么找到这个感觉呢?

很简单，在单练的崩拳中去找，把崩拳的拳式缩短，每练两三个崩拳我们就转身，多练转身，多练这个转身龙形之后的“一崩”，这样就能比较快地找到这个拳意。

在我家的这路拳中，后边还加了一个左腿在前的左崩拳（黑虎出洞），这两个崩拳要连贯，要打出行拳的感觉和节奏。

有的支系在龙形之后，只有一个崩拳，也是无所谓的。

我家的进退连环拳因为加了一个左步在前的崩拳，在转身做狸猫上树的时候是顺时针转身。不加这个崩拳，用右崩拳转身的时候是逆时针转身就可以了。

转身之后都是起右腿做个狸猫上树的动作，既然是小猫上树就不用窜步了，这个右腿起得要轻柔。当年我练到这的时候，父亲总是说，这是小猫爬树，不是大象、不是狗熊，要做得轻柔些，要符合拳意，要把握形意拳的大方针。

这个狸猫上树很有说道，因此单独给狸猫写了一章。狸猫不是猫，这个动物是猫的克星，因为不常见，我们就用猫来说吧！

起手的时候，上手的钻拳也要轻盈，要招“灵猫戏蝴蝶”的感觉，玩个老熊出洞的钻横就不对了，和小猫爬树一样，前爪向树上轻轻一搭就可以了。

小猫爬树不是要用蛮力把大树推倒，猫不发这个傻劲，爪子搭扣在树上，主要是为了“借势”，借着自己的腰力，猫身一弓，几下就窜上去了。

练这个狸猫上树要找到灵猫用劲的巧妙。狸猫上树的秘诀在那个“上”字里边。

狸猫上树和狸猫倒上树各有各的练法和巧妙，这个秘诀都是这个“上”。在进退连环拳中这个狸猫上树的动作只做了一下，其实猫的身材很小，它不可能一下爬到树上去，这个狸猫上树要有好几下。就是说灵猫要几个窜跃，才能飞身上到树上。

这个狸猫上树后边的动作在实战中就要得机得势而做了，为什么这个狸猫上树要做定步的呢？就是因为这个。狸猫上树不是没有窜步，而是这个窜步要得机得势而发，在这个进退连

环拳里你知道这个就可以了。

练气能壮，练神能飞。

古人总说神采飞扬，在形意拳中“得其神髓一切可得也”！理解一个拳式的内涵，要把握老祖宗们起这个拳式名称的深意，深入内里去研究，这样内家形意在有心人面前才没有秘密可言。

我没有说老师不重要的意思，也没有说一个大字不识的人自学能考上北大，不要曲解我的话。你先把自己变成一个科学家，才有资格去研究这些内里的东西，是这个意思。在此之前形意拳绝对是有秘密可言的。

把握一路拳的精神，一路拳走出来才能神采飞扬，人的情绪可以反过来刺激身体，情绪变了你的五脏血脉都会随着变化。得其神髓者，一路拳走下来那种对身体内外的综合锻炼，是一个门外汉无法比拟的。

这就是门内门外的区别。

为什么有些人一天下八小时的苦功成就不高？

为什么有些人稍微练练就能强身健体呢？

因为有些人能把握这个神髓，把握这个脉搏。练拳如煎药，火候的把握很重要，满汉全席的厨师就是靠“火候”吃饭的，其实内家拳的明师也是凭火候吃饭的。

师父会指点你练拳练多长时间为好，什么形和什么式子要搭配，这样才能很快地长进和提高，这是老师存在的价值。这个和中医理论是一样的。

中药大药房什么药都有，你怎么不去买呢？你怎么知道要先找个大夫开药方，然后再去抓药呢？

没有大夫你怎么知道自己身体有什么病？

你怎么知道你的身体适合吃什么药呢？

这个师父就是你的中医大夫啊!

奉劝那些想自学成才的拳友，找个老师吧！你可以“久病成医”，也可以“神农尝百草”，自己去试验所有的药材和药效，但那样太慢了，没准药物中毒，功夫没练成，你就先挂掉了。

在这个狸猫上树的章节中，我点出了狸猫上树不是拳里的那一下，这个狸猫上树有好几下，有悟性的诸君其实已经学会了。他已经明白了这里边的道道。

古人学问无遗力，

少壮功夫老始成。

纸上得来终觉浅，

绝知此事要躬行。

我觉得只有这样，给诸君一个练拳思索的余地，这样我的东西被别人学走才不冤。因为形意需要悟性!

在这个狸猫上树的章节中，我也讲了师父的重要性。相信以诸君的悟性可以看懂。这个章节就写到这里吧，剩下的东西在下一个章节里补充吧!

114. 进退连环拳

再说说狸猫上树。这个转身的狸猫上树，抬起的右腿用外撇的姿势向外轻蹬，然后回收，轻轻地落地。灵猫走路没有声音，在喜剧小品中范大哥的经典台词是：猫走直线。

蹬腿要轻，落地也要轻。这个模仿秀一定要像，狸猫上树的落式不要太低，这个标准怎么掌握呢？

就是不能影响双腿的“夹紧”和“提肛”之力，这就是标准。

人与人的身高体重不同，非要求统一在头顶拉一条直线，规定个什么 1.25 米的高度那就错了，那是外行说的话。在门内的明师没有这么规定的，他会告诉你标准，按照这个标准做就是对的。

再有就是明师会告诉你这个标准为什么这么定，这才是传授。

一个身高 3 米的人和武大郎打一路拳，你非要强求一致那就是错的，适合自己全身的经络血脉运行，能打出最适合自己的拳才是内家。

这个动作说完了，这个拳也就讲完了。后边的动作和开始的动作是一样的，再打出一个上步右崩拳，然后把这路拳再练一遍就行了，只不过是方向相反而已。

这样重复上边的动作，进退三崩拳、白鹤亮翅、单展翅、进步炮拳、进步鼍横、进步右横拳、龙形、拗步右崩拳、顺步左崩拳，然后再做一个回身狸猫上树的动作。

做这个动作的时候，已经回到了你打拳开始的地方。进退连环拳的收式动作前边也练过，就是那个进退三崩拳。在收式的时候，你打出进步右崩拳，退步左崩拳就可以收式了。退步崩拳之后做一个标准的左劈拳，然后双掌从身侧起过头顶缓缓落下，然后拧正身体，缓缓吐气站立，回归无极式，这路进退连环拳就算完成了。

如果你想接茬练下去，在退步右崩拳之后，接着打进退三崩拳的第三个崩拳就可以了，这样就可以周而复始地打下去。这路拳联通五行和十二形象，是形意拳不可多得的名拳，我练了很长时间父亲才勉强给打了个 60 分。

拳好练，意难寻！

形意拳易学难精，要深究其理才能有所收获。在出式的时候，记住一个秘诀，舌尖要顶住上腭，头在行拳之中不能丢了顶劲，在如今所谓的二十四法中，顶、扣、垂、圆、抱、月、曲、挺这八个字中，“顶”字排在第一，在顶字“三事”也就是三顶中，头顶有冲天之雄，指顶有推山之功，舌顶有吼狮吞象之容。

在这里边“头顶”又是第一，可见这“一头之势”在形意拳中是何等的重要。在这路拳里，无极式和三体式同等重要，形意先有个站相，因为形意拳一站就是功夫。在打拳之前先调整自己的舌头，然后把头顶起来，调整呼吸道，松静自然，然后再开始做无极式。有了这个舌顶，打拳永不口干。

这个无极的开始本身就是周天，父亲当时说了一句经典的话：你的手举过了肩膀，你就找到了腰！如今回忆起来，这句话说得很经典。

站个无极式，然后双手从身侧升起，慢慢举过头顶，当你的双手稍微高于肩膀的时候，你细细地感觉一下，这时候你的腰，尤其是后腰，有一个轻轻地下坠的动作，要轻轻地向下“一沉”。

感觉不是很灵敏的人，或者你还没有体会到这一点的，现在你就站起来感觉一下，多做几遍，我相信只要生理正常的人都能找到这个感觉。没找到的原因只是不细致、不细心而已。

这是诀窍。

腰上的感觉在手上找，你从腰上找永远也找不到，有时候内家的许多“关窍”都是这个意思。我想了很长时间，“贴肚脐，治痔疮”，只有这句广告语适合拿出来说这个拳意。

痔疮用在肚脐敷药的办法来医治，其实内家拳就是这么练的，比如出拳无力，也许毛病不在手上而在腿上，是你自身的坦克履带不给力造成的。练形意要练脑袋，要把自己练得七窍玲珑、“灵意灌顶”才好，因为后边还有很多珍宝等着你去发掘，要把自己能发现珍宝的眼力和灵气练出来。

“如入宝山空手而归!”为什么?

你看到拳里的好东西不认识就错过了，形意拳要精细，精细才能品咂滋味，有了滋味才有乐趣，有了乐趣你就能坚持下去，早晚有一天会成就自己的拳法。

三体式说了很多，就不赘述了。进退三崩拳我用一个词形容——“敦厚”这三个崩拳要敦厚，体现大枪功力、“枪拳”的功力。白鹤亮翅在灵动自然中要打出亮翅之威。

“蛇鹤相斗”，白鹤在扑扇翅膀绕蛇进攻之中必有“一啄”，这个在拳里我们就理解为“单展翅”和“炮拳”，这个炮拳要打出枪响鸟落的威风。

鼍龙浮水、进步鼍横本是练腰活肾的拳式，要有鼍龙分水的灵动之意。鼍龙入水天下何人可挡其锋？进步横拳要果断，横生万物，万物土中生。窜步龙形要高远，这也是协调全身之法，不可轻慢之。拗步崩拳要打出骨力，与下边的顺步崩拳要连贯而出，打出崩拳的威势。回身的狸猫上树要灵巧，做成狗熊爬树就缺了味道，缺了灵动。

收式要定心，调息要缓慢，如果达不到效果，多做几次，要达到收式的效果才好。

五行拳练的是拳，在书法中就是点、横、竖、撇、捺，还算不上“字”，只是笔划而已。如今有了这个进退连环，包括前文说的相生相克，这都是连拳，是完整的拳路了，从这时候开始，你就会写“字”了，就不是前面的笔划了。在这些拳路中，要练出自己的章法，自己的间架结构和气息，这是再重要不过的事情了。希望诸君能练进去，把握这路拳的脉搏。

此中清滋味，料想少人知！

115. 脚踏中门夺帝位

这是一句拳诀，有的谱书上写的是“脚踏中门夺地位”，道理趋同，但我个人以为不如“帝位”二字高妙。这个拳诀在谱书中还有个下句，即“脚踏中门夺帝位，就是神仙也难防!”

父亲当年说过这个句子，我家的下句是“就是神手也难防”，暗合形意的功夫出在下半身，如果输了腿，就是“手法如神”也很难挽回败局了。“神仙也难防”这句话就有点托大了。这句拳诀如果是练形意拳的，可能没有听过的很少很少，但是能真正知道这句口诀涵义的，恐怕没有几个。诸君不信的话可以试着回答下面的问题。

中门在哪?

什么地方叫中门?

我估计没有几个人能正确回答这个问题。静下心来，慢慢跟着我的叙述，看完这个115章，你就得到了答案。

这个问题我只用我家长辈的说法来说，不涉及我的老师教的那些东西，这样我就可以畅所欲言，把这个中门的问题解释清楚。开篇的这句拳诀中，“中门”是核心的核心，你只有搞懂了这个词的真正的定义，才能按照拳诀深入地去体会形意拳中那些高深的道理。

关于这个问题我家的说法是这样的。人在战场上站立的时候，两臂向前平伸，这个距离要包括你手指的长度，用你中指的指尖作为衡量的工具。凡是敌人的拳脚在你中指之间之外的，就叫外门。

这个外门包括的地域很大，凡是你指尖之外的距离都叫外门。比如流星锤，许多人把流星锤称为“外门兵刃”。站在离你很远的地方，用这个兵刃就可以攻击到你。这个名字起的“外门兵刃”，其实很合乎拳理了。

现代近距离的搏击擂台赛很吸引人，许多练武的人用“拳王”判定一个国家或者一个人种的技击水平，这是没有什么道理的。

在古代，对武将对士兵的要求是“弓马娴熟”。敌人还在50丈外，一箭就射死他了，什么拳王你根本就没有走近我的机会。“弓”是远距离杀伤的兵器，所以排在“马”的前面。“弓马娴熟”就是这个人远近都有杀伤力。因此在古代徒手搏击叫“白打”，排在18般武艺的末尾。

敌人从外门进攻，不管他用什么办法，闯进了你站立时候双臂前伸到中指指尖的距离，也就是说敌人的拳或者腿与你身体的距离已经在一米左右了，这时候在实战中你就很危险了。但是在这个距离还不能判定你肯定输，还有挽回的余地。

为什么这么说呢?

因为这个地方不是中门。

这个地方叫小门。

小门的范围是从哪到哪呢?

很简单，小门的距离就是你双臂平伸从中指的指尖到你自己的胳膊肘，这段距离就称为小门。

这个小门是兵家必争之地，守好了自己的小门，攻破敌人的小门，你就很有可能取得战斗的胜利。所有的格斗，不只是徒手，也包括冷兵器战斗，都是在外门的距离打响，都是在小门的距离达到高潮、达到白热化的。

赢也赢在小门，

输也输在小门。

小门的里边就是中门！

中门就是从你的肩到肘的长度，这个地方就是中门。从你的肘尖到你的胸口这个距离就是中门的确切定义。这个地方如果被敌人攻破，就叫打开了中门！

再也无所凭藉，再也无险可守！

可以说中门是战斗结束的地方，在这个距离被打开了门户，也就是离死不远了，很难再挽回败局，这就是“脚踏中门夺帝位，就是神手也难防”的真实涵义。

还是用象棋来说吧！

象棋的棋盘以“楚河汉界”为界，楚河汉界之外就是外门。敌人杀到了你的地盘，那就是进了你的小门，你就要调兵遣将高度注意了。

敌人杀到了你的中门里边，那就是进了你棋盘上的“老将”的家，距离你的老将只有半步了，不管你的外边是否有千军万马都没有用了，你只靠两个“士”，很难保护你的老将了。中门是战斗最终结束的地方。

这个中门两个字说明白了，这两句拳诀我就不想再说了，向前走已经一马平川尽是坦途了。

目前我在网络上，还没有找到关于“中门”确切的论述。这是我自己家的说法，与旁人无关。如果你相信其他的说法，也无所谓，能明白这里边的内涵就好。

古人讲“善门难开”，武术却是“三门难开”，三门就是外门、小门和中门。太极、形意、八卦武林中叫“上三门”，这内里也是有涵义在其中，这个话题牵涉较广，在这就不说了。

116. 色戒

练内家拳这是一个不能不说的话题。这个话题很大，涉及内家拳、中医、佛道两家诸多的理论，一直在思考这个章节写还是不写，这个东西如果不搞明白，内家拳是练不好的。思之再三，觉得还是把它用简单的语言做一个叙述和总结。

我也查阅了一些数据，剔除了那些太高深的玩意，还是用最直接的办法来说这个几千年来困扰国人的话题。

在戏台上《七侠五义》或者《三侠剑》中的一些英雄人物出场的时候，鬓边总是带着一朵花。现代人总用现代的眼光看古人，大男人还戴朵花，多没意思啊！

其实这朵花叫“戒淫花”，在古代的侠客传记中，最不受人待见的就是采花盗柳之辈。许许多多的武林门派都把“戒淫”当成最重要的戒条，和佛家的戒律一样，是绝对不可以违反的。犯了这个戒条，轻则踢出师门，重者被同门追杀，这样的人天下共诛之！

一旦违反了这个戒条，师父就知道这个人完了，再也不可救药，今天我们就从拳中讲讲这个深邃的道理。

肾主骨藏精，一个人的身体好坏和肾脏有莫大的关系，这是古今中外中西医都承认的事情。中医更是在古代就清晰地认识到了这个问题。

人的骨骼是否强壮，这个人是不是结实，和肾脏的关联太大了。劈拳本身就是钻拳开式，钻劈一体，养肺的同时也滋养肾脏。从一个小小的弟子第一天练拳的那一天，直到你成为大师，桃李满天下，无一日不在滋养你的肾脏，滋养你的五脏。只有这样保养自己，人才能活得长久，延年益寿。

肾主骨藏精的这个精不是后天的，而是先天的。这个先天之精和你的脊椎里边的骨髓是一码事。这个骨髓经过锻炼可以产生更为高级的物质，在古谱书中有一个名词叫“炼精化气”。你都消耗完了，工厂里没有原材料，拿什么化？

人的生殖系统在练拳的人看来也是一根筋，这根筋就叫“子孙筋”，在练拳习武的过程中，人的身体筋络、骨骼、血脉都会强壮起来，同样这根“子孙筋”也会同时跟着强壮起来。人的生殖系统的能力会随着提高很多，在这个时候，对自己要有更清晰的认识，更好地把握自己。

人在看那些黄色的乱七八糟的书、图片、影视的时候，许多人会觉得口干，你的喉结会动，不要小看这个微小的动作，这是因为你的心一动，心属火，火在身体内部升腾的时候，你就会觉得口干，因为心君一动，肾必随之，你的肾水就会随之而动，肾水就会出来灭火，这样你好不容易滋养的肾水就会产生不必要的消耗。

不是你干坏事的时候肾水才消耗，你只要一想，心火肾水就跟着动了，沉浸在这些淫秽的东西中，你的身体会越来越差。古人有句话“精满不思淫”，你身体越差，越会陷在其中。你胡思乱想的时候，先天的精气会转化成后天的精，聚集到你的会阴穴周围。长时间这样，你的身体就垮了。

人总是胡思乱想，总想淫秽的东西，反过来说这个人的身体已经有问题了，最起码肾水这有问题。一个司机开着车走在

路上，总想一个零件，那么这辆汽车的这个零件肯定有毛病，为什么那么多没毛病的零件你不想呢？

古代的电影小说中，调戏妇女的人总是被别人骂“下流，卑鄙下流”！这个下流说的是什么？就是你身体的精气、肾水在往下流，这句话说的是这个意思。

现代的人已经听不懂中国话了。这句话不是一句简单的骂人的话，它的原意已经被现代人曲解了。

炼精化气、炼气还神、炼神还虚，这些东西都要从“炼精化气”开始。形意拳的老祖宗们早就把这个深邃的道理写了出来，留待有缘人去追寻先贤的足迹，成就自己的武功。

“紧搓谷道内中提，明月辉辉顶上飞！”一个思想纯正的武者，通过武功的习练，他的后天的精气满满的积攒，慢慢地向先天转化，这个先天之精就能从后背沿着脊柱一路上升补还与脑。

古云“要想长生不老，就要还精补脑”，说的就是这个意思。我不是中医也不是西医，这些道理我只能讲到这了。佛、道、儒家都有对这个问题更为精到的解释，我只是站在一个业余爱好者的角度上，讲了自己的看法而已。

人的精气在身体中慢慢地产生是从上往下走的，最后人们把它挥霍浪费完了也就完事了。在古代的修道者认为，这个精气应该从下往上走才对，通过练武、打坐之类的锻炼手段，让这股精气一路上行。

“顺生人、逆修仙”，这句话不是我编的，古人早就把这个真理赤裸裸地说了出来，今天这句话的真实含义，还有几个人能懂？

关于《色戒》这个章节，我想先写到这，这个话题太大太过艰深。如果我不说这个问题，就算不得内家。我暂时不奢求

看了我文章的一个死刑缓期两年执行的罪犯，会变成勇拦惊马的人间英雄。我告诉你在《水浒传》中，西门大官人绝对不可能是武松的对手，他的人品和身体品质在那摆着呢！道理还用我说吗？

对这个“色戒”的问题，我只想说一句：“适可而止！”人体发肤受之父母，是你今生最大的财富，焉能不珍之宝之？

天有三宝日月星，人有三宝精气神。丹田养就长命宝，万两黄金不予人！这是比你亿万财富还要重要的东西，一个地主老财在临死之前，捐出自己所有的财富，能多活一分钟不？

我希望看到这本书的诸君，都能爱惜自己的身体，站到国术锻炼中来，知理明义做武道中的智者！

117. 二祖父的陈年往事

内家三拳都不硬，太极、形意、八卦，在这三门拳中，形意拳可以说是最刚猛的，但比起其他门派的拳脚，这个刚猛劲还要差得远，当然我说的这个刚猛是外行话，是外行看热闹的人说的。内家三拳都不适合卖艺，因为看表演的不可能人人都是行家，打一路崩拳在街面上是敛不到钱的。

刚到极处不能再刚，

柔到极处还可再柔。

这是拳理决定的。刚有上限，柔没有下限。先人前辈们早就从这里边悟出了阴阳消长的道理，把这些东西有机地放到了拳里。

大街上不会武功的流氓经常打架，有点事就打得头破血流，但是打死人确是不常见的，因为没有系统练过武功的人想打死一个人是不容易的。《水浒传》中武松喝了点酒，没用兵器赤手空拳干掉了一只猛虎。杨志一出手就搞掉了泼皮牛二。这是因为武人对力的运用对功劲的把握比正常人强得多。

二祖父当年在东北的时候，遇到了一位赶大车的高手。这个高手是给镖局赶车的，本身也有一定的功夫。什么样的牲口到了他的手里都能调治的服服帖帖，这个车把式的车赶得好，请他的人也多。这个车把式用鞭子那叫一绝，只用鞭子的前面梢节，鞭子打得随心所欲，想打哪就打哪，赶车从来不费劲。

后来二祖父和他熟络以后，他就讲了自己用鞭子的窍门。

赶大车的鞭子就很有说道。这段鞭杆大部分都是编结而成，和白蜡杆的性能一样有弹性，前端配上一节软鞭就是赶大车的鞭子了，一根鞭子上就有了软硬。加上车把式的赶车驾辕的技术，这根鞭子就能解决赶车的所有问题了。

这个车把式说，鞭子不只是手腕的力量，整个手臂都要松软，这样打出的鞭子才有威势，鞭梢能发出啸音。这个鞭子的落点也有讲究，专门打在牲口身上最柔软最疼痛的地方，比如说马的耳朵，还有马身体一些柔软的地方，马吃痛就老实了。

这个赶大车的还说，干这个行当年头多了，这个鞭子劲就练出来了，比如他要警告马匹，就会把鞭子挥舞的“啪啪”直响，抽在牲口的身上声响比较大，可是却一点也不疼，只是对马匹起一个警告的作用。

如果赶上劣马很难驯服，这个赶车的也有办法，再挥舞鞭子就没这么大的响动了，可是一鞭子下去，马匹会感到很痛。再加上这个车把式干了很长的时间，打出的鞭子很有准头，准能打到马匹身上最痛的地方。车把式说这个营生干了多年，什么样的马只要到了他手里，让他瞅上一眼，他就知道这匹马是什么脾气秉性，该吃什么样的鞭子，什么样的鞭子对这匹马最合适。

二祖父突然间恍然大悟，这个抽鞭子的手段不就是劈拳嘛。一个用在鞭子上，一个用在手上，这个抽鞭子的技术里边含着内家拳的东西。二祖父交了这个朋友，在拳劲使用上有了很大的进步，这也得益于这位朋友关于赶大车技术的指点。

想要硬先得软。上学的孩子小时候调皮捣蛋的时候，把自己的毛巾蘸水，然后用毛巾的角抽人玩，小小的毛巾蘸上水能把人的胳膊抽得通红，这是因为手臂软，才能打出脆劲。这个脆劲能把毛巾角抖得“啪啪”直响。

其实这就是内家的劲力，这个力是软着用出来的。你咬牙跺脚全身肌肉绷得很紧，就打不出这个脆劲。正常人一紧张全身就僵硬，尤其上了战场，就发不出这个毛巾的脆劲，这就是为什么流氓经常打架却打不死人，《水浒传》中的高手出手就伤人的道理。

二祖父在一个会武功的车把式身上，找到了这个劈拳的窍要，我今天把这个故事讲出来，就是想阐明内家拳的通理。相马，是车把式的本事，看一眼马就知道它的脾气适合什么样的鞭子、多大力量的鞭子可以制服它，这是旧社会一个车把式吃饭生存的手段。

同样的道理，相人，就是武者的手段。看眼前的敌人一眼，就能判断这个敌人功夫的高低，他擅长什么，用多大的力道可以制服他，在旧社会这也是一个练武人必要的生存手段。尤其是在保镖、护院这样刀头舔血的工作中，这种眼力更是武人防身保命的手段。

相人比相马难。马在人类社会筋骨身架裸露，能直观地看到，人是穿衣服的，这就需要眼力，马的思维相对简单，可人心难测，因此相马比相人要简单。

父亲说过，作为一个武者，看人要有“相亲”的手段，看敌人要像看未过门的媳妇一样，一眼判定高下，这个需要自己认真地揣摩，细致地研究这里边的诀窍。功夫不负有心人，在一个诚心练武的人面前，这些是难不住他的。在古代，相亲只有一次、只有看一眼的机会，这个相亲就结束了，没有好眼力选了一个不可心的老婆，下半辈子日子就不好过了。

这还是不错的，还有个媳妇可以娶，总有人陪着你过下半辈子。如果在战场上，你看错了敌人，不能对敌人和周围的形势在 0.1 秒之内做出最正确的判断，你就有可能把命葬送在那里。在武功中你想有大的成就，这些都是你必须练到的东西。

开弓没有回头箭，既然我们走在练武的道路上，就要塌下心来去寻求武术中的真理。二祖父在一个练武的车把式身上，悟到了眼力、悟到了内家拳劲的使用奥妙，就是一个极好的例子。塌下心来，在诸君的周围也有许许多多能让你豁然贯通的事例，是我们的心不够柔软、不够精细、不能发现这些生活中赤裸裸的武学真理!

118. 胜英与李元霸

一口金刀压绿林，
甩头一子震乾坤。
三只金镖无敌手，
压盖武林第一人。

这是评书《三侠剑》中对主人公胜英胜子川的描述。这个甩头一子在评书中就是带着锁链的钢镖，这个东西是胜英防身保命的暗器，今天我们用它说内家拳的拳理。拳练会了，拳劲发出去，打到敌人身上，效果到底怎么样呢？这个需要实践来检验才知道。

内家拳的柔软相对其他拳种来说是有道理的，这里边有深邃的道理可说。如果让你一个不会练武功的人挑选一样兵器去打别人，要打得疼，要打外伤内，你会选择什么兵器呢？

许多人都会选择棍子，再不会练武功的人也会操起棍子耍几下，不过我告诉你，不会练武功的人用棍子打人，也就是个皮外伤，因为他打不出内家的功劲。我们给他一段棉绳，在棉绳一端拴上一个小秤砣，然后抡几圈打在别人身上会怎样？

那就会伤得很重，就会很痛，就会打了外边伤了筋骨。棍子和这个自制的小流星锤比起来，这个流星锤打在人身上造成的伤害比棍子要厉害得多。

其实这就是内家的功劲。因为有了软，才有了硬。如果把这段棉绳换成一根棍子、换成硬的，那么在普通人手里杀伤力就大大地降低了。这个小小的事情，蕴含着武学的大道理。

柔与刚组成的太极图，是内家永远不变的法则。在这个大法则的框架之内，看谁能领悟得透彻。内家拳其实没有多么神秘，内家拳的功劲其实也不难理解，一段棉绳一个小秤砣抡起来就可以找到这个劲力。

狮虎的前爪永远是不僵硬的，这个不僵硬的前爪才有威风。同样胜英的甩头一子的暗器，也是利用了棉绳的原理，一段钢制作的链条，拴上一支一斤沉的钢镖，和流星锤的道理近似，把前面的小秤砣换成了三棱钢镖，就更能增加这个暗器的杀伤力。这样的兵器，一个不会武功的人也能用出来。

说完了胜英，我们再说说李元霸。在评书野史中，这个隋唐演义中的李元霸是盖世的英雄，他是紫云真人的徒弟，传说李元霸的肋条不是一根一根的，而是“板肋”，我们剔除迷信的成分，人如果不是天生长成的这个样子，那么李元霸肯定练过易筋壮骨之类的功夫。

在前文我讲了一章叫《开肋之法》，人的肋骨健壮，在内家拳的练习中好处大了去了，我们先不提像李元霸一样成为当时天下第一高手，肋骨强壮以后，可以更好地保护我们的内脏。筋强骨壮是一个武者必须要达到的水平。

在评书的形容中，李元霸是个尖嘴猴腮的雷公脸，有些评书干脆就说他是雷公下凡。从这个评书的叙述中，说明发明这段评书的人是懂得武功的。武功高手不见得就非得膀大腰圆，不见得都像庙里的金刚一样。在身材瘦弱的习武人中，也有很多的高手，国术认的是“筋强骨壮”，而不是“膀大腰圆”，请诸君牢记这一点。

依现代人的眼光，身材最漂亮的要算健美冠军了，力气最大的要算举重冠军了，但是他们都不是搏击冠军的对手。国术练的是筋骨，筋强骨壮就可以了，胖不胖的倒是次要的，壮不壮是很重要的。

李元霸的金锤在评书中号称 800 斤，李元霸用这对金锤“锤震宇文成都”，打下了父王的锦绣江山。在这场战斗中，如果我们把李元霸的锤柄换成精钢锁链，让李元霸在手里抡上那么几圈，那么李元霸一锤下去，也许就不是把宇文成都打的吐血，而是一锤要了宇文成都的性命也未可知。

因为李元霸把 800 斤的链子锤抡起来，那打击力量就太可怕了，民间有个说法“一两贯一斤”，说的是一两重的东西，在重力加速度下能打出一斤的力量，是这个意思。

我从胜英讲到唐朝第一好汉李元霸，都是“引子”，绕来绕去的只不过想阐明内家劲力的一些基本道理。这些都是我叙述这个拳劲和拳理的方法，聪明的诸君早就明白了这里边的奥妙，这样讲解起来比较形象、比较生动、比较便于诸君的理解。

棍棒打人的力量再大也是有极限的，这是有上限的功夫。

用棉绳拴个秤砣抡起来打人，这个劲力是没有极限的。

内家拳练的就是流星锤抡起来的劲力，练的就是这种没有极限的力道，明白了这一点，你就明白了内家，你就走近了形意。

119. 五行合一进退连环拳

五行连环形意根，
一马三箭左右分。
鹰熊合演鼍形意，
狸猫上树倒翻身。

在河北派传承的形意拳中，这路五行合一进退连环拳是非常经典的套路，这路拳法比现在所见的市面上的连环拳要长，比我前文讲过的连环拳动作更加丰富，此拳重在以意在先、刚柔相济、意动神行，勤而时习之，方可驾驭也！

我详细地记叙一遍这路拳法，有些基础的诸君估计就能把这路拳法串接下来，慢慢地去领悟这路拳法中的窍要。

这路拳法的第一个式子是无极式，前文多次申明，这个无极式是和三体式并重的式子。形意拳往那一站就是功夫，自然站立、意正身直、松肩气下，双目自然平视。我家人在讲这个拳路的时候，总爱用一句话形容：要如松之挺拔，岳之不动！

有形有意才是形意！

此时两掌微微下按，气沉丹田。这个无极式乃调息调神之法。摄心之术不可小视，心平气和，想好了你在干什么，这时候才能行下一个拳式。口念经文心想佳人，如何能成正果？

双掌至身两侧缓缓向上托举至于头顶，然后双掌向下缓缓

落下至小腹前一寸处。这个动作要说说呼吸了。在双手下落之前，要吸气，小腹微微回收，在双臂开始下落的时候开始吐气，小腹微微外凸，手过了头，后腰就会有一个自然的下坠，随着这股下坠的力量慢慢下蹲，然后双手握拳放置于腹前，成一个白虎蹲穴的姿势。做这个动作，下颌微收，舌头要抵住上腭，卷舌气息沉降，具吼狮吞象之容。

紧撮谷道内中提，明月辉辉顶上飞。这个“内中提”，是形意内家千古不变的诀窍，少了这个不叫形意，也不叫内家。我今天的这个无极式已经讲得很透彻了。

然后调动眼神，看你打拳的方向。如果这个无极式与下蹲你是斜着做的，那么身体与打拳的方向还需要调整一下，这个就由你的眼神领着做。这个式子要注意你膝盖和胯的方向，在调整的时候，不能失去了这股内藏的拧劲。

这个无极和蹲穴我是放在一起讲的，这两个式子放在一起才能说明问题，五行合一进退连环拳的下边是出式，身体微微向左转，面对行拳的方向，右脚向前迈一步。落地时脚尖外撇，与此同时右手握拳从自身身体中线钻出，高不过眉，眼神随机远放，左手握拳护于腰侧、与腰部平。

第三个动作，是左手拳从身体中线、右拳肘窝旁钻出，同时左脚向前上一步，打出标准的左劈拳式。

聪明的诸君可以看出，这路五行合一进退连环拳从出式的这几个动作中，已经有了奥妙，这个钻拳多了一个外撇腿的步伐，这个步子在这个拳法里是大有奥妙的。

侧身拗步的外撇腿的跨步，对身体有异常的滋养效果，我只说这一句。形意拳里有万般妙法，不练也是枉然。希望诸君都能在这路拳里找到形意的真意。

在这里讲一个密中之密，这个方法是我家里的传授，今天我开诚布公地写成文字。在行无极式子之前，往拳场一站，我们就要动，这个动是内动，别人看不出来的，我不说你绝对想不到，动什么呢？

就是要动你的舌头，用你的舌尖在你的口腔中，上上下下地轻轻扫动几下，这时候你会发现，你的唾液分泌明显增加了，在道家中，这个叫“金精玉液”，这个液体略微有些香甜，这个不能吐掉，要缓缓地咽下去，“津液还丹”这是很重要的方面，道家对这个东西有很详尽的论述。

我只说它在打拳里的意义。这一口咽下去，然后用舌头抵住你的上腭，这样我们打拳的时候，你的口是永远不会干的，身体微妙了，打拳也就微妙了。

这个是真传的真传！

秘诀的秘诀！

我在文字版的书中和网络的所有论述中，还没发现讲这个的记载，也许我是第一个在文字中吐露这个秘密的人，这是我家的练法，说出来的目的就是可以让练拳的诸君能快一点成就自己的拳法。

当然你不按这个要求做也可以，或者别的支系的老师有其他的办法，成就你的武功，你就按你的老师的东西去练也是可以的，我写的这个东西，你就当作我的成人童话去看，保准没错的。在这个童话中，我其实讲述了很多的东西，有悟性以及有缘的诸君早就看懂了，至于看不懂的人就当个玩笑吧！

我一直以为，在网络上写了这么多的东西，洋洋万言总要物有所值，比如说我的文章50万字，一个人看完这本《话说形意拳门之真谛》也许花了整整三天的时间，那么全世界有1000万人读你的书，每个人都拿出了三天的时间，那是多少呢？

言之无物，浪费诸君的时间，本身就是犯罪，这个罪不可饶恕。古语云“一寸光阴一寸金，寸金难买寸光阴”，因此我在写东西的时候，每一章节不敢说字字珠玑，也必是前斟后酌言之有物，让诸君看完一章必有所获必有所得，才是我的真实用意。

不敢浪费读者的时间，只要诸君喜欢国术，你都能跟着凌霄一路看下去，我们一路同行。当你合上这本书的时候，我相信诸君会认同作者此言不虚也。

纸上得来终觉浅，

绝知此事要躬行。

如果诸君能放下书本站起来，加入到武术锻炼之中，野蛮其体魄，文明其精神，凌霄更是不胜之喜！

120. 白鹤大亮翅

五行合一进退连环拳下边的式子是进步右崩拳，这个右崩拳和前文说过的崩拳是一样的，要求打出整合之力，后手臂膀要夹紧肋骨，这样周身才能上下一体。

当年我练这样的连拳的时候，身体总是上下起伏，达不到练拳的要求，身体总是塌不住劲。在两棵树之间拴一根绳子，用这根绳子的高度来提醒自己，这个方法是父亲教我的。经过了一段时间的练习，就能把自己的坏毛病改掉。

在初练连环拳的时候，最好有师父和师兄弟在旁边，随时提示你，纠正拳中的动作，这样才能给一路新的拳法打好基础。如果练出了毛病，形成了习惯，再改可就难了。

练拳容易改拳难！

初学的时候，一定要打好基础，要有“张飞纫针”的劲头，形意拳是个精细的活计，粗心人是干不了这个的。许多人练了很长时间没有大的长进，就是初学没有打好基础、练拳不够精细造成的。

比如太极拳，老师教的时候架子很低，你当时做不到不要紧，一点点地去模仿，每天练低一些，终有一天能达到标准，许多人得过且过，练了 8 年还和初学一样，基本上是站着练习，这样不出功夫，永远也锻炼不到那些该锻炼的血脉，白耽误了时间，不如回家做些擦擦地板、干点家务活那种锻炼的好。

打完了并步的右崩拳，这时候右脚向后退一大步，脚尖外撇成 90° ，这时候左脚退到右脚的后方，与此同时打出左横拳。这个退步横拳在这路拳里叫“青龙出水”。

然后右脚向右前方开进一大步，左脚随之跟上半步，然后打出右手崩拳，这个崩拳要向右斜前方出拳。这个顺步崩拳与前两个动作也组成了进退三崩拳，只不过中间的一拳，改成了横拳而已。这第三个崩拳要打出黑虎出洞的气势。

下一个式子是“猛虎归洞”。把右拳右腿回收回来，两手抱肋、两腿并拢在身前，和前文讲过的“白虎蹲穴”是一样的。我在打这路拳的时候，打到这个地方有意地略微停顿一下，调整自己的身形和气息，然后再做下一个式子。

形意拳就是这样，如果这一个式子的呼吸没有均匀，身形没有调正，那么我们就停在这里，把这个式子当成一个桩法，慢慢地去调整，直到自己的身形和气息没有问题了，再练下一个拳式。

一招没有练好，绝不练下一式。有了精细的心，才能很快地提高自己的拳艺。在形意拳学练的时候，要做个有心人。

下边一个动作叫“白鹤大亮翅”，这个动作在这路拳中是一个经典动作。右脚再次向右前方迈一步，两掌握拳从小腹处沿身体中线上升到胸部附近，然后双拳向两侧分开，略低于头部、停在头部两边，两拳距离约一米远近。这时候两肘的肘尖要下垂，要打出沉坠的感觉。

如果说前边“猛虎归洞”的动作是“合”，那么这个接下来的“白鹤大亮翅”就是“开”，有开有合才是形意。在河北派的形意拳中，这个动作别具一格，许多进退连环拳这个动作都是用掌做的，只有这路拳白鹤大亮翅是两个拳头翻亮出来。

这样练习有什么好处呢?

这个还真不好说，我的理解就是握拳能更好地体会劲力。在前文讲过的进退连环拳里，这个白鹤亮翅主要是腰的拧转。在这路五行合一进退连环拳中，这个“白鹤大亮翅”更多的是开合之力，这个力与其说是“亮”，不如说是“掀”。

当年父亲讲这个“白鹤大亮翅”的时候，用河北农村烧的大灶来讲解。在河北的农村中，家家户户用的锅都很大，这个锅是不用现在的煤气的，而是烧柴禾。锅盖的直径大约有一米，木质的锅盖是很沉重的。

在饭熟了的一刹那，因为下面的灶膛里还烧着火，大大的锅里会有很多的水蒸汽，为了避免烫伤，掀开锅盖的时候就要使一点力气，这个快速的一“掀”，就合上了白鹤大亮翅的意。

两只手握住两个锅盖，猛地把锅盖掀起来，然后向身体的两侧抛扔出去，这个力道就是“白鹤大亮翅”。

在五行合一进退连环拳中，这个“白鹤大亮翅”是个习练的难点，道理我都讲明白了，我搜尽枯肠也找不到再合适的形容词句了。剩下的就是练了，多从拳里去找，多重复这个式子，从量变到质变，你做一次和做第一万次的感觉会截然不同的。

当年家中的长辈关于这个式子只留下了 12 个字：“软中带硬、刚柔相济、意动神行。”今天我把这 12 个字原封不动地打成了文字，留待有缘人去探寻这个式子中的奥秘。

“白鹤展翅”这四个字给人的感觉就是比较慢，展翅翱翔嘛！白鹤在公园等着游园的人给它拍照，慢慢地摆了个“泡丝”，这是字面的意思给人的感觉。

那么“白鹤亮翅”在速度上给人的感觉就要快得多，

“亮”的反义词是“灭”“一亮一灭”能有多大的功夫呢?

这个白鹤大亮翅怎么形容好呢?

没有合适的词，我就自编一个。我们有个词语叫“闪展腾挪”，我就取前两个字“闪展”，白鹤的翅膀闪电般地展开，然后闪电般地回收。这个“白鹤大亮翅”要做得比进退连环拳中的“白鹤亮翅”快一些，这样才能合上“闪展”的拳意。

还有前几年比较流行的一句广告词：谁用谁闪亮！这里“闪亮”两个字很好，能合上白鹤大亮翅的拳意。在形意拳中这个“白鹤大亮翅”的动作是要快的，但是这个动作比起其他拳种的快动作，还是要慢一些的，诸君要从两个方面去把控行拳的速度。

该讲的我都讲了，该说的也都说了，剩下的即是诸君在不断的练习中，不断地去体会这个式子的含义。我没有在这里说攻防的意义，还是先把拳练好为上策。有了正确的姿势，加上无限的重复，早晚有一天能找到拳中的真谛。

121. 步与履的故事

练形意拳穿什么样的鞋子最好呢?

首推布鞋，球鞋次之，旅游鞋更次之，皮鞋效果最差，这里边是有道理可讲的。

在布鞋中最好的布鞋是手工缝制的。在北方农村的家里，缝制这样的布鞋是没有一点化学的东西在里边的。首先选择棉布，把这些棉布刷上用面粉打成的糨糊，然后把棉布一层一层地粘合起来，加工成鞋底的样子，然后用锥子扎眼，用粗线一点点地连起来，这个工序就叫“纳鞋底”。

这样缝制起来的布鞋，实际上是布底布面的，这样的鞋子穿着最舒服，布鞋具有养脚排汗的功能，这个功能是别的鞋子代替不了的，现在我的脚下，穿的就是这样一双布鞋，这种鞋子叫作“千层底”。

李小龙在电影中穿的那种圆口的布鞋，在北方京津一带被称为“洒鞋”，“洒鞋白袜”在晚清民国时代是最讲究的穿戴，这个在老电影中，甚至在香港电影中都能找到它的踪迹。

用布粘合成的鞋底不打滑，稍微有一点弹性，足弓可以在鞋中很舒服地活动，在打拳的时候，能比较容易地找到脚下的劲力。现代人对布鞋进行了改良，采用轮胎底，使鞋底更加的耐磨，且有一定的耐水性。当年有很多兵工厂生产这种布鞋，这种布鞋京津一带叫“军跑”，也是不错的选择，这个布鞋的造价很低，如今也就是十几块钱。

个人以为，穿着这样的鞋子打拳是最舒服的，能很好地体会脚下的力道。形意拳说到家是脚下的功夫，既然是脚下的功夫，就不能不说说鞋和袜子。一双舒适的棉袜和一双布鞋，其实是脚最佳的搭配。

老师傅们讲这个人形意拳练出了功夫，指的是什么呢?

其实就是指你找到了脚下的劲道。通过三体式、槐虫步、还有招式的全身的磨炼，磨砖对缝，筋骨合槽，使自己全身上下内外的骨骼和器官重新搭配定位，达到武者的基本要求。全身都变化了，腰胯肯定含在其中。形意拳从某种程度上说，练的是脚底板的灵敏。

在形意拳中，这个脚丫其实是比脸还重要的东西。坦克的履带其实比炮管要有用，没有炮管的坦克就算打不过人家还可以跑，但是没有履带的坦克就是一堆废铁了。我父亲有关于形意脚下的独到的见解，父亲说形意拳脚上的功夫只有四个字“问道于盲”。这个词的解释其实和书本是不一样的。

在大城市中，许多重要的街道都铺设了“盲道”，为盲人的出行提供了方便。这些盲人就靠手中的一根棍子和自己的脚，就能感应脚下的盲道，这样就可以不用人搀扶走在路上。他手中的这根竹竿和脚下的灵敏度是我们比不了的。

正常人是有眼睛的，但是正常人过度地使用了眼睛，就会造成身体其他“感觉”“觉知”功能的退化，武人就要弥补这个退化，锻炼这个人体感知功能。“问道于盲”这里边是大有道理可讲的，换句话说，这里边有“道”，有“武道”。

在街面上父亲指着走路的盲人说：“如果你的形意枪能像盲人使用探路的竹竿一样灵敏，那你的枪法就成就了；如果你的脚下，能像一个盲人的脚一样感觉灵敏，那么你的形意拳就成就了。”

这就是父亲说“问道于盲”的真实含义。

这句话太过深邃，直到今天我还在想方设法地加深对这句话的理解，这个理解对形意拳是有大好处的。前文有个章节《夜练形意》，其实就是这个方法的使用和延伸，就是“问道于盲”的最好注解。有了脚下的灵敏，才能练就形意拳中细腻的功夫，功夫才能一点点地进步。

球鞋的鞋底稍微有点弹性，会抵消一些脚下的力道，在练拳时候的感觉比布鞋稍微差了一点点。现在流行的旅游鞋，打拳就比较差了，鞋底的弹性很乱，不管多贵的旅游鞋，不管它吹多么有透气性，你在外边工作了一天，回家脱了鞋子，你老婆会让你赶紧去洗脚，那个味道很难闻，不管你多注意刷鞋换袜子也没用的。你穿布鞋的时候，脚下绝对不会发出这么难闻的味道，不是你的脚换了，而是你的鞋子换了造成的。

皮鞋就不用说了，鞋底鞋面都不透气，现代人穿着它只有美观一个词还能自圆其说，尤其是女士的高跟鞋，长期穿着会影响身体的健康。从形意拳的角度上讲，你走路脚掌根本不沾地啊，时间长了不伤身体才怪！

现代男女仿佛没有一双高跟皮鞋就活不下去了，这是今人的浅薄，我教你一个方法，从现在开始练形意拳，一年以后我保证你的“回头率”比穿高跟鞋还高！

古代有个词“富贵荣华”，富贵是外在的，这个“荣华”呢？

其实在内家拳中说的是“荣华五脏”，内家拳是练内的，练的就是“荣华五脏”“荣华全身”的功夫。在明师的指导

下，如果你能练一年，首先精气神充足，那个神采飞扬这个词是这么来的，你走在大街上保证你的回头率大大提升，谁不爱看精气神足神采飞扬的人呢?

练形意拳改变你的气质，改变你的内在，五脏都强韧了，自然内在就变了，你会发现眼前的世界跟昨天有很大的不同，多了很多东西，也许那时候你才能找到真正的自己！

122. 易容与化妆

养脚排汗比擦胭脂抹粉要重要得多，养脚就是养人的，过度地粉饰自己是害人的。现代社会许多五尺男儿也加入了化妆的行列，贴面膜、做护理，仿佛不这样就不是一个现代青年，加上影视剧对不男不女的形象做了很多不应该的负面宣传，给社会造成了很不好的影响。这个章节就单论这个易容与化妆。

这里边也有养生的道理在其中，不是忽悠，是确有其事，如果你没有一个正确的生活态度，一天练 24 小时也没有用，只是徒耗了自己的精气神而已。

现在的年轻人为了所谓的时髦，付出了健康作为代价，甚至敢用半条命去搏，已经到了令人发指的地步。切割眼皮、隆胸、做大手术、拉皮、拍黄瓜，什么都敢做，你做完了这些，回头率高了没有，找到了称心如意的郎君或者娘子没有？

外在有了变化，内在却没有调整，内外不统一的人是没有魅力可言的。尤其是在武者眼里，这些根本就没有什么漂亮可言。因为武者是看你的精气神，看你的神采就知道你的健康状况，这些是擦胭脂抹粉弄的再厚也无法掩饰的。

我们把现在美女用的化妆品倒进水桶，然后放上一大桶水，我们扔几条金鱼进去，看看金鱼能不能活下来，我估计百分百会死翘翘，这样的东西现在我们拿起来就往脸上抹。脸上的细胞其实是比金鱼还要娇嫩的。

我就说这个意思，许多佛道两家的修行者是不用这个东西的。我听说许多高僧是用盐的，他们认为现代人用的香皂很多都含有动物的油脂，因为加了化学成分，闻起来是香的，其实内里是臭的，不信的话你家里存一堆肉骨头试试？许多高僧用盐是很有道理的，大海的水含盐量很大，海中的鱼儿照样可以存活，这是很有道理的。

在一个练武的人看来，现代人许多事情过分了。上帝他老人家把你生成这个样子，肯定有他老人家的道理。佛家认为人的几大苦其中就有“求不得”苦，我想干什么干不成我就苦恼。“爱美之心人皆有之”，是没错，但不能过分，为了美貌动十七八个手术，豁出半条命去追求这个东西，本身就是违背人的天性、违背自然的事情。

许多事情就是改变了也未必是好事，你易容成功变成了美女，回头率高了是好事，但是大街上的流氓看你的概率也高了，你被劫财劫色的可能性也提高了，我说得没错吧？

“破镜重圆”只是人类美好的想象，不信你摔个镜子试试，你永远粘不成原来的样子。整容手术的水平再先进，也不如不做，因为会伤了元气。元气这个东西看不见摸不着，但是它确实是存在的。

现代的人不是想美容，而是想整容易容，最后的结果是毁容，你执着地追求这些，最后的结果就是体无完肤，事实会像一柄铁锥，砸碎你所有的梦想。为了身材美丽动人，许多女子去做大手术，在身体里填充大量硅胶和各种化学物质。它的广告再吹得天花乱坠我也不会相信的，一片硅胶软软的化学塑料似的东西塞在身体内部会没有伤害？按照这个混蛋逻辑，人都能被改装成变形金刚，不会有伤害的不是吗？

我们再回过头来看看那些好莱坞的大片，《机械战警》

《绿巨人》《人猿泰山》《超人》，还有现在流行的《蜘蛛侠》，这是典型的西方思维，人想变得强大，都是靠外在的因素，比如蜘蛛侠，就是被一只蜘蛛蜇了以后，才产生了神奇的力量。用佛教的观点，那是向外求了，在修行上是走错了路。

其实人真正强大的是内心。这就比如我们的“武圣关羽”，关老爷总是夜读春秋，内心强大的武圣人，才是真正的武圣，吕布也许可以打败关羽，但永远无法征服关羽，强大的心是关羽成为武圣最终的依靠，什么向外求都是假的。这也是国术和洋术最大的区别。

想变得漂亮和美丽，不用做手术，也不用把化妆品像摊煎饼一样厚厚地贴在脸上，只要练习国术就好。只要你练习，你就会获得美丽和快乐，这个美丽会伴随你今生今世。在现今的世界中，你会找到心灵的平静，那种久违的宁静会愉悦你的身心、滋养你的五脏。

我们每一个人其实就是一块生理电池，从生到死就是一个不断耗电的过程。众所周知练武的人身体好，身体好的人五脏就好，说白了他的身体这块电池价值 100 块人民币，我们身上这块电池是两毛钱一节的，当你和他站在一起的时候，你发现大家都看这个练武的人却忽略了你，你长得再漂亮也没有用。

那是因为练武人身上的电池是 100 块钱的，他发出的磁场强。当练武的人出现的时候，就会自然地聚拢大家的目光。你整容把自己整得很漂亮，但是你这个两毛钱一节的电池电量没有改变，你还是你，吸引力也就是磁场一点没有增加，其实什么都不会改变的。

练武就是改变你电池电量的方法，就是改变你自身磁场和吸引力的方法，因为五脏强大了，你到了 80 岁腰也不弯、背也不驼，耳不聋、眼不花，说话声若洪钟，这才是人永恒的美。

奉劝诸君，我的书你能看到今天，跟着我一章一章地走过来，我们就应该是有缘分的。爱美没有错误，但不能过分，不能为了贪图一时的美貌，毁了父母留给我们的最宝贵的身体，那是无价之宝。那是你今生成仙成佛的依仗，不能轻易地毁了它。

比如你找一个中医看病，中医给你开中药调你的肾脏，你告诉中医大夫，我的肾脏早就摘除了，那中医大夫怎么给你治疗呢？他给你调什么呢？

一个女孩子身体填充了大量的硅胶，去练习内家拳，你身体充满了工程塑料似的东西，那练习起来会是什么结果呢？我真的不知道。你发力的时候会不会把这些硅胶弄坏啊！这些事情实在是想想都觉得可怕。

我写的这个章节只是想告诉你，整容、易容、包括过度使用化妆品都是伤害人体健康的，你的皮肤会中毒，会阻塞你的毛孔，这些事情你做得过分都是有百害而无一利的。在内家拳练习的过程中，你该慢慢地把它看得很淡，诸君去看看找找那些百八十岁老拳师的照片，去看看那些明师真正的精气神，其实那才是人永恒的美。

人体这块电池有百分之八十是大脑消耗掉的，佛家要“六根清净”，道家要“无为自然”，其实也是避免人体这块电池不必要的消耗。一个练武的人，正确的练拳就是给自己这块电池充电，十丈红尘世事难言，慢慢地学会了看淡，学会了放下，慢慢地学着降低自己这块人体电池的消耗，慢慢地积攒自己的能量，早晚有一天你会发现崭新的自己，对着镜子你会觉得欣喜。

君子有所不为有所必为，明理的下一步就是身体力行，真的站起来，走进国术的世界，塑造崭新的自己，若干年以后，你会为了今天的选择而自豪。

泰森很可惜，世界拳王为了一个女人入狱六年，身败名裂，功夫不能和品德同步成长的结果就是毁灭。洋术都是技术，它只教你杀人放火的技术，做一个刽子手的技术而已。国术、只有国术、只有那些国术的老拳师们苦口婆心地告诫你：要练拳先做人，先正你的心，武德第一、技术是小节……

国术、只有国术，才教你怎么给你身体那块电池充电，怎么让你的生命之路走得更远，流星的光芒是以牺牲自己的能量为代价的，为什么现代科学手段训练出来的运动员 20 多岁就退役了，因为他身体这块电池已经消耗得差不多了，所谓的科学训练就是大量地耗电而已。

为什么形意拳门的高手 60 多岁还能上台打擂呢?

雄鸡一唱天下白!

同胞们，该觉醒了!

123. 猛虎蹲穴

在老拳谱里，猛虎蹲穴是个抱元守一的式子，有的拳谱也称为“白虎蹲穴”，一直都没有详尽地讲解一下这个猛虎蹲穴的动作。这个式子也是五行合一进退连环拳白鹤大亮翅之后的动作，从这路拳里，这个猛虎蹲穴会多次出现，正好在这路拳里把这个式子拿出来单独讲解一下。

首先从这个两脚并拢下蹲，双拳迭扣在小腹，抱元守一的动作中，你会发现这个式子很有奥妙，甚至可以拿出来作为一个独立的桩法去站。这个式子和劈拳的开式不同，劈拳开式的动作虽然也是下蹲，但双手是在腰侧分开的，而不是像猛虎蹲穴双手在小腹前迭扣，因此可以说各有各的奥妙。

首先说这个蹲姿。往下一蹲就是功夫，因为膝盖不能过脚尖，这样才能更好地体会脊椎的力量。往下一蹲重心就开始变化，蹲到位的时候已经后移完成。这个式子如果不用文字把它写出来，只是看着别人做，很难悟到其中的奥妙。

两腿夹紧相助为友，只有两腿夹紧才能体会一身的整劲，这个劲叫“夹提”，不只是要夹还要内提。紧撮谷道内中提，是内家形意永远的诀窍。

坐腰敛臀后背的脊椎就能成一条直线，这时候头要向上顶，这个上顶不是脑袋整个望上拔，而是后脖梗子使劲使头顶起来，却不能影响下颌的微收。如果你的脖子像电梯一样整体

上升，那么咽喉就会紧张，会影响你的正常呼吸。

这样后脖梗子使劲，大椎穴附近会有一股较为明显的撑拔感，此处一得力，浑身处处得力也。盖因头为舵，一身六阳支柱，它舒服了，位置摆对了，全身就舒服了。

头向上一顶，马上在你身上一个副作用就会显现，那就是沉肩。这是很自然的，不信的话你可以当场试验。其实这个沉肩是头顶的副作用，你单做沉肩是无论如何也不会做到位的，先做这个头顶，这个头顶的力一出，沉肩马上就显现出来了。真正的明师他是知道这里边的关系的，一个明师只要强调头顶就够了，他知道你脑袋对了肩膀就对了。

顶头竖项、腰脊正直、宽胸实腹、坐腰敛臀、沉肩坠肘……在猛虎蹲穴一个姿势中，就含着形意拳所有的要求和说道。一个明师他只会纠正你最重要的几点，这几个大点做对了，其他的就好办了，就这几句提点你的话万金不换。

在前些年，一个徒弟坐火车再换乘汽车去师父家，千里迢迢地赶到，其实就是为了这几句话而已。每个人的身体素质都不一样，每个人练拳都有不同的毛病和缺点，一个明师的眼光看这些洞若观火，一句话比你傻练三个月都强，这才是徒弟不惜千里迢迢往老师家跑的真正原因。

这个猛虎蹲穴的拳式，有耐心的诸君就把它当成一个定桩，认真地去站些日子，我保证你能在里边找到很多东西。对着家里的镜子一点点地纠正自己的拳架，形意是精细拳，越精细越好，越细致越高，这个细致决定了你今后的成就，万不可小视。

猛虎蹲在洞口干什么？

说完了架势该说说心理状态了。猛虎是百兽之王，今天这个百兽之王被欺负到家门口来了，猛虎蹲伏在洞口，从拳里说

一定是嗅到了危险的气息，敌人已经打到了大门口，猛虎蹲穴不是站在大街看美女，而是发现了危险蓄势一击，这个拳意不能丢。形意拳门的老祖宗起个拳式的名称是大有深意的。

这个拳意灌在脑子里，下一个右步的炮拳才能打出味道。力如火药拳似弹，灵机一动鸟飞难。猛虎归洞蹲伏在洞口积蓄了胯力，炮拳的劲力在胯，把心眼全用在手上就错了，脚下要撵出力道才是真正的炮拳。槐虫行路身形一紧一松，其实万变都孕育其中，肉虫虽小却混含天地的灵机，练形意拳要从小虫身上去感知天地的机巧，如此才是形意。

君只见黄河之水天上来，奔流到海不复回的惊天气势，却不见小虫“破茧成蝶”的真实含义。一个小小的虫子，用蚕茧将自己秘密地包裹起来，经过数日之功“破茧成蝶”，展现了小虫一生最伟大的变化，从此翱翔于天地之间，所谓“灵机往往出自孕育”。

佛道两家的高僧高道，也是采用这个方法。找一个山洞或者房间封闭自己，在黑暗中去探求天地间的至真之理，有朝一日破关而出，此乃“面壁十年求破壁”，灵机也往往出自黑暗中的孕育与激发。此与小虫之“破茧成蝶”何异也？

是人学虫乎？虫学人乎？

形意拳练之弥久，当知此中有大道理也。体之悟之，武中之道即在眼前也！

124. 炮枪之术

在五行合一进退连环拳中，“猛虎蹲穴”的下一个动作是炮拳，接下来就是单展翅的动作，这两个动作在前文的连环拳中已经说过，在这个章节中，我们就用大枪来彻底破译这个式子蕴含的奥妙。形意拳本身就是“枪拳”，拳中的一切道理和技术，都能用枪法来矫正，这是形意拳的根。

在形意拳中你学会了炮拳，就应该学会了炮枪，用炮拳的姿势擎着手中的大枪，其实这个定势就是炮枪的姿势。在形意拳门中，大枪是不露后把的，你的后手要牢牢地握住大枪的末端。按照右炮枪来说，右手握住枪把的末端，左手握住枪身，然后上右步，让大枪在身前划弧，然后向右下方拨出，后把高枪尖低，这个就是炮枪了。

在对扎枪中，敌人一个下扎枪直奔你的下半身而来，这时候右脚上步，左手持枪划弧线，走出右炮枪的架子，把敌人的长枪拨挡出去。一个练枪的高手，白蜡杆的枪身在手里就像灵蛇一般，他会有效地利用白蜡杆在加力抖动时候的震颤。一个抖枪的高手，手里有一杆好枪，那么枪尖的左右抖动能达到一米，这个震颤之力是真正的内劲，可以把敌人的枪杆磕出很远。

炮枪得手之后必有一刺，此时敌人的枪已经被荡出很远，远离原来进攻的线路，那么这时候最好的办法就是在炮枪的姿势下下扎一枪，一枪直扎敌人的下三路。这个姿势很简单，在炮枪的姿势下前手不变，紧握枪把的后手一拧，这一个下扎枪就刺出去了，这个动作是紧接着炮枪用出来的。

回到拳里，这个下扎枪就是炮拳最猛烈的后手。

在现在各个支系的传承中，这个属于密中之密，轻易是没有人吐露的，我在这也只是开个头而已。形意拳本是枪拳，从枪演化为拳，还是有一些变化在其中。这个炮拳的后手，我们就暂时理解为“单展翅”这个动作就行了。这个动作是炮拳生化出来的，没有炮拳在先，这个单展翅没有意义，有了这个炮拳或者说炮枪，这个单展翅就有了存在的必要。

这个单展翅是炮枪的后手，但不是绝对的后手。在大枪之中，这个动作是用炮枪荡开敌人的下扎枪之后，然后“推把直进”的动作，就是用大枪的后把去攻击敌人。这个力就巧妙了，既可以从上往下盖压，也可以从侧面推枪把直接打击敌人，这个主要看对敌的形式和形态。敌人适合哪个就用哪个，这个就是单展翅的变化。

炮枪需要一段时间的练习，才能掌握这个诀窍，玩大枪有了感觉，打拳就有了感觉，枪拳是一体的事情。如今许多练拳的人，炮拳打得挺好看也挺漂亮，但是这个后手太死板了，将后手向上一举就完了，没有灵动的意，那是没摸过枪造成的。在枪法里、在战场上，这个炮枪不是摆造型的动作，是实实在在的实战枪法的招式，久练自能得之。

炮枪一出就能清晰地看到枪尖的震颤，这个双手的合力就放到枪尖上去了。现代人练的枪在枪尖中放了钢珠，劲力到了枪尖，钢珠自然会发出响动，有经验的老拳师从这个钢珠发出的声音就能判断出这个炮枪的劲力，知道这个枪劲的整合程度。大枪一举功力即知，这是瞒不住人的。久而久之这个枪意

带进了拳中，打拳的拳意就放远了，就不会局限在拳头上了。

在初学驾驶汽车的人群中有一个通病，就是开车练车的时候，自己的视线放得不够远，总是局限在眼前，总是用骑自行车的眼光来驾驶汽车，这是初学驾驶的通病。其实初练形意拳也是如此，眼光和心力不能远放，这样打拳的时候，明眼的老师傅一看，打拳好像全身筋不够长，总是蜷缩伸展不开，这就是眼光和心力不能远放所致。这个和初学驾驶的道理是一样的。

练驾驶的时候，你觉得你的眼光够用了，在教练员的眼里其实还差得远，只有有灵性的学员才能较快地掌握这个眼神的奥妙。在打拳的时候也是如此，眼神放得远，不只是打拳会提高，同样在拳里你也找到了自己在这块场地的空间定位，这是很重要的。练拳要有空间感，要练出空间感。

王羲之的《兰亭序》，每一个字的每一笔都在这张纸的最佳位置，其实这就是空间感。打拳也是如此，每出一拳一脚都在打拳的这个空间的最佳位置，这才是练拳，这才是练形意拳啊！这种感觉需要你长久的习练才能获得。

古代的名将就是把战阵中敌我双方的位置都纳入了自己打拳的空间，都算在自己的空间内，在这个空间中指挥千军万马才有胜利的希望，话说穿了就没意思了，“心有多大这个世界就有多大”，练的就是你的容纳能力。

“韩信带兵多多益善！”那是韩信大将的空间感超越一般的战将，那是练出来的。一个连长指挥百八十个人脑子就乱了，因为他的眼光和脑力局限着自己，比如韩信指挥 100 万军队，这 100 万军队每天吃多少粮食？睡多少帐篷？怎么安营扎寨？每天怎么训练？打仗的时候怎么联络？各个兵种之间怎么搭配？只有韩大将军超出一般将领的脑力和眼光才能游刃有余，

换个连长去，这个连长得被下属问的自杀，不是说笑，只有脑力和眼光够用的人才能干大事情。

净口、修身、齐家、治国、平天下，需要你的脑力和眼光一点点的练出来，一点点的放大才行，如今的人们家里几口人，几十个亲戚，百八十个朋友，手机电话薄上不超过500人，就这么点事情，经常被搞得焦头烂额火冒三丈，轻易看不见他的笑容，那是脑力和眼光浅造成的，这个在拳里都是可以练出来的。

练成以后呢？也有个形容词，形容这个人有海样的心胸、能做大事，这个词就叫“气吞天下”。

一上一上又一上，
一上上到高山上。
到了高山望平川，
万里江山都在望。

练拳就是这样，翻过一座山又是一道岭，翻山越岭百折不挠，早晚有一天站到山顶。那时候你整个人的心胸都会大不相同，世界在你的眼里是另一个样子。开始练拳吧！

125. 鹰熊合战枪

在五行合一进退连环拳中，右炮拳、单展翅、退步鹰捉这几个式子是连贯而出的，在单展翅的下边就是退步鹰捉。在前文单讲的鹰熊式子中，这个鹰捉已经说了很多了，但在这路拳里，我要强调一下这个退步鹰捉的步伐。

退步的时候，左脚要发力，这样在退右步的时候，才能退得沉稳，才能打出退步鹰捉的威力。这个退步鹰捉退步后，就是个标准的左劈拳，这样说初学的诸君就明白了，我是说退步以后的定势，当然鹰捉有鹰捉的巧妙。

拳里的退步鹰捉，拿起大枪练习就是退步鹰形枪。敌长枪下刺，我用右炮枪拨拦，然后用枪把盖压敌枪，这时候后把在前，枪尖在后，然后顺势扭腰退右足，左手枪尖划弧从上劈下，如再借势上刺，我家就叫“鹰熊合战枪”。

这个退步鹰形的枪法在实战之中也可以改成上步，这些都是可以变的，唯一不变的是劲力。鹰形枪和形意五行的劈枪还是有区别的，这个内里的区别主要在劲力。劈拳其实和鹰捉也不是一回事，细微之处要在练拳之中细细地体悟才是，明眼的老师傅一眼就可以看出在枪尖抖颤之时的劲力的微妙差别。如果劈拳能代替鹰捉，那么在多少年前，形意拳门的老祖宗们早就把它们合并了，不会留到今天。

看懂了上述的枪意，再回到五行合一进退连环拳中，慢慢地联系这几个式子，诸君当会有新的理解与发现。猛虎蹲穴之后，是个右炮拳，然后是退步单展翅，打完了单展翅马上就是退步鹰捉。这几个动作要联系在一起去玩味，如果拿出一个来单讲，那就和前文说的单式没有什么区别了，关键是要弄懂大枪的这几下用法，才能纠正自己的拳路，把自己的拳练得精妙。

在书法中，练字是练字，写文章是写文章。练字与写文章不同，练字是要在固定的格子里，找准每一笔划的位置，这样才能把单个的字练好。在宣纸上你写一首古诗，抄写一段经书，就不是写单个字的法则了，你要考虑这一段文字落在宣纸上的搭配，每段文字，都要在宣纸中找到自己的最佳位置，这就是老拳师们说的“打拳要有章法”。其实文武趋同，在这上面都是一个道理。

形意拳必须要有套路，必须要有拳路，有了这些才能有章有法，才能练出东西。就像拳击也要有组合拳一样，单练笔划，也就是单练单式，脑子里会缺东西，武功不会有大的成就。这就像在宣纸上写一个字和写一大段文章是两回事，二者根本就不在一个水平上。

得到的最佳方法是放下！

重新格式化一下你的大脑，把你的大脑重新分配，然后再做个计算机上的“碎片整理”，整理你的思绪，把练拳放到重要的位置上，这样你的心才会沉静，才有空间容纳新的东西，才有余地去思考。武功是脑力和体力并重的产物，只有这样才能达到练拳的效果。

乾坤浩大，

日月照鉴分明。

宇宙宽宏，
天地不容奸党。
使心用术，
果报只在今生。
善布浅求，
获福休言后世。
千般巧计，
不如本分为人。
万种强徒，
怎似随缘节俭。
心行慈善，
何须努力看经。
意欲损人，
空读如来一藏。
……

这是四大名著之一《西游记》中的一段话，这些话其实也暗合打拳“正意”之说，今小作记叙，与诸君共勉。

其实形意三体之苦，一句话就能说得明白，克服自己血脉中的难耐，脑中只有两个字足矣，那就是“顶住”！

古人总说一句话“像不像三分样”，其实打拳也是如此。文道武功正意为先，腾空了大脑，才能学进去拳理，身体力行早晚有一天大彻大悟，在此之前，就看你的毅力与灵性了。拜在菩提祖师的门下，也得看你有没有孙悟空的悟性才行。

老拳师们其实都深知这一点，你后天的东西退化了，先天的东西就会站出来补充，现代人无肉不欢，烟酒不忌，酒色财气均沾，这些人晚上躺下睡不着，反观小孩子饿了就吃躺下就睡，大人反而不如孩子洒脱，这就是后天养成的恶习造成的。

小孩子生下来吃奶，他们舌头上的味蕾不像大人这么发达，大人的味蕾是不断的饮食刺激后长出来的。古话说“越呆越懒，越吃越馋”，这句话是恒古不变的真理。拳练进去了，你会改掉身上的很多毛病，这样身体才能慢慢地健康，越健康的人越会喜欢练拳。云深祖师深陷牢狱，也没有放下拳法。这是真正滋养你身体的东西，得到了要知道去珍惜，本章言尽于此吧！

126. 双龙出水

在五行合一进退连环拳中，下边的式子是“双龙出水”，其实就是鼍龙浮水二式组合而成，在这个拳中被称为“双龙出水”式子。在进退连环拳中有个进步鼍横，其实也是个鼍龙式子，在五行合一进退连环拳中，就变成了双龙出水。单练的鼍形放到了整个拳路里，还是有必要把一些要点强调出来。

这个用鼍龙剑表述最为奥妙。

十二形有拳法也有剑法，十二形拳和十二形剑相对应，形意拳有什么拳就有什么兵刃。从兵刃反过来去找自己拳中的不足，是提高拳艺至快至真的方法。这个双龙出水就是两个鼍形连在一起，关于这个鼍龙之式前文已经在十二形象中有所涉及，重复的东西我们就不去说它了，初学的诸君一定要记得，这个鼍龙分水的式子，“不是从左转到右的，是从左变化到右”。

如果初学的诸君还不能随上述的这句话有所领悟，也没关系，先记住这句话，然后在练拳中再慢慢地去体会。当年我练习这个五行合一进退连环拳的时候，这个双龙出水也是练了很长时间才找到点感觉。

十二形象放在拳中就有了新的含义，最起码有一个“承上启下”的作用，这个拳式老祖宗为什么要加到这个地方，加在这里有什么作用？这些需要你如老牛反刍，反反复复地品咂拳

中的滋味。

当年在这个拳的练习中，我忽略了重要的一点，总是把自己的注意力放在双臂的“拨化”中。那时候我觉得在拳诀中最重要的是“两臂拨化在腰功”，总是试图在腰与手的搭配中去找这个“双龙出水”的奥妙。其实双龙出水的神妙并不在这里。

翻江倒海胜蛟龙，
两臂拨转在腰功。
浮水轻游曲折进，
两手连环胯须冲。

在这个拳诀中，我如今以为最为重要的是第三句，“浮水轻游曲折进”。因为鼍龙乃龙生九子之一，鼍龙戏水最大的奥妙不是“浮”字。当年父亲讲过这个鼍龙，鼍龙最大的奥妙是在水中如意的升降，好似今天的潜水艇一般，这是鼍龙和水中的鱼类最大的区别。

“鲤鱼跳龙门”是头领身，然后用摆尾的力量腾空飞跃而起。鼍龙不是这样，鼍龙在水中是直升直降的，浮出水面的时候，肩背也同时在水中冒出，可谓之形体如山，因为鼍龙从水面上看，就像一座山突然从水中冒出来一样，这是鼍龙擅“浮”的本意。

两臂的拨化和分水都在这个冒出水面的前提下起作用。这样一说，就能帮助诸君很快地找到这个“双龙出水”的切入点。

双龙出水是两个鼍龙形迭加在一起，两臂要拨转四次，可疾可缓，这个就不能硬性规定了，主要看你在“双龙出水”这个式子中的体悟，快有快的节奏，慢有慢的方法。

“浮”的对应词是“沉”。应该说鼍龙是水中最擅于沉浮的动物，鼍龙的一切神威，翻江倒海也好、胯打七星也罢，都是在这个沉浮之力中展现。“水中浮沉”最为能也，把这个拳意带进鼍龙式中，这个拳就活了，久加习练，“鼍龙浮水”的意就出来了，久练自生肘打。要真正地了解这个鼍龙式的奥秘，还要从形意剑说起。鼍龙剑在形意拳中有单练的剑法，今天就述说这个鼍龙剑法。

右手持剑而立，面对练剑的方向，然后右手剑从身后划弧向前劈出，做一个左步劈剑式，左手剑指放在右腕部。然后剑尖向后在身右侧划弧，把剑竖立在右胯部，剑指依旧只在右手腕上。这时候左脚成虚步点地。此时右胯部的剑从身侧向前撩起向上，然后剑尖绕过自己的左肩膀后向下、向前方撩出，与此同时左脚向前上一大步，右脚紧跟上一步虚点在地。这就是鼍龙剑。这个剑要停在身体前方，剑尖的高度不能高于胸膛。

后边的文章再细细地讲解形意剑，在这说的就是个剑意而已。这个鼍龙剑其实就是进步左右撩剑，剑在身体左右两侧划“立圆”，然后身体跟进，这个剑式和十二形中的鼍形是不一样的。鼍形和“双龙出水”在形意拳中走的是“平圆”，两臂拨化曲折前进，到了形意剑中这个圆就变成了“立圆”。

练形意拳不能“空”，要练兵刃。打拳和持兵刃不是一回事。形意剑中的鼍龙剑，如果你能练习一段时间，我保证在练“双龙出水”、在练十二形中单练的鼍形的时候，你的感觉会不一样，你会觉得脑袋里多了东西。

这个鼍龙乃龙生九子之一。如今这个式子加到了五行合一进退连环拳中。我觉得这个拳式很不好讲，暗藏的东西太多，

因此我搬出了形意剑，用这个鼍龙剑来说这个“双龙出水”，感觉好了很多。

这个式子本章就说到这吧，把握这个式子在拳中的感觉，只有一个方法，那就是“体证”，用身体去证明，去考察、去查证。在战争中可以学会战争，同样在打拳中也能学会打拳。哪个大师也是从这条路走过去的，走过去就能看见天。

127. 一马三箭左右分

心猿已动，拳势斯做。

动静虚实，刚柔起落。

这是拳谱中的话语，这些东西在内家形意拳的练习中占有很重要的地位。如果不把这些名词搞清楚，是无法百尺竿头更进一步的。在这个章节，我们先对心猿做个剖析。

心猿意马这个顺序是没有错误的，在《西游记》中唐僧去西天取经，是先收的孙悟空再收的白龙马，心猿在意马的前面也是不能变的先后顺序。

锁住心猿收意马，要立丹田海底基。这是形意周天诀中的东西，这些东西贯穿形意拳的始终，如果不能正确地理解这些拳诀中的意义，就不能有效地把握形意拳的内涵，练到一定程度就滞住了。不是你的身体不能承受，是大脑思维到不了这么深的程度，因此才把这个东西拿出来单讲。那些有传承的诸君，就不需要看下去了，这些东西你的师父都会，让你的师父给你讲就可以了，如果我讲的和你师父有差异，那你要以你师父讲的为准。

在这里先说说猿、猴的区别，吃桃子的是猴，食“露”为猿。猴子是灵动的动物，眼睛一睁开没有一刻是闲下来的，猿却是安静的动物，在古代猿猴这个词是通用的，说猿就暗带着猴子，说猴性也暗带猿，“猿猴”两个字其实就是暗示着“动静”两个字，这样一说就比较明白了。

练拳其实就是动静，就是动静的结合。这动静不只是说身体，是指思想和行为。现在有句广告词“心动不如行动”，其实在内家拳法里，“心一战而内举动”，已经从内到外全都动了，这才是内家的精妙之处。

回到五行合一进退连环拳中，下一个拳式就是狸猫上树，前文中已经对“狸猫上树”做了具体的描述。这个“狸猫上树”是有后手的，这是一个可单独拿出来使用的式子，在这个拳法中，这个狸猫上树要做的比龙形轻柔一些。

在右手起钻拳的时候就要轻柔一些，外撇腿更要轻柔，要找出小狸猫上树的意，不是老熊爬大树，理解了这个形，做的时候就不会犯大错误。

狸猫上树的落式不要太低，要高于龙形，这样在行拳的时候才能紧凑严谨无懈可击。如果这个式子落得很低，手掌距离地面一寸，那么下一个式子崩拳就难做了，人为的给自己增加了难度，拳不是这么练的。

练习单式的时候，我们可以做几个低低的式子锻炼一下腰腿，看看自己能不能达到标准，在行拳的时候就不要这样了，因为行拳，练整路的拳脚，形意有形意的法则，不能想怎么练就怎么练，那样不容易练出功夫。

双龙出水之后就是这个狸猫上树，衔接非常巧妙。双龙出水其实后边接了一个轻柔的龙形，如果说鼍龙浮水是横，七星进步的话，那么狸猫上树就是个直的，鼍龙式生化了一个含着钻横的狸猫上树，这个拳的演变在此处，我感觉最为高妙。这个落地不能出现“啪啪”的声音，“刚刚的”也不对，要像小猫上树捉蝴蝶一样轻柔，你落步太沉了，就惊飞了蝴蝶，不合拳名的深意了。

下一个拳式就是崩拳，进步右崩拳。在崩拳单独的练习中，转身就是龙形，在这里崩拳跟在狸猫上树的后边。这个崩拳要打出拳劲，前文强调了崩拳的“夹肋”，崩拳的要诀是擦肋出入，两拳要在自己身体中线交错，这样才能打出崩拳的威势。后边是一个左手崩拳，这两个崩拳连接起来一起做，就叫“追风赶日”。快步崩拳比较难，先把这路拳练熟，然后再慢慢地提高这两个崩拳的速度。

接下来的动作是顺步右崩拳：右脚上前一步，左脚在后紧跟半步，两腿分开打出右手顺步崩拳，这个拳也叫黑虎出洞，崩拳出手正当胸，要打出黑虎出洞的威风。

五行连环形意根，一马三箭左右分。
鹰熊合演鼍形意，狸猫上树倒翻身。

这是五行合一进退连环拳的拳诀，为了迎合现代人的阅读，第二句我打成了“一马三箭”，其实这句拳诀古传的拳意不是这样的，一马三箭也是音误造成的。“一马三践”才是古传的拳意。

在评书中说书人总有这样的描述：话说南侠展昭展雄飞一个箭步就来到了敌人面前，手起刀落，耳轮中只听“喀嚓”一声，斗大的人头飞出老远……

这个箭步的说法来自评书或者一些武功拳谱的弓箭步，形意拳门不是这个说法，形意拳讲的是“马奔虎践”，讲的就是一个“践步”，功夫本从趟步来，前脚趟劲，后脚蹬地，前趟后蹬才是形意。

在狸猫上树之后，先打出一个并步右崩拳，然后接一个并步左崩拳，最后再打出顺步右崩拳，三个崩拳连续打出，步伐也同时向前趟进三步，这个在形意拳门中就叫“一马三践”，在大枪中就是进步连出三枪的意思。“三践”说的是脚下的步子，不是手的拳形。

个人认为这个“三践”的寓意比“三箭”要深得多。飞箭虽然快如流星，但失了形意拳脚下的根本，“三践”最能表现形意拳的拳意，我在前面的文章标题中还是用的“三箭”这个词，我写的东西你要仔细看，前文留的扣子在后边都有解答，不求甚解不认真读书的人还是让他蒙在鼓里吧！

说个笑话而已。五行合一进退连环拳中有几个重点，第一句是说这路拳是形意的根，也就是根节上的东西，提醒诸君认真地钻研练习，还提到了一马三践、鹰熊合演、狸猫上树倒翻身，这几个招式是这路拳脚的灵魂，希望诸君把住这几个招式，体悟进去，就能把握这路拳的脉搏。

128. 内五行动　外五行随

在世人的眼中谈情说爱是神圣而神秘的，古人吟咏大量的诗篇赞美爱情：“在天愿为比翼鸟，在地愿为连理枝。天长地久有时尽，此恨绵绵无绝期！”

我不想再续写一部《红楼梦》，也不想给《西厢记》来个“狗尾续貂蝉”，我只想借着这个男女之间的情爱说说内家拳的奥妙。练拳不是动身子，不是在海面上兴风作浪，那是表面的文章。练内家拳内里要动，身体内部也要风起云涌才对，今天就是讲这个“内动”，就是讲这个“风起云涌”。

恋爱双方初次见面，眼前的美女好漂亮，美得让人惊讶，让人窒息，让人张大了嘴合不上。用古文诗词形容就是“回眸一笑百媚生，六宫粉黛无颜色”。一个女孩子的美让人惊讶，让人窒息，这是什么原因呢？

这就是你的肺气动了，见到美女你身体内肺气有了变化。

经过一段时间的交往，两个人开始眉目传情含情脉脉，手拉手走在大街上，互相看着对方，感到身心愉悦。眉目传情也好，眉来眼去也罢，那是你的肝气动了，“肝开窍于目”，肝气内动的人才会做出暗送秋波的举动，这也是内五行动，外五行随之。

恋人交往不会一帆风顺，时不时的就会有点小插曲，拌句小嘴、吵个小架，生活也其乐融融，其实这就是五行中的脾动之像也，脾气脾气，由脾而生之气也。

情侣热恋到一定程度，接吻的行为就会产生，这时候恋爱中的男女互相心生爱恋，“舌为心之苗”，在这个时候用吻的行为表达互相的爱恋之情再合适不过，其实从拳法中来看，此乃心动之像也。

“洞房花烛夜，金榜题名时”，恋爱中的男女通过婚姻终于走到了一起，完成了洞房花烛人生的一件大事，其实这就是男女双方肾水之动也。

这五动在热恋的男女之间表现得最为充分，最为淋漓尽致，切互相勾结、互相包容、互相缠绕，五行五气混杂而生，内外五行的交互运动互相影响，一动即可牵连数动，其实恋爱中的男女五行互动心生爱慕才促成了这桩亲事。

反观现代人练拳，扪心自问你的五行动了没有？

其实许多人根本感受不到五行的存在，因为他们连自己身体的感觉都不能细细地体会，不能讲出自己身体上存在的道理。人可以与天地并称为“三才”，且人为万物之灵，内藏无限玄机，今天我们就从内家的角度说说人身体的奥妙。

抱朴子曰：一人之身一国之象也。胸腹之位犹宫室也，四肢之列如郊境也；骨节之分，犹百官也。“神”犹“君”也，血犹臣也，气犹民也。

知治身，则能治国也。夫爱其民，所以安其国，惜其气，所以全其身，民散则国亡，气竭则身死，死者不可生也，亡者不可存也。是以至人消未起之患，治未病之疾，医之于无事之前，不追于既逝之后。夫人难养而易危也，气难清而易浊也，故能审威德，所以保社稷，割奢欲，所以固血气。然后真一存焉，三一守焉，百病却焉，年寿延焉……

内五行动，外五行随！热恋中的男女五行之动最容易被人理解，许多人只是把内家拳当成了体操，他认为我做这个动作，就是练拳，就是练内家拳，此乃大错误也。

心动如火起，
肝动如飞箭，
脾动气团凝，
肺动吼雷声，
肾动如闪电。
五行顺一气，
放胆即成功。

这才是内家形意五行之动。没进入内家拳境，其实一切就是“零”也。打拳正意为先，此为入道之门，意正而身直，方能松肩气下，久练其理自明，其体自健！

在五行合一进退连环拳中，诸君也要有意识地去找自己的五行之动，这样才能在内家形意中找到自己，舍此别无他途，因此我写了这个章节，作为五行合一进退连环拳的插叙，把这个内涵的东西讲出来。

五行合一进退连环拳，光看这个拳名，上来先讲的五行合一，五行顺一气，放胆即成功。形意拳练到了这趟拳，许多人已经进入了内家拳境，在这里也许只要画龙点睛的一句话，他就能整个身体体悟体察进去，猛地醒悟过来。如果你体悟不到这么高深，就想想恋爱中的男女吧！

从古至今，还没有一个人用恋爱中的男女来讲五行合一进退连环拳，来讲解内五行动、外五行随的东西，这些深邃的道理，我已经打成了文字，能领悟到哪个程度，就看诸君的本事了！

129. 五行与五味

五味不宜偏多。
酸多则伤脾，
苦多则伤肺，
辛多则伤肝，
咸多则伤心，
甘多则伤肾。

此五味克五藏五行，自然之理也。

这些都是练内家拳不可不知的道理。前文既然写了内五行动外五行随，那么在这一篇章，不如彻底做一个交待，省得读书诸君迷茫。这个插叙我觉得很有必要，讲完了这个章节，下一个章节，我们再接着五行合一进退连环拳没讲完的部分往下说。

五味藏于五形，习拳练武不可不知也。凡言伤者，乃不即可觉知也，久之即损寿耳，望诸君读之悟之。

现代人的饮食习惯作息规律在古人看来，和自杀差不多。

古人饮食遵循的规律是什么呢？

言语既慎，仍节饮食。是以善养性者，先饥而食，先渴而饮，食欲数而少，不欲顿而多，则难消也。常欲灵如饱中饥，饥中饱耳。盖饱则伤肺，饥则伤气，咸则伤筋，酸可伤骨。

故每学淡食，食当熟嚼，使米脂入腹，勿使酒脂入肠。人之当食，须去烦恼暴数为烦，侵触为恼。如食五味，必不得暴嗔……

饱食即卧，乃生百病，不消成积聚，人不得夜食，又云：夜勿过醉饱食，勿精思，为劳苦事，有损余，虚损人。

这话不是我说的，这是唐代著名的医学大家孙思邈说的，这些话出自《千金方》中《道林养生第二》。现代人总是自以为聪明，被现代的东西所蒙蔽，看不到古人先哲的大智慧，总是把古人贬损得一无是处。其实古人的智慧非今人可以肚量，“海纳百川、有容乃大”，一个武者要珍惜古人前辈的智慧，“深入经卷、智慧入海”。

我日三省我身！

不断地改变自己，练习武功的同时，也改变自己的思维状态，塑造自己强大的内心世界，如此才能得武道之乾坤！

形意拳是内家拳，脊椎是条大龙。从某种意义上说，练形意拳是练脊椎，练百骨节节贯串收发自如的艺术。现代的人不了解自己，不知道自己的身体，也不知道自己身上的那些事，每日只在酒、色、财、气中苦苦挣扎，在醉生梦死之间徘徊无定，心无归属，魂不守舍，食不甘味，夜不能寐，长此以往毁身伤命耳！须知大限来时，地火水风消散，不过南柯一梦耳！

我问问大家，你的脊椎有多少节？

可能除了骨科医院的专科大夫，很少有人能知道自己的身体脊椎有多少节，古人早就知道，人体脊椎 24 节，对应人间 24 节气，这是古书中早有的定论。古人认为，人秉承天地灵气所生，人乃万物之灵，天地有的东西，人身上都有。练拳如果不懂这些基本的道理，比盲人摸象还不如也。

这个章节叫“五行与五味”，讲了五味与五行的一些对应关系。许多人练拳没有长进，不是不下功夫，而是不知道功夫与饮食、与生活方式之间相辅相成的奥妙。

古人在古书中说过，人喝酒喝到人事不知，大睡一觉第二天早晨醒来，这样的生活方式一次减寿命一个月。许多现代人夜夜笙歌，都已经习以为常，他练拳再刻苦，也弥补不了身体这种无休止的亏耗。拳法不能长进，大脑不会产生灵性，因为他身体这块电池的电已经快被耗光了，这个灯泡没有灭掉就算不错了。

物理学有一个定律，量变产生质变。他这个量总是负数，总是不能盈余大于亏耗，那么怎么练拳，灵性也不会产生！大脑没有能量的供给就不会产生质变，一生都会是武道的门外汉。

现在全世界能打几下太极拳的人也许有一个亿，你看看能称得起太极拳大师的绝对不会超过十个人。其实这一个亿的人群中，许多人可以练到大师的境界，可惜的是绝大多数人因为自己不良的生活习惯和饮食方法毁了自己，练拳得到的对身体的好处不够他糟蹋的，这就太可惜了。

得到的最好办法就是放下。

你想得到一个好的身体，就要放下很多不良的嗜好，这样你的生命之树才会长青，你的生命之路才会走得更远。恶习会毁了自己，不但毁却人的生命，也会毁掉你的事业。

自古“人为财死，鸟为食亡”，放下，你就是神仙。吃饭为了活着，活着是为了吃饭，这就是今人的想法。作为一个武者：活着是为了练拳，如果你能想到这一步，那就离神仙不远了。

五行、五脏、五味、五劳七伤，其实这些和五行拳都有关系，就算不是主要原因，次要原因也跑不了，因此我把这几个篇幅插叙在五行合一进退连环拳里。在练形意拳的同时，你还

要知道一点养生养性的基本道理，身体的亏耗总是大于补充，别说是形意了，就是神仙下凡也教不会你。

五行凝聚四梢齐！

这是根本的先后顺序，我在这些篇幅中一直在大量地讲解五行，讲解五行合一，只有五行齐备四梢才能具足。在形意拳中，舌为肉之梢，牙为骨之梢，发为血梢，指爪为筋梢，这四梢其实是建立在五行上的。

指爪为筋梢，如果你的肝脏不好，肝主筋，你说你的筋能有劲力吗？那是不可能的。就是有劲力也是假的，“无本之木、无源之水”，即便有一点，断不会持久。

老祖宗早就在拳谱中留下了话头，“四梢齐内劲出”，四梢齐备的人才可以发出内家形意拳的劲力。姿势是假的，谁都可以摆，内劲是真的。四梢的齐备是建立在五行敦厚的基础上的。所以我一直在说这个东西，银行有了大额存款，再学花钱不是太简单了吗？

五行真如五道关，

无人把守自遮拦。

在五行合一进退连环拳中，我们就想办法打开这五行的关口，这个关口一开，你就站在了内家的门坎上。就像爬泰山一样，其实五行练好了，你就站到了“中天门”，这时候气势磅礴的“南天门”已经能远远地望见了，虽然前路还有坎坷不平，但你已经能隐约地感知这个终点。

130. 拳谱

五行合一进退连环拳拳谱：

一式无极式（站立）

二式出式蹲身式

三式右钻拳

四式左劈拳

五式崩拳

六式退步崩（横）拳（青龙出水）

七式顺步崩拳

八式猛虎归洞

九式白鹤大亮翅

十式猛虎蹲穴

十一式炮拳

十二式单展翅

十三式退步鹰捉劈拳式

十四式双龙出水一

十五式双龙出水二

十六式狸猫上树

十七式狸猫上树落式

十八式追风赶日一（崩）

十九式追风赶日二（崩）

二十式黑虎出洞（顺步崩拳）

二十一式步步鹰熊一

二十二式步步鹰熊二

二十三式步步鹰熊三

二十四式步步鹰熊四

二十五式转身狸猫上树一

二十六式转身狸猫上树二

二十七式至四十七式，依次与五式至二十五式相同，唯方向相反。

四十八式转身狸猫上树一

四十九式转身狸猫上树二

五十式转身狸猫上树三

五十一式进步崩拳

五十二式退步崩（横）拳（青龙出水）

五十三式收式

五十四式复归无极

五行合一进退连环拳正反两趟共计 54 式，我在打出这路拳的拳谱的时候，配上了老拳诀中的名称，习练形意拳有些基础的诸君不难把这路拳串接下来。为了写得明白看得清楚，狸猫上树、步步鹰熊都写成了分解动作。

在前文顺步崩拳之后，就该是步步鹰熊了。这个拗步熊横加拗步鹰捉为鹰熊合演，其实就是拳谱中的步步鹰熊，这个式子在拳里要尽量多练，一般我练拳的时候要练四次，因此在拳谱中我写了步步鹰熊四式。

鹰熊竞志，
取法为拳。
阴阳暗合，
形意之源。

练形意离不开劈拳鹰捉，在五行合一进退连环拳中，劈拳开式诸拳合于鹰熊，因此这路拳的编排我只用两个字来说明，那就是“合道”，这是合道的顺序，这样练习下来有奇效。

如果诸君实在懒惰，步步鹰熊练两个也可以凑合。初学的诸君可以打半趟，到二十七式的时候就打崩拳收式。因为初学诸君的体力未必能把这路拳走下来，如果强自练习，后边半趟的动作就会走形，得不偿失，练出了偏差再改可就难了。

形意拳的学练有一个特点，一个式子不精熟，绝不妄练下一式，这是秘诀，也是天机。前面的拳式和呼吸如果不能到位，会牵连下一个式子，使整路的拳脚失真，这样练习下来，其实是空耗了体力，对功力和拳艺的增长没有丝毫的帮助。初学者要慎之又慎！

五行合一进退连环拳，我家干脆就叫“大五行连环拳”。因为这路拳囊括的东西比较多、比较丰富，是一路不可多得的好拳。此拳传到今天，说实在话已经没有多少人能打下来了，在市面上最常见的是“进退连环拳”。我希望把这路拳传下去，这些经典的东西不敢说在我们这一代人中发扬光大，最起码不能毁在我们这代人手里。

因此，我把这路拳的拳式和拳谱一字不差地打出来，放到这本书中，有形意拳基础的诸君，不难把这路拳串接下来。留待有缘人去探求这路拳法的奥秘吧。

形意拳式贵低不贵高，贵缓不贵速。初学诸君不可贪多求快，要一拳一式地去把握拳中的内涵。盲目瞎练就会“如入宝山空手而归”，与拳中的精益之处擦肩而过，是我最不愿意看到的事情。

此拳之妙，妙在有十二形象穿插在五行连环拳中，为什么用这几个式子穿插而不用别的？这里边都能讲出练出道理，与此拳有缘的诸君该到内里去探寻。

在这路拳的收式中，一个转身的狸猫上树，然后打出一个并步右崩拳，然后是退步崩拳，退步横拳也行。前文讲过一个是行拳，一个是行枪，其实都是对的，退步横在大枪里就是退步横枪。我说都是对的，是从大枪的角度来说的。

收式的时候一定要稳当，呼吸吞吐要合道。呼吸是内脏，吞吐说的是全身，这个先要搞明白。一个码头的吞吐量是说一个码头整个的容纳和接收的能力，这是指整个码头说的。在拳里说吞吐，不是只说的呼吸和内脏，而是说的全身，全身的身势都包括在内。

所以在内家拳中一提到“呼吸吞吐”，那是说你全身的事情，不是只说你身上的某一个点，某一个部位。这样一说，大家就能很快地领悟其中的内涵。内家拳是有深意的，五行合一进退连环拳也是有深意的。说得再多，不练也是枉然。

此拳珍贵不可多得，在形意拳门中独树一帜，练之增进功力、协调身心、调养五脏、形神合一、望诸君习之、珍之、体之、悟之也！

131. 人之脏腑

在内家拳的练习中，掌握一些必要的脏腑知识，还是很重要的。在这个章节中，我们就简单地介绍一些脏腑的知识。练内家拳，内家拳是内动的，在内动之前，你是不是要知道一下你的肚子里有什么？

首先是心，心者，君主之官，神明出焉。为阳中之太阳，通于夏气，午时血气注此焉。

肺者，相傅之官，治节出焉，为阳中之太阴，通于秋气，多气少血。寅时血气注此。

肝者，将军之官，谋虑出焉。为阳中之少阳，通于春气，多血少气，巳时血气注此。

脾胃者，仓禀之官，五味出焉。为至阴之类，通于土气，少血多气，巳时血气注脾，辰时血气注胃。

胆者，中正之官，决断出焉。少肾之脉，附于肝经，多气少血，子时血气注此。

肾者，做强之官，巧伎出焉。为阴中之阳，少阴，通于冬气，多血少气，酉时血气注此。

膻中者，使臣之官，喜乐出焉。为手厥阴心包络之脉，多血少气，戊时血气注此。

大肠者，传道之官，变化出焉，为手阳明之脉，血气俱多，卯时血气注此。

小肠者，受盛之官，化物出焉，为手太阳之脉，多血少气，酉时血气注此。

三焦者，决渎之官，水道出焉。为少阴之脉，多血少气，酉时血气注此。

膀胱者，州都之官，津液藏焉，气化则能出矣，为足太闾一穴。

此处儒家谓之九曲明珠；

佛家谓之九重铁鼓；

道家谓之九曲黄河；

实乃化气上顶之正路也。

打出这些东西，其实就是想练拳的诸君对自身有一个大概的了解，因地制宜地把拳练好。在古代的中医学上，许多论述都对人体的功能有了极为清醒高深的认识，许多东西是现代人很少能了解到的。

现代人的家中还有几本古书呢？

我听说西点军校一直采用《孙子兵法》作为教材，在几年前一个流行的美国大片《超级战舰》电影的对白中，多次提到了《孙子兵法》。可惜也可叹，现代人崇洋媚外已经到了无所不用其极的地步，身上没几件洋人的品牌，好像就不是一个现代人。殊不知，洋人念念不忘的是我们老祖宗的东西。

我们的先辈古人智慧入海，今人实难望其项背。其实在中国的四大发明之外，还有一项重要的发明，那就是——国术。国术囊括了中华民族五千年的智慧，内涵如海，亦深亦广大无边。假以时日，国术必将是这颗星球上最璀璨的明珠。

回到本章的内容，这个章节主要是讲解人的脏腑的一些基本知识，学拳诸君稍作了解也就是了，这些都是与打拳沾边的事情。形意拳“养战为道”，且“养大于战”也，脏腑器官也需要滋养，才能益寿延年。在内脏的调养方面，古人喜欢用动物来举例，今天我就照搬一下古人的智慧，启发一下诸君的思维。

古人有句话“龟龄鹤寿”。龟鹤的生理各有特点，首先龟鹤的呼吸与一般的动物不同，且龟还有冬眠的现象，神龟服气为食，故能长寿。华佗的五禽戏是古人调养身体滋养五脏的一个巅峰，有心的诸君可以查阅有关数据，我相信这些东西对练拳是有好处的。

一些老师傅总讲，春天要多打崩拳，这样可以滋养肝脏。你再接着问一句，这是为什么呢？许多人就答不上来了，其实这是肝脏自己决定的。前文刚刚说过，肝者，将军之官，谋虑出焉。为阳中之少阳，通于春气，多血少气，巳时血气注此，因为它通于春气。这叫打拳应于节气，这样大自然和体内相合，自然有奇效。

所以说文武兼修才能成大家。打拳明理可以事半功倍，文武之道都需要厚积薄发。五脏与五拳相应，且五脏五拳交互影响，在自身汇聚凝结。五行拳打得好的人，绝对是善于调理五脏的高手。这样才不枉一个“好”字。

春种秋收，秋收而冬藏，天地四时、四季、二十四节气，各有各的奥妙与玄机。练拳的人五脏调养得好，自然感觉灵敏，慢慢地你就能感知到节气，感知到二十四节气的变化，慢慢地提高了自己的拳艺。

现代人的身体素质，很多都处在亚健康状态，这个和现代人思想压力大、四体不勤有很大的关系，比如一个重病的人，吃什么都不觉得香甜，一个感冒的人，吃什么都“味同嚼蜡”，没有什么味道。不是厨师的手艺退化了，而是你的身体素质下降了，你感觉不到造成的。

我在开篇的时候讲过一个道理，练拳最好从春天开始。春天是万物复苏的时节，这时候身体迎合节气，也在慢慢地内调内动，这是符合自然之道的。你非要在寒冬腊月天寒地冻的时候开始练拳也不是不行，那时候你的筋骨很紧，抻筋拔骨要比春天耗费更多的力气，就是这个意思。

练内家拳，不贪多、不求快、不要想一日成功，寒来暑往，持之以恒，终能有所得。天地间酒、色、财、气，各种嗜好，除了打拳参禅之外都是耗电的，都是消耗你身体这块电池的电量的，包括很多所谓的洋术及现代体育，其实也都是消耗你身体这块电池的。

国术，只有国术，才是给电池充电的武功。练拳要适可而止，意犹未尽的时候结束为最好。不能练到自己想吐、第二天早晨都起不来的程度，那是伤身的练法。

现代体育超大运动量、超大负荷的训练其实就是自杀，因为第二天你的筋骨皮肉不能复原，这一夜的休息还没缓过来，第二天又继续爬起来训练，这是极度伤身之道，内家拳不是这么练的。君不见现代体育有些冠军 20 多岁就告别体育生涯了，因为那么多年的大负荷运动量，已经使身体严重亏耗了，电力不能补充，成绩不能提高，运动员生涯就结束了。

练拳要有度，和煮饭煎药是一个道理。火候小了，饭不会熟；火大了，饭就烧糊了；火再继续大下去，你身体这口“鼎”就烧坏了，这是练内家拳一定要把握的大原则。

身体素质人人不同，人人有异。把握自己练拳的强度，需要老师的指点，老师就是你的个人医生，按照老师开的方子去练有奇效的。没有老师教的诸君也要把握“张弛有度”的原则，不能空耗了体力，结果功夫没涨上来。

这个章节就说到这，在后边的章节中，我想说说练内家拳

必须知道的一些名词，比如什么是“任督二脉”，哪个为“奇经八脉”？

何谓“三花聚顶、五气朝元”？这五气是哪五气？这些和练内家拳有什么关系？

“前三山、后三山，通了三山是神仙”，这三山是花果山还是背阴山？

你看完我讲的这些东西，就知道了神仙的“仙”字，为什么是个“人”字旁加一个“山”字了。人上山就是神仙，古人这么造字是有说道的。

大家听到的这些名词一般都出现在评书、故事书中，在练武的书中很少有涉猎。“打破顽空须悟空”，跟着我一点点地走进国术，走进内家，去感受国术的博大精深吧！

132. 内外三宝

这个章节说的是内外三宝。前文已经说过，在形意拳中的老拳谱中有个说法叫：“天有三宝日月星，人有三宝精气神。”这个“精气神”为人身上的三宝。

其实这个三宝是分内外的，也就是在人体上有内三宝和外三宝，这个就不是一般的练拳人能知道的了。今天我们就依着古书的意，来说说内外三宝。知道了这些对练内家拳是有好处的，最起码别人的口中吐出这个名词的时候，你不会感到迷茫。

内三宝，精气神也。

外三宝，耳口目也。

古书云：凡人之有生，无不藉此精气神。有精则能化气，有气方能化神，神旺则气旺，气旺则精足，精足则神更足也。

在形意拳古拳谱中写的“三层道理”更是透彻。

炼精化气，

炼气化神，

炼神还虚。

天地人三根凝结于此，久之元气日充，元神日旺，神旺则气畅、气畅则血融、血融则骨强、骨强则髓满、髓满则腹盈、腹盈则下实、下实则步健。人有精神则健康长寿百病不侵，可保延年益寿耳。

吕祖云："丹田有宝休寻道，对镜无心莫问禅。"

《黄庭经》云："仙人道士非有神，积精累气以为真。"内外三宝在人身互相影响。善于守护自身的精气神不使其流失，长此以往，必能使身体康健、精神矍铄。耳鼻口为外三宝，神以眼漏、精从耳漏、气从口漏，眼不视而魂在肺、鼻不嗅而魄在肝、耳不听而精在肾、四大不动而意在脾，谓之四象和合。

佛、道、儒各家很多的修行人其实都是从静坐守神开始的，各家的高人都知道身体内外三宝的知识，把握身体最精华的东西不让它泄漏，这是根本的根本。形意拳门的老祖宗早就在拳谱中写道：心定神凝，神凝心安，心安清净，清净无物，无物气行，气行绝象，绝象觉明，觉明则神意相通万物归根！

精养灵根气养神，养功养道见天真。

丹田养就长命宝，万两黄金不予人！

这些是练习内家拳应该知道的一点道理，没有什么神秘的，找几本古书翻一翻，你就会发现古人的智慧浩如烟海。今天的人们被许多身外的东西所迷惑，新添了许多新的毛病，比如手机综合症、网瘾等，致使许多人不能静下心来去练习内家拳，他明明知道打拳运动对身体是有大好处的，但是他的心不能静下来，用修道的语言说，它的心已经蒙尘，就是被十丈红尘的纷纷诱惑蒙蔽了自己，使自己不能再把握自己的内心。

能练拳的人只有一个理由，我喜欢，我愿意为了练拳付出汗水和时间。不能练拳的人有一万个理由，我没钱、孩子上学需要送、父母年纪大等，不一而足，其实归根结底是他的心不能静下来而已。

打拳练武，甚至包括一些体育锻炼，只要你不像世界冠军练得那样苦，适当的运动绝对有益于身体健康。"磨刀不误砍柴工"，有了好的身体，才能更好地投入到学习工作中。

“骄奢淫逸”是魔鬼！你不能战胜它，它就会战胜你。

我家里的沙发是一组中式的木头的，当年买的时候不是很贵，许多到家里的朋友第一句话就说，你家的沙发太硬了，也不配个垫子，我只是笑笑而已。我家有茶具，朋友来了一般就是喝茶，等茶过三巡的时候，我问他，这个木头的沙发是不是坐着很舒服啊，许多朋友就会回答坐的时间长了，还是木头的硬沙发舒服。

明清家具的制作是很有科学道理的，许多家具的尺寸被国外家具大公司借鉴。古人有句话“行的正，做的端”，在明清的家具上我们坐得很直，开始的时候我们感觉累，但是你坚持一会儿就习惯了，能坐很长时间。

洋人的沙发看着很舒服，坐在里边很惬意，但是你不能久坐，久坐就会感到很累。因为斜着身体坐是最累的，你的脊椎是倾斜的，不利于身心，久坐会对身体产生不良的影响，你根本坚持不了多长时间。

迷茫世人就是被这些洋家具的外形所诱惑，只图一时的舒适，其实明清家具的尺寸与舒适程度最符合人体的科学，是我们崇洋媚外的思想蒙蔽了自己，使我们的心灵蒙尘。

说到这，许多人会不信我的话，那么我们就举个例子。一个印度的高僧用盘坐的方式坐得很直，这位高僧也许能坚持很长时间，也许能连续打坐几天几夜，我们不说的这么神奇，我们就说他能打坐 8 个小时行不行？

一个正常人，能蜷缩在沙发里 8 个小时一动不动吗？我想是不可能的。就是你咬牙玩命坚持下来了，你的身体也会很疲累，就跟得了一场大病一样，会浑身难受，然而打坐 8 个小时的高僧却会神采奕奕，这里边的差别太大了。

你不信就可以试试。

其实坐直了时间长了并不累，因为人的脊椎很直，“意正身直，松肩气下”，符合人体的科学，所以印度高僧能盘坐很长时间，你斜着、歪着坐，其实只是暂时的舒服，时间长了就受不了了。迷茫的世人就是贪图这种暂时的舒服，损伤了自己的身体而不自知，因为他的身体不练武没有这么敏感，许多这样的事情他是感觉不到的。

练形意拳第一个要求就是“意正身直，松肩气下”，初学一定首要把握住姿势正确，呼吸顺畅，这样久经练习，才能锻炼自己的身体，滋养自己的五脏，用这些人体的精华去供给自己的精气神。精气神足的人益寿延年，古人就是这么说的。

现代许多人迷信风水，买房子啊、升官啊，都要找风水师，一个公司办公桌被 8 个风水师看过，8 个风水师说了 8 个方位，把当事人都说傻了，哪个风水师都振振有词，到底听谁的呢？

其实你听我的就行，办公室的办公桌一定要靠墙，不能坐下来背靠着窗户，其实练内家拳的都懂这个道理，为什么呢？

因为背后有个大椎穴。这个大椎穴的名字不是白起的，风会像锥子一样从那个穴位吹进去，古人起了“大椎”穴这个名字，就是善意地提醒你要避风。人长期背对着窗户坐着，脖子经常受风，他能好受才怪？

古人讲“避风如避箭”，一个练武人身体敏感，他自然会知道这些道理。说到这，我再说说我们的华服，我们的练功服都是华服式样，都是立领的，古人做衣服为什么做成这样？

就是为了保护你的后背，保护你的大椎穴。现代人以洋人袒胸露背露大腿为美，我不多说话，等他们老了一身病痛就知道了。还有现在什么“露脐装”“低腰裤”，大冷天把人的丹田腰肾整个暴露出来，一年四季如此，古人夏天都不敢这么穿啊！

我不提什么世风日下，我只说等他们老了，精气神不足的时候，所有的病就都找上来了，到时候悔之晚矣！

擅养三宝，擅于调心，调整自己的心理状态，是练拳人的不二法门，生活和练拳是一码事，练拳人要懂得这个道理，如此才能百尺竿头更进一步。“善言一句三冬暖，恶语伤人六月寒”！你搜遍了网络也找不到我写的这些东西，因为不练拳的人他没有这么敏感，是感觉不到这些的，我把这些东西写出来留待有缘，这是一个爱武者最大的善良，我相信有缘人他会懂！

133. 入道之门说三体

道家所谓的三花聚顶、五气朝元，其实说的并不神秘，下乘炼精化气，中乘炼气化神，上乘炼神还虚，精生气、气生神、神合道，返本还原入于太虚，此之谓三花聚顶。

身不动则精固而水朝元，心不动则气固而火朝元，心性寂则魂藏而木朝元，妄情忘则魄伏而金朝元，四大安合则意定而土朝元，此谓之五气朝元，皆聚于顶也。

这些东西其实都源于精气神。

精气神这个东西解剖中你是找不到的，但是是确确实实存在的东西，精气神也是中医一切理论的基础。

在这个章节中，我们再回过头来看形意拳的三体式，相信诸君会有全新的感悟。

三体式在形意拳里不是一个简单的姿势。在形意拳门之内，这个式子被称为“入道之门”，许多老拳师傅公然宣称，练会了三体能走劈拳，形意拳你就会了一半，此说绝非妄言，三体式不是在照相机前面摆个手势那么简单。

在前文的100多章节里，我写了五行拳、十二形象，还有相生相克、五行合一进退连环拳等许多东西，却没有写三体式，这不是笔者的疏忽，而是我认为，初学根本领悟不了三体式的奥妙。

如果我开篇就写三体式，我能就这个姿势写本书，那些深奥的道理，会把初学者侃晕。一个站桩的拳式就有这么多说道，这个形意拳可真难，恐怕很多人看不下去学不下去了！我写书的本意是让大家喜欢、走近国术，加入到体育运动的行列中来，如果开篇写得太过高深，就会吓跑很多读者，这并非我本意。

国术的教学在初学的时候不需要你明白，你只有照着做就行了，因为跟你说你也不懂，就像初学一年级的小学生入学，知道自己的名字就可以了，至于你为什么叫这个名字？小学生未必答得上来。你知道自己叫什么名就行了。随着以后学问的增加你自然会知道姓氏的起源，父母为什么给你起这个名字，这里边有什么说道。

如果你给小学一年级刚入学的孩子讲《物种起源》，还有《百家姓》里姓氏的来历，那就太搞笑了，学生们根本理解不了，这个道理和初学其实理解不了三体式的内涵是一个道理。

如今的诸君已经对形意拳有了一个比较细致的了解，对我的语言表达方式渐渐的习惯并接受，我的常用语及一些我自创的词汇，诸君也能有所理解，我觉得这个时候讲讲三体式的姿势和它在拳中的内涵，恰如其分恰逢其时！

说形意拳的这个式子，不能不说说古老的心意拳。在古老的心意拳传承中也是有这个拳式的，只不过古老的心意拳没有把这个姿势放在“纲”上，而是放在了“目”中，没有像形意拳那么强调以三才三体为基。

关于这个拳式的起源与发展，网络上有太多太多的说法。形意拳传承到了今天，门内也各有不同说法，这些就不赘述了。我们不可能时光穿梭回到过去，亲眼见见这个三体式到底诞生在谁的手里，谁和谁学的，如今再争论这些没有意义，不

如塌下心来把三体式练好。

两脚并拢站立，双手从身体两侧缓缓升起，手心朝上，肘部要略微弯曲、不要伸得很直，“伸直力僵”，初学的诸君老是不能把握手掌和肘部的配合，这个没有办法，多练自悟其妙也。两手掌伸到头顶上方，然后缓缓地落下至小腹，身形随之自然下蹲到你平时打拳的高度。

从站立的无极式到猿蹲之相，这里边有个呼吸的变化，手起气也起。在两个手掌上举的时候，你要微微地吸气，手掌到了最高点的时候，随着手掌的翻动变成呼气，小腹随着呼吸自然地起伏，久练自然就能找到呼吸和丹田相应的感觉。这个只有练而没有秘法，否则就是我解释 800 句也没用。

读万卷书不如行万里路。练形意拳要身体力行，“纸上得来终觉浅，绝知此事要躬行”。只要你练，功夫慢练入道，再加上你细细地体会，就会找到我说的感觉。

这个蹲身也是很有讲究。在这个蹲身之中，我只强调最重要的一点，膝盖不能超过脚尖。这个蹲身要向下要向后，像身后有一把凳子一样，缓缓地“坐”下去。注意我的用词，是坐下去而不是蹲下去。

在这个猿蹲身之中，其实还有很多其他的要求，比如眼睛平视、身体不左歪右斜之类的，但这些都不是重点，重点就是这个蹲身要向后，要保证脊椎的竖直，脊椎的位置对了，再去找其他部位。这个蹲身一定要向后坐下去。

“提肛敛臀”可以充分地调整脊椎的位置。从头顶的百会到脊椎的末节形成一条看不见的直线，在这条直线中有一个最虚弱的部分，那就是脖颈，人的肩膀和脑袋是靠脖子连接在一起的，在站桩的这个时刻，要挺起你的后脖梗子，这样脑袋与身体脊椎就做了有效的连接。

这就是老谱中所谓的“头上顶有冲天之雄”，这个头向上顶的力，其实是来源于你的后脖梗子。做这个动作的时候不能学“乌龟伸脖”，只能是后脖梗子发力，因为咽喉如果紧张起来，会影响你自己顺畅的呼吸，影响“十二重楼”的气降。

十二重楼在身上哪个位置、有什么作用，我们后文再具体地解释，现在你只要知道就行了。

“两股肉交”这个动作不能单做，从练拳的实际来看，这个“两股肉交”是“提肛敛臀”“收腰缩肾”的后遗症。只要你的脊椎和腰肾到位，“两股肉交”自然就有了，这个力量一有，两腿之间相助为友，马上就能感觉到这个桩站的稳当了，两腿提踏自然伸缩有力。

134. 任督二脉

说到了三体式，就不能不说说人的任督二脉。不知道自己的身上有什么，这个拳是很难练得好的。三体式在形意拳中被称为“入道之门”，有的老拳师傅把它称为“母拳”，天地花生万法成，万法归于一道。既然是“入道之门”，其理必深。

任督为阴阳之总司。

任者，总阴脉所在也，起于会阴、曲骨、中极、关元、石门、气海、阴交、神厥、水分、下脘、建里、中脘、巨厥、鸠尾、中庭、膻中、玉堂、紫宫、华盖、璇玑、天突、廉泉、承浆，入人中而上发际，历经24穴。

任者，妊也，行腹部中，故龟纳鼻吸，鹤养胎息，而能有寿，通此脉也。

督者，乃为阳脉，都督领阳脉之海也，起于下极，升于夹脊，由长强、腰俞、命门、阳关、悬枢、脊中、中枢、至阳、筋缩、灵台、神道、身柱、陶道、大椎、哑门、风府、脑户、强间、后顶、百会、前顶、囟会、上星、神庭、下至素髎、水沟，而至于兑端、龈交，历经28穴。

督者，督也，行背部中。故鹿运尾闾，还精补脑，而至上上之寿，通此脉也。

在任督二脉中有几个重要的穴位要单独说一下。

曲骨：穴在耻骨上缘凹曲处，故名曲骨。治虚冷失精，五内寒热诸症，子宫膀胱诸病多取之。

中极：本穴内应胞宫、精室。胞宫、内室为人体极内之处，犹如房室之堂奥也，乃人体至中至极，故名中极。

关元：关者，门也，出人之孔道也。关元为元阴元阳交会之所，为养生家聚气凝神之处，即先天之气海也。元通玄，老子曰“玄之又玄，众妙之门”。此处为下玄关，颠倒读之，即关玄，古人于此等穴位皆守秘，则隐玄关而称关元。

石门：石喻坚固，门有通行和闭藏之功能，坚封此门能孕育种子，以待发生生长，故此穴表面穴位为石门，即石室之门。

这是古书上的说法，这些穴位的名称和位置，可能与现代中医学的针灸穴位挂图有些许的偏差，也许还有繁体与简化字的区别，我不是大夫，没有做过古今的比较，有兴趣的诸君可以在网络上搜搜古代书中的插图，与上文相互对照，这样理解起来比较快些。人体的厚度有限，任督二脉这些穴位可以说就在脊椎 24 节骨头的周围，彼此相近，交互影响。

动物的脊椎与人不同，因为动物有尾巴。动物的脊椎随着尾巴一直延伸到体外，各种动物活动尾巴，其实就是活动脊椎。在这上边动物的尾巴有先天的优势，许多动物能跑能跳，能扑杀猎物，能蹿房越脊，尾巴的功能殊不可没。

人没有尾巴，因此人的脊椎，尤其是下根节活动起来就很费劲。上乘的武功，就是在脊椎上求功夫的。佛道儒各家的修行其实也离不开脊椎，也离不开任督二脉，作为一个练武的人要知道这些知识，其实这才是武功的本来面目，这是最深邃的道理。

古人认为：脑为髓海。

故上至泥丸，下至尾闾，俱肾主之。膻中在两乳之中，为气之海，能分布阴阳，为生化之源。故名气海。膈膜在肺下，与肋腹周围相着，如幕以遮浊气，使不熏蒸上焦。幽门者，大肠之间，津液渗入膀胱，渣滓入大肠而变化出矣。

“低头猫腰，传授不高！”这是很多老拳师傅爱说的话。看这个人打拳总是低头，腰老是感觉没有竖劲，不管他是什么门派、练的什么拳，老拳师傅都会说，这个人传授不高，练拳的人有问题，他的师父教拳的时候也有问题。“低头猫腰，传授不高”说的是师徒，这是很重的话了，不是只说这个人练的不好。

老拳师傅用这么重的话，评价一个人的拳不好，是为什么呢？

因为人的身架不对，你怎么练都不会对的。一个摩天大楼盖歪了，说明这栋大楼的每一块砖的位置都有问题，说白了就是没有一个地方是对的。所以形意拳一上来就要求“意正身直”，这个太重要了。身体歪斜，那么脊椎肯定不正，任督二脉所有的穴道都是歪斜的，你说你练拳能练好吗？

三体式也是如此，站这个桩要把握动作的要领，在无极式站立和蹲身的时候，千万不能养成“低头猫腰”的毛病。此病一出，定无大成也！诸君体之悟之，当知笔者所言不虚也。

在蹲身的时候，双腿要夹紧，这在初学时其实是很难做到的。蹲身后，可以用手摸一摸大腿内侧，许多初学的人他的大腿外侧可以紧张、紧绷起来，可是大腿内侧的肉却是软软的，没有一点力道，这是不对的。大腿内侧的肌肉在承托全身的体重往下蹲身的时候，也要稍稍有点表示才对，适当得紧张起来，这样大腿的力量才能均衡稳固。

大腿的力量稳固了，这时候两手在小腹前才能慢慢地握拳，然后缓缓上提，两拳分别握在两侧腰间，这个动作也有一个秘诀，要夹肋。我父亲当年讲这个式子的时候，不说别的，单单点出了四个字：“头顶、夹肋。”这个是初学者很难做到的。

头向上顶，两拳贴到腰际，这时候两个臂膀要夹紧肋部，这样胸腹就空了，便于呼吸和行拳，也便于下一个动作的出现。在这里人和昆虫是一样的，你看昆虫的盘旋飞舞也罢、觅食争斗也罢，不管身体怎样运动，也不能影响了自己胸腹的正常呼吸。

形意拳的老师傅有句古话叫“学虫子”，其实也有这个含义在内。你打拳不管做出什么动作，都要保证胸腹正常呼吸，这是练内家拳很重要的事情。不打拳人可以存活，但不能呼吸人就不能活下去。打拳要促进呼吸才对，而不能去影响，这个道理一定要记住。

下边就是钻拳。这个钻拳一定要沿着自己的身体中线出拳，在超过膻中穴的时候向外翻拧而出、高不过鼻，拳停留在身前的时候，要保证小指翻天，就是拳头要向外拧，把小指尽量地向上翻，只要你能做到小指翻天，你的胳膊绝对伸不直，这个在练形意拳的时候是有奇效的。

小指不翻转，你的肘不会沉下来，这个坠肘其实小指是有功劳的。初学的诸君在这个动作中很难做到肘尖冲着地面，那是筋骨还没有“合槽”造成的，这个我也没有秘方，我的秘方就是一个“练”字，除此别无良法。

在右拳钻出的同时，左拳也沿着身体中线向上，停留在右手肘的内侧，两腿要相助为友，两手其实也要相助为友才对。在这个右拳钻出的同时，许多支系还要上一步，这个我觉得对初学者来说太难了，在初学三体式的时候，我觉得此刻还是不动步，降低一点难度为好。

因为初学的诸君有个共性，那就是一动就散。站住了的时候，这个姿势啊、拳劲啊还找不全呢，你再让他动步，一下子就回到解放前了。所以我个人以为，初学三体式还是先出定步的钻拳为好，这样比较容易找到感觉。本章就说到这吧！

135. 三体之式

关老爷平时不睁眼，睁眼就要杀人。这是古代人对武圣人关羽关云长的评价。现在的影视剧中，关老爷总是眯着眼睛，前文说过：耳、鼻、口为人外三宝，乃神以眼漏、精从耳漏、气从口漏，眼不视而魂在肺、鼻不嗅而魄在肝、耳不听而精在肾、四大不动而意在脾，谓之四象和合。古人说“贵人语话迟”是很有道理的说法。关老爷知道人身上内外三宝的道理，善于守护自己的精气神不使其流失，久而久之，神功自得也。

古人讲“言多必失”，这个“失”是失去什么？其实最关键的是“失气”。一个一天到晚喋喋不休的人身体不会好，因为话多了伤气啊，嘴动心就动，每一句话出口之前，你必然要过一遍脑袋，这样身心都会疲惫。所以古人讲：净口、修身、齐家、治国、平天下。在这些事情中，第一的就是净口，其实净口就是“守气”，守住了自己的精气神不使其流失。佛教要静坐参禅，道家要清心寡欲，其实都是守护自己的精气神三宝。

古人有句话：“创业难，守业更难。”如果说打拳练武就是“创业”的话，那么在生活中就要做到“守业”。练拳练出了精气神，那么在生活中我们就让精气神三宝少流失，我们的身体和开一家公司一样，总是“盈余”大于“消耗”，时间长了公司就有了丰富的利润，我们也就有了一个万金不换的好身体。

许多人练武不是不刻苦，只是他不懂得如何去生活，不懂得如何去爱惜、去保养自己这个万金不换的身体，身体这家“公司”总是消耗大于盈利，功夫不会长进，身体也不会好起来，这是非常可惜的事情。形意拳以“养战”为道，功夫更多的要靠“养”，“调身、调息、调神”都是“养”。今天把这个道理毫无隐瞒地说出来，与诸君共勉。

下面言归正传，我们接着说三体式。右拳从身体的中线出拳，在膻中穴以上、在下颌以下这个部位“翻拧”钻出。初学的时候，胳膊在保证“肘垂”的基础上，尽量伸得长一点，在这个方面我受河北派形意拳的影响比较大，练拳不能全身的筋“揪、缩”在一起，尤其是初练，式子要舒展大方。

初学三体式的时候，你要把其当成新姑爷上门接受丈母娘的检阅，要充分调动自己的精气神，把自己的意念集中到打拳上来，要展示自己的身材和拳架。初练的时候，你就当你的丈母娘站在旁边看你打拳站桩一样，把握这个内心，很快就能找到站三体式的感觉。

接下来就是上步一劈。现在你的左拳应该在右胳膊的肘部内侧，这时候两拳同时翻转，左拳变成掌，擦着自己的右手前臂向前斜下方劈出，停留在身前与心口平的位置上；与此同时，右拳也翻转变掌，带着“撕摞”的拳意，收回小腹前，落在肚脐下的位置，掌指向前方，扣在小腹之前。这时候左脚要向前开进一步，前脚竖直向前，左腿的膝盖要有向前顶的力。在重心分配上，我喜欢前三后七。

在初练的时候，一定要注意在出左腿的时候，左脚不是向前迈步，而是向前趟步。人在走路的时候，脚掌总是在起伏，在练形意拳这个三体式的时候，这个脚是平直趟出去的。这是初学最容易忽略的地方。初学的时候，这个步子要稍微大一点，这个稍微大一点是个什么标准呢?

稍微超过你平时走路的步距就可以了。一般人在平时走路的时候是不动胯的，你步距稍微大一点，就非动胯不可。胯一动，练拳的目的就达到了。重心尽量压在后腿上，屁股和脚后跟要尽量往一条线上靠，其实初学是很难做到这点的，就算你的臀部和后脚跟成为一条直线，可能前腿的顶劲马上就没了。

这是因为你的胯没有打开造成的，站三体式初学最难的地方在这。按照我家的练法，右腿——就是此刻的后腿，尽量不要外撇得过大，要内收，这个和现在许多的练法是不一样的。

到现在为止你其实已经打出了一个标准的左劈拳。

这个动作把持不动就是三体式了。把这个三体式当成一个桩站，初学的时候还需要你自己进行细微的调整，因为初学很难做到姿势完全标准。这些细微的局部调整很重要。首先你要调整脑袋的顶劲，头向上一顶，肩膀自然会垂下来，把你的舌头顶到上牙膛，要做到“舌顶齿叩”，在舌头上顶的时候，你的牙齿要微微地咬住劲，这是密中之密。

这时候你的神意要微微地放在两个手掌上，正好纠正两个手掌的姿势。前文曾经说过，“你冬天伸出双手烤火的姿势就是形意掌”，就这么简单。在这个掌形中，食指要微微地挑起来一点，这样才能把手掌的虎口撑圆；大拇指与食指、小指的三个指尖，组成了“心”字的三个点；“心”字下边的弯钩其实就是你手腕掌根的掌缘。在你的掌根附近有一块突出的骨头，这块骨头就叫作“小天星”。

手指撑得恰到好处，掌心的劳宫穴就有了反应。这是相辅相成的事情，没有掌指的撑拔到位，就打不开劳宫穴。这是一而二二而一的事情。在初学者的身上，强调手指的撑拔就可以了，久而时习之，神明自得也。三体式是个左劈拳的定势，既然是劈，那手掌劈出就要有一定的弧度，否则就成了推掌。在初学的时候，这个弧度尽量练得大些、练得慢些，细细地体味这其中的“拧滚钻翻”。

关于这个立掌的角度我不想说，这个自我体味为好，只要你不把手掌翘成与前臂成90° 角就行。“衡平竖直”不是形意，这样会影响血脉的正常流通，只要不成直角就行了，也不能与胳膊形成“0”度，也就是没有角度，这都是不对的。只要你在这个范围内，“立掌”还是“塌掌”随你的便。因为这个手掌的角度也是你功力的体现，随着练形意拳时间的增长，你会慢慢地修改这个立掌的角度，因此在初学的时候，我们就不能下这个死定义，规定你多少多少度，那是错误的教法。

136. 三体之妙

关于三体式，我是以左三体式为例讲的，在实际的练习中，许多人，包括我是左右三体式都站的，站累了就换一条腿，这时候你会发现左腿在前和右腿在前，坚持的时间会不一样，这是初学时人的身体左右不平衡造成的。

初学三体式，我大概说个界限。如果你的式子站得比较低，姿势比较到位的话，3 分钟应该是初学者的极限时间。这时候后腿会有一种血脉中的难耐从中升起，3 分钟坚持下来，有的人后背都会微微地出汗，这都是正常的现象。

如果你初学时能站 10 分钟，甚至更长的时间，呼吸均匀面不改色，那就先别练了，你的姿势肯定有问题。这种情况大部分是两腿“双重”造成的。你的重心在两腿之间，没有前三后七地分派两腿的力量。这样站是不出功夫的，不过是虚耗了体力而已。

除了体质特异、身心极度坚忍的人能坚持到 3 分钟之外，一般人 3 分钟就是体力的极限了，说实话这个体质特异身心极度坚忍的人我至今还没发现过，我也一直想找一个这样的弟子来传承我的武功，至今还没碰到过。

形意拳大部分的拳法都是用左劈拳作为开始的动作，左劈拳的定势其实就是三体式。我们练三体式也是从左三体式开始，这里边是有玄机的。在佛家的经典中，在佛祖讲经说法的时候，四大菩萨都是坐左边，在佛家的经典中，不止一次地介绍过四大菩萨所坐的位置，这些都是有说道有深意的。

在百姓之中也有“左为上首”的说法，这些东西要是引经据典地剖析出来，一本书都写不完，在这里我们主要是说形意拳里边的一些道道，这些东西我们知道一下就可以了。老祖宗们传下的形意拳是以左三体式开始，也就是从左劈拳开始，是有深意在内的，这里边也有古老的人体科学在其中，我们知道这个意思就行了，等你的功夫练出来了，那时候不用我说你什么都明白了。

三体式的步伐是前脚直、后脚外撇的姿势，有的支系前脚稍微地内扣一点，这都是可以的，只要不出大的变化都是没有问题的。区别主要在后腿上，我家的练法是后腿尽量地内扣膝盖，这样可以保护裆部。到了今天各个支系的三体式都是各有特点，我看问题比较简单，一人发一杆长枪，用枪架来修正拳架是最简单最不抬杠拌嘴的事情。

你的三体式到底合不合形意拳的大道理，那就看你端着枪站在那舒服不舒服了，这个其实你心里最清楚，电视小品中有一句经典的玩笑话：“没病走几步！”你端着枪上步试试，用五行枪检验下三体式，很简单的事情。姿势站的不对，你上步会很别扭的。

前三后七怎么掌握呢?

就是你站三体式定势的时候，抬抬你的前腿，你的前腿稍微离开地面一点的时候，后腿的姿势保持不变，这样多多地实验几次，你就能找到前三后七。

在初学三体式的时候，找一个高度适宜的凳子坐上去，然后摆出三体式的姿势，双腿使劲蹬地，然后找个朋友慢慢地把凳子撤掉，保持这个姿势不变，你就能较快地体会三体式的魅力了。注意在撤出凳子的时候要慢，以防摔倒。

三体式不能站得太低，这个是有标准的，就是不能影响你的“提肛”之力。形意拳讲究“心要并，内要提”，这个内提就是提肛。如果你的拳式站得太低，就会影响提肛，这个提肛之力一散，“两股肉交”的腿上合力就没有了，再练下去就不是形意拳了。初学就是以上几点最难把握。

耐得形意桩步之苦，才能真正地触摸武道。

有经验的老师傅，在你学形意桩三体式第一天开始，他看你站桩的坚忍程度，就能初步地判定你将来的成绩。你的忍耐力和你的悟性在三体式中暴露无遗，那是你吹不出来的。许多网络上的假功夫师傅，他可以把形意拳的所有拳都打下来，让人眼花缭乱，但是内行人一看就知道这位师傅有没有真功夫，因为脚下的力道、趟出的劲道是瞒不了人的。形意拳的拳不难，一个稍有武术基础的人几个月就能都学下来，但是这样的拳是骗不了内行的。

三体式是检验假功夫的不二法门。我如果是武协主席，在武术考试的时候，练形意拳的我不让他打拳，我就检查他的三体式。大家站在一起，拼拼三体式站的时间长短，最能检验一个人的功力。那些假功夫师傅如果知道形意拳考试是考站三体式，他就不会来了，因为那些假功夫根本过不了三体式的站桩关。

之所以存在“滥竽充数”，是因为管理者是外行才使人有空子可钻，如果这个管理者是形意拳的大行家，那什么伎俩

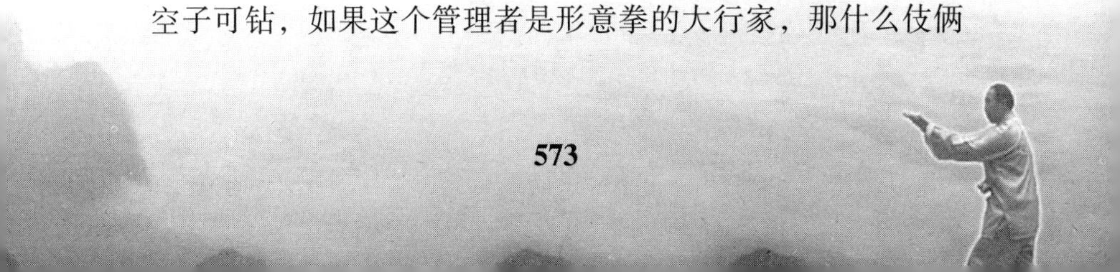

也难逃他的法眼。现在有许多怪现象，武打电影的主角都是不会武术的，会武术的专业人士都是替身，开飞机的驾驶员去做养鸡协会的会长，才使“假”有空子可钻。国术要想有一个良好的发展也要打假，要告诉自己的同胞真正的国术是什么？

国术实乃国魂，国魂不容蒙尘！

137. 奇经八脉

三体式脚下的三七劲是个难点，初学很难练的明白。对这个三七的形容，也就是三体式腿下的形容，我也是颇费脑筋，如果不能正确的引导，语言不够细致，就不能把这些东西表达出来，形成文字也许会有歧义，这是我不愿意看到的。

首先要说的是脚，三体式左脚向前一步，对这个脚是有要求的。首先这个脚的五个脚趾要弯曲，要微微有抓地的力量，这个样子才能做到手与足合。前文我们说过手掌，这个手掌要像冬天烤火一样撑开，稍微有一点撑劲，这样劳宫穴就有了感觉。同样在练习三体式的时候，脚趾也要适当地增加一点力度，这样脚下的涌泉穴就会有变化。经络穴道的感觉人人不同，有的人感觉灵敏些，有些人感觉迟钝，甚至感觉不到，其实都没有关系，只要你的脚趾的力度恰到好处，就能引起脚下的穴道的变化，从而引起全身的微妙变化。

形意拳的脚是平飞，也就是直出直入。正常人的步伐，在迈步的时候，脚底板向上勾起，然后身体向前移动的时候再落下去。在练拳之中尽量要缩小脚腕的这种变化，这样练习才能得到最佳的效果，这样做的目的是移动的时候，步伐能最有效地带动身体，使自己的身体在快速移动中不失稳重。

这个多年形成的向前迈步就动脚踝的毛病，在形意拳中要纠正很长时间。在这一点上古人比我们占有优势。在遥远

的古代，那时候的古人是没有鞋子穿的，以后随着社会的发展，有了鞋子，可那些鞋子基本上都是平底的，到了近代洋人的鞋子传了进来，现代人很多人都穿皮鞋和高跟鞋走路，许多人很久都没有“脚踏实地”的感受了，因为现代的鞋子基本上都是有后跟的。

一只脚稳稳当当地落在地上是什么感觉？

现代人已经没有什么体会了。这就需要你在练拳的时候，一点点地找回这个感觉。练形意拳脚踏实地真的很重要，脚上的鞋子也很重要。如果穿着高跟鞋练拳，你的姿势永远不会正确，因为你的脚后跟被鞋跟提高了好几寸，你的身高都产生了变化，很难找到形意拳中那些细腻的感觉。

高跟皮鞋具有美观、提高身高、挺拔身材的优点，这是按照现代人的审美眼光说的话，其实长久地穿高跟皮鞋，对健康会产生不良的影响。你的脚总是不能舒舒服服地呆着，在支撑体重的时候，脚尖和脚跟不能均衡受力，这样时间长了会损害自己的身体。在网络上诸君能查到很多类似的报道和说明，在这里就不赘述这些了，道理人人都懂，能不能做到是另外一回事了。

在前文我已经明说过，在所有的鞋子种类中，我首推布鞋，布鞋在养脚排汗的许多功能上，要胜过其他鞋子。这种鞋子没有跟，脚掌能平平地放在地上，这种感觉对练拳很重要，对练形意拳也很重要。穿着千层底的布鞋练拳是一种享受，这种享受只有身体练得很敏感的人才会懂。

形意拳的功夫出在脚下，人的脚上有几十个穴道，对这些穴道的养护其实和人的健康息息相关，脚舒服了，人就舒服了。随着形意拳功夫的深入，你的脚下的感觉会越来越灵敏，那时候不用我说，你就知道自己练拳的时候该穿什么鞋子了，在平时也会尽量避免经常穿后跟很高的皮鞋，那种鞋子其实穿一天下来，比你练功夫还累。

在左三体式中，左腿的膝盖一定要有向前顶的力，但不能超过 90° ，前脚的小腿和大腿之间的弯曲度绝不能超过90° ，这个 90° 在数学中叫“直角”，这样的弯曲角度会影响血脉的流通。这个我只能用上限来说，这个上限就是 90° 。前腿在自己的腿窝处形成一个钝角。

后腿前文已经说过，外撇的角度不能过大，后膝盖要尽量靠近前方，这样在两腿之间就有了一个“夹裆”的力，前脚直后脚斜，这个斜要斜的有道理，初学诸君往往后脚一斜，脊柱的末端就会跟着歪斜，造成身架不正。形意拳不管两只脚如何变化，尾闾中正的根绝对不能失去。身势的正确不仅仅影响任督二脉的位置，也会影响奇经八脉。下面我借着古书的意，说说奇经八脉。

阳维在顶门前一寸三分。

阴维在顶后一寸三分。

冲脉在风虎穴入发一寸二分。

带脉在脐两旁，如带系于腰际。

任脉起于人中，降至会阴窝终止。

督脉起于尾闾，逆上泥丸，至齿交龈处止。

阴跷在尾闾骨后第二节窝中。

阳跷在谷道前一寸二分阳窝中。

八脉唯阴跷一动，周身俱动，然非先天大药，八脉闭而不开。

(这个阴跷的跷字，在古书中是个“足”字旁，右边是个“乔”字，但是我的输入法里，找不到这个字，只好用“跷”字代换下，因为这个字很重要，特在这里做个说明)。

上述就是古书中所载的奇经八脉，这些都是一个练拳的人应该知道的一些知识，也许不会像一个专业的大夫一样精通，最起码也要知道一点，这样对练拳是很有帮助的，否则那些年代久远些的拳谱你根本就看不懂。

在闲暇的时候，多翻翻古书，多参参古意，多理解一点自己身体上的器官、穴位都起什么作用，是对人很有好处的，我觉得比出去吃喝玩乐都强。问一句不该问的话：你了解你自己吗？

练拳其实就是身体上的学问，在身体上做学问，一个好的身体是与你寸步不离的，一个练武的人只要身体能动就能打拳，拉小提琴的放下了小提琴不能演奏，木匠离开了斧刨也制作不成家具。只有国术才是随身携带的技能，不需要任何道具，在澡堂的水池中都能施展的技能，这是许多别的学科和学问做不到的。其实天下不管什么技能，你若想学好了，首先要有一个好的身体，还要有充分的脑力，形意拳就是练这个的。身势对练拳很重要，古人也说大势所趋，这个大势在形意拳中我们就把它理解为身势，这样在行拳走势中我们就不会犯大的错误。

在网上有一篇佩服金庸金老爷子的文章，香港在金庸写书的时候非常繁华，用现在的话说，玩个通宵有的是地方，金老爷子在写书的时候，能抵制十丈红尘的纷纷诱惑，认真地在家写书，这是需要大毅力的，因为如此金庸才是金庸，才有这么多烩炙人口的佳作问世。

一个练拳的人能不能成功，关键是你的心态。你知不知道自己想要什么？能不能把握十丈红尘的诱惑？

须知天道无常、人生苦短，灯红酒绿、纸醉金迷，青春转眼即过，当你即将离开这个世界的时候，你发现你竟没有坚持

做一件你最喜欢的事情，我不信你会不后悔！

古人云：朝闻道，夕死可矣！

内家拳境，
此生难求。
今日不学，
更待何时？

138. 三体式之内意

在形意拳三体式中，后腿在弯曲的情况下，要承担身体百分之七十的重量，三七开的重心分配是形意拳的特色，这种集中受力的站桩方式，站出了形意拳门一代代的高人。

三体的奥妙不是初学就能全部了解的，随着练拳时间的增加，功力的加深，三体式会越来越标准，许多形意拳大师经常做的事情，就是纠正和调整自己的三体式，让自己的功夫进一步提升，这就是民国时期同一个人不同年代留下的三体式照片有差别的原因，大家可以去搞清一下照片的年代顺序，这样看起来就比较明白了。

从初学形意拳到形意拳门的一代宗师，形意拳这个三体式的桩法会伴随终生，一直练下去，就一直会有新的体悟和新的收获。

前腿膝盖前顶，身体的重心坐在后胯上，初学步子要尽量大一些，扯动了你的胯会极端的不舒服，胯不扭一点，两条腿的姿势就不会到位。胯稍微一扭，许多练不到的地方就练到了。

胯要扭开一点，后腿的膝盖还要收进来，这样就形成了腰胯之间的挣力，后腿的“内收内合”就是为了控制胯部无限制地“扭”。形意拳这个三体式练着别扭，我说着也别扭，初学的诸君会感到身上没有一个地方是好受的，如果初学你有这样的感觉，说明你练对了。如果初学初站你感觉到你身上有的地方不难受，那这个地方肯定有问题，需要你赶紧修正一下。

三体式就是在这个浑身难受中求功夫的。说到这个章节，我要说一点三体式的意了。练这个三体式你只要做到姿势正确、呼吸顺畅就可以了，意念微微在两掌，眼神顺着指尖要望出去，意念要远，内心的感觉微微地放在掌指上或者放在劳宫穴上都可以。万不要给练拳乱加意念，千千万万不要这样做！

有的人讲无极式的时候，下一个动作两臂从身侧抬起到头顶，然后缓缓下落，有的人教别人练拳的时候告诉人家，你的两只胳膊像托着整个大海，要把大海托起来，两手下落的时候，要把地上的山按进去。

这些东西都不要加，这些拳意都不要有，想都不要想，你的任务就是呼吸顺畅地摆三体式这个动作，练武就是练武，武道有它自己的东西，在这里边用不着用你的意去做导引，因为你的心力没有那么大。你想让你的脉搏停下来，你想一个试试？

你的脉搏不会听你的话，你想有什么用？只不过给你练拳增加了负担而已。前文我一直强调，武功不是纯佛法，也不是纯道法，用不着你用那些乱七八糟的导引什么的来影响它。所以站桩练拳就是站桩练拳，别动那些歪脑筋，把心思放在认真的练拳站桩上比什么都强。

宽胸实腹，
虚领顶劲，
含胸拔背，
沉肩坠肘。

这是形意拳十四要则的前四句，站三体式先从这16个字中去体悟，先不要看那些什么“三才九势歌”，那些太难太复杂，那些规矩是硕士研究生用的，我们现在就用《小学生守则》。这16个字做到就很不简单了。

在这里需要解释一下“虚领顶劲”，现在有许多书中还有一些网络上的文章都是写的“虚灵顶劲”，我不说他们是错的，从我个人的理解来看，这个“领”字更符合这句话在形意拳中的意义。这个虚灵顶劲为什么不说它是错的呢？因为形意拳还有一句话叫“虚精实灵”，这句话是形意拳很高深的东西，也许这个“虚灵顶劲”说的意思和“虚精实灵”有关。

初学我们用不到这么高深的字意，我们只要做到“虚领顶劲”就可以了，其实这句话说的是你头部的正确位置，后脖梗子向上顶为实，下颌微微向内一收为虚，这一虚一实合二为一就是一个“领”字，能做到这些就行了。下面我把《形意拳十四要则》都打出来，诸君自己分析下。

形意拳十四要则

宽胸实腹。
虚领顶劲。
含胸拔背。
沉肩坠肘。
疾起疾落。
虚精实灵。
上下相随。
阴阳相合。
内外如一。
接连不断。

动中求静。
用意不用力。
尚守不尚攻。
尚柔不尚刚。

练形意拳的最好把这些东西背下来，随着练拳时间的增加，你会慢慢地咀嚼这些拳诀的意义，前提是脑袋里要有这些东西。配合这个《形意拳十四要则》的还有几句话，今天我一并把它打出来，不管你理解不理解，先把它背下来，日后你会从中得到益处，那时候你就会理解我的深意了。

意能使力。
静能制动。
柔能克刚。
神能益气。
气能促力。
力随气到。
气随神行。
神到克敌。

这些拳诀在形意拳中不是“目”而是“纲”，形意拳就是研究人“形”和“意”的学问，这些理论万分重要。前文没有讲，是初学根本理解不了，我把这些东西放到讲三体式的时候再说，这里边是有深意的！这些东西网络上不是没有，但是没有人跟你讲“虚灵顶劲”和“虚领顶劲”的区别，这个字如果会错了意，《十四要则》就变成了《十三要则》，和

后边的“虚精实灵”有了冲突的地方。有心的诸君当能体会，如果说拳诀就是银行的密码，那么银行的密码错了是什么结果呢？

这个章节说的东西太多了，希望诸君有个好胃口，能慢慢地消化它。

139. 谈武说道

心往一处想，劲才会往一处使，这也是形意拳形与意合的根本道理。身在练拳，神在娇娃，难有大成就也。练武也是练心练心量。

生活中每个人都有面具，在练拳的时候就要放下，就要暴露你的真实意图。武功就是实打实的积累、实打实的碰撞，来不得半点虚假，言行不一的人不值得信任，神形不一的人也练不好拳。练内家拳可以纠正自己的身形，使自己的思维变得敏锐，身心都会发生巨大的变化。只要你学进去，真理自在其中。

这些的前提是心神合一。

英国的绅士风度世界闻名，同样英国的足球流氓也是世界闻名。其实足球本身就是一个引子，也就是催化剂，本身它并不产生化学变化。那些衣冠楚楚的绅士进了球场，就变成了暴民，打砸抢烧什么都敢干。

那就说明他们平时的绅士风度是假的，内心的魔鬼一有它发芽的空间就会跳出来作乱。足球这时候就是一个放出魔鬼的空间，足球本身并没错误。中国人有句古话叫“披着羊皮的狼”，这句话最适宜形容这样的流氓绅士。

我不是在这里讲世界文明史，我是用足球流氓来说练内家拳的道理。其实许多人练拳的时候，心与身体是不统一的。穿着练功的服装，想着澡堂子的事的人大有人在。

心与意合为第一，有了心意相合，才有后边的意与气合，气与力合。心意相合说起来简单，其实做起来很难，打拳的时候，你一出手就要进入打拳的境界，这个需要艰苦的练习。外国人有句话：上帝想让他灭亡，必定先让他疯狂！练习内家拳能很好地调理身心，降伏自己内心的魔鬼。

天冷了有人会感冒，但为什么别人不感冒呢？因为别人身上没有感冒的种子（病菌）。这些隐藏的种子（细菌）带在身上，隐藏在身体里，就叫“隐疾”。它没发作出来，和英国绅士没进足球场一样，英国绅士身上隐藏着魔鬼，没进足球场的时候看不出来，其实都是一个道理。

练拳能强壮身体，慢慢地化解这些隐藏的疾病或者病菌，使人身体健康、延年益寿。从这个角度来看，其实你的人生已经产生了变化，这也是内家拳收徒弟极为谨慎的原因。古人说：苦其心志，劳其筋骨，饿其体肤，增益其所不能，一个人经受了这些考验，心理和生理都产生了变化，内心强大，肉体强韧，当然能做出常人做不到的事情。

练内家拳也会改变人的思维，改变身体素质。延年益寿是说这个人原本能活 70 岁，现在能活 90 岁了，这后 20 年的命运不是就改变了吗？

练武的人把握自己的内心其实很重要，化解隐疾和化解心中的魔鬼一样很重要。现在有一句流行的话：冲动是魔鬼。一个内家拳高手是很少做出冲动的事情的，他有自己的想法，你觉得过不去的坎，他觉得比站三体式舒服多了。再大的困难也不如站一小时三体式的痛苦大。因为他练过，有那个心理承受能力，他要认为这是“坎”，那对一般人来讲就是“山”。“海纳百川，有容乃大”，这个心的容量是他一点一点练出来的。

内家拳的老拳师都很有涵养。诸君可以查阅民国时期那些武术大家的照片，从中可以寻求内家拳的蛛丝马迹。看看那些大家的拳照，能给人一种特殊的享受，这些只有身上真正长了内家功夫的人才会懂。

按照我书中循序，习练了五行十二大形象，练习了五行合一进退连环拳，现在又掉过头来重新修正自己的三体式。我觉得诸君如果真的练到这一步，有些东西就要说道说道了，话不说不明，如果这个道理不能讲明白，也许功夫就搁在这个境界当中，很难再有突破。

功夫练到了这里，我觉得此时内家拳有一个重要的关口即将产生，也就是“武坎”。这个关口不是只讲的三体式的疲累，我觉得到了现在，一个最大的关口就要到了，那就是“心量关”。

你的心，你的心量，心的容量啊，能不能融进去这么多东西。后边的拳啊，再练习两趟，一趟八式拳，再学一路杂式锤，练习一段时间，你也许能在全国武术大会上拿个金牌什么的，但是金牌只是给别人看的，那些东西只能蒙个外行。现在全国全世界的各种武术比赛，在地球上一年举办多少场呢？一年能产生多少冠军？这个不用我说，你自己的斤两你自己最清楚。

功夫练到这一步，要让我来说，还差得远呢！因为你还没摸过兵器，还没有掌握兵器的性能，在形意拳中你还有很多东西没有练习。不要觉得此刻的功夫已经了不起了，此刻的你也许能战胜两个流氓，但是流氓倒地的时候，如果正好抄起两把西瓜刀，你就危险了，因为兵刃格斗和徒手搏击是两回事。

所以说在形意拳中你有很多东西还需要学，放下“贡高我慢”之心，认真地学练下去，也许这个坎你就能很轻松地过去。实话实说，练形意拳倒在这一步上的人十成当中占了九成。因为他们满足了，他们觉得到了如今我会的已经不少了，可以笑傲江湖了，其实还差得远。

形意拳是枪拳，如今大枪的东西我还一点没说呢。刀枪剑棍是形意拳门的四大兵刃，这些能拿得起来的，在外边你是看不到几个的，别说练得好不好，先问问他会不会？

养灵根而动心者，武中之将也！老祖宗的拳谱中提到了武将这个词，而没有说练成了变成刽子手。那既然说是武将，请问你懂兵法吗？你知道排兵布阵吗？这些其实形意拳中都有的。

养灵根而静心者，修道也。修道你懂吗？你看过几本修道的书，实际练过没？

静心的你不会，动心的你也不会，这个拳练到了这里还不就是个半吊子吗？更不用提什么“动静结合”了。诸君如果以为形意拳的“动静结合”是练拳和休息，那就错了，它指的其实就是老谱中的“静心和动心”。静者，修道也；动者，武将也！动静都不行，算什么形意！

因此我才写了这个“谈武说道”，我的目的很简单，形意拳练到这里，后边还有很多好东西，要端正你的心态，解放你的思想，要逐步打开你的心量，去接收这些国术中最精华的东西。这些东西啊，才是最需要传承的玩意。

我不敢自创一门武学，因为我知道在武学的道路上，我的认识就是井底之蛙，老祖宗在拳中的无边智慧还没能揣摩完全，我不敢找三五个人握个手成立个门派。一门的东西是多少代精英智慧的凝聚。武通医道，哪个大门派都有自己珍密的药方，那是无数人试验出来的宝贝，不信的话你拍几天铁砂掌试试。

当年在街头卖艺的人，都能在肚脐上扣个大碗，用内气一下子吸住，然后随便在街上找个壮汉，两只手使劲抠都抠不下来。当年这些人就是个卖艺的，算不上武林高手，但就是当年街头卖艺的水平，都比今天那些假大师强太多了。对“武”这个字眼，我一直怀着敬畏之心，我知道武道通天，那不是用嘴说着玩的。

形意拳练到了这一步，好戏刚刚上场，如果诸君就此合上这本书，我保证你会后悔的，这些东西我只写这一次，我会顺着形意拳脚兵刃的脉络，完成这部作品。往后看下去的前提是你的心量要打开，“练拳正意、正意练拳！”要跟着我一步一步地看下去。这个我就不具体描述了，相信看到后边章节的诸君会懂！

140. 腹动肠鸣

每天吃完饭我们先休息一下、养养精神，古人对吃饭、睡觉的要求是“食不言、寝不语”，吃饭的时候不要高谈阔论、喋喋不休，这样吃下去的饭能很好地进入身体，饮食消化就是“道”，这样吃饭身体才健康。

现代人流行的快餐，其实不符合养生之道。首先吃饭的速度要慢些，食物在口中尽量地多加咀嚼，这样食物在进入食道的时候，就是一个糜状，便于身体消化和吸收。在吃热乎乎的饭菜的同时，不能像快餐一样饮用冷冰冰的饮料，胃部的骤然收缩其实不利于身体的健康。

现代人的许多疾病其实就是自己吃出来的，饮食消化系统的疾病没有小病，因为它影响人体有效地摄取营养，比如牙疼、甚至痔疮都会对身体产生极大的影响。国人的生活渐渐富裕，从上帝让我们吃什么，到现代人自己想要吃什么，有了很大的转变，在这其中很多人迷失了自己。

在古代，家里的猪是只有过年的时候才屠宰的，家里的鸡鸭也不能想杀就杀，新姑爷上门的时候，丈母娘才会杀一只鸡来招待。古代人认为不逢春节还有重大的祭祀活动，为了自己的口腹之欲宰杀大的牲畜是有罪的，这就是古人遵循的道理。

现代的人因为科技的提升，一年四季无时无刻不能吃到各种肉类，冰箱里的冰冻啤酒和饮料有的是，在这种情况下，人就不能很好地自我约束，暴饮暴食使现代人的身体素质下降。在20世纪80年代电视节目只有几个频道，节目到晚上十点半左右就全部结束了，现在的电视是24小时滚动播出，包括各种声、光、电产品的大量普及，计算机网络更是普及到世界各地。人在这种情况下，要能很好地把握自己的作息时间，才能把握自己的身体健康。

现代人脑袋动得太多，身体动得太少，不能“日出而作日落而息”造成了许多亚健康的疾病和隐疾。其实人不能想干什么就干什么，十丈红尘诱惑纷纷，随心所欲就会毁了自己。所以佛家讲“空”讲“戒”，道家讲“清净无为”。

在正确地锻炼一段时间的三体式以后，就会有一种特别的情况产生，那就是“肠鸣”。肠子会有响动，这个响动你自己可以感知，耳朵可以听到这些声音，不用害怕，这都是正常的现象，今天写出来就算是一个广而告之吧。

人有很多生理现象，这只是其中的一个，功夫练到这一步，说明已经找到一点感觉了。把耳朵贴在别人的肚子上，也就是对方的肚脐附近，静下心来认认真真地听，你就会听到肚子里边有很多细微的声音。练拳站桩产生的声音只不过比这个大了一些而已，用不着惊讶。

在前文我说过，人在站立的时候，用拳头轻轻捶打自己的腰肾命门这块地方，许多人都会打嗝，甚至一些气体会从谷道出来。命门火一动，许多寒凉一些的气体就排放出来了，在初学劈拳的时候，有人也有打嗝之类的现象，没关系的，这些都很正常，练内家拳当然要内动。

内动这个词不神秘，其实早晨起来人打个哈欠、伸个懒腰，都是内动的表现。体内的一些浊气的排放也能增进身体的健康。练拳的好处大了去了，我写在文字中的不过是九牛一毛而已，只有你塌下心来练下去，这些东西才会不明，然后不明自明，许多事情不用别人讲，经过一段时间的练习，自己就明白了。“饥无力、饱伤骨”，前文已经说过这个词，过饥过饱都不适合练内家拳，吃完饭要消化一段时间然后再打拳，关于具体的时间掌握前文已经讲过了，在这就不赘述了。

这些内动的产生只有一个原因，那就是正确的姿势和呼吸，自古华山一条路，在练拳中你只有找到了这条唯一正确的道路练习下去，才能越来越接近武道的真理。

见怪不怪，其怪必败。内家拳的那些高手，都是在自己练拳的过程中一步一步地走过这些过程，把练拳中酸甜苦辣都当成练拳中一道道的风景，看一下明白一下也就过去了，迷恋在哪个风景中都是错误的，因为在练拳中那些都是过程而不是终点，终点自有终点的感觉。

人的感官差别是很大的，只有有经验的明师在这时候才能按照自己的经验正确地指导弟子。有些人天生敏感，有些人天生迟钝，因为人人不同，所以我也没有必要把我练拳中所有的感觉和过程都赘述出来。和中药铺一样，我写了 3000 个药名，其实对你有用的也就是几味药而已，罗列这么多药名，会浪费了读者的时间。

在这里再一次强调师父的作用，奉劝那些自学的朋友，在你盲人摸象走投无路的时候，在你的机缘到来的时候，找个老师吧！有了正确的指导，才能在学拳的道路上走得更远。一个西医的主刀大夫，也不能给自己做大手术的；在《三国演义》小说中，武圣人关羽关云长“刮骨疗毒”的手术也是别人帮着做的，武圣人也有需要别人帮助的时候，何况我们呢？在练拳

中有人能帮助你，这不是很好的事情吗？响鼓不用重锤，我相信对于我的话，诸君可以认真地去理解。

古人有句话叫“愁肠百结”，其实你不犯愁的时候，你的肠子也是“百结”的。现在北方的菜系里有一道名菜就叫“九转大肠”。人的大小肠对人的身体很重要，它在你的肚子里弯弯绕绕，是很重要的器官。

九曲黄河万里沙，

浪涛风簸自天涯。

这句古诗用来形容我们的大小肠倒是再贴切不过了。古人修道形容这个地方“九重铁鼓”也好，“九曲黄河”也好，说明这个地方不好练，也说明了它在人体中的重要性。这些东西我们知道一些就行了，在练拳中认真地对待，不急不躁地才能练好内家拳。

今天少林、明天武当、后天练峨嵋，我不是说这些门派不好，许多门派流传几百年都是好东西，但是这些门派就像满汉全席，300 多道菜你都要，那就会吃坏了身体。你的身体根本消化不了这么多门派的东西，那样练习不出功夫，拳乱脑子就乱，本来就是一个班长的材料，管七八个人还凑合，你非让他去指挥八国联军，他根本胜任不了，时间长了不出毛病才怪。

练拳的明师高徒，那些在练拳中得到了好处、获得了成就的人，都有一个共同点，那就是有“自知之明”。用老百姓的话说，就是他知道自己吃几碗干饭，不做自己力不能及的事情，这在练拳锻炼中是极为重要的事情。

什么事都有一个度，超过了这个限度就会适得其反。儒家讲中庸之道，谨言慎行就是不去触碰这个度的“上限”和“下限”。古人了解“物极必反”的道理，“机关算尽，必遭天谴！”

在古代一个做尽了坏事要被杀头的人，临去刑场之前，还要给一顿好吃的，天理、国法、人情、是古人遵循的大道理，这是古人的美德。

同样在体育锻炼之中，也有轻、重、缓、急，也有劳逸结合，初学拳的诸君要慢慢地自己去把握，要把握自己最适宜的这个“度”，这样才能把身体调整到最健康的状态，用最佳的身体状态去完成自己在十丈红尘中的使命。

141. 前三山　后三山

在形意拳中有三顶的说道：头上顶有冲天之雄，头为一身之主上顶则后三关（或曰三山）易通，上达泥丸可滋养心性。手外顶有推山之功，气贯周身力达四肢。舌上顶有吼狮吞象之容，能导上升之肾气下行而归丹田，以“固命强本”。

其实，在形意拳流传至今的文字中，提到了一个很关键的词就是“三山”，和一些道家的论述暗合。按照道家的说法，“前三山、后三山，通了三山是神仙”。也有的流传中是“前三关，后三山”，其实意思都很接近。把这些难点比喻成山，来说它的不好攀登，比喻成过关也没错，后汉三国关羽关云长过五关斩六将，没有那么简单的，有武勇还要有机敏。一人敌、十人敌、乃至百人敌，终不过匹夫之勇也，胸有韬略的武中之将，才是真正的万人敌。

真武者乃天地间大智者也。

既然如此，大智者是不是就该多知道点东西啊？我们依着古书的意，来找找身体上的前后三山。

前三关中，上关泥丸，心源、性海之窍；中关黄庭，黄中正位之窍；下关水晶宫，丹田、气海之窍。

后三关中，下关尾闾，太玄、督脉窍；中关夹脊、命门，双关之窍；上关玉枕、天谷，泥丸之窍。

我只是依照古书的意，把这前后三山的地址、名称和邮政编码都打了出来，留待诸君自去参悟。初学的诸君可以不理解，也可以不明白，但是你最好像学习数学公式一样，把它背下来。有条件地去找找古书或者经络的挂图什么的，仔细地看看这些“窍要”的位置，这样对你练拳是有好处的。

在形意拳的老拳谱中，在各位宗师大家留下的文字中，总提到一句话：武艺虽精窍不真，枉费心机枉劳神。祖师传下神妙艺，得此传授要择人。

这个窍是关窍、窍诀、窍要。

这些东西都不出身体的范畴，不在别人身上，只在自己的身上、自己的拳里去找。这些东西我只是依照古书的意，照葫芦画瓢地抄袭一遍而已，我不做解释，一个解释的字也没有。

因为我达不到古人先辈对人体的认识程度。许多古人出家闭关几十年就是研究这个的，也许要多少代人的积累才能汇集成一本书。写出这些东西，我远远达不到这个高度，所以对这些东西，我不解释，留待诸君自去参悟。了解人体穴位、经络的初级知识和它们之间的关系，对练拳是有帮助的，但要注意的是，你只了解和武有关的那一点就行了。

这样可以节省很多时间，来精纯自己的武功。练武终究是要把武艺练到身上才算数，这些知识最后都会归属到你的拳脚上。在练拳中找到自己的这些东西，才算真正的练成功了，否则就算你再精通这些经脉、穴位，也没用，也许你可以做一个很好的中医大夫，但不是个练武的。

练武的人是把功夫练在身上，而不是挂在嘴上。现代的人们，对突然提高学习成绩的孩子有一句表扬的话：“这个孩子学习开窍了。”

开什么窍？

再深问下去，他就说不明白了。其实这些话都是道家啊、佛家啊、参禅修道人的专用语句，说的是参禅修道的人身体上或者脑袋里他那个关窍打开了，自然他的水平就突飞猛进地进步一大块了。现代人许多人都用这些词句，但是现代人不理解这些词句的来历，练武到了一定程度的人是明白的。

回到三体式。在三体式中脊椎找到了最正确的位置，能有效地支撑身体，人身上的任督二脉在空间中的位置自然正确。在这个时候，人的脑袋下颌要稍微向内收一点，头顶这个力前文不止一次的强调，要放在后边的后脖梗子上，不能整体地学乌龟拔脖子，那样会造成咽喉不适，对人的呼吸产生不良影响。久练才能慢慢找到自己最合适的程度。

我们看非洲草原上的猛兽在扑倒猎物的时候，往往咬它的咽喉，以图一击致命，在百姓流传的话语中也有打蛇打七寸的说法，古人形容兵家必争之地，战场上决定胜败的地方往往叫“咽喉要道”，其实咽喉在人的身体上也是很重要的位置。

在这里有一个地方古人叫“十二重楼”。我记得在前文介绍龙形的时候，在龙形的歌诀中提到了这个词，不知道诸君还有没有印象，当时看这个篇章的时候，有没有对这个词产生疑问？有没有拿着文章去百度一下，看看这个名词的意义究竟是什么？

如果你没有做，说明对我的文章你读得不仔细，没有求甚解，没有做更深一步的探讨。我在书中留的扣子，其实是希望你自己去找答案的，这样学记在脑子里才会深邃、才会忘不掉，随着功夫的提高，这些知识就会春风化雨，慢慢地融合在你的大脑中，融合在你的拳脚里，久而久之就会变成你自己的东西。练形意拳不能懒惰，不是光指你体力的付出，脑也不能懒。身心合一，才能有望窥得大成的境界。

这还只是窥得而已，你看到了山顶未必就能够爬上去。观音菩萨给西天取经的唐僧配了白龙马，观音菩萨说，凡马到不了西天。古人讲龙马精神，在卦象中是有说道的，有兴趣的诸君可以翻翻书自去领悟。凡马去不得西天，粗心也练不得形意，内家是精细拳，“猪八戒吃人参果”事情做了，但没有品咂滋味，没有悟到内里的奥妙，如入宝山空手而归也。

按照古书的意：顶为须弥，上有九宫，中曰泥丸，为青女，口为丹池，咽喉二管，左为食管，右为气管，有十二节，名为十二重楼。

这就是十二重楼的所在。这些东西在说三体式的时候，我觉得都应该说出来，先有一个最基本的认识。还是那句话，我只是依照古书的意，把这些东西罗列出来，以图诸君在练拳的时候能看明白拳谱中的文字，免了诸君在书海中徒劳翻寻之苦。

这是我的本意，要想在这些知识中去深究，就要靠诸君自己去努力了。老师傅讲，会了三体式会了劈拳，形意你就会了一半了。因此在三体式中，许多东西都应该明白，最起码有个基本的认识，这样诸君才能扫清前进中的障碍，把形意拳练好。

142. 降龙伏虎

在三体式之中，前手和后手的两个手掌之间有一条看不见的线相连接，这条看不见的线就是大枪。形意拳是枪拳，这个三体式空手练习和操着一杆大枪其实没有什么区别，枪架还能更好地修正拳架。

许多初学的诸君总是不能很好地把握两掌的距离、掌形，还有后手的位置，这时候找个拖把试一试是很好的方法，实践是检验真理的唯一标准。

如果你前后手的位置没有放对，那么枪尖就不会冲着前方，形意枪三体出枪的动作和一般的枪法不同，在这个劈枪的定势中，枪尖是要微微上挑的，而不是绝对的平直。劈枪的定势不是中平枪，而是枪尖要微微上挑，这样才合枪法中技击的大原则。

我们站好了三体式，如果家里没有大枪，我们可用拖把，把拖把拿在手中试验一下，对着镜子，我保证你能发现很多自己姿势上的毛病。记住在形意拳中，你要用枪架来修正拳架，而不是用你的拳架去修正枪架。

按照大枪的感觉行拳，你练的就是形意！

按照打拳的感觉来走大枪，就会产生很多问题，在拳中这叫“本末倒置”。在我们这个年纪的人小时候基本都玩过玩具蛇，就是那种吊线的蛇，当年父亲也用这个玩具来说过形意拳的道理。

三体式是前三后七重心在后，这样前手才能灵动活泼，小小的玩具蛇因为有了这根吊住蛇的线就活了，在小孩子摆弄它的时候，就会活灵活现。形意拳的三体式其实也是这个道理，三体式其实就是降龙伏虎。前手就是降龙，这个初学的诸君有点不好理解，当年我父亲用一种游戏举例，来说这个前手的降龙，这个游戏就是——放风筝。

这样一说，诸君就能理解了，因为龙谁也没见过，说出来空洞，但是把风筝扎成龙的样子，我们把它放飞在空中，这个感觉就很直观、很实在！

一个大龙的风筝在空中盘旋飞舞，做出各种动作，但是它的所有动作我都能控制、都能指挥。因为我的前手上有一根线，这根线牢牢地抓在手中，我就控制了这条龙的一切，它所有的飞腾变化其实都在我的掌中。

放风筝的时候，你牵着线的这个前手不能“死”，你要感知这个细线传来的所有的力道，因为这一个飞舞的大风筝所有的力量都会通过这条线传到你的手上，玩的时间长了，你的手就练成了老中医的手，能感悟这个大龙风筝浑身传来的所有力道并加以化解，这就叫“打拳如号脉”。这是我父亲的原话，如今我通过回忆，一点点地把这些话语打出来，告诉诸君这样练拳才是内家。

在建筑风水学中，也提到过青龙白虎，比如家里的门，能打开的一侧称为“青龙”，不能开启的一侧是固定的，这个一般称之为“白虎”。因为青龙主“动”，它总是不断地运动，用它来形容门开启的一侧非常恰当。白虎主“静”，在五行合一进退连环拳中，还有这个式子的名称，就叫“白虎蹲穴”，白虎在穴中隐伏，暗指这个“静”。其实三体式就是前手青龙，后手白虎，一阴一阳，一动一静，你怎么理解都不会错，这个式子里有无限的玄机。

形意拳三体式的后手就是伏虎。伏虎于胯下，这在老百姓的眼里是神仙做的事情，最起码是武松那样的好汉才能干的事情。如果我们把老虎当成坐骑，我们是不是要感知这个老虎浑身的力道，在行走中才能不至于摔下来呢？

这个是肯定的，如果猛虎驮着你窜山跳涧，在高低起伏的山峦上飞奔，我们的双腿是不是要感知猛虎全身的力道，才能与猛虎合而为一？这是一定的，别说骑老虎，你就是骑马也要身体能感知马的力道才行，在这里边有一个感知与配合的问题，你要随着它的力量调整你身上的力量，在这里边有一个“互动”的环节在，找到了这个环节，你就找到了你这个后手的“伏虎”，这个三体式才能站出真正的味道。

初次出海的海员随着大船开进波澜壮阔的大海，这些船员中很多人都会晕船，大海上没有方向，多大的船在海里也和树叶一样，随着海浪行进和颠簸，在风浪稍微大一点的时候，许多新上船的海员就会晕船，他找不准自己的身体和船、船和大海的最佳切入点，找不到三者之间的最佳配合就造成了晕船。

这个和三体式中找不到前手降龙、后手伏虎的感觉是一样的。久经大海考验的船员会慢慢地克服晕船的毛病，只有不晕船的船员才能真正地投入到航海的工作中去。在形意拳三体式中，你只有真正地找到了前后手的搭配和力道，才能接着练下去，这是一个艰苦而且细腻的过程。

三体式中蕴含的东西太多，平面的文字解释立体的武功，本身就是非常大的挑战，我试图用各个切入点说明白这个三体式，下面再说伏虎。

这个伏虎是降伏老虎。骏马从来没人骑过，你第一次骑上去马会撂蹶子，乱蹦乱跳，它会想尽一切办法把你颠簸下来，诸君可以想一想，从来没被骑过的老虎，你现在骑在了虎背上，古人有句话“骑虎难下”，说的就是这个时候。它会用全

身一切的力量反抗你，你玩不好就会“晕船”。

如果你前手按着虎头，屁股坐着虎腰，后手按着虎胯，那么你前手按不住它回头就会咬你，后手按不住它的胯，虎就会把你掀下去。你的身体下坐的力如果不能控制虎腰，你也会完蛋。在这三个力中最重要的是身体的下坐之力，因为这个力在三个力中是最大的。

猛虎干不过你，它整个趴在地上装死的时候，你还要把它提起来，这些个力都练到了，你才能真正地降伏老虎。所以说这个伏虎不只是下压下按，还有暗中的提劲。海员克服了晕船才能真正地征服大海，练形意拳的人明白了降龙伏虎才能真正的有所成就，这些奥妙就在三体式中。

现代人基本是手无缚鸡之力的，不信的诸君可以试试，如果家里有宠物的，你把它按在胯下一动不动试试，也许一只小猫你都按不住它。开个玩笑而已，小心被咬了手！

真龙火中出，

虎向水中生。

在道家的著作和典籍中多次提到了一个词“坎离相交”，其实说的也是降龙伏虎，但是道家有道家的解释，水火相济才能四象和合。

为什么是降龙而不是降大象？

为什么是伏虎而不是伏山鸡野兔？

这些东西你只有深入地去了解才会懂。在这里我只是开个头，我只讲降龙伏虎在形意拳三体式里一些有用的东西，我把这些东西提出来，有慧根的诸君自会去探寻。在这本书中我只讲与武有关的东西，再想深入地了解这些，就靠诸君自己了。有缘人自会去探寻内里的奥妙。深入经藏才能智慧入海，武者是真正的智者！

143. 内敛

这个词其实也源于古代修炼的人，现代人是不懂这个词的，现代人只会认为这个人内向，其实内向不是内敛，内敛是练武的人或者修行的人才能真懂的词汇。

内敛什么呢？

其实就是人的精气神。一个人能妥善地保养自己的精气神不使其散失，日久天长必能有所成就。精气神可以互相转化，按照一些道家的理论，还可以从后天返回先天，到达道家一个很高的境界。这些东西太高深，在这里就不说了，成就这一切的根本是你要有精气神才行。

按照武道的说法，敛气可以入骨，可以改变骨骼，甚至可以改变骨骼里边的东西。骨髓都在骨头里边，如果在武功中连骨髓都可以改变的话，那人身上就没有什么是不能改变的了。

在站立三体式中，两脚的距离不能太小，太小了不能体会内家拳这个姿势的奥妙。那么对初学者来讲，多大的步子为好呢？

一个训练有素的专家，一出脚就能找到自己最合适的位置，这个位置的黄金分割点，是对他自己而言的，是他久经练习找出来的。我只能提供一个不精准的下限，那就是三体式的步距，最起码不能小于你小腿的长度——从后脚跟到膝盖的距离。其实每个人都不太一样，我提供的是一个不太合适不太准确的下限，步距不能再小了。当然这个步子能练到多大，就要看诸君的汗水和智慧了，相信经过一段时间的练习，诸君都能找到自己出脚的那个落脚点，那是你最合适的位置。

人生有几件大事，作为练武的人来说，学习、工作、生活、练拳，囊括起来讲就是这几件事而已，其实你在学习、工作、生活中做的一些事，也会对练拳产生影响。作为内家拳，要求你在不打拳的时候要内敛、要内收、要含蓄。

“木秀于林，风必催之!”

在生活中不能锋芒毕露、得理不让人，在学习中要知难而进，知耻近乎勇，要懂得谦恭为人的道理，少思少虑这样睡觉才能香甜。小孩子躺下就能睡着，就是因为思虑少。前文说过，人体这个大电池中有百分之八十的电量是大脑消耗的，思虑多的人既消耗了很多人体的精华，同时还占用了大脑思考的频道，使自己的智商能力等降低。

一岁多些的孩子在父母抱着的时候，常常用手不自觉地去打人，出手相当的冷快，大人往往措手不及，躲不开孩子的手，就是因为小孩子思虑少，心一动念小手就已经到了。这是许多苦练武功的人梦寐以求的水平，可是许多小孩子在无意之中就能做得出来。

假设人体是一块大电池，一般人在睡醒的时候睁开眼睛，这时候就开始了耗电的过程，在人睡觉休息的时候，大脑相对的放松，大脑休息了，人体各个器官的修复维护功能开始正常地运作，粗略地来说，这个时候人开始自我充电，睡觉就开始充电了。这就是我们干了一天的活，睡了一个好觉，第二天早晨就觉得恢复过来了，身体上充满了精力，人就有了精气神的原因。

其实细细地分析起来，人一天的睡眠需要八个小时，但是不是这八个小时都在充电？人在梦中要翻身无数次，还要做梦等，日有所思夜有所梦，其实人在这一夜八个小时之间，只有10～20分钟是深度睡眠的状态，我个人认为在这段深度睡眠的时间里，才是人体充电最好的一段时间。因为人从思想到身体极度地放松，什么也不想，什么也不做，在这个时候，精气神在人体内汇聚，人与自然合为一体，这时候才是人体变化最精微最神奇的时间。

谁能在清醒的状态下，能随时进入这种人体自我充电的完美状态，我就说这个人得道了。

佛道两家都有自己的手段去达到这个理想中的水平。人是需要体育锻炼的，适度的体育锻炼能让我们的身体更健康，在打拳练武中我们也能越来越接近给自己身体充电的状态，注意我的措辞，是越来越接近，而不是你当下就能做到。

既然我们给自己充电是很不容易的事情，那么在日常生活中就要尽量避免许多不必要的亏耗，合理地安排生产生活，这就是我要说的内敛。

这个内敛不是只在你练拳的时候，在你生活的时候也要做到内敛，人要善于守护自己的精气神不使其散失。其实内家是养战为道的，养兵千日，用兵一时，养大于战，在我的书中多次提到了这个养战为道的道理。

举个例子来说吧，古人有句挂在口头的话，“温饱思淫欲，饥寒起盗心”，说的是很高深的道理。古人还说，“少吃一口，舒服一宿”。

晚上要让自己的胃腾空下来，这样睡觉的时候，你的血液才不会都拥挤在胃部帮助你去处理大量的食物。大量的食物在身体中会影响你睡眠的状态，也就是你自己最佳的充电状态，第二天起床的时候，才能有一个好的精气神去投入工作。

道理是什么？

先讲道，再讲理。

这个道是天地万物要遵守的规则，道要大于理，因为道讲的是空间，这个理可能只是一个平面的事情。你在马路上走要遵守交通法规，你开飞机要接受空中管制，你离开地面80公里以上进入太空，要遵守太空守则。这三个规矩最后都不出“道”字。由此可以看出，古人用词相当的精准，“道理”这个词是这么来的。

内敛的含义很多、范围很广，我管不了那么多，我只是讲出这个道理，至于你能理解多少，能做到多少，就要看诸君的悟性了。武道可通天道，那这里边就有“道理”可讲，想攀越武学的巅峰，内敛是极端重要的事情。

古人讲格物致道，我不用你去“格”，这些东西我已经用白话文讲得很明白了，这些东西我只讲这一次。药治不死病，佛度有缘人！

我为什么说洋术只是“术”而不是“道”？

因为它只会让人体耗电而不懂充电，不能充电的手机用不长久。我说的这些如果你看不懂，就当成我的《成人童话》吧！

144. 三体式之精微

在拥挤的菜市场，一个骑自行车的小伙子快速地在人群中穿梭，突然这辆自行车冲着你飞快地撞了过来，这时候你不自觉地举起双手进行遮挡，自行车在即将撞到你的一刹那刹车，它的前轱辘已经挨到了你的裤脚，在你的裤子上留下了轮胎的痕迹。

我们把眼前的画面定格，其实此时你摆出的这个迎击自行车的动作就是劈拳，就是三体式。所以说这个三体式是一个先天的动作，在人遇到极度危险的时候，会摆出这个动作，来规避眼前的危险。

但是这还不行，因为你的脚在遇到危险的时候只是被动地防御，还不会迈步躲闪。其实在自行车撞你之前，你有无数次的机会闪避，或者向侧方迈步，或者向后跳，你有很多很多的机会，但是你就是看着自行车一点点地撞上你的，在自行车撞你的这个瞬间，你的大脑是一片空白的，什么也想不起来。

请问我说的对吗？

这就是武艺存在的价值，它其实锻炼的是临敌正确的反应和心理素质，手眼身法步的统一协调。有了脚下的灵动就不会吃眼前亏，有了武艺的底子，在自行车撞你的刹那你的大脑就不会一片空白。

心一战而内举动就发生在此刻！

回到刚开始的画面，在自行车撞你之前的一刹那，你想动想躲避，但是你要动身体的哪个部位才是最正确的呢？

一般人是动手，大脑不假思索地出手，做本能的防御，这是一个正常人最正常不过的反应。其实在动手之前你的脑袋先动了，你的目光会牢牢地锁定在眼前的自行车上，目不转睛地看着眼前的危险一点点地迫近，这时候你的头你的目光，已经先于你的手有了动作，你的后脖梗子已经有了反应。

但是这还远远不够。

真正训练有素的人他的脊椎会动，脊椎一动全身就动了，或进、或退、或闪、或避，刹那间就有了反应。这个感觉有人觉得是丹田，有人觉得是命门，只要不离那点地方都是正确的，再练下去还会有更真实的反应。

心猿已动，

拳势斯作。

动静虚实，

刚柔起落。

这些东西对初学者来说，还是到三体式中一点一点地去找，去体会这是最快的快捷方式，练形意拳绕不过三体式这座大山，你必须练通了它，才能有所寸进有所体悟。

在做左三体式的时候，当你的左脚向前上一步的时候，这个脚要平直地伸出去，脚踝不要做动作，不要有向上然后向下踩的多余动作。形意拳讲迈步如行犁，像老牛犁地一般，老牛在前边走，你在后边扶着犁把，配合老牛行进的速度，模仿老牛的步伐和节奏，久而久之你就能练出自己的节奏和节拍。在形意拳中这一腿出的是大有奥妙。

随着上步，左手拳同时从右手肘处向前，左右两拳同时翻转，前手变掌划弧前劈，右手作为后手此时变掌撕摞向后，二力相争，右手掌停在小腹前，此时左手在前与心口平，右手在小腹肚脐处。

我说的是我自己的练法，现在许多支系这个动作有高有低，但都不出大势，在此就不赘述了。形意拳不是摆出这个姿势就算完了，重要的是坚持这个姿势，把左劈拳当成一个定桩，认真地站下去才是真的。

在做好左劈拳动作的时候，就不要再有大动了，你可以微微地小动，把自己全身不合适的地方再稍稍地做个修正，然后把这个动作当成一个定桩，认真地站下去。

在左三体式站到不能坚持的时候，你可以如法炮制地上一步，变成右劈拳式再站，如果你是对着大树，也可以把脚收回来换腿，这样你和树的距离就能保持不变。认真地体会左右换式之间的变化，左右腿的感觉。三体式这个动作越站越有奥妙，坚持的时间尽量长一些，这里边是有大好处的。

许多老拳师傅不单是练形意拳的，许多其他门派的老师傅也这样讲，他们把站桩念成“耗桩”，这样说是有道理的，在站桩里“耗”什么呢？

就是你的脾气你的秉性，站桩是艰苦难受的活，越是在这个状态下越考验人心，“苦其心志，劳其筋骨”。

古人认为人有个特点——“一鼓作气，再而衰，三而竭”。举个例子：有的人 5 分钟可以做 1000 个俯卧撑，做俯卧撑的时候，你的胳膊是酸疼一下，一咬牙就过去了。我不用你 5 分钟做 1000 个俯卧撑，我只要你在 5 分钟之内做一个俯卧撑，你要慢慢地做，在 5 分钟之内你只能做一个俯卧撑。这时候你全身的难受劲不是做俯卧撑的那一下了，而是这个难受劲贯穿了整个 5 分钟。

这样的俯卧撑许多人就做不下来了，别看你能在 5 分钟之内做1000个，但是让你5分钟做一个俯卧撑不是降低了难度，而是增加了难度。有关这里边的学问，我其实说的是三体式的奥妙。苦其心志在前，劳其筋骨在后。其实劳其筋骨不但使身强体壮，它还能反过来刺激大脑，然后才能“增益其所不能”，做到一般人做不到的事情。

因为在你的大脑中只剩下了一鼓作气，没有二也没有三，三体式练的就是坚持，就是长（chang）力。老牛一天犁地100亩，不是长力是什么？从头到尾一个劲能坚持下来，其实已经不是一鼓作气了，而是鼓鼓作气。在形意拳中我们也要练得长力十足才对。

这些话在门内的老师傅都不会轻易对人言，我说了这么多，无非是让你坚持下去而已。其实一个在内家拳中练出滋味的人，是不会放下的，这是对身心大有裨益的事情，怎能一日不为之？

这些话我都是对初学诸君来说的。现代人有一个特点，知难而退，遇到事情总想绕着走找快捷方式。在形意拳中三体式是没有快捷方式的，谁练谁得，想有个好身体就要付出点代价，否则功夫不会自己长到你身上。三体式磨炼意志，考验身体素质，其实什么都练了，什么都在其中，你想鲤鱼跳龙门，你想化龙飞去，总要付出点代价的。

不舍不得，这是天理！

145. 三星齐　泰山移

初学的诸君对于二十四法可以看一看，稍微有个了解就是了，建议初学者不要深究，这个东西是三体式或者劈拳练了一段时间、有一些基础的时候，再想提高那时候练的玩意，它的内涵太过博大，初学就教练二十四法，是很不容易的事情。

“丢了西瓜捡了芝麻”，这句话人人都懂，二十四法是24个说道，这二十四法还互相影响互相促进，这就难了，排列组合起来，它们之间的关系说不胜说。初学的诸君其实没有那么大的脑力去综合判断纠正这些东西。尤其在没有人指导的情况下，很容易犯低级的错误。再有一个古书中的拳谱言简意赅，有的已经超出了字面的意思，有些是口误音误，有些是误传，初学的诸君是无法分辨出来的，你要做的是囫囵吞枣地背下来，随着练拳的深入和在拳中的积累，一点点地去了解这些拳谱中内涵的东西。如老牛反刍一点点地去品咂滋味，这才是练内家拳。

那么初学的诸君，以什么为基础呢？

先以外三合为基础，手与足合，肘与膝合，肩与胯合。在这三合中，最难做到的是肩膀与腰胯，肩膀与腰胯能合，其实你已经会了形意拳，在这里边手与脚合是最容易做到的，先从这里开始入门。

初学先求一个手脚起落整齐，哪个明师也是这么教学生的。比如初学劈拳的时候，哪个明师也不会让你使劲，都是让你先摆这个劈拳的姿势，行拳走势要慢一些，努气发力是内家的大忌，初学基本都是这样的。你刚一入手的时候就能发出内家拳劲，你不是小学一年级的新生，你是大师。

内家的拳劲是有评价标准的，这个标准就是“三星”，内家拳的老前辈认为“三星齐，内劲出”。

这个三星在哪儿呢？

这个三星不是外国的品牌，它其实就长在人的身上，确切地说在上半身，初学的诸君找到了“三星”，也就达到了入门的水平，这三星分别是肩星、肘星和腕星。它是练内家形意拳的人身上的三个点，这三个点能统一在人的身上，人就能打出内家的拳劲。

在练出这个三星之前，还有一项工作要做，那就是筋骨合槽。初学劈崩的诸君，你摆出一个三体式的架子，观察手臂，你会发现你前臂的肘尖总是不能竖直地垂向地面，久练形意拳的人他的前臂的骨头是能够翻转的，可以在立掌的同时做到肘尖下垂，初学者在这个地方总是别着劲，这个没有办法，只有在拳里练出来。

你的前臂骨头能够翻转，你的肘尖位置就有了变化，只有做到了这一点，才能真正地做到肘与膝合，否则膝盖和肘尖根本就不是一个方向。个人认为这是极端重要的事情，在劈崩二法中体会最是明显。

内家拳有个专用词“磨砖对缝筋骨合槽”，这个指的是练内家拳的人全身经络骨骼和血脉的变化，从气质到外形，都会有一个质的变化。你胳膊有了这个变化，慢慢的三星就练出来了，这个“三星”应该只在练拳的时候出现，你放松下来去逛

马路的时候，三星就看不见了、就不明显了，只有发劲的时候，这个三星才能很明显地看出来。

我家长辈认为，三星是肩与胯合、肘与膝合、手与足合的一个标志。我们现在做一下这个动作，当你定步打出崩拳的时候，这时候拳是立着的，我们每个人的手腕上都有腕线，这个腕线和你的指纹一样，是绕着你的手腕走的，大家把自己的手腕活动一下，腕线就会显现出来，我们打出一个崩拳，这时候静止不动，你会发现手腕腕线的前面产生了一个凹槽。

没有找到的诸君把你的腕子向前再塌一些，许多人这个“腕星”不出现，是拳头打出去不平造成的，拳头没有向前点的力。钓鱼的时候向外甩鱼钩的动作，当鱼竿甩平的时候，那个手型对应崩拳比较准确。

如果你还没有找到，就动你的大拇指。握拳的时候，大拇指如果位置不对，这个凹槽也是不会出现的。我相信这个比较简单，你一定会找到。打崩拳的时候，在腕线之前出现的这个凹槽，在形意拳里我家就叫他“腕星”。

明了“三星”多一力，形意拳的老祖宗们总有一句挂在嘴边的话，叫“三星齐、泰山移”！只有三星齐备，你的拳打出的才是内家的拳劲，而不是蛮力，这是一道分水岭。因为内家拳太过艰深，我只能用这个词来这么形容，我相信有心的诸君可以听懂这句话里的涵义。

腕星是最好练的。在打拳的时候，为什么内家拳不要你打得特别快，就是因为你要时时刻刻检查你的手，用你的眼睛去看看打出的每一拳，这个腕星出现了没有？没有就不要练了，先纠正姿势再练下去，这样才能够真正地练到内家的境地。

在这个章节中，我只讲腕星，关于肘星和肩星，就不讲了。肘星和肩星要想在身上练出来，得需要一定的时间和苦功。一拳打出，三星出现的诸君，你会发现你的肩肘腕的骨头之间的搭配都产生了变化，在出拳的时候，你的筋已经不觉得紧了，而是处在一个筋骨相对“宽松”的状态下，是宽松而不是你有意地去放松。其实这个时候你的胳膊和肩膀筋骨皮肉都有了变化。这是好事情，有这个感觉的诸君，我要恭喜你了，因为你已经找对了路子。

在网络上应该能查到很多关于三星的图片、视频还有文字，有兴趣接着探索下去的诸君可以查查网络。腕星是最简单的，肘星和肩星都比较难。在打拳中能随时做到三星出现的人，才能去深究二十四法。

这是我家长辈当年对我说过的话，今天把这些语言做一个回忆。我认为我用最平直的语言，叙述了形意拳中最大的秘密。我一直以为，这些东西是形意拳的基础和核心，拳诀背得再熟，拳法练得再花哨，三星不齐也没有用，因为没有三星你永远也做不到六合！别提六合了，你连最基本的外三合都做不到！

在形意拳中这是有检验标准的。一个外行人经过指导，他就能做武协的裁判，因为三星是可以用眼睛看到的。我如果做武术裁判，在考察形意拳的时候，我不看他打拳，我就让他裸露出自己的胳膊，让他明一明自己的三星，他胳膊一使劲，三星就会出现，这个太简单不过了，练出三星的人就会形意拳，就这么简单。

练出三星的诸君，今天我有一个善意的提醒，不要轻易地出手，不要对不会武功的人出手，因为这时候你的拳已经有了一定的力度，除了你的生命遇到了威胁，否则听我的没错。

留一道思考题吧，你打劈拳的时候，劈出的是掌，那么在手掌上也是有这个腕星出现的，如果没有，那一定是你的手掌位置或者手指的位置有问题，你就要想办法找出来。我讲了握拳时候的腕星，你就该举一反三，对吧？

这些我写得都不高深，用的都是最平实的语言，但你练进去，你就会觉出形意拳的高深，这个高深不是挂在嘴上的，是有实打实的检验标准的。

其实练武者生死相搏的时候并不多，没有深仇大恨，练武的人互相展示一下自己的筋骨肌肉，打一拳动一式，许多东西就看到了。你练没练出来自己心里有数，秃子头上的虱子——明摆着，明知自己不敌还要动手的，不是杀父之仇就是脑子进水。

三星齐，
泰山移。

我又说了一个内家拳的密中之密，诸君自悟吧！

146. 大枪三体式

在话说形意拳门的兵器之前，还是要说说三体式，因为形意拳从拳到兵刃都有三体式的影子，这个东西不彻底地搞明白，学会多少拳脚也没用。在练形意拳的人中，对三体式的认识和体悟其实代表了你的形意拳水平。相信我说的话，很多老拳师傅们会表示赞同。

三体式学了很长时间，也练了很长时间，现在给你手里加一件兵器，你的感觉马上就会不同，比如说大枪，练得再好的人也会有个适应的过程。其实一个练拳精细、大脑精密的人，你给他一个绣花针他拿在手里站三体式感觉也会不同，因为手里、心里突然多了一样东西，感觉就会天差地远。

没有大枪长棍的诸君也不必懊恼，居家生活扫把和拖把总是必备之物，你抄起一件来摆个三体式造型试试，去体味一下手中有东西的全新感觉，我相信你很快就能发现不同。

古人有句话叫“知子莫若父”，对自己儿子的了解，父亲是最有发言权的，因为再熟悉不过了，非常熟悉就能把握儿子的思想，深入地了解自己的孩子。在练习兵器之前，你先要对兵器有一个熟悉认知的过程。综观世界范围内中国人使用筷子最灵活，其他国家的人比不了，就是因为国人天天用筷子吃饭，非常的熟悉，熟悉之后才能产生巧妙。从某种意义上说，兵器就是卖油翁的技术，初学要记住“熟能生巧”的硬道理。

在练习兵器之前，不妨用大枪或者长棍站一站三体式，找一找人与兵器在三体式中怎么合拍，相信对诸君练习兵器会有很大的帮助作用。首先你心里头多了东西，其次才是身体。

我们摆出三体式的架子，还是用前三后七的重心分配方案，然后左手在前，右手在后，把大枪端起来。这个三体式持枪不用把大枪端得很平，要让枪尖斜斜地上挑一些，这是我家的练法。形意枪的后边是不露把的，就是说你的右手要握住大枪的末端，不要让枪的后把露出来，初学的时候这个很重要。

因为这样站三体式的时候，你比较容易找准后手的位置，这是初学的方便法门。至于前手的位置，以三体式为标准，握在你觉得合适的地方就好，等你对大枪熟悉了，你出手摸枪的时候，自然会摸在最合适的地方。

在持枪站三体式的时候，眼睛要看着枪尖，这个和空手站三体式是不一样的。空手的时候你的注意力会放在手掌上，而持枪的时候你的眼神要放远了，看着枪尖还要从枪尖看着前方更远的地方。经常这样练习，你就能精准地找到自己的空间定位，说白了你就能找准你自己的位置。

初练这个三体式的时候，手掌摸枪不要抓得很紧，要适当地放松一点，然后静下心来找自己的呼吸，把自己呼吸的节奏和枪尖放在一起，力图让它们融合起来。每一次呼吸和脉搏的跳动其实都能引起枪尖细微的变化，你可能觉得枪尖是不动的，那是你没有从自己的呼吸上去找，没有认真地体察自己的感觉。如果认真去做，我相信你会找到的。

枪尖上挑不能太高，也不能太低，太高是因为你空手站三体式的时候前手过高造成的，我最喜欢的前手位置是与心口平，前手与心平、后手与脐平，这样枪尖才能斜斜上挑。枪尖的位置过高，在实战的时候很容易被对手挑开。所以三体式持枪练习是以实战为目的的练习，既要淬炼全身的筋骨，还要加一点实战的意味。

初练这个姿势，是玩不了多长时间的，只能坚持一会儿。这时候可以换成右三体式，把枪也倒过来，这样再站一会儿，如果在场地宽广的室外，可以就势上一步完成这个动作。经常摸一摸大枪，站一站这个持枪的三体式，是很有好处的事情。

其实我们现在的练习比古代简单了许多，你只要找到人和兵器的最佳组合切入点就可以了，练到这一步的人已经是凤毛麟角了。但是我告诉你，你就是练成了天下第一枪技，在古战场上你能不能生存还是大问题。

因为有马，因为古代是骑兵步兵的混同作战，一个大将，比如常山赵云赵子龙，他不但要找人枪合一，还要找人、枪、马三者合一，赵云刺出的一枪，是人力马力还有枪劲三位一体的，这样的常山赵子龙在古战场上才能七进七出，才能杀的曹兵抱头鼠窜。站在地上刺出一枪，和在奔跑的马上刺出一枪根本不是一个概念。

传说美国总统的保镖可以在 0.7 秒之内开枪击中 20 步外的硬币，但是总统保镖和西部牛仔玩骑马对射，他能不能活下来？

这个还很不好说，你站在地上开枪和你骑在奔驰的马背上开枪根本不是一码事，这里边的差距太大了。今天说出这个意思，旨在说明形意拳中蕴含的道理很深，还有很多我们没有接触到的、没有练到的地方，在内家拳中只有“虚其心”才能“实其腹”。其实在道家也有这个说法，道家的解释就更深而且更精到。

初次试验站这个大枪架不要当真，就当成玩就行，小孩子摆弄玩具那种投入，能忘了时间，甚至忘了一切，其实认真的玩，不带丝毫功利的玩耍也是道，也是道心的体现。成年人在练拳的时候其实最缺乏的是这个童心和这个玩耍的意，你把它当成钓鱼，就会很放松，你把它当成“高考”，你就会毫无原因地浑身紧张。

内家拳玩的就是个“举重若轻”，玩的就是个“无中生有”，其实这都是古代修炼的人、练武的人才懂的词汇，包括“大智若愚”“千钧一发”等这些词汇，我个人认为这都是功夫达到一定境界才能真懂的东西。

关于吕洞宾成道，有一个传说。有人要教吕洞宾点石成金的法术，吕洞宾问了一句，这金子能保存多少年不变？教他的人说这个点石成金能保存万年，吕洞宾说我不学这个法术，我点石成金以后就会坑了一万年以后得到这个金子的人。因为这句话，吕洞宾得道了。

吕洞宾是智者还是愚者呢？

其实今人不了解古人，今人的目光在黄白之物上，古人说“财帛动人心”。一块玻璃刷上了白银，就变成了镜子，银子这个东西可以智障你，让你看不清眼前的世界。一个武中真正的智者能走出这个怪圈，看到真实的自己。

吕洞宾有点石成金的法术不学，在今天的人看来是天大的傻，其实这个“傻”才是古人真正的聪明，“不舍不得”，因为有了“舍”，天上才有了吕洞宾这个神仙，纯阳真人才能修成正果。

今天的人很难领会古人的思想境界，也很难体会那时候的人为什么会那样做事情？多看古书、多参古意，对练拳是很有好处的事情，因为国术的精髓不只是武功招式，还有强大的内心世界。国术是一个从身到心完整的系统，武是要讲“武德”的，这个不是挂在嘴上的，而是你真明白了它内在的道理，就

会做到的事情。

老拳师傅们都爱教有武德的弟子，这样的徒弟才容易练出来，才容易成功。心思不正的人练拳很难练出来，因为他的心思不在拳上。

用大枪站站三体式，是很好的锻炼方式，直到今天我有时间还操起枪来站一会儿玩一会儿，调节一下身心和情绪，有兴趣的诸君可以试一试，形意拳对人体的滋养是很多其他的运动休闲方式所无法比拟的。

本章言尽于此吧！

147. 最后一篇的话

我想在这个章节结束这本书，在前146个章节中，我系统地说了一遍五行、十二大形象，还有五行生克拳，最后说了一路“五行合一进退连环拳”，最后的几个章节中，说了一些三体式的要领。

这些东西不包括最后这个章节——147章，我写了有30多万字，在读这本书的时候，耽误了广大读者很多时间，谢谢大家腾出时间来读这本书。我在写作的时候，也尽量不说和拳无关的话题，做人就该“惜时如金”，把宝贵的时间放到练拳上，想我中华武功浩若烟海，别说学，看都看不过来，哪有时间唠嗑，哪有时间做无聊的事情！

花有重开日，

人无再少年。

光阴似箭日月如梭，一寸光阴一寸金，走进了国术，你就远离了是非，我的话许多人会懂。其实形意拳中许多东西还没有写，还有许多精彩内容没有呈现给大家。形意拳作为一个拳门，许多门内的精彩还无人欣赏。

《话说形意拳门之真谛》这本书不是已经结束，而是刚刚开始，我既然选了这条路，就会坚定地走下去，把形意拳中的一些精彩之处写出来，献给喜欢国术，为之着迷、为之倾倒的人们。

《话说形意拳门之真谛》第二卷——《剑尖上的国术》已经完成。大家可以跟着我一路看下去，继续形意拳的精彩。

在这部书中，我起了一个名字《剑尖上的国术》。古代不同于现代，古代的功夫其实是以兵刃为尊，拳脚排在最末，这是古战场的战场法则决定的，其实在民国许多武林高手中，许多人还是以大枪闻名，形意拳门最主要的兵器是刀、枪、剑、棍，这四种兵器玩好了，掌握了它的特性，其实就是掌握了形意拳的精髓。

学形意拳不学形意剑，天大的遗憾！

学形意拳不摸大枪，也算不得大成者！

这些东西是国术的精髓，如果我们现在不把它系统地整理出来流传后世，那么若干年以后，只有仰天长叹的份儿了，在此凌霄呼吁那些武功大成者，不管现在你身边的弟子是否争气，最好还是利用文字影像等各种手段，把这些东西留下来，国术这个东西绝了种断了根，再想孕育就难了。

国术是淬炼精神和身体的法宝，是劳动人民经验智慧的结晶，得此神韵者，三尖照、四梢齐、胆随身，孤身敢入战阵，单骑能过五关，拳发五内，意贯四梢，天时地利我有心君，仰观天时、俯察地利、中察人心，交手有必胜之心，百万军中可夺帅，匹夫有其志，三寸之丁可言勇！

国术之精神实乃国之魂魄！

得此魂魄的民族必将与天不老，与国无疆！

轩辕凌霄

公元二零一三年

图书在版编目(CIP)数据

话说形意拳门之真谛 / 轩辕凌霄著. －北京：人民体育出版社，2018（2020.9.重印）

ISBN 978-7-5009-5298-5

Ⅰ.①话… Ⅱ.①轩… Ⅲ.①形意拳-基本知识

Ⅳ.①G852.14

中国版本图书馆 CIP 数据核字（2017）第 303636 号

*

人民体育出版社出版发行

三河兴达印务有限公司印刷

新 华 书 店 经 销

*

880×1230 32 开本 20 印张 461 千字

2018 年 3 月第 1 版 2020 年 9 月第 2 次印刷

印数：5,001—6,500 册

*

ISBN 978-7-5009-5298-5

定价：66.00 元

社址：北京市东城区体育馆路 8 号（天坛公园东门）

电话：67151482（发行部） 邮编：100061

传真：67151483 邮购：67118491

网址：www.sportspublish.cn